中国航天产业股份制改革研究

王新安 著

中国社会科学出版社

图书在版编目(CIP)数据

中国航天产业股份制改革研究/王新安著.—北京：中国社会科学出版社,2009.9
ISBN 978-7-5004-8201-7

Ⅰ.中… Ⅱ.王… Ⅲ.航天工业—工业经济—股份制—经济体制改革—研究—中国 Ⅳ.F426.5

中国版本图书馆 CIP 数据核字(2009)第 174170 号

策划编辑	冯 斌
责任编辑	丁玉灵
责任校对	曲 宁
封面设计	王 华
技术编辑	戴 宽

出版发行	中国社会科学出版社		
社　　址	北京鼓楼西大街甲 158 号	邮　编	100720
电　　话	010—84029450(邮购)		
网　　址	http://www.csspw.cn		
经　　销	新华书店		
印　　刷	君升印刷厂	装　订	广增装订厂
版　　次	2009 年 9 月第 1 版	印　次	2009 年 9 月第 1 次印刷
开　　本	880×1230　1/32		
印　　张	13.375	插　页	2
字　　数	348 千字		
定　　价	36.00 元		

凡购买中国社会科学出版社图书,如有质量问题请与本社发行部联系调换
版权所有　侵权必究

自　序

　　以航天—空间科学技术为基础的当代航天产业，一方面是知识经济时代的知识密集型产业之一，另一方面又与当代军事竞争密不可分。本书在回顾马恩股份制理论精髓及其发展之曲折道路的前提下，以邓小平、江泽民、胡锦涛国防和军队建设思想为指导，在审视国内外（国外主要是美国、日本、欧洲）包括航天业在内的军事工业"寓军于民"经验教训的前提下，对中国航天科技企业包括其中的民品产业目前改革中的首要环节即股份化的理论必然性、实践必要性和今后进一步推进股份化应关注的重点问题，特别是中国航天科技企业目前股份制改革中最难解决的知识产权归属问题，进行了系统的理论研究，并提出了若干具体建议，包括细述了中国航天业民品产业进一步深化股份制改革的若干特殊点。

　　针对国内一些产业经济学教科书和文献资料以西方"厂商理论"为理论基础之一而忽略马克思主义股份制理论精髓的状况，本书首先从回顾马恩股份理论精髓入手，并以江泽民国防和军队建设思想及其对军工企业股份制改革的论述为指导，说明中国军工企业的进一步发展必须深入推进股份制改革，才能真正实现"寓军于民"。这样阐述，一方面是对中国产业经济学理论基础创新的一种探索，另一方面，也为中国航天科技企业及其民品产业发展的对策研究提供了一个比较厚实的理论平台。可以说，在理论与实践的结合上，在审视国内外军工和航天产业发展经验教训的背景下，说明股份制不仅是公有制的主要实现形式，而且是中国航天科技企业民品产业发展绕不开的必由之路，构成了本书的"主题歌"。这首歌，对中国航天科技企业及其民品产业发展应进一步推进股份化的马克思主义实质和适应当代世界潮流性质的揭示，对中国航天科技企业及其民品产业在目前进一步推进股份化中应关注的重点问题，均具有自己的理性特色。

全书共分七章。第一章主要是对航天——空间科技及其产业化中"亦军亦民"特点的鸟瞰。第二章当代武装力量和军备竞争中的航天产业，是对国外发达国家和地区，如美国、日本、欧洲及俄罗斯包括航天业在内的军事工业在股份化基础上"寓军于民"成功经验的全面扫描，为中国航天业下一步改革发展提供一个全球性的理论和实践视野。第三章马克思主义股份制理论发展的"之"字形轨迹及其对中国原有航天业的影响，则是对马恩关于股份制财产系"社会财产"思路的回顾，对马克思主义股份制理论在当年反对"修正主义"时走过"之"字型发展弯路的反思，对中国决策层近年回归马恩关于股份制财产系"社会财产"思路，提出关于"股份制是实现公有制的主要形式"命题的真理性的说明，为本书的主旨奠定根本性的理论基础，使中国航天业学习发达国家经验、走股份化之路获得了必要的思想支持。第四章中国改革开放以来包括航天业在内的国防工业实施"寓军于民"战略的历程，在前述两章的基础上，展开了对邓小平、江泽民、胡锦涛国防和军队建设思想及其通过股份制实现包括航天业在内的国防工业"寓军于民"战略的理解和阐释，并特别说明了这一战略的马克思主义本质。

此后的第五、六、七章，均以中国航天业及其民品产业的股份制改革研究为题，分上、中、下三部分，可被看成是本书以上各章的汇流和重心所在。它们不仅认为中国航天业及其民品产业要获得大发展,必须适应当代世界潮流,以更大步伐迈向股份化体制,而且指出,目前中国航天业及其民品产业走向股份化体制的具体环节,不仅在于对外以股份化的方式展开国际合作,引进外资,扬长避短,学习外国先进经验,同时规避其风险;对内则应以不同的股份化方式吸引民间资金,向民企实行不同程度不同方式的开放,同时学习外国航天企业管理经验,对若干资产实行融资租赁等,而且尤其要在企业内部完善知识产权制度,激励先进,以求获得飞跃性发展。其中,对在知识经济特征明显的中国航天企业内部,进一步完善知识产权制度问题,在本书第六章给予了重点论述。在一定意义上,第六章的理路及其若干建议,是作者面对在中国高科技企业涌动的知识经济滚滚洪流,在思考中国航天企业股份化改革时,特别倾情建言的重心所在。

本书各章带有创新性质或新提法、新思路、新论证的主要观点、结论和对策建议包括以下几个方面:

第一,中国产业经济学的理论基础之一,应是马恩股份制理论精髓即股份制"两权分离"特征及其财产系"社会财产"的思想,而不能仅限于西方"厂商理论"。何况,西方有用的股份制理论,大都是对马恩股份制理论精髓的发挥。从希法亭开始的对马恩股份制理论精髓的百年误解,应当结束。中国航天科技企业及其民品产业深化股份制改革,不仅符合中央要求,而且也是按照马克思主义办事的。

第二,继承发展马恩股份制理论精髓的邓小平、江泽民和胡锦涛国防和军队建设思想,及其通过股份制实现包括航天业在内的国防经济"寓军于民"的理论,不仅立足于马恩股份制理论精髓和中国社会主义市场经济的实践,而且事实上也是借鉴美国等发达国家在知识经济时代和信息战条件下实施"军民一体化"

经验的结果。知识经济及其催化出的信息战形态，把"亦军亦民"的航天产业推到了国民经济及国家防务建设的最前沿。中国航天科技企业及其民品产业的进一步发展，必须以邓小平、江泽民、胡锦涛国防和军队建设思想及其通过股份制实现"寓军于民"的理论为指导。

第三，中国航天科技企业及其民品产业的进一步发展，面对着世界经济、政治和军事剧变中中国国防战略变动的新机遇，包括面对国外同行走马灯式的大规模产权重组，其体制改革目前的重点首先应放在企业内部完善知识产权管理体制，以激励先进，激发创新。因为，股份化的前提是产权明晰，在知识经济滚滚洪流涌来之际，中国航天科技企业股份化，首先是内部知识产权必须明晰，强化知识产权管理，才能形成企业股份化在微观层面上的最有效前提。中国航天科技企业及其民品产业深化股份制改革，还包括进一步实施股份化统领下的对外航天合作，力求扬长避短，成为航天大国；对内进一步实施股份化统领下的吸引民间资本和吸引民营企业政策，对若干资产实施融资租赁，其民品产业尤应实施集团化、产业化、专业化、民营化和国际化，并尽力融入各地的地域经济体系。

作者
2009 年夏

目 录

自序 …………………………………………………………… (1)

第一章 当代航天产业 ………………………………………… (1)

 第一节 当代产业经济学中的航天业 ………………… (2)

  一 航天—空间科学技术的大体分类及其
产业化简况 ……………………………………… (2)

  二 近年国际航天市场简况 ……………………… (8)

 第二节 当代航天科技亦军亦民、军民一体的
特征 ……………………………………………… (11)

  一 卫星 …………………………………………… (12)

  二 无人机 ………………………………………… (13)

  三 雷达 …………………………………………… (14)

  四 信息技术 ……………………………………… (14)

  五 航天—空间科学技术在当代只能是一种
亦军亦民的科学技术 …………………………… (16)

 第三节 本书的结构及若干常用概念界说 ……………… (17)

  一 本书的结构 …………………………………… (18)

  二 本书若干常用概念界说 ……………………… (22)

第二章　当代世界武装力量和军备竞争中的航天业 …… (26)

第一节　国外当代股份制和跨国公司 …… (26)
一　当代股份制 …… (26)
二　西方当代股份制的三大类型 …… (27)
三　作为股份制产物的跨国公司 …… (31)

第二节　美国的航天政策、产业、军兵种 …… (41)
一　二战后美国国防工业"寓军于民"的战略选择 …… (42)
二　美国的新航天政策 …… (80)
三　美国的军事航天产业及航天军备、军种 …… (85)

第三节　俄国的国防航天产业及航天军备、军种 …… (89)
一　冷战结束后的俄国国防航天产业 …… (89)
二　在与国外的合作中争取崛起 …… (92)

第四节　包括航天业在内的日本军工产业 …… (96)
一　日本战后"寓军于民"的军工发展战略 …… (96)
二　日本国防工业的结构调整和产权重组 …… (99)
三　日本国防工业近况 …… (104)

第五节　欧洲航天业 …… (105)
一　若干大国及"欧盟"的航天业 …… (105)
二　"欧洲航空防务航天公司" …… (108)

第六节　国外军工改革发展新动向 …… (110)
一　军事变革要求新的"军工" …… (110)
二　世界军事工业现状 …… (111)
三　国外国防科技工业改革的新趋势 …… (114)
四　国外航天产业新的产权重组 …… (121)
五　航天科技全球性合作 …… (131)

第三章 马克思主义股份制理论发展的"之"字形轨迹及其对我国原有航天业的影响 …………(134)

第一节 马恩股份制理论及其内在矛盾 …………(135)
一 唯物史观中的股份制"两权分离" …………(135)
二 股份制财产是"社会财产" …………(136)
三 晚年马克思关于股份制的理论飞跃 …………(139)
四 《资本论》股份制理论的内在矛盾 …………(142)
五 马克思去世后恩格斯再申股份制是"经济革命" …………(146)

第二节 股份制:究竟是社会财产,还是私有财产——重新评价希法亭的《金融资本》及列宁对它的肯定 …………(148)
一 希法亭对马恩股份制理论精髓部分的全面否定 …………(148)
二 希法亭对马恩股份制理论某些失误的片面发挥 …………(151)
三 列宁《帝国主义论》对《金融资本》的"正宗化" …………(160)
四 列宁《帝国主义论》肯定《金融资本》时在股份制理论上的失误 …………(162)

第三节 反思列宁与伯恩斯坦围绕股份制的论战 …(167)
一 列宁当年批判伯恩斯坦有关"修正主义"股份制言论的失误 …………(167)
二 深刻的教训 …………(176)

第四节 西方一些进步学者发挥马恩股份制理论的精髓 …………(177)
一 贝尔论马克思的"两大图式" …………(178)

二　贝尔论西方学者继承了马恩股份制
　　　　理论的精髓 …………………………………（179）
　　三　西方股份制理论扫描 ……………………………（180）

**第四章　中国改革开放以来包括航天业在内的国防
　　　　工业实施"寓军于民"战略的历程** ………………（184）
　第一节　邓小平以市场经济为基础的"军转民"
　　　　思想对原有思路的突破 ……………………（186）
　　一　改革开放前的中国国防科技工业简况 …………（187）
　　二　十一届三中全会前后邓小平对"军转民"
　　　　的设计 ………………………………………（189）
　　三　"南方讲话"对"军转民"的有力促进 …………（198）
　第二节　江泽民国防和军队建设思想 ………………（201）
　　一　调整既有战略 ……………………………………（202）
　　二　在市场经济框架中推进"寓军于民" …………（210）
　第三节　胡锦涛为总书记的党中央对邓小平、江泽民
　　　　国防和军队建设思想的坚持和发挥 …………（216）
　　一　使股份制成为国防科技工业公有制的
　　　　主要实现形式 ………………………………（218）
　　二　国防产业政策使"寓军于民"进一步
　　　　体制化出台 …………………………………（224）
　第四节　中国改革开放以来实施"寓军于民"的
　　　　历程 …………………………………………（237）
　　一　实施"寓军于民"成绩巨大 ……………………（237）
　　二　"寓军于民"早期成功案例：重庆市
　　　　兵器工业 ……………………………………（247）

第五章　中国航天业及其民品产业的股份制改革（上） …(255)
第一节　当代中国的股份制 …(255)
一　当代中国股份制是对马恩股份制理论的继承和对改革经验的总结 …(256)
二　今后应推进作为公有制主要实现形式的当代中国股份制 …(259)

第二节　中国航天业及其民品产业发展现状 …(263)
一　我国航天工业起步简史 …(264)
二　"嫦娥"和"神舟"使中国成为全球"老三" …(270)
三　中国航天业的构成 …(284)
四　中国航天科技企业民品产业发展现状 …(285)

第六章　中国航天业及其民品产业的股份制改革（中）： …(294)
第一节　知识经济条件下中国航天业改革应以强化知识产权管理为首务 …(294)
一　知识经济初现端倪 …(295)
二　基于知识的航天产业管理模式正在显现 …(297)
三　知识经济时代航天企业管理的发展趋势 …(299)

第二节　论中国航天业知识产权归属 …(304)
一　中国航天业原有知识产权形成中的资本投入和目前的权属困境 …(305)
二　美国国防工业知识产权制度建设的经验 …(306)
三　确定中国航天业原有知识产权归属的原则 …(309)
四　中国航天业原有知识产权权属初案 …(311)

五 与"中国航天业原有知识产权初案"
配套的建议 …………………………………(314)
第三节 论中国航天企业专利权保护的国际战略 …(317)
一 国外包括航天在内的军工企业专利权
保护的国际战略选择概况及其经验教训 …(319)
二 中国航天企业专利权保护国际战略选择的
总体架构 ……………………………………(322)
三 对中国航天企业专利权保护国际战略
选择中的防御性战略建议 …………………(324)
四 对中国航天企业专利权保护国际战略
选择中的进攻性战略建议 …………………(329)
第四节 论股份制改革背景下的中国航天业知识
产权管理 ……………………………………(336)
一 美欧航天战略的逼人和中国航天业知识
产权管理的滞后 ……………………………(337)
二 对中国航天业建立知识产权管理机构的
若干设想 ……………………………………(339)
三 对中国航天业进一步实施知识产权利用—
保护战略的一些设想 ………………………(346)
四 对中国航天业通过健全法制实施知识
产权利用—保护战略的几点设想 …………(351)

第七章 中国航天业及其民品产业的股份制改革（下）…(356)
第一节 中国航天业股份制改革目前应有的
配套方案 ……………………………………(356)
一 坚决实施航天企业投资主体多元化 ………(357)
二 让具有一定资质的民营企业进入中国

　　　　　航天业 …………………………………（360）
　　三　稳妥解决航天企业若干资产的融资租赁
　　　　问题 ……………………………………（370）
　　四　建立成本费用控制体系 ………………（371）
　　五　在规避风险的同时以包括股份化方式在
　　　　内的各种形式加强国际合作 ……………（372）
　第二节　对中国航天业民品产业股份制改革特殊
　　　　　点的思考 ………………………………（381）
　　一　中国航天业"军民用品"生产越来越重要 …（382）
　　二　中国航天业"军民两用技术" ……………（386）
　　三　中国航天科技企业民品产业当前发展中
　　　　存在的某些问题 …………………………（387）
　　四　对航天科技企业民品产业发展战略特殊点
　　　　框架的若干思考 …………………………（395）
后记 ……………………………………………………（414）

第一章

当代航天产业

中国"探月"工程的实施，极大地提高了中国国力。本书即注目于中国当代航天产业股份制改革及其发展。

在当今国力竞争之中，国防航天工业实力的高低，仍然是一个重要的标志。如今世界不太平的因素也越来越突出，它与知识经济的大背景相叠加，使作为国防工业的航天产业越来越显示出极端的重要性。我国虽然与美俄不同，我们并不谋求"航天霸主"的地位，但是，作为一个社会主义大国，我们在国防航天产业显然必须"有备"，才能达到"无患"。

"富国"与"强兵"，包括实现嫦娥飞天梦，100多年来，一直是令中华民族魂牵梦绕的主题。人们记得，中共十六大报告首次出现了这样的表述："坚持国防建设与经济建设协调发展的方针，在经济发展的基础上推进国防和军队现代化。"2007年12月12日，胡锦涛在庆祝我国首次月球探测工程成功大会上又指出，实施月球探测工程，"是我们在实现中华民族伟大复兴征程上谱写的壮丽篇章"。作为军工产业之一，中国当代航天产业在中国经济—政治生活中的地位和作用越来越重要。

近年中国国防预算总额，成为备受关注的新闻。中国的判断是：发达国家与发展中国家的军事技术形态出现了又一轮"时代差"，历史上西方列强以洋枪洋炮对亚非拉国家大刀长矛的军事技术优势，正在转变为发达国家以信息化军事对发展中国家的机械化半机械化军事优势。目前，我军在整体上仍处于机械化半机械化发展阶段，如果不积极应对世界军事变革的机遇和挑战，就会给国家安全造成极大隐患，"甚至可能导致比当年义和团用大刀长矛应对西方列强的洋枪洋炮还要惨烈的悲剧"。因此。中国既要"富国"，也须"强兵"。中国的国防航天产业，作为中国国防工业的重要组成部分，已经和正在寄托着中国领导人和人民群众振兴中华的殷切期望。

本书注目于中国航天业企业及其民品产业通过深化股份制改革落实"寓军于民"，以求中国航天产业的大发展，其背景，其理论意义和实践意义，不言自明。

第一节 当代产业经济学中的航天业

作为知识经济时代的一个新兴产业，航天产业可以被人们从不同的层面和视角加以审视。本书从产业经济学的角度来考察它。

一 航天—空间科学技术的大体分类及其产业化简况[①]

1957年，苏美争霸正酣，而中国正忙于"反右"。这一年，苏联研制的第一颗人造地球卫星上天了。此后，苏联飞船升空。1969年，美国宇航员阿姆斯特朗走出阿波罗11号飞船的登月舱，成为人类踏上月球的第一人。从此，人类进入太空时代。

在航天—空间科学技术的强力支持下，人类在空间应用研究方面也已经取得了举世瞩目的成就。如今，中国、美国和俄罗斯

[①] 姜景山、王文奎、都亨：《空间科学及应用现状和产业化前景》，载《中国航天》2002年第5期，第7—13页。

制造发射的宇宙飞船,已在太空遨游。可以说,20世纪人类最伟大的创举之一,是开拓了"空间"这一人类活动的新领域,逐步建立了作为高科技的空间—航天科学技术。人类不仅摆脱了地球引力的束缚,还充分利用它带来的崭新的环境和无尽的资源,成为推动人类社会向知识经济推进的强大动力。

目前,空间—航天科技应用成果,已经大面积转化为人们日常生活必需的产品,转化为产业运营。

空间—航天科技目前已经成为知识经济的主体部分之一。包括如下科技及经济功能在内的空间—航天科技越来越显示出重要性。

(一) 地球观测及其技术产业化

利用航天器从空间观测地球是地球资源利用的重要内容之一,它具有十分可观的社会经济效益。目前,从空间观测地球有许多出乎过去人们意料的科技收获;它使我们更易于从整体上考察地球,无需再用大量观测数据来"拼凑"整体图像;它可以快速追踪地球上种种的变化,包括不仅使我们具备跟踪台风眼、监视火山爆发甚至监视森林火灾、洪水、地震等灾害监测及预报的能力,而且使我们可以测量田地亩数、森林面积以及预测农业产量等;它的"多光谱"能力使我们不仅能观测到大气和地表的变化,还使我们具备穿云破雾、入地三尺的能力,使其成为资源勘探的强有力的工具;它还使我们具备高精度丈量地球的能力,在数千公里外进行厘米级精度的大地、工程测量,甚至监测大地板块微小的移动,等等。自20世纪60年代以来,在不到半个世纪的时间里,空间对地观测,已成为气象预报、地球资源勘探、大地、工程各种测量、环境观测、灾害情况探测、农林产量预测等产业快速全面的信息来源,极大地提升了社会生产力。

空间—航天科技在观测和进一步开发地球方面,目前,已经形成了产业化趋势，显示出相当可观的经济效益。对地观测资源卫星获得的图像早已成为商品，广泛应用于国民经济的各个领域，为整体规划、可持续发展战略及建设过程和监控发挥重要作用，经济效益相当可观。

(二) 认识宇宙及其技术产业化

目前，人们借助于运行在空间的望远镜，在空间上，已经把视野扩大到数十亿光年，向着宇宙的"边缘"逼近；在时间上，已经观测到了数十亿年前在宇宙中发生的现象，追溯到宇宙的幼年时期。人们有望在不久的将来揭开宇宙身世之谜。

装备了各种先进设备的航天器，已经访问了太阳系的一些主要成员。目前，人类正在筹划在月球上建立基地，从火星上取回样品并且留下了人类的足迹。现在，离开我们最远的航天器，已经到达太阳系的边缘，正向着另一个星系挺进。

在宇宙中，人类最关心、对人类现在和未来发展影响最大的区域，还是地球周围的空间和日地空间。太阳能源的进一步开发利用，已经提上当代人类议事的日程。目前，我们已经有能力监视太阳表面活动的发生和发展，能够对相关的扰动从太阳源头到地球进行全程追踪。不久的将来，空间环境预报将和天气预报一样为人们所关心。空间环境对航天器影响的研究任务也正在深入进行，而且在保障航天器及载人飞行安全方面已做出一系列成果。

空间—航天科技在认识和开发宇宙方面也显示出不错的经济前景，包括月球开发。

月球表面储存着极其丰富的核聚变燃料氦—3，而它在地球上的含量微乎其微，理论储量仅约 15 吨。初步估算，月壤中氦—3 的资源总量为 (100~500) ×10 吨。建设一个 500 兆瓦的氘—氦聚变核发电站，每年消耗氦—3 仅 50 千克。因此，月壤中的氦—3，将是人类可长期使用的清洁、安全和高效的核聚变发电燃料。对面临能源枯竭的人类，这是一笔巨大财富。

（三）地球外微重力环境研究和利用及其技术的产业化

在地球外空间基本上消除了沉降、浮力对流和静压梯度，许多地面上被掩盖了的物质本征过程在研究中可以得到澄清，对推动材料科学和生物技术的发展起着重要作用。利用航天技术，特别是载人航天技术，开创微重力科学与应用研究，将使材料制备和生物工程的发展达到一个新的高度。目前，人类已通过航天器升空，获得了一些地球上难以达到的材料制备成果，以及一批新的农林产品和医药新产品。

微重力科学在工业生产中的应用前景十分广阔，世界各航天大国均对此极为重视。苏联在载人空间飞行上积累了大量经验。美国利用航天飞机进行的科学实验中大约20%的项目是由工业界提出的。其中，引起人们广泛注意的包括航天育种。

空间诱变育种，也称航天育种，是当代空间技术发展的产物之一。其基本原理是利用卫星、飞船等返回式航天器，将植物种子、动物胚胎、组织或细胞、微生物等带到宇宙空间，在强辐射、微重力、高真空、交变磁场等太空诱变因子的作用下，相对呈漂浮伸展状态的生物染色体很容易受到外界因素的冲击，引起碱基的缺失、置换或插入（如引起生物DNA大分子断裂，使双螺旋中的氢键断裂，或断裂后再交叉连接，或促使碱基降解），从而改变基因内部原有的碱基及排列顺序，引起表型发生改变，产生新的遗传变异，返回后再经地面选育，培养出高产、优质的生物新品种、新品系的育种新技术。该技术是综合生物科学、航天科学等跨学科的高新技术。

生物体或生物组织经过空间诱变以后，突变率大大提高，专家根据空间实验和地面实验对照结果，测算验证其变异量高出地面现有手段几个数量级（地面植物、微生物变异量为20万~200万分之一，而空间变异量是千分之几甚至有的达到百分之几），这个优势是地面生物体自发突变及物理化学等诱变无法比拟的。

太空搭载是一种稀缺资源，目前世界上只有中国、俄罗斯和美国3个国家能够利用自主研制的返回式飞行器进行航天诱变育种实验。因航天发射耗资巨大，每年全世界发射的返回式卫星和宇宙飞船更是屈指可数。1957年以来，国外已经进行了数百次空间生命科学研究，但主要方向偏重于生命在太空生命保障系统中的作用，对微生物在空间条件下的稳定性和变异性，国外做了大量的宏观和微观的研究，但未见到有微生物育种应用及产业化的报道。

20世纪70年代，美国宇航局提出开发利用空间微重力等资源进行空间制药，在世界范围内引起了广泛的重视。据1977年美国麦道公司的可行性论证报告（NAS8—31353）预测，空间制药有可能率先成为空间产业。

航天诱变育种是有效的育种手段，能够大大缩短新品种的研发周期。航天诱变育种技术的广泛应用，将极大提升我国相关产业的核心竞争力。

通过航天诱变育种技术，已经选育出一些效价高、品质优的抗生素和酶制剂菌种，如抗异性强的双歧杆菌、庆大霉素、泰乐菌素、NIKKO霉素产生菌、高纤维素酶饲料添加剂菌种、高蛋白饲料酵母、强分解钙的酵母高产的食用菌、灵芝及其优质孢子粉等。有的已经在生产上应用，在不增加成本的基础上可以成倍地提高产量。

航天生物技术开辟了有效培育新品种及特异种质资源的新途径，为人类进入航天时代展示了美好的前景，具有十分广阔的市场。开展空间生物技术研究和探索，是发展现代工农业的一项全新尝试，是当今世界工农业领域中最尖端的科学技术课题之一，有着十分诱人的发展前景。

(四) 空间生命科学技术的研究及其技术产业化

它注目于空间特殊环境因素对各种生物系统的影响。在空间的诸多环境因素中，微重力和强电离辐射两种因素是在地球上难以获得的，而且对生物系统的生长发育和遗传变异有相当大的影响。目前，人们借助航天器，既研究了生物学的基础性理论问题，也从保障航天员的安全、健康，使空间特殊因素为人类服务方面，开展了相关研究。空间生命科学技术的经济开发前景十分广阔。

地球辐射带、太阳宇宙线、银河宇宙线都是由高能的带电粒子组成，它们的能量远远超过目前地面加速器所能达到的能量。它可以诱导细胞等生物体发生变异。目前广泛开展的空间实验工作，已经取得可喜的进展：发现高能重粒子穿击噬菌体的突变率较对照组增加14倍；遗传物质发生插入、缺失、倒拉等改变；小麦根尖细胞多种类型的染色体畸变。在空间诱变育种方面，完全可以培养出具有优良性状、有生产应用价值的新品种。这些将对农业的发展产生重大影响。

总之，经过半个世纪左右的发展，大量空间—航天科学与应用研究成果已经转化为产业。仅美国空间—航天计划获得的技术，已经为美国经济增加了2万亿美元收入。在21世纪的头10年，预期的高额利润将吸引大批资金注入到全球空间工业，数额大约为6500亿~8000亿美元。到2010年，美国在空间的资产将达到5000亿~6000亿美元，大约相当于现在美国在欧洲的资产。美国在空间上的投入产出比将达1:10。到2020年，美国空间工业的产值将达到国内生产总值的10%~15%。

二 近年国际航天市场简况①

国际航天市场目前发展也十分迅速。这个市场的结构及其规模的确引人注目（参见表1—1）。

据估计，1999年全球的航天市场总额为1050亿美元，比起1995年的750亿美元，4年之中增加了300亿美元。而且在航天市场上，商业订货已经占到52%～58%，而政府订货已降至45%～48%。各国航天工业所吸纳的就业人数1996年已达90万人。根据业内专家测算，1996～2000年的这5年中，国际航天市场的年平均增长速度为9%～10%，每年新增高技术岗位约7万个。航天工业及其市场是支撑全球经济发展的重要支柱之一。

（一）航天器及航天器件市场

包括航天器本身及其各个部件、组件、许可证、专利、工艺技术，与制造和生产航天器有关的其他科技产品以及购买航天器要经过的各个中介机构和服务部门等。这一市场还可以按商业上的用途分为通信、电视转播、导航、数据传送、地形测绘保障以及供科学和应用研究的设备等。

航天器市场交易额1995年是86.2亿美元，1999年达到120亿美元，平均年增长率在7%～12%。

（二）航天发射服务市场

包括运载火箭及其仪器设备、发射服务、保障航天器进入预定轨道的服务项目、有关许可证、专利、工艺技术，与制造和生产运载火箭有关的其他科技产品、购买运载火箭要经过的各个中介机构和工程技术服务部门等。

---

① 杨恕：《国际航天市场发展概况》，载《中国航天》2003年第3期，第8—11页。

表1-1　　　世界航天产品市场的构成（1999年）

市场部门	各国总计（亿美元）	各市场部门所占份额（%）	增长速度（%）	美国（%）	俄罗斯（%）	欧洲空间局（%）	亚太（%）	其他（%）
航天器	约120	约11	7~12	75	约2	17	6	约1
商业发射	约77（1998年）	约8	5~10	70	5	20	4	1
地面设备	200	19	3~4	52	约1	45	2	约1
服务	637	大于61	约20	54	约1	18	约16	约12
保险	13	小于1	2~4	18	约1	60	13	约9
信息与咨询	约3	大于0.01	5~10	大于75				
总计	约1050	100	约10	56	约1.5	24	10	约8

全球商业发射服务市场交易额1995年为44.3亿美元，1998年增长到77亿美元。该市场每年增长约5%~10%。

（三）航天系统地面设备市场

这一市场，包括设计和制造地面设备、地面设备的租赁和转租，以及为地面设备提供的财政金融业务服务项目，同时还包括卫星发射接受设备、数据传送设备、图像处理设备、测绘设备、气象地面设备以及供科学和应用实验研究的设备等。

航天系统地面设备市场全球交易量1995年为86亿美元，1999年增至200亿美元，年均增长率为2%~4%。目前，该市场上的最大买主是从事空间通信的企业。随着二级网站的建立，用户还在扩大，市场前景十分看好。

（四）航天器使用者服务市场

该市场包括劳务费用、购买或租赁属于别国或国际组织的地球同步轨道位置（将来还会出现轨道配额市场）、通信和电视传送保障、租赁或分租通信信道、制造、解读和处理地球图像、导航和地形测绘保障以及空间科学研究市场等。

目前，航天器服务市场是一个全球关注的巨大市场，部门繁多，包括下列各分市场：通信和电视转播市场；移动通信卫星服务市场（1999年全球交易额为80亿美元）；电视直播服务市场（1999年为120亿美元）；制造、解读、处理和出售地球图像以及导航和测绘服务保障市场等。其中通信和电视转播市场份额最大，1996年全球收入为230亿美元，1997~2000年全球交易量增加一倍，达到460亿美元。据西方专家估算，空间通信每投入1美元可以产生7美元的收益，因此这是一个极有发展前景的市场。导航与地形测绘保障服务市场2000年全球交易达到28亿美元。

(五) 保险市场

这个市场包括投保人支付的保险金、出现保险事故使保险公司支付的保险赔偿费等。保险费可以是多种多样的，如航天器保险、损失保险、终止合同保险、航天器内搭乘人员和试验动植物保险，以及提前终止轨道运行保险等。

航天保险市场从1993年起，由于出现了发射地球同步卫星的热潮，同时发射风险也在增加，所以随之发展起来。1994年航天保险市场全球交易额约为5亿美元，以后逐年增长。1996年全球交易为7.3亿美元，1997年接近9亿美元，1999年达到13亿美元。

(六) 使用航天器的信息和咨询服务市场

这一市场的容量尚难以确定，据有关资料估计，1999年全球交易约在1000万~1200万美元之间，2001年增加到1400万~1600万美元。提供此类服务的美国公司最多。

以上这些航天业的各个市场，基本由美、俄、欧大公司瓜分，其中美国占据领先地位，俄罗斯和欧洲的份额较小，而中国正在崛起，目前已成为仅次于美俄的"第三强国"。俄罗斯较有优势的产品是运载火箭、地面设备、航天器制造和遥感技术等，且以生产和发射的低成本撑着。

以上情况说明，作为知识经济时代高科技产业的航天业，从1962年诞生至今，历经近五十年，已经成为产业经济学不能不予以高度重视的一个重要领域。

第二节 当代航天科技亦军亦民、军民一体的特征

从以上内容中，人们已经可以看出，当代航天产业的一大特征，是亦军亦民，军民一体。它和其他兵器产业的最大不同，是它的产品总体上既可用于军事目的，也可用于民用目的，因为，这些产品只是一些技术含量很高的具有航天性能的民用或军用工具而已。

航天—空间科学技术与其他科学技术的不同，在于它以太空航天为注目对象。这一特征，决定了它与各国军事防务密不可分。因此，在航空之后，当代各大国军事防务又不能不把航天作为必然领域和必要手段。当代科学技术的大尺度推进，已经迫使人们把太空防务看成国家安全的重要组成部分。随着当代高新科学技术的迅猛推进，这一点会越来越明显。

航天产业亦军亦民的特征首先表现在其技术的"两用"。当今世界，以航天、航空、核等为代表的高科技充分显示出其军民两用技术的特征，它们能够为国防和经济建设与科学技术的发展带来强大动力，所以为世界各国所重视。

"军民两用技术"一词出现在20世纪80年代，首先是由美

国提出的。与航天有关的技术，包括卫星及其应用、无人机、各类探测雷达等，都是典型的军民两用技术和产品。

一 卫星

有通信卫星、海洋卫星、气象卫星、资源卫星、科学试验卫星等各种类型的卫星。在军事领域中的应用主要包括卫星军事通信、卫星军事侦察、卫星军事气象、卫星军事测绘以及卫星军事导航等。卫星的应用在现代军事行动中之所以作用越来越大，地位越来越重要，关键原因在于通过卫星可完成众多的军事任务，如转发话音和数据、搜集图片和信号情报、提供定位信息、预警敌人的导弹发射以及提供气象数据等，特别是在远程军事通信中更见其独特威力，它为军事指挥官提供的灵活性、实时性、全球通信覆盖能力以及战术机动性均是其他媒介难以实现的，因此，军事卫星是军队在平时乃至战时的指挥控制神经。卫星在民用领域的应用更是广泛，例如：卫星遥感在天气预报和气象研究、国土资源调查与开发、农业资源规划和估产、森林草原监测和保护、环境灾害监测与评估、海洋资源调查与开发等方面的应用都发展迅速。遥感卫星获得的信息可为国家进行国土规划和宏观经济决策提供重要依据，减少因灾害性天气造成的经济损失等。

卫星导航定位技术已经广泛应用在测绘、智能交通、资源勘探的各个方面，成为21世纪全球三个发展最快的信息技术之一。我国自主开发的"北斗"卫星导航系统是目前世界上继美国和俄罗斯之后第三个实用星际定位导航系统。

卫星微重力实验与科学研究是利用返回式遥感卫星和试验飞船进行材料生成、加工和生物生理等方面的微重力实验。我国已试制出了高纯度的砷化镓单晶及多种均匀合金。从搭载的800多个品种的植物种子中培育出一批高产、优质的农作物新品系和新品种，产量比原来普遍增长10%~20%。

随着高科技技术和经济的发展，势必会为卫星应用带来新机遇，如卫星广播服务（DBS，DAB，DTH）及DVB—IP视频应用宽带卫星无线接入及宽带卫星固定/移动通信；卫星数据广播及卫星电话/视频会议；卫星导航及地面移动通信网络支持的全球定位与卫星无线电测定；卫星农村通信，特别是对中西部开发及边远地区通信有巨大潜在市场前景；卫星对特种事件的重要支持能力，卫星的灾难援救和环境污染控制作用，包括诸如卫星对航空、海事及探险等独特三维覆盖应用能力。总之，卫星的应用范围极其广泛，从公网至专网，从天上至地面，从海洋至大漠腹地，遍布每个角落及各行各业。

二 无人机

无人机可按照事先规划的航线来进行自主驾驶，可以携带不同装备，执行不同任务，具有价格低、隐蔽性好、航程高、无人员伤亡等特点。在灾情监测、森林防火、边防、海岸的缉私，航空摄影拍照，地球物理探矿和地面勘探等民用领域应用会起到很好的效果。

地效飞行器又称"里海怪物"，具有将常规飞机空中飞行的高速性和海上舰船高承载性的优点结合起来的特点。与相同排水量的舰船相比，地效飞行器大大减少了航行阻力，提高了巡航速度。与常规的飞行器相比，它的载运重量远远高于同级的飞机，可用于客运、货运、搜索与救援和水域探察等。目前，俄罗斯已把民用地效飞行器的开发研制放在了重要位置。

超空泡飞行器是利用物体在水中的运动速度超过50米/秒时钝头航行器或安装在头部的气体注入系统就可能产生低密度

气穴，使物体在自己产生的长气泡内部前进阻力最小的原理研制的。它能够用于对付水雷、自导鱼雷、小型船舶、高速反舰导弹甚至低空飞行的飞机和直升机，预计利用超空泡技术还可研制出小型超高速水面舰艇、能使整个航母战斗群失效的水下核导弹以及用于潜艇战的中程无制导摧毁性武器。目前虽然超空泡技术还只是用于军事，但以其自身的特点，推广到民用是自然的事。

高超声速飞行器是指马赫数等于或大于 5 的飞行器，主要包括水平起降航天运载器、高超声速导弹、高超声速飞机和跨大气层飞行器等几种。高超声速飞行技术在推动其他学科，如推进技术智能材料、控制理论和信息科学等方面起到了很大作用。

三　雷达

雷达具有发现目标距离远，测定目标坐标速度快，全天候使用等特点。在军事警戒、引导、武器控制、侦察、航行保障、气象观测、敌我识别等方面获得了广泛应用，并成为现代战争中一种重要的电子技术装备。在民用方面，其应用也非常广泛，如可用雷达进行大气遥感和大气测量、测量大气中羟基物质的含量以了解大气臭氧层的情况、预报工业生产中的险情、地震预报、测绘和大地测量、港口交通管理、机场导航和管理等。

四　信息技术

信息技术对战争的影响是有史以来的任何一种科学技术所无法比拟的。以微电子技术为基础，以计算机为核心，包括激光、传感器、人工智能等新技术在内的现代信息技术，已成为影响战争和军事发展的各种新技术中最具关键性的因素。光纤通信、卫星通信等各种通信手段与现代侦察监视系统、计算机终端的结合，已实现了指挥方式的革命性变化。信息技术将是未来"对武器装备水平以及军事力量结构的发展起第一位推动作用的技术"。

将计算机技术、网络技术和远程通信技术等信息技术应用于商务，通过网络和完善的物流配送系统及方便安全的资金结算系统进行交易，不受时间、空间和传统购物习惯的诸多限制，能够足不出户就可以面对全球的消费者和任何一家商家。电子商务节省了商品流通的中间环节，从而降低了交易成本，是现代商品交易流通的重要手段。另外，随着信息技术的不断发展，电子政务也悄然兴起，政府机构应用现代信息和通信技术，将管理和服务通过网络技术进行集成，在互联网上实现政府组织结构和工作流程的优化重组，超越时间和空间及部门之间的分隔限制，向社会提供全方位的、规范而透明的、符合国际水准的优质管理和服务。随着电子商务、电子政务的不断完善发展，信息技术的发展将会给现代社会带来更加飞速的进步。

等等，等等。

它们从技术角度充分说明，当代航天产业的一大特征，是亦军亦民，军民一体。

美国五角大楼的一位高官曾说过，第一次海湾战争"是第一场通过卫星通信来大规模布置、供给补养及智慧和控制战斗部队的战争"[1]。事实上，推翻了萨达姆的第二次海湾战争，更是一场以航天——空间科学技术为重要前提的战争。正是基于当代战争形态的巨变，《第三次浪潮》的作者托夫勒在其新著《未来的战争》中提出："要把太空军用和民用项目加以区分是很困

---

[1] ［美］托夫勒：《未来的战争》，新华出版社1996版，第111页。

的。"①法国政府也认为,"根本完全无法区分何谓军用太空技术,何谓民用太空技术"②。

五 航天—空间科学技术在当代只能是一种亦军亦民的科学技术

从历史上看,人类的生死搏杀向来倾向于采用最新进的手段;在当代,航天—空间科学技术越来越成为军事搏斗的关键领域。曾任美国国防部顾问的丹尼尔·古尔认为,"太空通讯、监测和导航"等已经成为当代"军事力量的关键因素"③;托夫勒则指出:"辽阔无垠的太空将是未来战争形势的关键因素。"④ 这些话均非夸大其词。十分显然,航天—空间科学技术在当代只能是一种亦军亦民的科学技术。以它作为理论及技术基础的航天产业,也只能是一种亦军亦民的产业。

从航天产业发展的历史看,其"两副面孔"的特点就一直很突出。民用的目标中掺糅着军事的考虑,军事目标的设计中给民用留下了足够的份额;作为军人的航天员往往从事非军事的科学实验和观察、研究,作为以商业活动为前提的航天—空间科学技术研究者又往往肩背军人身份;巨额的研究和试验经费往往既来自军方,同时常常还有出自商业目的的参股,等等。在世界有关国家,对航天产业的管理均具有二重性:军事和民用的。据统计,在目前的"各主要武器生产国中,航空航天工业产值中有

---

① [美] 托夫勒:《未来的战争》,新华出版社1996年版,第113页。
② 同上书,第219页。
③ 同上书,第216页。
④ 同上书,第111页。

40%至80%是为军事需求服务的"①,反过来说,即有二成至六成是为民用目的服务的,这比较形象地映衬出航天产业亦军亦民、军民一体的产业特征。

航天产业的这一特征,决定了本书所论与其他军事工业民品产业发展研究著述具有不同的思路。在本书中,中国航天科技企业目前虽是作为军事工业存在发展的,但是,它们的产品却是亦军亦民、军民一体的。所谓"航天科技企业的民品产业",实际上主体就是从民品角度观察思考的航天产业(当然,航天科技企业民品产业中,也有一些属于"非主业民品",即与航天关系不大的民品,但它们不是这些企业民品产业的主体,只是"辅业")。因此,在某种程度上,本书所论,实际上也就是注目于中国航天业通过股份制的发展。也因此,本书的表述,在许多情况下,不能不涉及航天业既作为重要的军事工业之一,同时又作为极重要的民生产业的现实和历史,并往往在"军"与"民"之间"穿插行进"。

第三节 本书的结构及若干常用概念界说

本书的主旨,在于根据邓小平理论、江泽民国防和军队建设思想和科学发展观,遵循中央"寓军于民"方针,借鉴国内外经验教训,探讨社会主义市场经济条件下,中国航天业及其民品产业股份制改革的背景、理论依据及其框架。

---

① 叶卫平:《避险求强:中国军工"入世"对策》,北京出版社2001年版,第143页。

一 本书的结构

本书在结构上以当代中国航天企业的股份化改革作为贯穿全书始终的主线,而大量国内外文献和调研结果显示,适应市场经济的要求,大力推进企业股份化改革,在西方经济学中是被纳含在"厂商理论"之中的;"厂商理论"又被视作当代产业经济学的理论基础之一[①]。于是,用马克思主义股份制理论审视西方经济学中的"厂商理论"及其实践,便成为本书绕不开的逻辑起点。这样,一方面可以紧紧围绕本书主旨,抓住其中的关键环节,达到预期目标;另一方面,它也使本书作为笔者学习产业经济学的结果之一,在其理论基础方面,有一些新的体会、表述和发现。

在国内,有的流行的产业经济学教材,在作为产业经济学理论基础之一的"厂商理论"部分,认为揭示企业所有权与控制权相分离为根本特征的股份制"厂商理论",最早是由美国学者伯利和米恩斯加以研究而提出的[②]。其实,这是出于对股份制理论及其历史的一种误解。因为,至少在这两位学者之前很久,马克思和恩格斯便提出了自己的一整套股份制理论,并成为当前中国企业改革中把股份制作为公有制主要实现形式的理论根据之一而引人注目。何况,包括"厂商理论"在内的西方股份制理论,许多也是对马恩股份制理论的片断发挥。显然,中国当前产业经济学的理论基础即股份制"厂商理论",有待重新探讨和完善,首先是用马克思主义股份制理论审视它。本书由此切入,从理论

[①] 臧旭恒、徐向艺、杨蕙馨:《产业经济学》,经济出版社2004年版,第35—65页。
[②] 同上书,第62页。

与实践的结合上对此提出一些自己的新表述和新见解,也是在产业经济学学术上有新体会的表现。

在笔者看来,早在《资本论》第 3 卷的写作中,马克思即已按照唯物史观原理,不仅揭示了股份制企业所有权与使用权分离(俗称"两权分离")的特征,而且由此前推,还实际上揭示了股份制企业使用权逐步社会化所展露的用股份制形式实现社会主义的前景。可惜的是,从希法亭《金融资本》一书开始,加上列宁《帝国主义论》对希法亭此书观点的"正宗化",对"修正主义"股份制理论的批判,马克思恩格斯的股份制理论的这一精髓长期被误解曲解,股份制的"两权分离"及其使用权的社会化对促进财产占有社会化的意义被长期忽视,股份制作为帝国主义经济基础的不妥结论被长期视作马克思主义的"正宗"而受到广泛尊崇,至今在中国学界仍有很大影响。问题是,对马恩股份制理论的这种误解曲解,终究会被实践纠正。中国社会主义市场经济的改革及企业股份化改革的大潮,已经把这一问题突现在全社会面前。中共十六届三中全会关于把股份制作为公有制实现的主要形式的结论,不仅已为马恩的股份制理论"正名",而且又发展了它。本书第三章在这个问题上的上述立论,就笔者所知,在国内外尚属首次,希望引起学术讨论。

作为中国航天业及其民品产业实施股份制改革的指导,江泽民国防和军队建设思想,以及胡锦涛为总书记的党中央对它的继承发挥,其中包括根据知识经济时代的特征调整中国国防战略思路,立足科技强军,利用市场功能和股份制强化军民两用高新科技研发,实施"寓军于民",加强航天产业等,是本书第四章注目的对象。它的内容还包括研究国内军工企业"军转民"的成功经验及现存的若干问题,以提供航天科技企业进一步发展民品产业的国内参照系。它实际上与第二章当代世界武装力量和军备竞争中的航天业共同构成了对国内外"寓军于民"实践经验教训的比较完整的考察，目的在于对第五、六、七章提供指导依据和全方位的中外实践经验参照系。其中，既有案例的解析和微观方面的展示，也有宏观方面的数据和逻辑推演，力求比较全面地显示当代全球"寓军于民"大趋势。第四章还将说明中国"寓军于民"的成功经验首先表现在相关企业股份化改革的深入推进，这种推进是根据中国国情适时、适度、适当实施的。本书第二章对外国经验教训的回顾之所以不能完全代替第四章对国内经验教训的返视，根本原因便在于中国的国防工业，特别是被包括在其中的航天产业，在体制出发点和改革思路方面，均与外国有巨大差别。如果说，西方发达国家军工"军转民"和"寓军于民"是在既有的市场经济和股份制框架内推进的，那么，中国则须同时进行两个转轨：从计划经济到市场经济，从计划经济中的"军工"到市场经济中的"寓军于民"。这当然就不能不表现出自己独有的特征。当今中国航天民品产业发展，只能在这种背景下推进，而不是在西方发达国家的那种状态下深化。所以，第四章回顾邓小平、江泽民、胡锦涛国防和军队建设思想及中国国防工业"军转民"和"寓军于民"的经验教训，对完成本书既定任务，不可或缺。

江泽民曾指出："在当今世界，任何一支军队，如果关起门来搞建设，拒绝学习外国先进的东西，是不可能实现现代化的。我军进行现代化建设，必须面向世界，跟上世界军事变革和发展的潮流，积极借鉴各国军队特别是发达国家军队现代化建设的有益经验，有选择地引进先进的技术装备和管理方法。"[1] 据此，

---

[1] 江泽民：《论有中国特色社会主义（专题摘编）》，中央文献出版社2002年版，第462页。

本书第二章围绕借鉴外国国防工业"军转民"和"寓军于民"的经验教训而展开。如本书前言所说，航天产业一方面是知识经济时代的高科技支柱产业之一，但另一方面，它又只能首先被作为军事工业而存在发展。在我国，航天产业也首先是被作为国防航天产业来思考的。同美国相似，它的民品产业发展，也是被作为"军转民"和"寓军于民"问题来对待的，本书因之。冷战期间及冷战之后，美国迫于经济压力，多次实施"军转民"，包括发展航天业的民品生产，其中既有失误，也有比较成功的经验。后者主要是按照市场经济要求，使航天军工企业进一步股份化，包括在大力发展创新型中小企业的同时，实施大型军工企业的兼并重组等，并以此为据展开多种经营。美国近年出现的"军民一体化"理论，更是在军工企业进一步股份化的基础上，实施"寓军于民"的一个理论突破。把美国的这种理论突破经验教训作为参照系，可以使本书关于中国航天科技企业民品产业发展首先应倾力于进一步推进股份制的思路更具有开阔的世界性历史视野。

最后的第五、六、七章，则正面触及本书主题，即根据邓小平、江泽民、胡锦涛国防和军队建设思想，以及马克思主义产业经济学基本理论，立基于有关全球现状和历史差距，借鉴国内外的成功经验，提出相应的中国航天业及其民品产业发展的股份化战略框架和对策建议。其中，作为本书重心所在，第六章根据航天业作为高科技行业而最早与知识经济接轨的实际，仔细论析了中国航天科技企业必须强化知识产权管理而为自己的股份化改革提供微观前提的问题。如果说，强化知识产权管理问题，在中国别的一些行业，特别是在劳动密集型行业目前股份化改革中还并非主要问题，那么，它在中国航天科技企业的股份化改革中，就具有关键性的地位。这是因为，在作为高科技企业的中国航天科技企业中，股份化的主要内容之一，即以知识产权作为股份化之根据。第七章则注目于中国航天科技企业股份化改革的一般框架，包括建议中国航天业及其民品产业应尽快引进民间资本，实施投资主体多元化，对一些利用率有待提高的资产开展融资租赁，强化会计管理，以及可与国外同行合作等，并探讨了当前中国航天民品产业的重要性及其股份化改革中的若干特殊问题。

二　本书若干常用概念界说

（一）"军转民"

在我国，它最初"是指军工企业将多余的生产能力转产民用产品，是指生产能力的转移。80年代初，与国内技术市场兴起的同时，军工技术和平利用成了军转民的又一重要内容，这当中包括用于武器装备上的技术成果和平利用及国防科技人员转向从事民用工业，后来扩展到包括军队的军地两用人才培养和退伍人员的社会就业等"。

后来，还有论者从经济学角度，给它下了另一个定义："军转民是一个国家国防资源以民用为目的的第二次开发和在国民经济当中的重新配置。"在这种定义中，"军"实际指"国防资源"，"转"就是"二次开发"，"民"则指"以民用为目的"[①]。按此定义，"军转民"是一个国民经济学和产业经济学的概念，涉及国防资源以民用为目的的第二次开发和重新配置的各个层面和方面，包括整个国民经济、知识经济的宏观层面和军工企业的微观层面，也包括军工生产力、军工技术、军用装备武器、军事人员、人才政策、教育政策、分配政策等各个方面。西方《国

---

① 金朱德、安卫民：《国防资源的二次开发和重新配置》，载《航天技术与民品》2002年第5期，第3—5页。

防经济学手册》一类著述把"军转民"问题列入"裁军经济学"部分，认为它应被定义为"资源从军事部门向民用部门的重新分配"①，也是有一定道理的。产业经济学不是政策文件汇编，它应当从经济学的角度严谨界说政策文件中常用的某些基本概念。

我国还有学者指出，"不同的国家、地区，在不同的时期，军转民的重点、途径、形式有所不同，但其内涵是大体相同的"。他还把"广义上的军转民"的外延归纳为六个方面：其一，国防科学技术和平利用；其二，武器装备的和平利用；其三，军事设施的和平利用；其四，军品研制、生产能力（仪器、设备、生产线以及占用的土地等）的和平利用；其五，军人及从事军品科研、生产人员的社会就业；其六，军事及军品科研生产的"软件"方面的和平利用（包括军事战略、战术思想，管理理论，方法等）。他还介绍了1993年在香港召开的"军转民国际合作交流会"对"军转民"的定义，大体同上②。

本书吸纳以上各说的合理因素，认同关于"军转民"的经济学界定及其外延包含的六个方面。当然，在不同语境中，本书使用的这一概念也可能特指其六个方面的某几个或某一个方面。

严格地说，"军转民"只是中国"寓军于民"和"军民结合"方针实施中的一个特定时段的特定形式，主要适用于对冷战结束后中国国防资源转向民用目的的描述。

（二）"军工"

即"军事工业"的简称。我国"军工"体系包括兵器、航

---

① 卢周来：《剑与犁——当代国防经济的理论与实践》，石油工业出版社2003版，第324—350页。

② 甘志露、刘希宋：《"军民两用"方略与"军转民"方略的区别与联系》，载《国防科技工业》2003年第2期，第27—28页。

空、航天、核、电子、船舶等部类。在某些情况下,"军工"又指军事工业企业。在本书中,"军工"概念与"国防工业"概念可以互换;在许多情况下,它也大体相当于国外或英语中常用的"国防工业基础"(DIB)概念,因为,DIB也"由向国防部门提供国防以及与国防相关的装备的公司企业组成"[①]。

(三)"民品"

即军工企业生产出的"民用产品",它是相对于"军品"即"军用产品"而言的,亦即"非军品"。按照我国当前分类,它又被划分为"主业民品"或"军工民品",指军工企业生产出的既可军用也可用于民用目的的产品,如航天器、发射火箭等。与之相对的则是"非主业民品"或"非军工民品",如作为国防工业企业的航天企业离开自己的本行,生产出来的汽车和摩托车之类的民品。民品也可分为"支柱民品"和"优势民品",它们特指军工企业生产出来的并在市场占有方面具备"支柱产品"或"优势产品"性质的民品。

(四)"产业"

这是产业经济学的主要概念。"在英文中,产业(Industrial)既可指工业,又可泛指国民经济中各个具体的产业部门,如工业、农业、服务业,或者更具体的行业部门,如钢铁业、纺织业、食品业、造船业等等"[②]。在这个界定中,本书标题中的"产业"指最后一种;论述行文,也往往是在这一含义上使用它,即特指生产相同产品或具有替代关系产品的企业的集合[③]。

[①] 臧旭恒、徐向艺、杨蕙馨:《产业经济学》,经济出版社2004年版,第5页。

[②] 同上。

[③] 赵玉林:《高技术产业经济学》,中国经济出版社2004年版,第242页。

(五)"高技术"

在本书中这一概念主要是从产业经济学角度使用的,指研究和开发(R&D)经费占产品销售额的比例、科研人员占雇员的比重、产品的技术复杂度这三项指标超过一定标准时,这类产品就被称为高技术产品,生产和经营这类产品的企业就被称为高技术企业"。我国"863"计划和"火炬计划"均把航天技术产业列为"高技术"产业[1]。

---

[1] 赵玉林:《高技术产业经济学》,中国经济出版社2004年版,第1—2页。

第二章

当代世界武装力量和军备竞争中的航天业

如前所述,当代航天产业的一大特征,是亦军亦民,军民一体。它和其他兵器产业的最大不同,是它的产品总体上既可用于军事目的,也可用于民用目的,这就决定了它与当代世界武装力量和军备竞争的不解之缘。而这种不解之缘又是在当代市场经济的大框架中显示的。

第一节 国外当代股份制和跨国公司

上述不解之缘是在当代市场经济的大框架中显示的,因此,本书在这里不能不插入先讲当代市场经济中最具代表性的股份制。

股份制企业强大的筹资功能使它可以根据社会需要而不断与时俱进地扩大规模、开拓新的生产领域和新的销售市场。二战以来,在比较长期的非战环境中,股份制的优越性获得了空前的表现。它进入了一个崭新的阶段,即当代股份制。

一 当代股份制

股份制是商品经济发展到一定阶段的产物,是社会化大生产和信用制度发展的产物。它是按一定法律程序,通过发行股票筹集资本,建立法人企业,并按投资入股的份额参与企业管理和分配的一种企业组织形式、经营方式和财产制度。它不是资本主义的专利。

西方股份制是伴随着资本主义经济一同生长繁盛起来的，它有很大的包容性和适应性。我们正在建设社会主义市场经济，正在建设现代企业制度，同样可以而且必须引入股份制。

狭义的股份公司仅指"股份有限公司"，它是股份制高度发达成熟的形态，与之相比，"有限责任公司"在成立程序、资本规模、内部结构、运作机制等方面都要简单得多。本书所讲"股份制"，主要指股份有限公司，也指有限责任公司。

二 西方当代股份制的三大类型①

美国、德国、日本三国公司在当代西方世界具有典型意义，分别代表了三种不同类型的当代股份制。当代股份企业不可避免地会出现投资多元化，众多不同类型的股东也自然会形成各种不同的持股结构，而日、德、美各有典型特色。

（一）日本的"法人持股股份制"

法人（而不是自然人），是日本企业持股结构的突出特点。一些学者据此称日本的体制为"法人资本主义"。1990年，日本已经发行的全部股票时价总额中，法人持股的比例高达72.1%，自然人持股率只有23.1%（其余为政府、公共团体和外国公司的持股）。日本大量持股的法人主要有两类：一是企业法人，其持股率为25.2%；二是金融机构，其持股率为45.2%。可以设想，企业法人相互持股，可以保持企业间长期协作关系，成为维系企业间关系的重要纽带。金融机构与企业之间相互持股，对企业来说，是为了保证资金来源的稳定性；对金融机构来说，其持

---

① 刘云清：《国外市场经验考察》，湖北人民出版社1994年版，第13—23页。

股的兴趣主要不在于数量有限的红利，而在于通过与持股企业的贷款交易以及与此相关的各种金融交易来获得利益，即金融机构的持股同样是为了同企业保持长期稳定的交易关系，以保证自己的投资安全和长期发展。这也是日本所盛行的"主力银行制"的实质所在。

在日本，法人的长期股票投资，有相互股票投资和单向股票投资两种形式。相互股票投资存在于大企业之间，单向股票投资则存在于大企业与中小企业之间。核心大企业对其麾下企业的单向股票投资，组成庞大的企业系列；大企业之间通过相互股票投资，则可结成规模巨大的企业集团。

企业集团成员之间的相互股票投资，是法人之间相互股票投资的典型形态。以日本最典型的大型企业集团——三菱集团为例，三菱重工持有三菱银行3.2%、三菱商事3.12%、三菱电机14.7%的股票；三菱银行则持有三菱重工3.60%、三菱商事4.93%、三菱电机3.36%的股票；三菱商事也持有三菱重工1.58%、三菱银行1.72%、三菱电机0.93%的股票；三菱电机又持有三菱重工0.93%、三菱银行1.44%、三菱商事1.44%的股票。这种严密而复杂的矩阵型相互持股关系，在日本六大企业集团（三井、三菱、住友、芙蓉、三河、第一劝银）中是普遍存在的。除此之外，在不同企业集团的成员之间，以及集团内企业和集团外企业之间也普遍存在相互持股关系。日本全国上市股票总额中，约有三四成被大企业之间相互持有。

企业系列内的单向股票投资是单向股票投资的典型形态。三菱集团的核心大企业——三菱重工，主要子公司有35家，三菱重工控制了麾下企业的大部分股票，其中三菱汽车和东洋制作所还是上市企业，三菱重工的持股比例分别为26%和37%。

此外，不属于企业间相互股票投资，也不属于企业系列内单向股票投资形式的法人单向股票投资，也是大量存在的。

日本的这种法人长期股票投资有四个特点。第一，这是一种纯粹政策性投资，不以直接获取投资收益为目的，而是为了强化企业间的结合关系。显然，这种股份制形式有逆于市场法则的因素。第二，投资规模巨大。第三，投资期长。第四，投资对象相当集中、固定。因此，日本的大公司常常是难于灭失的。它限制了优胜劣汰。这是由日本的国情决定的，它有好的一面，也有不好的一面，见后述。

（二）美国的"个人股东股份制"及其向"机构投资股份制"的转型

美国股份制一直按标准的市场法则运行。20世纪70年代，美国的个人持股率70%以上，80年代个人持股率有所下降，到90年代仍有56%。美国公司股票的第二大持有者为退休基金、相互投资基金等所谓"机构投资者"，1990年持股率达36.6%。"机构投资者"除了具有中介性质和持股集中的特点外，在投资目的和行为上与个人投资相似，二者都是为了获得较高的投资收益，对同企业保持长期关系不感兴趣，而对红利和股价的涨落十分敏感。这与日本模式有巨大区别，但也增加了股市的不稳定性。

近年美国股份制的一个显著变化是，"机构投资"者如养老基金、保险基金和信托机构的投资，在大的上市公司股权结构中所占比例越来越大。1990年，"机构投资"者拥有美国1000家最大上市公司2/3的股权；在英国，1992年私人拥有的企业股权降至1/4以下，而此前"机构投资"者的股权已达2/3以上[1]。这证明，美国的股份制已逐渐由"个人股东股份制"向

---

[1] 翁杰明等：《与总书记谈心》，中国社会科学出版社1996年版，第157页。

"机构投资股份制"转型。在后者的股东中,大量的是作为"机构投资"者的金融公司、银行、控股公司和保险公司等。

值得注意的是,在美国,随着企业越来越摆脱传统私有制的羁绊,法律也已有意识地限制股份制逆向地向私有财产方向推进。例如,在20世纪80年代后期,美国有的地方出现了股份企业之间"恶意收购"的现象。收购者通过股市高价收购对方股票,以实现对对方的控股;一旦实现控股,即利用股权改组高层管理人员,修改原有经营方针等,以达到收购者的目的。针对这种情况,美国宾州议会于1989年通过了新的"公司法议案",规定无论拥有多少股票,任何股东最多只能享有20%的股票权等。资料显示,此后,美国有28个州对公司法作了类似的修改,占美国州数一半以上。在一定的意义上可以说,在美国,已有一半以上的地方开始自觉地运用法律手段限制股份制向私有制方向逆转[1]。

(三) 德国以有限责任公司为主的股份制。

在德国,股份有限公司远不如日、美发达,企业主要采用有限责任公司的形式。其中,据1990年资料,个人股东占17%,非金融法人占42%,人寿保险占12%,银行占10%。显然,德国的法人持股比例也很高,且"机构投资"者所占份额也很可观。在德国的"一股一票"制之下,股份制公司显然是私人难于左右的。

著名的西门子公司最早创始人占有51%的股票,公司几乎可以被看成他的私产。他发行股票,只是为了吸收社会基金以增强自己的竞争能力。但是,在岁月的推移中,他的后代子孙分割了这51%的股票,最后形成了没有一个个人可以控股的局面。

---

[1] 翁杰明等:《与总书记谈心》,中国社会科学出版社1996年版,第156页。

于是，在漫长的岁月中，西门子公司创始人的后裔也成了该公司普通股民，则变成了几千万股票中的普通持有者，董事会成了反映社会各方面意见的一个决策机构。其中，作为其经营者的经理，则是董事会选出来的，其工资与其业绩挂钩，但企业的股票却不允许高层管理人员购买。由此可以看出，如今的西门子公司，至少已是一个西方的"集体企业"了[①]。

三　作为股份制产物的跨国公司[②]

按照联合国《跨国公司行为守则草案》的定义，跨国公司"系指由在两个或更多国家的实体组成的公营、私营或混合所有制企业。不论此等实体的法律形式和活动领域如何，该企业在一个决策体系下运营，通过一个或一个以上的决策中心的具有吻合的政策和共同的战略，该企业中各个实体通过所有权或其他运行方式对其他实体的活动进行有效的影响，特别是与别的实体分享知识、资源和责任"[③]。从这个定义可知，跨国公司是当代股份制发展的一种新形式或新阶段。原来只局限于一国之内的当代股份制企业形成已经不能满足全球经济一体化的需要了，于是，这些现代股份制企业逐渐地从组织自己的国外分公司，转轨到建立各资本输入国的合营公司；从单纯收购外国公司的股票以牟利息，转轨到通过并购等手段建立国外新的子企业，从而使跨国公司在二战以后快速发展起来。我国有的学者认为，这种当代跨国公司"表明股份制作为由私人资本向社会资本过渡的形式已跨

---

① 翁杰明等：《与总书记谈心》，中国社会科学出版社1996年版，第148页。
② 刘云清：《国外市场经验考察》，湖北人民出版社1994年版，第287—314页。
③ 翁杰明等：《与总书记谈心》，中国社会科学出版社1996年版，第163页。

越了国界的范围","从而为世界大同奠定了经济基础"[①]。从马恩股份制理论的精髓来看，这种判断不是毫无道理的。中国当前也积极欢迎作为跨国公司的世界500强等进入，至少表明跨国公司进入中国也有利于中国经济发展的作用。

(一) 当前跨国公司发展的若干特征

特征之一，是跨国公司及其国外子公司在数量上猛增，已经成为经济全球化中的主力之一。20世纪60年代末，发达国家拥有的跨国公司仅7000余家，其国外子公司仅2.7万家。到90年代初，据联合国贸发会议《1993年世界投资报告》的统计，世界跨国公司已达3.66万家，其国外子公司共有17.15万家。其中，发达国家拥有的跨国公司为3.35万家，其国外子公司达8.18万家；发展中国家拥有跨国公司2.7万家，其国外子公司有7.13万家。

特征之二，是跨国公司在世界经济一体化中的作用日益重要。在20世纪70年代以后世界经济迅速变动中，有两个趋势表现得越来越明显。一是世界经济表现出不断突出的区域化集团化趋势；二是市场经济的发展带动了生产和资本呈现国际一体化发展态势。其中，跨国公司的销售额达5.5万亿美元，超过世界商品与劳务出口的总额，后者只有4万亿美元。跨国公司内部贸易也增长迅速。1966年跨国公司的内部贸易占世界贸易总额的22%，90年代初上升至30%~40%。目前，跨国公司从事的国际贸易，在世界贸易中占的份额已超过了七成。另据报道，1990年全世界500家最大的跨国公司的销售总额为5万亿美元，相当于整个西方世界国内生产总值的1/4。在2000年，全世界300家最大跨国公司的销售额将达到西方世界国内生产总值的3/4。

---

① 翁杰明等：《与总书记谈心》，中国社会科学出版社1996年版，第164页。

特征之三，是直接投资主要集中于发达国家，但发展中国家特别是中国吸收外来投资有上升趋势。据1993年世界投资报告统计，主要发达国家（美，日，德，英，法，加，澳，意，荷）的国际直接投资总数额在各主要年份分别为：1970年1290亿美元，1980年4750亿美元，1990年1436亿美元（占世界对外直接投资的90%）。80年代，跨国公司投资主要集中于美国、欧洲和日本，90年代初跨国公司对外直接投资额下降，但对发展中国家特别是对中国的直接投资却持续上升。发展中国家特别是中国的外国投资占世界对外直接投资的比重，1990年占19%，1991年占25%，1992年占30%（见表2—1）。

表2—1　1987—1992年国际直接投资流进流出表（10亿美元）

国家\年份	1987	1988	1989	1990	1991	1992
发达国家						
吸收外资	109	132	167	172	108	86
对外投资	132	162	203	225	177	145
发展中国家						
吸收外资	25	30	29	31	39	40
对外投资	2	6	10	9	5	5
所有国家						
吸收外资	135	162	196	203	149	126
对外投资	135	168	213	231	183	150

资料来源：联合国贸发会议：《1993年世界投资报告》（1993年）。

特色之四，是跨国公司投资日益由第二产业转向第三产业。其中包括，它们对第一产业和资源加工型产业的投资减少，而对技术密集型和服务业的投资则显著增加。以发达国家为例，在对外投资存量中，对第一产业投资比重由1970年的22.7%降至1990年的11.2%，第二产业的投资比重由1970年的45.2%下降到1990年的38.7%，第三产业的投资比重则由1970年的31.4%上升至1990年的50.1%。在吸收的外资存量中，第一产业、第二产业的比重分别由1970年的16.2%和60.2%下降到1990年的9.1%和42.5%。

特征之五，是跨国公司已日益适应国际竞争的需要，开发广泛的联合与协作，来发挥规模优势，分散风险，缩短技术项目的开发时间，加大科技投入密度，达到共享开发收益的目的。其中令人注目的是，近年来，日本在化工、电子、冶金和生物工程等部门推出的新产品中，八成以上是通过跨国公司合作开发的形式实现的。它是跨国公司促进生产力发展的缩影。1992年美国钢铁公司和日本住友金属公司合作，研制成功高抗蚀性双面镀锌钢板；法国、德国和意大利等国的七家软件公司后来研制成功综合软件系统；德国的西门子公司和荷兰的飞利浦公司合作，在世界上率先开发了400万字节的电脑记忆芯片；波音公司正与欧洲的空中客车公司谈判合作生产超大型商用飞机等，都表明跨国公司在全球范围开展激烈的竞争的同时，集团化与合作化的势头也得到加强，从而也加速了世界经济一体化。

(二) 跨国公司的组织与管理

跨国公司的生产经营活动大体在本土以外的其他国家进行，使其组织与管理方式均表现出与国内公司不同的特点。

在西方跨国公司扩张过程中，其基本组织形式也经历了由简单到复杂、由低级向高级的发展历程。这里，仅将跨国公司在海外的组织结构归结为：国外销售部、国际业务部、全球性立体矩阵式组织等，下面加以简介。

(1) 国外销售部。是一种初级的跨国公司经营组织形式。作为跨国公司总公司的职能机构，它与生产部、营业部、财务部等处于同一等级，主要从事国外商品的销售业务，但也在国外兴建商品输出服务的销售、仓储、运输及其他服务性设施。这个部门在业务上虽然往往由公司总经理领导，但却能够保持较大的相对独立性。最早欧美的跨国公司大体均采用这种组织形式。

(2) 国际业务部。由于海外子公司及其附属机构的增多，国外销售部这种形式从人员结构和运转效率上都逐渐不能适应公司向海外扩张的需要，于是，跨国公司国际业务部便应运而生。它在行政隶属上由总公司副总经理直接领导。但事实上，许多跨国公司的总经理也兼任国际业务部经理。国际业务部的职能是：经管跨国公司商品和资本的输出，监督海外企业的生产与经营，协调解决国外子公司间的矛盾与问题，制定公司的全球经营战略。它的设立，有利于加强母公司与子公司的联系，协调好国内与国际两个市场的业务，使公司的全球战略得到贯彻。但由于这一机构的设立，也加强了跨国公司对国外子公司的计划控制，大大削弱了子公司对市场变动灵活反应的权利，对子公司的决策造成一定影响，因而会出现妨碍子公司效率提高等副作用。这种组织形式，在二战以后发达国家的跨国公司中十分普遍。

(3) 全球性职能分部。指跨国公司按总公司的生产、销售、财务等职能，组成各个分部；总公司副总经理执掌生产分部，相应地，销售、财务副总经理各执掌销售与财务分部。这种职能分部的主要特点，一是适宜于在产品相对单一的跨国公司中建立。只有这样，在生产管理、财务管理、销售管理上才能按照一个相对统一的规章制度来协调和管理各子公司，也使得这种管理方式简单而不过于复杂。二是有利于总公司对设立在国内外的分公司进行业务指导，便于实行统一的成本核算和利润考核。但因各部门之间分工的不同，这种形式往往造成子公司间协调上的困难，也难于开展多方面的经营业务。于是，下述的以地区分部代替职能分部的新的组织形式便应运而生了。

（4）全球性地区分部。指跨国公司为了满足协调和组织各地区子公司经营活动的需要，按照全球各地区分别设置地区分部，以便协调各地区内子公司间的关系，并且有针对性地建立适合于各地区的经营战略。如各国建立的北美分部、拉美分部、欧美分部、远东分部等。各地分部分别由总公司副总经理领导。这种组织模式往往是用于产品系列少且市场销售条件和生产水平接近或一致的跨国公司。

（5）全球性产品分部。对于大型跨国公司来说，产品开发往往讲究向系列化和满足不同消费者层次的多样化方向发展，地区分部往往难于组织和协调有关产品发展和技术传播等问题，于是便要求按照产品类别建立起与之相对应的组织。这样，就出现了建立产品分部的迫切要求。所谓产品分部，都是按不同类别的产品设立，分部不仅领导国外子公司，而且也领导国内子公司。每个产品分部都具有六种职能，即：研究和开发、产品制造、市场销售、质量检验、财务、人事管理。由于每个分部的工作范围都相当于一个跨国公司，因而对分部都可通过盈利率、市场占有率等指标考核其工作绩效，从而在跨国公司内部形成一种带有竞赛性质的竞争机制。

（6）全球产品事业部。是由生产线相近的产品分部组合起来的一种组织，主要用于协调下属各产品分部的经营活动。它除了便于各个生产线相近的分部联合与协作开发新产品外，也有利于这些分部共同开拓市场。目前，美国的休斯特—帕卡德公司就设立了6个事业部。这6个事业部在产品开发品类上有明显区别，但在协助公司管理各产品分部的销售、财务及工程设计上的目标却是一致的。其基本职能是协调产品生产特征接近的各产品分部间的关系，强化对这些分部在开发和经营方面的管理，行使总公司赋予的一些管理和协调组织权力，以创造更大的企业利润。这种组织形式多为大型跨国公司所采用。

（7）全球性立体矩阵式组织。也被称作系统式和多维式组织。起初是由美国一些航天大公司在执行其宇航计划中形成，后来亦为各发达国家的跨国公司所效仿。在这种组织形式中，总公司通过职能分部、产品分部和地区分部三方面机构的相互协调，来实现对国外子公司的领导。以产品分部的经营活动来说，在其他组织形态中，产品分部可以单独直接领导其下属的生产性子公司；而在新的组织机构中，产品分部不能单独拍板，而是要由以它为主并包括各职能部门的代表和地区分部代表参加的产品分部委员会共同协商，进行决策。由于广泛吸收了各方面的意见，这样的决策便易于得到理解和执行，并有利于减少公司内部各部门之间的矛盾，保证总公司全球战略方针在各项决策中得以贯彻。

就组织生产要素、配置生产力以获取利润而言，跨国公司的组织管理与国内企业的组织管理并无本质上的区别，它主要包括了目标管理、质量管理、营销管理和风险管理等因素。但因跨国公司的生产经营活动要延伸到与母公司在语言、文化、体制、市场、风俗、习惯等方面有明显差别的另一个国度，这就大大提高了经营管理的难度，并且也赋予管理模式以不同的含义。

以目标管理来说，跨国公司在实现利润目标时，必须考虑在国外设立的子公司的规模、技术水平和东道国的政策管理体制，据此才能设计出实现利润最大化的可行性措施与方法。比如，跨国公司母国为发达国家，子公司在不发达国家设置时，考虑到其市场容量等因素，通常会把比较成熟的技术转移出去，允许利用东道国的人力资本低的有利因素，来实现利润的不断扩大。在确立市场目标时，必须考虑到东道国的市场容量、消费习惯、不同阶层人们的消费心理和消费偏好等因素。还需要考虑在语言等方面的障碍，来迎合不同消费者的需要。如美国通用汽车公司曾使用"诺瓦"品牌的汽车，但该名称在拉丁美洲的语言中表示"跑不动"；美国一家广告公司广告用词用了"使人满意"的词汇，翻译成法语却是"致人怀孕"，因此，如果语言使用在由母国移向东道国时不进行调整，便会在市场开拓上遇到障碍和麻烦，无助于企业市场目标的扩展。

营销管理是跨国公司经营管理中的一个重要环节。现代营销管理一般都是在对市场需求广泛调查的基础上，按照最终消费者的要求进行生产和销售。通常这种行销过程包括五个方面，在国外称之为"五 P"，即产品（Product），价格（Price），地点（Place），推销（Promotion），人（People）。也就是说，企业必须采用合格优质的产品，采用适合于消费者水平和意愿并能够诱发消费者购买欲望的价格，采用合适便当的营销渠道，采取广告、有奖销售、降价等可能的推销手段，以满足顾客多方面的需求。其中，首先是应该对消费市场容量和需求状况进行广泛的调查。比如就日常消费品来说，消费者的需求就千差万别，区别很大。一来由于各国各地区自然社会环境方面的差别，使得人们在消费品的选择上有着不同的偏好。二来由于消费品市场多已由卖方市场转向买方市场，消费者在产品质量、外观、价格等方面的选择便更为苛刻，而且消费潮流也在不断变化。三是不同层次不同年龄的人购买消费品的需求偏好也截然不同。这就要求公司在经营中应该确立目标市场，这个目标市场可以是区域性市场，也可以是局限于某一层次消费者的市场。这里我们列出了西方一些国家消费行为的差别（见表2—2）。

表 2—2　　　　　西方一些国家消费行为的差异

（1975 年，每 100 个家庭的拥有量）

项目＼国家	法国	联邦德国	英国	意大利	荷兰
洗衣机	16	59	25	67	53
冷冻设备	13	31	26	25	21
彩色电视机	17	28	34	2	38
吸尘器	26	90	89	29	99
洗碟机	4	4	4	10	7
食品搅拌机	66	66	36	37	70
暖气	66	48	42	27	35

由表 2—2 可见，在欧洲不同国家，对产品的消费行为可以有相当大的差别，尽管这些国家的经济发展程度都很高，日用消费在日常支出中占较小的比重。彩色电视机的拥有量，荷兰为 38%，而意大利只有 2%，这是因为意大利的电视节目缺乏吸引力，意大利对吸尘器的需求量也小，这是因为意大利的地板多为大理石或水泥铺面，不铺地毯，因而对吸尘器的需要量不大。就暖气设备而言，联邦德国的拥有量很高，而意大利却很低，这是因为意大利气候温暖的缘故。但意大利人很重视减轻家庭劳动的负担，所以洗衣机、洗碟机的拥有量很高。当然，市场调查还要侧重于对市场竞争对手和市场发展潜能的调查。只有在广泛的调查的基础上，才能够确定公司的营销战略。

（三）跨国公司在当代中国[①]

跨国公司是从 20 世纪 80 年代初开始进入中国的，合资是当

---

① 蔺玉红：《从诺基亚 20 年看跨国公司的充公之路》，载《光明日报》2005 年 2 月 22 日。

时跨国公司进入中国的基本模式。因为，一方面，中国政府政策规定在一些领域外资进入必须由中方控股，外资企业只能通过合资进入中国；另一方面，跨国公司需要中方合作伙伴帮助打开市场，实现本地化生产。通过在中国大规模设立企业，这些跨国公司把现代企业制度引进了中国。通过强化企业责任，跨国公司把最新的企业理念引进了中国。通过引进企业硬件、制度和理念，跨国公司成为中国可持续发展的积极因素。

从总体上看，跨国公司对中国经济发展的促进作用主要体现在三个方面：（1）从宏观经济角度来说，跨国公司在投资、税收、外贸、就业等主要方面发挥了越来越大的作用；（2）对中观层面的行业、产业经济的发展发挥了积极作用；（3）在微观层面，通过竞争与合作促进了我国企业的发展。

诺基亚是其中一例。它约有正式中国员工4700人。自2000年起，诺基亚一直是中国移动通信领域最大的出口企业，5年累计出口达到100亿欧元。2003年，诺基亚的手机出口量占中国所有手机出口量的1/3，诺基亚在华采购金额超过150亿元人民币，纳税在北京外企中排名第一。过去它是直接投资，现在它还带动其他各种投资，如星网工业园项目就带动了超过100亿元人民币投资，直接带动的就业人数大概在3万人左右。诺基亚在中国的20年，正是中国通信产业大发展的20年。诺基亚对中国产业和社会的贡献可以分为两部分，一个是"硬"贡献：在中国移动通信产业发展过程中，诺基亚为中国提供了先进的网络和终端设备，带来了前沿的创新科技；提供了产业技术发展的趋势思路；带动了电子元器件、软件、应用开发、配套设备等产业链的发展；创造了新的巨大的税收、出口和就业机会。第二个就是"软"贡献：诺基亚来到中国，带来了世界优秀的企业管理方式、企业文化和发展理念。诺基亚这样的跨国公司所起到的

"领头羊"作用,促进了中国民族产业的发展和民族企业的升级。从长远的积极意义来看,其"软"贡献更为重要。

跨国公司对中国社会与文化的影响虽然看不见,摸不着,但更为深刻:改革开放以来,中国政府官员、企业管理者和企业员工全面地与跨国公司直接接触;在跨国公司中,中国人与外国雇员共同工作,相互了解和相互促进,这种学习促进了中国经济体制改革和企业市场经营机制的转换,促进了国有企业的改革和民营企业的成长。跨国公司进入中国后,中国一批白领阶层诞生,影响了中国社会结构的变化,促进了中国人思想观念的转变。

概括地说,跨国公司在华投资促进了中国宏观经济的繁荣和景气,带动了新兴行业的兴起,推动了中国企业的市场化。因此,它们不仅是中国经济发展的引擎之一,还是中国体制转型和观念更新的重要催化剂。

可以说,跨国公司是全球范围内先进生产力的一个体现者。跨国公司的经营理念展示了可持续发展的理念,跨国公司的经营方式表明了可持续发展模式。在华绝大多数跨国公司的使命和愿望都与中国可持续发展观相吻合,它们不仅追求经济目标,而且追求社会和环境目标。一批发展较快的跨国公司已经把在中国的行为提高到了一个新的层面,开始强化公司对中国社会的巨大责任。

第二节 美国的航天政策、产业、军兵种

毫无疑问,美国航天业是全球航天业的典型,也是在航天军事化上走得最远的国家。中国航天业的改革发展,首先要以它作为参照系。

一 二战后美国国防工业"寓军于民"的战略选择

当苏东社会主义各国按照既定思路,把股份制当作帝国主义的专利品并大搞计划经济的时候,西方各国经济发展却沿着市场经济及其必然要求的股份制之路,大大提升了劳动生产率和综合国力。

这一点,在当年冷战中作为一种极重要产业的国防工业上表现得尤其鲜明。在1989年苏东剧变之前,社会主义各国的国防工业企业均实行国家所有制和计划经济体制。而西方各国却与之相反,一般均按照市场经济的固有要求,在国防工业企业中基本上实施股份制,并基本按照市场经济模式解决供销问题。其结果,是前者斗不过后者,以整个国家制度、国防及其工业大崩溃告终。于是,冷战结束。

二战以后,美苏两国制造的长达数十年的冷战,是双方反复较量的漫长过程。其间,二战结束以后,朝鲜战争后,越南战争后,以及苏东解体后直到现在,双方国防工业曾四次面对"军转民"问题。"寓军于民"的战略曾被反复讨论和实施。本章将对全球一些有代表性国家在四次"军转民"过程中的相关理论和实践加以简要评述,意在为中国国防企业特别是陕西航天科技企业通过股份制改革而走上"寓军于民"之路提供一种全球的历史参考系。

在谈到"寓军于民"方略时,江泽民曾明确说:"西方发达国家搞国防科技建设,基本上也是这样做的。西方一些大公司,既生产民品,也提供军品。他们的一些有益经验,我们要加以借鉴和运用";"拒绝学习国外先进的东西,是不可能实现现代化的"[①]。二

[①] 江泽民:《论科学技术》,中央文献出版社2001年版,第209—212页。

战后西方发达国家的四次"军转民",实际上是在市场经济框架下不断提升"寓军于民"水平的渐进过程。借鉴和运用其成功的经验,力求避免其失误,也是中国国防工业特别是陕西航天科技企业改革的内在要求。这是本章的出发点和归宿。

(一) 市场体制下的美国国防工业一般情况

正如江泽民所讲,美国国防工业的优点之一,在于它基本上是在市场经济框架中形成和发展的。

一是,作为以"世界警察"自诩的超级大国和全球经济霸强,美国的国防工业在全世界是最大的。据曾任美国国防部的军工专家雅克·甘斯勒说,在美国,国防工业的作用"几乎同住宅建筑部门的作用相当",而众所周知,后者是美国恒久的支柱产业,而前者"养活了全美大约25%的工程师,支持了全美制造业的大约20%和全美大学计算机科学研究工作的50%,它还造就了许多美国领先的民用高技术产业,诸如通信与导航卫星、超级计算机、喷气发动机与飞机、数控机床和交互网络即'信息高速公路'"[1]。在2001年,美国有46家军火生产商跻身世界军火商百强中,美国国防工业武器销售总额占全球该产业总额的六成以上;其从业人员大体有300万人,较大的主承包商约3.5万家[2]。主承包商以及转包商、零部件供应商,构成了美国军工客商的分层结构,如表2—3所示。主承包商"承担武器系统的总装与试验任务";供应商"则为武装系统提供分系统和部件"[3];转包商介于二者之间。所有这些商业关系均以商业合同而确立。

---

[1] [美]甘斯勒:《美国国防工业转轨》,国防工业出版社1998年版,第18页。

[2] 同上书,第19页。

[3] 同上书,第20页。

二是，美国国防工业不仅地区分布相当集中（主要集中于加州、德州、纽约和马萨诸塞州、弗吉尼亚州、俄亥俄州等地），而且形成了少数大企业承揽大部分军工合同的格局。其中最大的7家防务公司是[1]：

——通用动力公司；

——格鲁曼公司；

——洛克希德公司；

——麦·道公司；

——马丁·玛丽埃塔公司；

——偌思罗普公司；

——雷西昂公司。

大企业霸局的表现之一，是1991年的国防部军工合同近一半被25家大企拿走[2]。它们当年所生产产品总额及军品民品份额如表2—4所示[3]。

三是，与讹传美国国防工业全部是私有企业不同，实际上，美国的"国防工业在所有制上是个公有和私有相并行的结构。在某些领域，例如弹药厂之类，这个部门大体上以公有制为主。在另一些领域，例如飞机制造厂，则实行混合所有制，政府拥有基本设备和厂房，但它们由私有部门经营。军用飞机的大修和日常维修则由政府所有的维修站及私营企业承担"[4]。显然，美国国防企业的主体是混合所有制的股份制，而不再是传统的公有制或私有制。有资料显示，美国国防科研任务的七成以上以及军工

---

[1] ［美］甘斯勒：《美国国防工业转轨》，国防工业出版社1998年版，第20页。

[2] 同上书，第27页。

[3] 同上书，第109页。

[4] 同上书，第110—111页。

生产任务的九成以上,为股份制企业所承担①。回过头来看,美国国防工业的强大,与它的这种所有制结构关系颇大,至少,他优胜于苏联军工企业的单一国有制。应当说,美国二战后国防工业的历次变革,都是在这种所有制结构的总框架中,不断实施优化的过程。对于中国国防工业特别是陕西航天科技企业改革而言,其参考价值颇大。我国一些研究者沿袭西方术语,至今把美国国防工业中的股份制企业当作传统意义上的"私有部门",这是不确切的,本书已作了纠正。

四是,表2—3所示美国各国防企业,在市场经济规则的驱动下,较少有只生产军品而根本不顾民品的企业。至少,在股份制中,企业董事会命令经理军民兼顾。表2—4②给出了美国各主要国防产业军品民品销售额比例。

表2—3　　美国国防部面对的主承包商(1991年)

公司名称	1991年收入(百万美元)			受军品订货影响程度
	国防/航天	总收入	军品收入(%)	
联合技术系统	1187	1187	100.0	影响极大
格鲁曼	3597	3963	90.8	
诺思罗普	5100	5694	89.6	
马丁·玛丽埃塔	5200	6075	85.6	
洛克希德	8340	9809	85.0	
通用动力	7400	8751	84.6	
洛拉尔	2170	2882	75.3	
麦·道	10150	18432	55.1	影响很大

---

① [美]甘斯勒:《美国国防工业转轨》,国防工业出版社1998年版,第41页。

② 同上书,第78页。

续表

公司名称	1991年收入（百万美元）			受军品订货影响程度
	国防/航天	总收入	军品收入（%）	
雷西昂	5000	9274	53.9	
休斯	5900	11700	49.6	
利顿工业	2450	5219	46.9	
特克斯特朗	3423	7822	43.8	
罗克维尔	5200	11927	43.6	
TRW	3111	7913	39.3	
FMC	1172	3899	30.1	
得克萨斯仪表	1890	6784	27.9	影响有限
联合系统	2350	8696	27.0	
联合技术	5500	21262	25.9	
维斯汀豪斯	3245	12794	25.4	
波音	5846	29314	19.9	
联合信号	2213	11831	18.7	
通用电气	7300	59379	12.3	
ITT	1201	20412	5.9	影响很小
通用汽车	6800	122081	5.6	
CTE	1000	19621	5.1	
总计	106645	426730	（平均）25.0	

五是，既然是在市场经济框架中搞国防工业，那么，美国的军品采办管理体制必然是国防部作为"唯一的买主"，即由国防部作为美国政府的代表统一领导和管理军品采办。其中，国防部负责采办与军品技术的副部长是此事的主管，他还是采办执行官，领导着一个班子。

美国各军种是军品采办的执行部门。国防部和各军种统分结合,职责分明;分级管理,层次分明,代表着外国在市场体制下采办军品的基本模式①。

表 2—4　　　　美国某些产品部门军品与非军品销售额

产业部门	估计销售额(%)	
	军品	非军品
造船与船舶修理	80	20
枪支弹药(除小兵器)	84	16
飞机	55	45
无线电与电视通信设备	51	49
半导体	34	66
电子计算设备	10	90

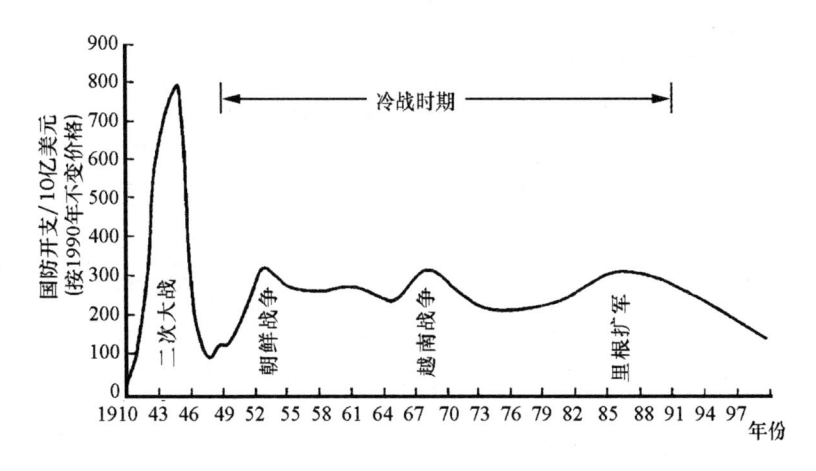

图 2—1　1940 年以来美国各个时期的国防开支

---

① [美]甘斯勒:《美国国防工业转轨》,国防工业出版社 1998 年版,第 98—106 页。

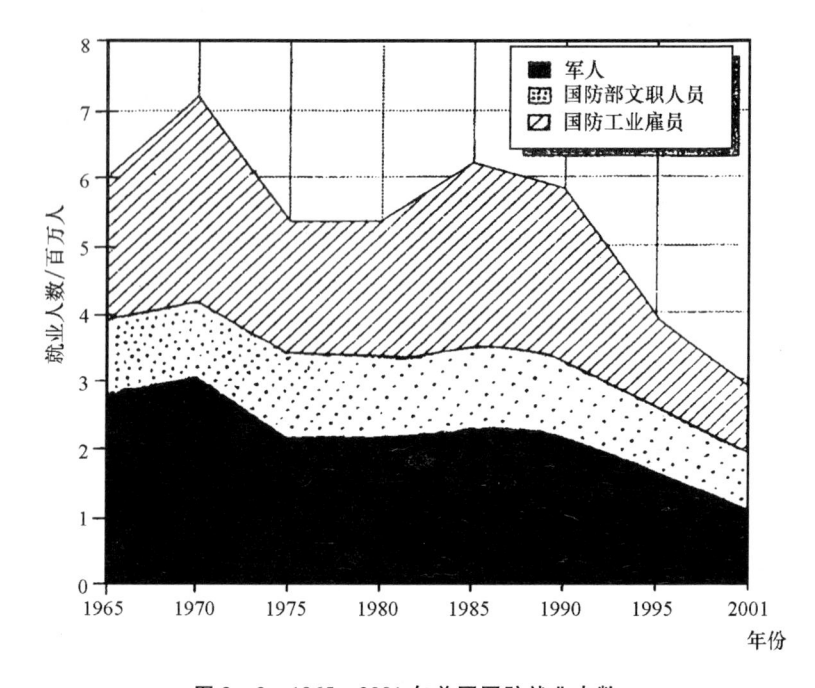

图 2—2　1965—2001 年美国国防就业人数

六是，据甘斯勒的统计和图 2—1 所示[①]，二战结束直到 1997 年，美国国防开支的变动曲线有四次高潮之后的四次跌落。在此期间，在国防工业企业就业的人数大体也同步变动，如图 2—2[②]。据此，一般将美国国防工业的"军转民"分成 4 次[③]，并且认定 20 世纪 80 年代美苏双方军费扩张之后出现的这一"军转民"与冷战持续期间的前 3 次"军转民"有政治上和技术上

---

① ［美］甘斯勒：《美国国防工业转轨》，国防工业出版社 1998 年版，第 218 页。
② 同上书，第 79 页。
③ 同上书，第 227—228 页。

的根本差异，似乎它带有某种"永久性"特征①。

有鉴于此，本书以下的简介和分析，以前3次作为一个单位，把第4次单独展开作为重点剖析。

（二）美国前3次"军转民"

曾在美国国防部任职的军工专家甘斯勒指出，美国前3次"军转民"举措的类型包括：（1）"公司开展多种经营"；（2）"社区经济重新开发"；（3）"工人调整"；（4）"工厂转产"②，等等。在把按照市场经济规律深化股份制看成推进"私有化"的含义上，我国当年还有学者注意到，1989年苏联解体前，在里根和撒切尔夫人掀动的"私有化"浪潮中，包括美国在内的西方强国国防工业"军转民"的另一个重要模式是"历经私有化"③。无论是在美国，在西方，还是在中国，论者们对美国当年的这几种模式的差异和优劣，已经有很多议论。例如，美国学者林奇等人撰写的《经济调整与国防工业转产》一书（兵器工业出版社已出版了中译本），便历数"工厂转产"的不可行以及"多种经营"的优点，其中包括一系列著名的案例分析。在林肯等人看来，多种经营本来就是市场经济对企业的要求之一，因此，采取多种经营模式实行"军转民"，包括兼并其他民用品企业并收购其购销网络和人员，用军用科技开发新的民用品并迅速推向市场等，均比完全依靠政府规划和拨款的"转产"模式可行。我国学者陈友谊等也曾撰专文探讨④。

无论是林肯等人所论"多种经营"比完全依赖政府拨款的

---

① ［美］甘斯勒：《美国国防工业转轨》，国防工业出版社1998年版，第224—225页。
② 同上书，第109页。
③ 臧旭恒、徐向艺、杨蕙馨：《产业经济学》，经济出版社2004年版，第5页。
④ 赵玉林：《高技术产业经济学》，中国经济出版社2004年版，第242页。

"转产"可行,还是社区重新开发中对原有军事基地、机场价值的利用,对军工科技的二次开发,企业依据经营状况增减工人,以及美国国防工业在所谓"私有化"浪潮中深化股份制改革等,在笔者看来,美国前3次"军转民"模式中的一根主线是:主要依靠市场手段解决"军民转化的矛盾"。军品费用十分巨大的美国能长期保持"世界警察"地位,没有引起巨大社会动荡,其根本的经济奥秘,应该就在这里。

当然,这里所讲"军民转换",既包括"军转民",也包括美国当年已开始的"民转军"。在冷战的背景上,用市场机制形成"军民转换"的枢纽,至今令人深省。计划经济下的国有军工企业,很难适应"军民转换",所以苏联国防企业在美国的威逼下失败了。

(三) 美国前3次"军转民"经验"解构"

1. 使国防工业进一步股份化

大量案例分析表明,美国"军转民"成功的核心功夫,在于根据市场经济规律,军工企业在股份制的框架内,不断变换产权结构,筹措资金,以"多种经营"的策略,挟持先进技术的采用,以适应军品和民品市场之需。不断地推进股份制深化、细化,包括促使各种社会基金进入股市,以及实施并购、兼并、收购、租让等,力求使经营和管理机制尽量适应当年"军民转换"的频率和强度,是其"不二法门"。

下面介绍美国卡曼公司从军工生产转向兼搞其他生产并获得成功的案例[①]。

---

① [美] 林奇:《经济调整与国防工业转产》,兵器工业出版社1992年版,第165页。

卡曼公司（Kaman Corporation）"军转民"案例

查尔斯·H. 卡曼在研制了直升机的随动襟翼后，又在好友的鼓励下，于1945年组建了卡曼飞机公司。公司改革的直升机最初计划用于民用市场，但卡曼发现，"当时运输的情况表明，搞民用机在经济上是不合算的"。

于是，卡曼公司转向军品市场。打入军品市场用了3年时间，与此同时，公司的直升机样机也出租作撒药飞机。现在，公司管理部门体会到，正是这一经历，使卡曼确信，公司不能单纯地依靠国防合同。尽管如此，卡曼最终还是进入军品市场，并首先在海、空军方面取得成功。

Ⅰ. 早期的多种经营

50年代后期，卡曼开始开展多种经营。1957年，该公司协助桑地亚研究所的一组科学家建立了一个新公司，即现在著名的卡曼科学公司（Kaman Sciences），该公司提供各种高级研究和发展业务，包括战略武器和防御系统评估、核应用研究、无线电及电视广播工业的软件开发，以及各种材料的发展等。

60年代，卡曼的经营模式扩展到航空服务领域。当时，他买下了位于布雷德利菲尔德（Bradley Field）的一家通用航空公司（现名为航空—卡曼公司），该公司位于卡曼的康涅狄格州布卢姆菲尔德总部附近。促成这次采购的原因，是因为卡曼希望加强对直升机经营用支援设施的控制。

1962年，卡曼买下了"动力传输系统公司"，这是一家工业零件和服务公司。这次采购奠定了卡曼公司后来打入轴承供应行业的基础。

卡曼民用子公司的经营活动有助于该公司取得其他领域的经营经验，但这些兼并并不能显著地减少对通过国防合同应得收入的依赖程度。漫长的起步期及对非军品市场的缓慢打入，致使卡曼公司1963年军用直升飞机的销售仍占公司总销售额的95%。因此，卡曼领导人员决定：多种经营已不再仅只是一种选择方案，而是必需。

Ⅱ. 打入吉他市场

此时，查尔斯·卡曼开始考虑凭借自己对吉他的业余爱好，组建一个大型吉他企业。在参观马丁吉他厂时，他惊奇地发现，熟练工匠们仍在用陈旧的生产技术制造吉他。尤其是，他还看到吉他制造者对吉他的振动物理学方面的知识知之甚少。作为一个热情的吉他演奏家和富有创新精神的企业家，卡曼仔细琢磨他的公司可否利用"空间时代"的技术生产高质量的、价格合理的吉他。

减少并控制振动一直是卡曼在直升机事业中取得成功的关键。卡曼认识到，利用同样的振动检测和控制基本原理，也可以设计制造出一系列高质量的吉他。1963年，该公司组建了一个由卡曼（他本人是卡曼公司旋转叶片车间的工长）以及一名熟悉吉他修理业务的技术人员组成的吉他开发小组。

1966年，一个新组建的部分——奥维森乐器分部，宣布生产并销售吉他。此后不久，卡曼开始收买遍及美国各地的吉他推销商，以便为吉他产品提供现成的销路，并增长有关乐器市场的经验。但是，他起步用的时间仍然较长，且成本较高。10年后，卡曼的吉他才趋于完美。打入传统的乐器市场花费的时间比预期的长。因此，直到1972年，奥维森分部才开始获得利润。一把高级吉他，加之可靠的担保和国际竞争性价格，最终使奥维森的吉他系列产品赢得成功。

由于采用了卡曼公司在航空业务中开发的材料和各种生产技术，降低了吉他的成本。为国防目的而研制的复合材料及黏接剂在制造吉他时得到了新的应用。吉他生产中使用的木工技术则移植自直升机旋翼的制造工艺。由于上述原因，卡曼吉他的工时仅是大多数其他高级吉他生产所需工时的 1/5。

卡曼在实行多种经营的过程中，在乐器业务中取得成功的原因可被归纳为三个方面：充实的技术基础、广泛的销售网络以及完善的管理。卡曼本人介绍到，该公司"从一开始就运用了航空方面的新技术，同时，优良的加工能力减少了我们的制造风险"。运气好也是企业成功的一个重要因素：格伦·坎贝尔在其电视节目中使用了卡曼的吉他，从而帮助了卡曼吉他的推广。

尽管吉他生产为卡曼航空业务中原来开发的部分技术找到了新的用途，但是，仅有一小部分曾经用于航空方面的人力和资金被直接用于乐器制造。公司已经过时的木质旋翼车间的工人中，仅有约 20~30 人在吉他生产中谋到了新的工作机会。总的看来，吉他厂雇用的工人不曾超过 100 人。

Ⅲ. 轴承

1970 年，卡曼委托有关人员对轴承工业进行了广泛的市场调查。调查后，尽管发现这个成熟的工业领域为新的打入者提供的机会甚少，但更换轴承的市场还是大有前途的。于是，公司决定开发轴承，并决定选购一家公司组成轴承分部。

这方面的工作迅速获得成功。早在 1972 年，轴承的销售量就已占卡曼总销售额的 23%。1971—1979 年间，卡曼买下了 14 个独立的销售商，其中许多商人具有不止一个销售渠道。通过内部发展和对新市场的开拓，到 1975 年，卡曼公司已名列美国最大五家轴承销售商之列。

Ⅳ．多种经营的企业

自50年代后期以来，卡曼公司已经从一家单一产品、单一用户的公司转成经营多种业务的公司。其事业的成功主要取决于下述几个方面：（1）及早认识到多种经营的必要性；（2）共同负责与企业家精神相结合；（3）认准市场，并努力打入；（4）有选择地兼并有关的企业，并收买销售商；（5）加强内部产品的研制与开发。卡曼公司的多种经营是通过附加业务的获得及开发实现的，而不是采取教科书上所说的内部发展的方式。卡曼已不再单纯地集中于加工制造业务，而是已决定开展销售和服务等项业务，以赢得更高的总资产利润，把长期资本支出减小到最低限度。

1969年和1978年间，航空产品的销售量占公司总销售量的比例从64%下降到仅占16%。到70年代后期，轴承与支援分部以及乐器业务的总收入已经填补了军品合同的损失。产品及用户的多样化使卡曼公司对军品合同的依靠程度降低了一半多。

Ⅴ．资源的再利用

尽管多种经营已经取得成功，但卡曼公司的领导人强调，卡曼的许多新业务都把公司航空业务的工作人员排斥在外。一位卡曼公司的行政人员称，国防生产中所熟知的那些目标和标准，与商业的成功并不一致。"在航空分部任职的人员的想法是：性能就是一切。"

航空业务管理人员转向民用项目的主要障碍，是两者管理和会计程序不同。一位卡曼的行政人员列举了严格的控制信贷分配和征收款项的问题。她说，乐器的销售经理和他们的销售人员几乎天天都要为雇主的信用可靠性问题争论不休；而另一方面，在国防业务中，政府的按进度付款方式就避免了这样的问题。

卡曼的行政人员认为，国防公司如果企图在商界取得成功，就必须培养或招募两方面的专门人才：（1）销售和分销人才；（2）担保和服务支援人才。尽管有限数量的原航空部门的工人成功地再受雇于吉他生产业务，但卡曼公司的领导阶层依然认为，不首先经过有效的再培训，航空业务的管理人员将无法经营、管理乐器销售业务。

Ⅵ. 当前的转产工作

70 年代后期，公司的管理部门曾认真地考虑过逐渐取消航空方面的业务，但军品销售状况一直没有下跌到令人下决心采取这一行动的程度。同时，公司看到，继续进行国防产品的研究，是保持公司在"尖端技术领域"中地位的一种手段。

继续开展军品业务这一决策的作出本出于偶然，即是因为 80 年代初期发生经济问题和国家业务重点的转移，由于 1981 年和 1982 年严重的经济衰退，造成卡曼公司的普通止退轴承的销售放缓；同时，美元坚挺又促使外国竞争者打入卡曼的吉他销售市场。而国防（开支）的增长，恰好为该公司提供了新的机会，其中包括签订了自 60 年代初以来的首批直升机订单。军品销售的迅速增长使公司足以实施这样一种完全相反的转产：卡曼在关闭其在北卡罗莱纳的吉他生产厂后裁减下来的人员，已被允许再受雇于本公司业已复原的航空业务部门。

看得出来，从 1945 年前到 20 世纪 80 年代，卡曼公司经历了美国二战之后前三次"军民互转"的所有过程，因而具有相当的典型性。这一典型案例，是美国国防企业按照市场规律，利用股份制机制,在军品和民品两个市场成功转换的代表,也是二战后美国国防工业的缩影之一。它从微观的层面,为我们提供了一系列经验信息。

虽然,这个案例的介绍者不是特意向中国读者介绍案例,而是面对英语读者解析问题,所以,他没有明显地突出卡曼公司如何以股份制方式(包括如何利用股市)展开自己的业务,但是,稍了解美国经济生活的人均可从中发现,对于中国读者而言,卡曼公司成功的首要奥秘在于其立基于市场经济的股份制操作。

——1945年,卡曼"组建"了直升飞机公司。请注意,造直升飞机不是造铁锅,弄几个钱就能开工。它需要为数不菲的资本。所谓"组建公司",就是利用股份制形成公司,筹措资金,形成直升飞机生产能力。

——二战之后,卡曼公司在"打入军品市场"的同时,"公司的直升机样机也出租作撒药飞机"。这个细节,体现出作为军品企业的卡曼公司当时经营机制相当灵活,以市场为导向,以利润为尺度,并不摆架子,也不拘泥于军民界限分明,更不需要请示获准。在一定意义上,它可能比我国当前的一些国防企业的经营机制还切近市场:谁能顾及对"样机"那点租赁价值的开发呢?

——1957年,卡曼科学公司的"组建",显然也是对桑地亚研究所科学家的知识产权实施股份化的结果。在这里,产权界定明晰,权、责、利明确,有利于调动科学家的积极性,也有利于应对市场中的变幻莫测。案例中的这个"小案例",很值得当前我国国防工业单位实施"军转民"时参考。知识产权入股,形成"科学公司",使美国首先跨入"知识经济"门槛的首要体制因素。

——60年代初,卡曼"买下"了或"采购"了一个通用航空公司，目的在于控制直升机经营业务。这是一个制造商不局限于生产而兼顾营销的举动。问题又在于它的"采购"、收买或兼并，显然包含了在企业产权市场（包括股市）上的股权交易，它的体制背景仍然只能是股份制。在市场经济下，只有这种产权市场，才能形成资源配置的优化。卡曼公司采购通用航空公司，拓展直升机经营业务，不仅对卡曼公司的发展有利，而且对美国国防工业也有利。

——打入吉他市场，是卡曼公司"军转民"中最成功的事例之一。西方和东方研究"军转民"的著述不断提及这一事例，应当说是有道理的。如果说，兼并通用航空公司，利用的是产权市场渠道，那么，卡曼打入吉他市场，则采用的是军工企业内部对军工技术实施二次开发所形成的新技术、新材料和新工艺。应当说，这两种渠道，是美国国防企业"军转民"中大量采用的模式。卡曼公司同时采用，游刃有余，其核心仍是市场规律使然。当然，卡曼打入吉他市场，还得力于它"收买"各地的吉他推销商及其销路，使产销互动。这种"收买"，显然也沿用股份制常见的做法。案例介绍者还提到卡曼公司的管理也是成功打入吉他市场的因素之一。可见，卡曼公司的内部管理也相当规范，包括吉他厂对"吉他开发小组"的另一名成员的股权报酬肯定不菲，对二次开发自军工技术的吉他生产工艺管理严格等。在吉他案例中，吉他厂只雇用了原直升机木制旋翼车间工人中的一小部分，其他木工工人显然面临失业。此事说明技术更新的无情，也突出了对弱势工人群体进行技术培训，是"军转民"绕不开的一个问题。

——经营轴承成功，源自60年代卡曼"买下"了动力传输系统公司。这实际上是通过产权市场，兼并了一家工业零部件销售和服务公司，为尔后卡曼经营轴承打开了营销渠道，积累了营销经营，培养了营销人才。第二个步骤，仍然是通由产权市场，"选购"了一家轴承公司，使生产与营销配套。十分显然，迈出这重要的一步，当然是以较雄厚的资金作为保证的。而这些也只能在股份制运作的背景上形成。此后的第三步则是使用股份制惯例，"买下了"一批销售商，控制一大批轴承销售渠道，从而在轴承市场成为龙头之一。在这个事例中，以股份制为背景音乐形成的"三部曲"，几乎无懈可击，可以被看成美国国防工业当年"军转民"的经典案例之一。

——70年代后期到80年代，随着美苏冷战最后"决战"阶段的展开，美国国防经费又大大增加，加之经济不景气使卡曼轴承市场萎缩，外国吉他商的"入侵"也使卡曼的吉他业务面临危机，卡曼公司在利润的驱使下，又实施了"民转军"。未曾中断的国防产品研究，在产权交易灵活的框架中，使公司重操旧业，适应了美国国防强化的需要。

不难从上述解剖发现，在长达半个世纪的"军民转化"中，卡曼公司所标示的美国国防工业企业的成功，首先是由于股份制体制（包括产权市场、股市、知识产权入股等）为其提供了运行保证。倘若没有股份制，它很可能连一次"转换"都难以实施。

卡曼公司案例所展现的，还只是股份制魅力的很小一部分。事实上，作为人类在经济生活中最伟大的发明之一，股份制几乎在人类经济生活的方方面面都留下了它促进资源优化配置的成效。其中包括，在美国"军转民"中，通过土地、资产、物品等产权市场，积极利用和开发闲置的军事设施（如机场，军事基地，仓库，以及各种军事物资，军事科技设施等）的商业价值；在股份制促成的大企业及其集团之旁，由于市场价值规律的作用，产生了一批又一批中小企业，它们往往专门为大企业提供零配件和各种服务，并以其"船小好调头"而自由穿行于"军民之间"，且大量地吸纳了因裁减军工生产而形成的"下岗职工"，形成一种就业"减压阀"等。所有这些，都作为"军转民"顺利展开的结构要素而存在。

中国读者在读西方相关著述时，往往对著述者不正面点明股份制的作用而只是把它作为"背景"处理感到奇怪。实际上，这是中国和西方经济背景不同所形成的一种文化隔膜。在西方著述者那里，股份制似乎是不言而喻的事情，正如吃饭是不言而喻的事情一样，不必在著述中特意详加阐述。可是，对于刚从计划经济体制转轨向市场经济体制的中国读者而言，股份制框架却是一个相当新鲜的"背景"，需要仔细加以介绍。本书以从西方著述中引用卡曼公司为例，并对其依赖股份制背景而成功之处细加点评，正是由此出发的。

2. 对军用科技成果的"二次开发"和民用化

从生产力发展的层面看，美国企业"军转民"成功的另一条重要经验，是对花高代价取得的军工技术千方百计进行二次开发，使军工高科技向民用领域延伸，从而大大提升企业的生产率，使企业在市场竞争中立定脚跟。这一条经验的实质，是发挥生产力因素在"军转民"中的主导作用。

卡曼公司利用军用直升机生产中形成的复合材料、黏接剂和木工旋翼制造工艺来生产吉他，使卡曼吉他的生产工时只是其他高级吉他所需工时的1/5，从而很快占领了吉他市场，便是这方面的一个现成的例子。实际上，二战之后，当年花很高的代价形成的许多军用技术，其中包括核技术、飞机制造操控技术、电子计算机科技、新型材料科技等，都被人们延伸应用于民用经济之中，极大地提升了人类生活水平和质量。更何况，在人类历史上，科学技术方面的许多新发现、新发明，都是先在决定你死我活的兵工领域实现，后来才被应用到日常经济生活中的。兵工科技引领民用科技并共同提升社会生产力水平，是历史上屡见不鲜的史实。美国依照这种历史启示，依照生产率更高者便更能适应市场的规律实现"军转民"，并不使人感到意外。

以下我们再剖析一个相关案例[1]。

英格尔斯造船厂（Ingalls Shipbuilding）"军转民"案例

（上世纪）60年代末和70年代初，英格尔斯造船厂赢得两项一揽子采购合同，设计制造30艘"斯普鲁恩斯"级驱逐舰和5艘直升机攻击舰。1977年的生产高峰时，公司雇工达25000人。

卡特政府计划（后来又加以贯彻执行的）减少海军造船数量，给公司与政府签订合同事造成日益增多的困难。为克服这一困难，1976年和1977年，英格尔斯造船厂展开了一项研究，以便确定选择什么样的策略才能使造船厂在市场上站住脚。此项研究明确指出，英格尔斯造船厂的潜在市场是：美国海军（日益强调大修及修理业务）；美国工业部门（海上钻井设备、驳船、有轨车辆及有关各种钢铁制品加工）；对外军品贸易。由于需要量不大及外国造船业的竞争，商船制作业务差不多被取消。

英格尔斯造船厂的市场战略是由两个独立因素决定的。近期战略，旨在保造船厂有足够的业务以便把造船厂维持在生存水平上；长期战略，旨在确保英格尔斯在适合其业务能力的海军大型高技术规划中的优先地位。

实现近期战略需要英格尔斯造船厂打入商业市场。仅海

---

[1] [美]林奇：《经济调整与国防工业转产》，兵器工业出版社1992年版，第1页。

军新的造船和大修业务还不足以维持一个全负荷运转造船厂所具备的技能的深度和多样性。此外,还需要一定的短期营业收入,以便保持英格尔斯造船厂投标时所用的间接费用率。

Ⅰ.造船的替代方案

英格尔斯造船厂在1978年末决定使该厂的产品多样化。没有单独哪一类产品可以全部吸收船厂造船业的所有工人。造船是分阶段进行的,它需要高级技工。

为保持住所说的装配技工(电器工人、管道安装工人、机加工工人等)和技术人员,英格尔斯造船厂自然把开展美国海军水面舰艇的大修与修理业务方面的多种经营看作其业务的合理延展。大修和修理一艘海军舰船所需要的工人,是与建造新船的后期工作雇用的工人一样的。

尽管卡特政府取消了许多待建新船的计划,仍有大量大修和修理业务等待投标。

1978年,英格尔斯签订了一项"翻车鱼"级(Sunfish)核潜艇的大修、修理和更换反应堆的合同。1980年,英格尔斯造船厂赢得了它的第一个大修"福罗斯特·谢尔曼"级(DD—931)水面战舰的合同。随后,该造船厂又接受了大批其他水面舰艇的大修和修理合同。到1985年,合同的总额已超过2.5亿美元。但最出色的一次多种经营,还是该厂赢得并提前节约完成了总值2亿美元的"依阿华"级(Iowa)(BB—61)战舰的现代化改造项目。如今,英格尔斯造船厂依然保持着在这一市场中的领先地位,并在大修和修理海军战舰方面享有极高的声誉。

Ⅱ.为有助于保持住造船过程前期雇用的技工(焊工、舰船装配工及其他重型制钢技工),英格尔斯选中海上钻井作为其市场开拓的目标。该厂首先通过钻井设备及重型起重船的大修和修理业务打入该市场，并由此取得客户的信任。

英格尔斯打入该市场所采取的一个策略，是获得制造一项优良设备的美国独家专利。正是这一优势，使该厂在市场中处于一种非常有利的地位。此项专利，是从新奥尔良的弗里德和戈德曼舰船设计师中手中买来的，旨在提高深水钻井用起重设备的设计能力。由于购买了这种设备的设计专利，英格尔斯省去了打入新业务领域所必须经过的艰难的开发阶段。

英格尔斯造船厂迅速在海上石油钻井设备制造市场中占据了重要地位。

Ⅲ. 在另一项多种经营业务，即有轨车辆总装业务中，英格尔斯造船厂还雇用了钢制品技工。1979 年，英格尔斯造船厂与"北美汽车公司"签订了一项价值 7500 万美元的合同，利用北美汽车公司提供的零部件制造装配 4500 辆有篷底卸式卡车。为了履行该合同，该厂在 2—3 年中雇工 400—500 人。为打入这一市场，英格尔斯造船厂通过资本投资建立起装配生产线。

最终，英格尔斯造船厂掌握了接受各种工业工程业务的能力，诸如建造 85.3 米的自卸式水泥船、制造伊利诺斯桥的钢质桥面以及安装海上钻井船的稳定架等。

Ⅳ. 多种经营的成果及其经验

那些产生收益的工业冒险，是英格尔斯造船厂有可能在海军造船市场紧缩时保持住该厂劳动力中的主要部分。

（1981 年）里根政府制定了把海军舰船增加到 600 艘的舰船改造计划。海军造船业务的骤增填补了英格尔斯造船厂工作量滑坡造成的大部分损失。英格尔斯造船厂是"宙斯盾"级驱逐舰规划的主要参加者。该厂正在投标竞争海军其他新的造船项目。

英格尔斯造船厂的多种经营取得了几条经验教训。其中最重要的一条可能就是：大型造船厂要有几项可以吸收闲置设备和多余劳力的替代产品。海上能源业务的要求与造船厂的能力是最相匹配的。

在这个案例中，英格尔斯为了开拓海上钻井业务市场，通过知识产权市场，获得了一项科技专利权。这项收购，使英格尔斯在自己不熟悉的民用科技领域，有了一个很好的技术依托，不仅可以避免自己开发新技术时所遇到的一系列麻烦，大大节省了时间，而且可以使自己在激烈竞争的海上钻井业中凭借别人不具备的科技成就提高效率，超过对手，立定脚跟。它在海上钻井业中迅速崛起，根本的支撑就是这项专利所体现的生产效率。

可以看出，后来，英格尔斯"掌握了接受各种工业工程业务的能力"，其中必然包含着它购买有关专利或自行开发新技术的历程。在激烈的工程投标竞争中，只有凭借过硬技术所支撑的生产效率，才能在竞争对手中胜人一筹。市场是无情的，它从来不垂青技术上的落伍者。

英格尔斯从承揽大宗军用舰船业务的企业，转向舰船大修，其首要的着眼点，在于保持高级技工队伍。这实际上仍然是在企业生产效率上下工夫。任何企业，即使有比较优秀的行政决策和管理人员，也不一定能在竞争中永立于不败之地。大批优秀技工的存在和拼搏，才是企业高生产力的奥秘所在。在一定意义上可以说，英格尔斯力求保持一支稳定的高级技工队伍，是"以人为本"的企业生产力决定论的体现，也是它在市场竞争中能立于不败之地的一大凭依。因为，市场只承认生产效率；"军转民"

的顺利与否，首先取决于企业的技术水平和生产效率。试想，它如果不能保持一支稳定的高级技工队伍，能赢得并提前节约完成"依阿华"的现代化改造任务吗？它能"在大修和修理海军军舰方面享有极高声誉"吗？它能后来成为"宙斯盾"的主要建造者之一吗？

笔者还注意到，英格尔斯在开拓有篷底卸式卡车装配业务时，不仅利用自己已有的高级技工，而且又新雇用了一批钢制品技工，并迅速投资建立装配生产线。在这里，仍然是"以人为本"的企业生产率决定论在起作用。这一点，对于当前中国企业改革特别是陕西航天科技企业而言，可能尤其具有警示意义。近年来，中国内地不少企业往往只注意，作为科技形态的生产力的获得和提升，但对高级技工严重忽略，以致出现了"高级技工荒"。看来，中国的厂长经理们，还是应当学习英格尔斯的管理者。毕竟，物与人相比，人才是生产力中的决定因素。

3. 用上层建筑力量保证"军转民"

从上层建筑适应和维护经济基础的角度看，美国前3次"军转民"的成功还依赖于美国议会和政府通过立法立规以及其他举措，为"军转民"提供了法律、行政和舆论保证。其中包括，各级议会针对"军转民"形成的各种立法，各级政府对此制定的各种计划、规划、法规和具体措施，以及各种民间组织和学术机构的建议等。大量资料显示，当时，几乎所有媒体、学术组织，以及不少法学家、经济学家、工会工作者和人权活动家等，都以不同的方式参与其事，也比较充分地体现出上层建筑的积极作用。

各级立法机构和政府以及各种团体，在"军转民"中尽力发挥法律、法规、计划、规划和科学研究的作用，在上层建筑的不同层面上合力推动"军转民"顺利实施，其工作的涵盖面应当说是应有尽有的，规制缺失较少，是值得重视的经验之一。

4. 美国前3次"军转民"的另一面

由于"美国思维"及其霸权主义特色导致的"军"（战争）与"民"（和平建设）的根本对立未从最深层缓解或消除，人类社会长期在"战云"笼罩之中，所以，美国所有"军转民"在战略上并非寻求真和平。它的背景音乐是美国要称霸世界，至少要保持自己的超级大国地位长期不变，故"民转军"必然再来，所以，"军转民"不能不处于应急的、暂时的和"甩包袱"的状态中，许多战略目标设计，实施举措都彼此冲突或互相抵消；"说得多，做得少"，是普遍存在的现象，更未形成体制性的从"战"转"和"结构，至今依然。可以说，这就是美国前3次"军转民"的不足。如果拉大历史审视的长度，抬升回顾历史的层次，那么，人们或许可以说，美国的这些"军转民"，也是美国当时面对"冷战"和军备的超沉重负担而气喘吁吁的表露。连曾任美国国防部助理部长帮办的甘斯勒都不能不承认："美国国防部门步履维艰，不堪重负。为防止完全垮台，许多国防企业一方面呼吁国会采取特殊保护措施，一方面在裁减雇员，向国外厂商出售资产，以及同其他企业签订共同分担风险的协议"，"直到最近，它们从美国政府那里得到的鼓励或帮助仍微乎其微"[①]。这话说得不是毫无根据。的确。美国的前3次"军转民"在战略上的游移，已经决定了它只能落入这种尴尬处境之中。有人还依据大量统计资料，指出在造船、飞机总装、导弹、飞机发动机、飞机部件、无线电、电脑和电子测量仪器这8个国防产业部门中，只有最后三个行业"军转民"比较成功，而其余行业

---

① ［美］甘斯勒：《美国国防工业转轨》，国防工业出版社1998年版，第27页。

都陷入种种困境①,其中包括,即使被公认效果不错的"多种经营"策略,实际也并不如人们所想。统计显示,在采用"多种经营"策略的军工企业中,至1986年,"非相关收购的74%和合资项目的44%已经失败。甚至向相关领域开展的多种经营活动中,有一半也没有成功",因而,"多种经营失败率很高"②。

这3次"军转民"中的一个很吊诡的事情,是美国军工企业为经济利益驱动,以种种手段,向国外进行军火贸易,回收资金,渡过难关。在许多情况下,某些大型军工企业还形成"利益集团",在决策机构寻找代理人,为军火贸易提供方便。资料还显示,有时军火商为推销自己的军工产品,还挑拨国外有关地方武装冲突升级,或竭力阻止地区和平的顺利实现。二战之后,美国在许多时段,都是全世界最大的军火商。显然,这与美国口头承诺的价值观念,相距何止十万八千里!

面对恐怖主义的威胁,面对中东冲突有增无减等,在20世纪末,美国军火贸易竟占全球一半以上!这当然是它"军转民"的"最羞"之处。

(四)美国在"冷战"结束后"军转民"的战略背景及有关"军民一体化"战略的讨论

苏联和东欧体系在1989年轰然解体,出乎许多人的预料。反思重大的历史事件,当然需要一定的时间。在美国,人们面对"冷战"戛然而止,大体上经过了十多年时间,才从战略思考层面回到理性轨道。

2004年8月16日,美国总统布什在俄亥俄州出席美国国外

---

① [美]甘斯勒:《美国国防工业转轨》,国防工业出版社1998年版,第19—20页。

② 同上书,第26页。

战争退伍军人协会大会时宣布，美国计划在今后 10 年内从欧洲和亚洲撤走驻军 6 万至 7 万人以及约 10 万军人家属和军队文职人员。布什总统上台后一直希望重新调整美军全球战略部署计划。为此，国防部长拉姆斯菲尔德上任时就提出了"驻海外美军重新部署计划"。布什政府的这项战略调整，最初是出于对冷战结束后其军事格局的变化来考虑的。正如布什 16 日在作出上述宣布时所说，"过去几十年来，美国驻国外的部队基本上维持着上世纪战争结束后所处的状态。当时美国军力安排的主要考虑是保护美国和盟国免受苏联的侵略，如今这种威胁已不复存在"，所以要进行重新调整和部署。后来的"9·11"事件和伊拉克战争，虽然耽误了调整计划，但也使这项调整计划增添了新内容。布什说，"9·11"事件改变了美国，美国对恐怖分子必须在其本土予以追杀。正是因为增加了反恐的需要，布什更加强调在军事调整中，要使美军更向"精、强、快"方向发展。

如果说，1989 年苏联的解体是"冷战"被画上句号的标志，那么，此后美国国防工业关于"军转民"的讨论和举措，就呈现出与前 3 次大不相同的趋势和内涵。在一定意义上可以说，此后的美国"军转民"发生了某种质变，特别值得我们注目和研究，乃至加以借鉴。

1. 美国国家战略大调整

（1）立足于知识经济时代的新战争观出现

以《第三次浪潮》一书凸显知识经济时代而名满寰宇的美国未来学家托夫勒，于 1994 年推出了《未来的战争》一书，引起了东方西方的高度关注。

托夫勒的书一开头在引言中就说，虽然新来的世纪应当是"一个战争瘟疫将被制止的世纪，但是，我们似乎也正在走向一个充满部落仇杀、全球环境破坏、战争引发连绵不断战争的黑暗时代"①。在托夫勒看来,"我们制造战争的道路正反映了我们创造财富的道路,而我们反对战争的道路也必须反映我们制造战争的道路"②。显然,在他的脑海中,战争工具总是随着生产力的进步而同步发展的;只有战争才是消灭战争的好办法,所谓"以暴抑暴",此之谓也。这种战争逻辑的推演,在苏联解体而美国是唯一超级大国的背景上,势必导向"先发制人"之类的战略设计。托夫勒的书正是如此。在他看来,人们光有对不义战争的愤怒是不行的,应当坚决采取"防患于未然的行动",这是"一种对战争的新的思维方式"③。那么,什么人可以采取防患于未然的行动呢?托夫勒当然认为是美国。在这里,美国是人类正义的天然代表。

在上述前提下,托夫勒进一步展开了他关于"第三次的浪潮"战争描述:由于知识已经成为第三次浪潮中经济发展的决定因素,所以,它把"以各种不同形式出现的知识,放在了军事力量的核心地位","知识在战争中的地位越来越重要的一个标志就是电脑化",于是,也可以把"第三次浪潮战争"称为"信息战争",世纪之交美国发动的海湾战争就是"第一场信息战争"④;"随着第三次浪潮文明战争形式的日渐成形,一种新的兵种——知识战士——开始出现。这是一种穿着军装或不穿军装的知识分子",他们服从"关于战争的知识战略"⑤;在信息战争中,"任何军队,就和任何公司、企业一样,都必须拥有至少4种与知识有关的功能:即它必须能获取、处理、分配、保护

---

① [美] 托夫勒等:《未来的战争》,新华出版社1996年版,第1页。
② 同上书,第2页。
③ 同上书,第3页。
④ 同上书,第77页。
⑤ 同上书,第163页。

信息,同时又有选择地向敌军封锁和向盟军分配这些信息",于是,"知识战争"将成为"胜利之本"①。为了印证自己的论断,托夫勒还从美国和伊斯兰学者中分别引述了两个人的看法,前者是阿兰·坎彭,曾任国防部指挥与控制政策研究室主任。他主编了以海湾战争为内容的《第一场信息战争》一书,其中写道:现代的信息战争"是一场电脑中一盎司硅片比一吨钢还要有作用的战争"②。后者对海湾战争持批评态度,但她指出,美国和西方的霸权优势"基于这样一个现实,即它们的军事基地是实验室,它们的军队是大脑、研究人员和工程师"③。应当说,托夫勒关于信息战争的分析,既以信息经济和知识经济时代生产力要素——以信息—知识为主的事实为据,同时又结合海湾战争后军备发展的现实,所以,还是很有道理的。他认为伊拉克前总统萨达姆之败,首先因为他根本无法理解战争已进入信息战争新形态④,也是对的。当代军事战略研究,对这类观点不能不重视。必须看到,随着知识经济的来临,战争也只能以知识经济为依托;当信息—知识成为人类社会经济生活中的首要结构要素时,当代战争也就不能不以信息—知识为依托。

(2) 美国资深政治家的战略思考

如果说,托夫勒的"信息战争"说还只是从战争哲学的层面宏观地提出一些战略问题,那么,布热津斯基推出的《大棋局》一书,则是从国家战略和美国军事战略的层面,提出和回应有关问题的。布氏的《大棋局》代表着美国决策层中许多人对美国战略的看法。

---

① [美] 托夫勒等:《未来的战争》,新华出版社1996年版,第166页。
② 同上书,第77页。
③ 同上书,第79页。
④ 同上书,第72页。

布氏全球战略思考,是以传统的关于欧亚大陆乃全球争霸中心舞台的设定为前提的。《大棋局》说:一项全面、完整的欧亚地缘战略基地,"必须认识到美国有效实力的局限性,以及随着时间推移,美国实力不可避免的减弱","当务之急必须是以不威胁到美国在全球的首要地位的方式,处理好其他地区大国的崛起问题",包括"确保没有任何国家或国家的联合,具有把美国赶出欧亚大陆,或大大削弱美国关键性仲裁作用的能力"。

以此为前提,它所涉及的战略分短期(5年左右)、中期(20年左右)和长期(超过20年)3种,其完整的表述是①:

> 短期内,在欧亚大陆的地图上加强和永久保持地缘政治普遍的多元化,符合美国的利益。这促使人们重视纵横捭阖,以防止出现一个最终可能向美国的首要地位提出挑战的敌对联盟,且不说防止任何一个特定国家向美国挑战的微弱的可能性。
>
> 在中期内,上述考虑应逐步让位于更加重视若干地位日益重要、战略上又相互协调的伙伴国家的出现。它们在美国的领导作用的带领下,可能会出力帮助构建一个更为合作的跨欧亚安全体系。
>
> 在更长远的时间里,上述状况可能将最终导致产生一个真正分摊政治责任的全球核心。

这个总体化的战略,虽然是以意识到"美国实力不可避免的减弱"为前提的,但它力求在衰减时保持自己的霸权地位,

---

① [美]布热津斯基:《大棋局——美国的首要地位及其地缘战略》,上海人民出版社1998年版,第259—260页。

不允许任何国家和国家联盟来挑战美国的这种霸主地位，直到出现一个以美国为统领的分摊政治责任的全球核心。可以用一句话来概括它：美国必须在衰落中持续保持自己的霸权地位。在另一处，布氏对这一目标表述得更明确通俗："用古老帝国统治下更蛮横的时代流行的话来说，帝国地缘战略的三大任务是：防止附庸国家相互勾结并保持它们在安全方面对帝国的依赖性；保持称臣的国家顺从并维持向它们提供的保护；防止野蛮民族联合起来。"[①] 在这种表述中，美国战略的帝国主义性质已经无法掩饰了。苏联和东欧集团的崩溃，并未使美国对自己的霸权地位感到泰然安心，它的战略仍然是以镇压他国为指向的。显然，彻底从战争走向和平，仍然只能是人们良好而遥不可及的美好祝愿。

美国学者亨廷顿的"文明冲突论"认定，冷战之后，世界上仍然存在的冲突乃至战争是以文明（文化）的差异为基础而展开的，其中最大的文明类型，是基督教文明、儒家文明和伊斯兰文明，因此，亨廷顿是在三个文明的冲突乃至战争中，设计美国未来战略的。这种思路，也被布热津斯基接受过来，加以发挥。他引述了亨廷顿的这样一段话："比起一个美国在决定全球事务方面继续拥有比其他任何国家更大的影响的世界来，一个美国不占首要地位的世界将是一个更加充满暴力、更为混乱、更少民主和经济增长困难的世界。维持美国在国际上的首要地位，是保障美国人的繁荣和安全的关键，也是保障自由、民主、开放经济和国际秩序在这个世界上继续存在下去的关键。"[②] 如果我们考虑到，

[①] ［美］布热津斯基：《大棋局——美国的首要地位及其地缘战略》，上海人民出版社1998年版，第54页。

[②] 同上书，第42页。

在"9·11"事件之后,美国以对付恐怖分子为名,与伊斯兰世界已经结下大怨,并以台湾问题为"由头",力求遏制中国的和平崛起,等等,那么,这种"文明冲突论"的政治含义,就呈现得更加明确。冷战停了,但另一种战争又开始了。

2. 美国国防工业战略的调整和关于"军民一体化"的战略设计

这一调整,是与其国家战略与军事战略调整彼此一致的。既然霸权的谋求,是以军事力量为主要前提的,那么,美国国防工业的战略,当然就不是彻底实现"军转民",而是在新的条件下,如何吸取冷战时期军备竞赛不堪负重的教训更有效地为美国霸权服务。

当然,面对苏联的轰然解体,人们对国防工业战略的思考,必然经历一个由感性到理性的渐进过程。何况,越战后直到20世纪80年代,美国人对第4次"军转民"已有大量讨论,这种讨论由于1989年世界局势骤变而产生了转折,人们不能不面对后冷战时代的新势态。于是,就产生了各种各样的关于国防工业发展的战略思考,有的继续沿着美国前3次"军转民"的路子推衍,有的则有新的构思。

所谓"军民一体化"的国防工业发展战略,正是在这种背景下产生的一种比较有影响的理论见解。它的主要倡导者是甘斯勒,曾任美国国防部负责装备采办的助理国防部长帮办以及国防研究与工程署助理署长,后来还当过美国国防科学委员会副主席等。美国麻省理工学院出版社于1995年出版了甘氏所著《美国国防工业转轨》,比较充分地反映了美国对"军民一体化"的战略设计。现简略介评如下:

(1) 与托夫勒的看法相近,作者认为"从消耗战过渡到信息战",是当代战争问题上"最大的概念转变"。

(2)"冷战"式的军备竞赛使美国不堪重负的教训,历历在目,因此,适应新时代信息战之需要的高质量武备必须在价格上不能太高。甘斯勒明确说:"对武器研制者的挑战,便是要扭转每一代新武器系统的费用不断上升的趋势,而同时要保持其性能特征的不断改进。"[①]由此,他还强调军品采办中"费—效比"分析[②]。正是由此出发,甘氏对美国国防工业的调整,提出了以下三条战略原则[③]:

——"以比过去少得多的经费确保国家安全"。

——"建立一个效益理想、反应灵活、富于革新的国防工业基础,它所需要的国防部补贴比过去要少得多,而且不必依赖在全球扩散武器去增加收入"。

——"利用每年所花的数百亿美元科研经费和采购费,促进国内经济增长和增强工业竞争能力"。

(3)在以上三条的原则中,如果说,少花钱和质量高构成了美国国防工业发展的一对基础性矛盾,那么,民用化或"军民一体化",便成为解决这一基础性矛盾的唯一办法。这正如作者在前言中所说:"解决问题的答案。则在于明显转变国家的工业,使之基本上成为军民一体化的结构"[④]。之所以把这一战略又称为"军民一体化"战略,其原因便在于此。因为,"为了增强国际竞争力,美国整个工业都需要进行重大调整"[⑤]。

务请注意作者在界说"军民一体化"时,所说是美国的工

---

① [美]甘斯勒:《美国国防工业转轨》,国防工业出版社1998年版,第98—106页。
② 同上书,第218页。
③ 同上书,第79页。
④ 同上书,第227—228页。
⑤ 同上书,第224—225页。

业"基本上成为军民一体化结构"一语,以及"美国整个工业都需要进行重大调整"一语。这是"军转民",还是"民转军"?看来,关键是它是要把美国整个工业变成军民一体化的结构,以达到少花钱和高质量的目标。

(4)为什么只有这种"军民一体化",才能达到少花钱和高质量的目标呢?

对这个问题的回答,构成了"军民一体化"战略理论的主体。

大体而言,这个答案,可以被分解成三个部分。其一是从当代科技发展状况,说明只有"军民一体化",才能形成高质量的武器装备;其二是从深入推进市场化、股份化的角度,说明只有打破美国国防装备的采办制度,使军品更加市场化,使科技等产权更加股份化,才能形成"少花钱,办大事"的格局;其三则是从政府不能放任不管的方面,说明"军民一体化"对政府以及国防部的国防工业管理体制,都提出了更高的要求,相关的法律、法规和管理机制均应作出重大调整。本段以下各条,将分别介评这三个部分。

(5)在信息战时代,科学技术状况是决定任何一国国防工业战略的首要因素。甘斯勒对"军民一体化"的论证,首先注目于此,是有眼力的。他说:80年代技术上发生了四个重大变化,使军民一体化更富吸引力,而且大大促进了它的实施。这些变化是:

①关键的军用和民用技术日趋相同;
②可以获得高可靠、耐用和高性能的(军品用)民用部件;
③柔性("敏捷")制造技术的发展和应用;
④电子数据交换在工业上广泛应用。

在另一处,甘氏则从"三大技术转变"的角度,表述了大体同样的理由①：产生这种民军一体化格局的基础是 80 年代后半期所出现的三大技术转变。第一，在第二次世界大战之后 40 来年，军事技术明显超过民用技术，而现在民用部门的技术发展方式与那时不同，在许多关键技术领域，例如电子设备和高级材料，民用项目极其先进。民用产品越来越便宜，越来越可靠，而且能在极端恶劣的环境中操作。例如，汽车制造商现在将民用卫星处理器直接安装在发动机上，其状况不是达到了军用规范就是超过了军用规范。这种变化说明，如果更充分地采纳民用的产品、技术和生产方法，国防工业部门则很可能从中受益。

第二，在国际上有竞争力的公司现在正在离开大规模生产而转向"柔性制造"；利用柔性制造，即使在低速生产时也可取得很高的经济效益。在先进工艺方面的这一变革，使企业有可能在同一厂房内、同一生产线上制造那些生产要求相似的军品与民品，因而对它们的吸引日益增强。今天，造成像摩托罗拉这类制造公司将军用与民用电子设备分开生产的主要原因，是政府条例的规定，而不是制造技术的要求。

第三，在先进复杂的军品与民品的研制与生产中所用的关键技术方面，共同之点日益增多。军用与民用这两部门都越来越多地依靠先进的电子设备、软件、柔性制造设备、新材料和先进的信息系统。在美国国防部和商务部最近分别公布的关键防务技术与商用技术清单中，两者重叠的部分达 80%。

这些发展趋势表明，国防部必须更密切地关注民用部门，以便保障其在工业基础方面的要求。虽然大部分军工产业（例如电子、通信、航空电子和重型车辆等部门）适合大搞军民一体

---

① ［美］甘斯勒：《美国国防工业转轨》，国防工业出版社 1998 年版，第 220—211 页。

化,但也有少数部门并不适合。

公正地说,甘氏的上述分析,基本上是对的,是基于国防工业科学技术发展新态势而形成的经验—理论归纳,并非只立基于抽象的理论推导,因而其论证是成功的。显然,"军民一体化"是当代科技发展对国防工业的新要求,顺之者国防工业兴,逆之者国防工业衰,概无例外。它对中国国国防工业发展战略也有相当的借鉴意义。

也很显然,基于当代科技新态势的这种"军民一体化",与美国前3次"军转民"是完全不同战略的体现,未可同日而语。

(6)在"军民一体化"中,科技发展新态势与市场化、股份化体制的深入推进是一个事情的两个方面。它们彼此促进,互为前提。甘氏对此了然于胸。他以军品采办体制为突破口,指出:"在武器采办方面加强立法与行政措施已有40余年的历史,美国法典中与采办国防产品和劳务有关的特殊法律条文,现已达到5000多节,有关的立法文件多达125000页以上;军用产品和工艺的规范与标准,足有32000份。这些规定已成了控制负责国防采办工作的数十万国防部人员日常工作的具体行动条例",问题在于,正是在这种早已过时的条件框框束缚下,国防部人员只能以高价买进质量不高的军品。例如,"在'沙漠风暴行动'期间,美国陆军迫切需要大量现代化的无线电装备,而摩托罗拉公司为城市警察生产的那种型号,既符合在恶劣和极端环境条件下的使用要求,也完全能满足陆军的通信需要。然而,由于美国的法律规定,若与其他买主的开价相比,公司如不能将其产品以最低的价格供给政府,将构成犯罪行为。而摩托罗拉公司又不能保证同任何地方的任何买主相比,陆军所享受的是最低的价格(由于当地销售商有的是打折扣卖给警察),故它无法签署必要的保证书。陆军试图通过陆军内部一位高层政治人物签署一项自动放弃这一法律要求的声明,但未能获得成功。没有国会的批准,谁也不得违反这一法律的规定"①。很显然,旧的军品采办制度以军民界限清楚为前提,更多地使用非市场的规程采办军品,自然会与市场规律发生矛盾,自然难以采办到价廉物美的军品。在这种困境面前,只有军品采办基本实现按市场规律办事,才能彻底改变面貌。当然,这里的前提是,在许多军品中,民间科技水平已经在市场规律的推进下相当于乃至高于军品要求的指标。如前所述,冷战结束前后,当代科技发展水平已经如此。甘氏之书已经列出,当前,至少有六种关键技术是军民通用的,其中有电子技术、生物技术、信息技术、制造和工艺技术、先进材料技术以及软件技术②。在这些科技领域,再坚守军民界限,离开市场规律采办军品,当然就很难达到价廉物美。因此,甘氏断言"造成军用与民用分离的原因并不是技术,而是程序"③,的确是准确的。

军品生产和采办的进一步市场化、股份化应集中表现在军工企业按照规模化、集约化的要求,按照当代高新科技对企业组织结构的新要求,如同民品企业结构调整一样,大量地进行产权重组,一方面促使企业通过兼并等途径集团化,另一方面也促使中小型企业大量应用产生,形成新的结构。对此,甘氏也是明言不讳的。他说政府对国防工业有三种政策选择,即私有化模式、传统模式和进一步开展有效竞争的模式。其中最佳的第三种模式要求"政府作为国防装备的唯一买主,必须以鼓劲而不是排斥自由市场力量的方式来实现其买方独家垄断权。政府不宜发布非常

---

① [美]甘斯勒:《美国国防工业转轨》,国防工业出版社1998年版,第79—82页。
② 同上书,第199—248页。
③ 同上书,第18页。

详尽的管理条例,必须允许国防企业对市场变化作出反应,以获得最佳的平衡。现有的一些限制甚至不允许自由市场力量足以使国防工业作出这种反应","政府不应维护现有不利的法定的国防市场运营结构,而必须后退一步,改变这种结构,并通过行政措施保证强有力的市场竞争力量的存在,以便从供应商那里获得效率、效益、创造性和响应能力","决策者应当使政府的采购工作尽可能地应用自由市场力量和通常的商业法则,而不是应用今天国防部独特的采购法规"①。由此出发,甘氏比较激烈地批评美国国防工业中越来越倾向于国有化的倾向,特别是在军事装备维修、新型装备生产、国防科研等部门中国有化比重越来越扩张的倾向,认为这种倾向与当前全球"私有化"浪潮很不协调(请注意,甘氏在这里所讲"私有化",实际指一些国家把原有的国有企业实施股份化改造的趋势),重蹈苏联国防工业国有化和计划论的覆辙,应予改正。他还重笔浓墨地写道:在美国国防工业中,"关于私有部门还是国有部门这个问题,是筹划21世纪理想的国防工业基础最重要的问题之一"②。在这种论述中,让国防工业企业跟上新科技革命促成的全球经济结构调整和产权重组进程,在市场化、股份化之路上迅速发展,是根本主题。

(7) 甘斯勒在论述"军民一体化"体制时,关于它应当分为三个层面加以实施的思路,不仅是对美国前3次"军转民"既有模式的突破,而且也是应对美国军工企业产权重组格局而强化军民一体化管理的经验整合,也值得注意。

甘氏所讲的三个层面是:"①两用(指军用与民用——引

---

① [美]甘斯勒:《美国国防工业转轨》,国防工业出版社1998年版,第19页。
② 同上书,第20页。

者）研究与发展，满足共同需要；②两用工厂，采用共同的工程、生产的支援手段；③两用设备，特别是部件、材料和软件等。这三个领域的两用项目，将在工业基础的军用和民用部门之间，产生真正的协作。"甘氏认为，"在这三个一体化领域中，或许最重要的是设计时就考虑两用问题"，"最重要的是，未来武器系统的设计将直接采用民用分系统、部件、软件和材料，并能在民用（两用）工厂的现代化柔性制造设备上制造。这种方法与历史上军用和民用部门之间的研究与发展关系有很大不同，那时不知道军民之间有如此密切的相互作用"[①]。这种估计是准确的。从设计开始，就考虑"两用"，以"两用"始，以"两用"终，这确实是以前的所有"军转民"未曾提到的新思路。

（8）甘氏关于"军民一体化"需要上层建筑保证方面的论述，除了前述对国防部采办规程应加全面改革的内容外，还包括了对美国国会和各级政府应通过立法、行政等手段加以推进的呼吁。

总之，以上八条内容所表达的"军民一体化"理论，立足于当代科技新动向以及它对军工企业结构调整和产权重组所提出的新要求，同时也思考了国会和各级政府应对国防工业向"军民一体化"转轨提供有效支持方面，比较全面地展开了国防工业走"军民一体化"之路的论证和阐释，是对二战后美国国防工业"军转民"模式的根本性突破，具有较高的理论意义和实践价值。在某种意义上，它也为中国国防工业适应有中国特色的军事变革提供了一个高水平的参考系。

---

① ［美］甘斯勒：《美国国防工业转轨》，国防工业出版社1998年版，第20页。

二 美国的新航天政策

(一)《2020年设想》等文件中的军备野心

美国为了建立太空霸权,公然在太空部署和使用大规模杀伤性武器。早在1996年9月公布的冷战后第一个国家航天政策中,它就明确提出要发展控制外层空间的能力,确保美国在外空间的军事自由,并剥夺对手的这种自由。1998年4月,美国空军航天司令部在美军参谋长联席会议1996年制定的《2010年联合设想》所提出的"主宰机动、精确交战、集中后勤和全方位防护"4个作战目标的基础上,制定了《2020年设想》,认为到21世纪军事航天力量将成为美国实施国家安全与军事战略的主要依靠力量,提出要通过"控制空间、全球交战、全面力量集成和建立全球伙伴关系",来夺取空间优势。控制空间,就是要确保美国及其盟国的航天力量不间断地进入空间,在空间自由行动和必要时阻止敌人利用空间。全球交战,就是要利用航天系统对全球进行侦查,建立全球性的导弹防御体系,从夺取制太空权来实现制空权、制海权和制陆权。全面力量集成,就是把(航)天军与陆海空军一体化,建立以天军为主体的高技术综合作战体系。其中空军将改组为10支航空航天远征部队,充分发挥航天优势,使空军更轻便、更精干、更具战斗力。美国空军预测,到2025年,它的活动领域将从空中为主、空间为辅,转变为以空间为主、空中为辅,空军将在外层空间执行目前在大气层内进行的大多数军事任务,届时航空航天部队将转变为航天航空军。全球合作,就是要由美国航天司令部来统一全国的民用、商用航天系统,例如用航天飞机、民用遥感卫星等进行军事侦察;还要由美国来控制国际航天能力。

1999年公布的美国国防部最新航天政策声称,必要时可以从太空使用武器，攻击敌方陆、海、空、天的重要目标。

美国空军大学在1996年完成的《2024年空军》的研究报告预测，到2025年，世界上的大部分战争可能不是攻占领土，甚至不是发生在地球表面，而是发生在外层空间或信息空间；空军活动的介质将以空中为主、外层空间为辅转变为以外层空间为主、空中为辅，从而使外层空间从支援陆、海、空作战的辅助战场变成由陆、海、空军对其进行支援的主战场。在美国军事高层看来，太空是美国的最终边界。

为了实现控制空间的目标，美国空军从1999年到2005年，将把50%以上的科研经费投入与航天有关的技术研究，拟到2005年再把它增加一倍。美国空军航天司令部要求航天工业：（1）产品要确保进入空间的自由。（2）要研制能够对重要空间目标的人物、尺寸、形状、轨道参数等进行精确探测和跟踪并进行及时归类和分发的产品，以确保对空间状况近实时的有效监视。（3）要研制能够近实时地进行预警，加固航天器，并能在短时间内重建和修复航天系统的有源与无源的防御设施，以保护美国和盟国航天系统免遭自然或人为因素的威胁。（4）要求产品确保不让敌方使用美国及其盟国航天系统的设施，它应能够有效探测敌方未经许可使用美国及其盟国探测系统，近实时地评估这种使用对美国及其盟国航天任务的影响，及时反击敌方使用美国及其盟国航天系统。（5）要求研制具有可逆转的灵活效应、精确攻击能力、快速反应和及时反馈攻击效果等关键功能的太空武器，确保对敌方地面基础设施、地一空间链路和航天器实行扰乱、欺骗和摧毁。

2006年8月31日，美国总统布什批准了一项新的国家航天政策，10月6日布什总统授权白宫科技政策办公室正式发布新版《美国国家航天政策》，取代了1996年9月14日美国前总统克林顿颁布的《国家航天政策》。新政策确立了用于管理美国航天活动行为的总体国家政策并明确指出为了探索宇宙、繁荣经济和加强国家安全，美国必须具有健全、有效和高效的空间能力。

（二）美国航天政策的演变历程

美国新的航天政策与其传统政策是一脉相承的。二战结束以来，太空一直是美国要夺取的战略制高点。20世纪60年代，美国把太空当成与苏联竞争和控制世界的重要领域，肯尼迪总统曾宣称："谁控制了太空，谁就能控制地球。"在这种思想影响下，1983年里根总统提出了"高边疆"理论和"星球大战计划"。

1996年9月，美国总统办公厅国家科学技术委员会推出《国家安全航天指导原则》，即冷战后美国颁布的第一个国家太空政策，首次提出要"确保在空间的行动自由，并按照指示剥夺敌人的这种自由"，目的是确保美国对空间的绝对控制权。

1999年7月，美国国防部长科恩签发了国防部令，公布了最新的"国防部航天政策"，废除了1987年发布的"国防部航天政策"。这是冷战结束后美国制定的第一个军事航天政策，反映了冷战结束后美国对军事航天所作的一系列重大调整。

2001年9月美国公布了《2001四年防务评估》，这是"9·11"恐怖袭击事件后布什政府公布的第一份军事安全战略规划，对美国近、中期军事安全战略具有直接的指导意义。

2002年6月和2003年11月，美国空军两次向国防部递交了由空军战略规划局起草的《美国空军转型飞行计划》；2002年9月，美国公布了小布什上台以来的第一份《美国国家安全战略》，正式提出了向恐怖分子和敌对国家发动主动进攻的"先发制人"战略。

2003年5月，美国借"反恐"之机，以一些国家发展大规模杀伤性武器和远程弹道导弹为由，颁布了《弹道导弹防御政策》，提出政府的首要任务是调整美国的国防能力和威慑能力以应对不断出现的威胁；同年，布什总统签发了上任后的第一部《商业航天遥感政策》，提出的总目标是："维护美国在临界遥感领域的领导地位，保持并增强美国商业遥感业的领先优势，以维护美国的国家安全利益和外交利益，促进经济增长和环境治理，保持科学技术领域的先进性。"

2004 年 1 月，小布什宣布了《新空间探索计划》，称美国探索太空要实现的目标，蕴涵着航天政策比以前将发生更多的变化。

2005 年 3 月美国国防部公布的《国防战略报告》，明确将太空和陆、海、空及网络空间定义为同等重要的、需要美国维持决定性优势的五大空间。

2006 年 2 月，美国公布了《NASA 2006 版战略计划》，这是进入 21 世纪以来发布的第二份战略计划。该战略计划提出要确保美国在空间探索、科学发现和航空研究领域的领导地位等新的使命任务与发展愿景。

2006 年战略计划政策是 1996 年航天政策的继承、延续、拓展和提升，也是美国开拓天疆、星球大战计划的发展，以致公开将外层空间作为陆、海、空之外的第四战场。

与 1996 年政策相比，美国 2006 年战略计划政策发生的变化为：从空间基础能力建设向空间军事化攻防能力建设转变；从空间开发利用，向空间资源控制与争夺转变；从防御和开发型政策向进攻和控制型政策转变；从单项基础能力建设向体系化、网络化转变；从注重民用航天向军事航天第一转变；从鼓励商业航天活动向推进国家商业航天产业转变。

目前，世界上拥有和应用卫星观测、通信联络、导航定位等太空科技的国家，基本上不具备太空防御能力，更不具备太空攻击能力。一旦美国将其太空攻击能力转化为实际部署，几乎全球所有的国家都会在战略上处于十分脆弱的地位。不仅依赖太空技术的联合作战指挥体系会受到严重制约和破坏，战略威慑体系失效，就是一般的生产生活中对太空技术的应用，如手机通信、电视转播、导航定位等，也会受到很大的影响。

空间力量的不平衡发展可以影响国际战略格局的变化，将给国际环境带来不确定因素。历史的经验表明，一旦新的作战手段与霸权主义和强权政治相结合，必然刺激它的侵略性和冒险性，使其成为世界动荡和局部战争的根源。因此，将给国际安全环境带来深刻影响。

(三) 美国新的航天政策对国际航天发展的影响

1. 新政策将对世界各国航天政策及发展战略产生巨大冲击

美国新航天政策违背了《外空条约》中的全人类共同利益原则、自由探索和利用的原则、不得据为己有原则。特别是美国拒绝就任何可能会限制其进入或使用空间的协议进行谈判或制定任何法律制度，还声称美国拥有不让任何"敌视美国利益"的国家或个人进入空间活动的自由，实在是一个"太空霸权"政策。美国新航天政策出台后，俄罗斯、欧盟等国家都做出激烈的反应，纷纷表示将调整航天发展的战略和政策，应对国家安全的需要。欧盟各国开始独立发展欧洲防务；俄罗斯加快部署军事航天能力。

2. 新政策将促进各国加快航天跨越式发展的步伐

冷战时期，世界军事航天领域几乎被美、苏垄断。冷战结束后，军事航天领域开始逐步向多极化方向发展。美国率先在海湾战争、科索沃战争、阿富汗战争以及伊拉克战争中应用航天系统，并取得了巨大成功。美国新航天政策又把空间的战略地位提高到"对一个国家重中之重"的地步。这将促使越来越多的国家谋求建立独立的航天系统,保卫国家的安全和利益。

三 美国的军事航天产业及航天军备、军种[①]

(一) 力求建立全球航天侦察和监视系统

为了有效地进行全球侦察和监视,美国已要求其航天工业研制技术更加先进的导弹预警卫星、核爆炸监视卫星和战区侦察卫星,为它们搭载超光谱成像、特超光谱成像、高灵敏的光电传感器、天基雷达等服务,并开始研制低可探测性移动目标指示器等。

美国1963年至1970年先后发射了6对12颗第一代核试验监测卫星。

为了争夺制空权、制海权和制陆权,美国发射了大量的战区侦察卫星。在第一次海湾战争中,美国航天司令部统一指挥约70颗战区侦察卫星,支援陆、海、空军作战,对迅速赢得战争的胜利发挥了决定性的作用。第一次海湾战争因此被誉为"第一次空间战争"。现在美军用于截获雷达、无线电信号的电子侦察卫星自1962年首次发射以来,已经经历了4代。

美国现在还在加紧研制和部署新的战区侦察卫星网,使它不仅能跟踪地面各种移动目标,还可以利用新型传感系统的超频谱成像功能,达到侦测化学、生物成分,并能识别伪装、隐蔽目标和欺骗战术的水平。

2001年7月,美国空军又向国防部提出了加快建立天基雷达(SBR)的计划。

---

① 叶卫平:《世界高技术武器市场透视》,天津人民出版社2002年版,第21—25页。

（二）确保全球航天实时指挥

美国现在由 16 颗通信卫星组成的卫星系统，保障着五角大楼对全球美军的实时指挥控制和管理，并使美军实现野战条件下的战场信息共享。美国航天司令部 2000 年开始制定新世纪的军事通信卫星计划，其中提出研制更先进的"宽频带填隙"（WidebandGapfiller）卫星，来取代国防通信卫星系统。

（三）太空武器部署的重点

美国航天军事工业不仅为美军的全球作战提供各种保障手段，还积极研制各种太空武器。它们按部署方式分，可以分为地基和天基两种。

目前，美国天基作战平台发展的重点，是军用空天飞机。1994 年至 1996 年，由于军用空天飞机技术取得了进展，美国空军在此期间制定的各种关于未来军事装备的报告中，均要求把空天飞机作为今后 20 年至 30 年最重要的武器装备加以研制。1997 年，美国空军在美国航天司令部实施的多项小型重复使用航天运载器样机演示计划如 X—33、X—34 项目的基础上，开始实施小型空天飞机技术发展计划。

美国还力图在 2010 年以前形成天基激光武器作战系统。其天基激光武器已进入一体化飞行试验阶段，论证了星载高功率激光束拦截弹道导弹和攻击太空目标的可行性，2010 年或稍晚时将进行天基激光器演示样机的轨道飞行试验，随后将部署实战系统。英国有文章预测，到 21 世纪初叶，美国太空战武器研究领域最重要的成果，将是太空激光器。

1999 年以来，美军一直通过实施"战术反卫星技术计划"，以试验地基动能反卫星武器。

（四）全国导弹防御计划（NMD）

全国导弹防御计划规定在 1997 年至 2015 年期间，分 3 个阶段建成一个在美国本土多个基地部署、能对50个州提供保护的战略导弹防御系统。同时，投资105亿美元，为国家导弹防御系统配备其他航天器。

2001年1月26日，就任总统仅6天的小布什宣布，他将继续实施全国导弹防御计划，但愿意以单方面削减核武器的数量来与有关国家进行交换。1月28日，新任副总统切尼说：美国不会因为俄罗斯的反对，就不部署全国导弹防御系统。

（五）战区导弹防御计划(TMD)及美国日本对台海的窥视

到1998年6月，美国投入战区导弹防御计划（TMD）的资金已达到500亿美元左右，每枚导弹的成本为1000多万美元。美国还极力把日本拉进来，一是好与日本分担成本，二是为联合日本对中国施压。1998年5月，美国借印度和巴基斯坦核爆炸之机，拉拢日本共同开发战区导弹防御技术，日本立即予以响应。2005年初，日美联合宣布台海是其共同注目之地。

美国和日本还力图把台湾拉进TMD体系。1994年美国开始建立TMD即拉台湾当局参加。1997年美中两国元首会晤时，美方想得到中方不协助巴基斯坦开发导弹的承诺，但是中方要求美方保证"不在台湾部署战区导弹"，美方以它是防御性武器为由，拒绝向中方做出承诺。

1999年2月，美国提供的最先进的战术区域通信系统（INSE）在台军陆军第六集团完成了战术测试，并通过台军的"潜龙光纤"与台湾的衡山指挥所联通。然后，台军第8军团和第10军团也装备该系统，以构建完整的陆军战术区域通信系统。1999年2月，台湾当局正式要求从美国进口4艘"宙斯盾"级导弹驱逐舰。1999年3月24日，美国参议院外交委员会主席赫尔姆斯和参议院托里切利提出了《强化与台湾关系法》，5月18日，众议院共和党督导迪莱也提出了《强化与台湾关系法》，要求国会授权总统批准,向台湾提供包括战区导弹防御系统在内的先进武器。陈水扁利用这一点,极力搞"台独"。

（六）发展巡航导弹防御系统

目前装备巡航导弹的国家只有美国、俄罗斯和英国。巡航导弹飞行高度低,在平原的飞行高度只有 15 米,几乎可以贴地飞行;在丘陵和山区也分别只需要 50 米和 100 米,能够充分利用地形,使防御系统难以探测。

兰德公司还建议,采用干扰巡航导弹的 GPS 导航系统的方式来进行来袭导弹拦截试验。

（七）进一步加强发展进攻性战略武器

美国进攻性战略武器的发展,并没有因为 NMD 和 TMD 领域的优势而有所削弱。美国 2000 年有 500 枚民兵 III 路基洲际弹道核导弹,还部署了 50 枚和平卫士/MX 多弹头路基洲际弹道核导弹,携带着 500 个 W—87 核弹头。美国现有 18 艘俄亥俄级战略核潜艇在服役,搭载了 1536 枚 UGM—96 三叉戟 IC4 潜射洲际导弹和 1920 枚 UGM—133 三叉戟 IID5 潜射洲际弹道导弹。美国现有 76 架 B—52H 战略轰炸机和 20 架 B—2 战略轰炸机可以投掷核武器,共携带 800 枚空射巡航导弹和 950 枚 B—83、B—61—7 或 B—61—11 核炸弹。此外,美国还拥有两部分现役战术核力量:一是美国海军可发射的 320 枚 W—80—0 核弹头;二是美国空军和北约军队战术飞机携带的 1350 枚战术核炸弹,其中有 150 枚部署在 7 个北约欧洲盟国的 10 个军事基地。

美国海军空战中心武器部正在积极开发超高音速巡航导弹,以彻底改变巡航导弹只能低空亚音速飞行的历史。

2004 年 8 月,美国公布了军事部署大调整计划,将从全球撤回 7 万美军,同时强化信息战争条件下针对恐怖主义和各地敌对势力的反击能力。此后,美国又发动了两场战争,大搞"反恐"。人类又面临一种未知的强力格局。

第三节 俄国的国防航天产业及航天军备、军种

苏联之所以在"冷战"中解体，原因之一，便是不堪两个超级大国军备竞赛的经济重负。但问题是，解体后的俄罗斯仍然不能不对军备包括航天军力倾入人力物力。

一 冷战结束后的俄国国防航天产业[①]

（一）面对《反导条约》被撕毁

在苏联于1989年解体后，1996年6月，面对北约东扩威胁，俄罗斯新军事战略规定了"现实遏制"原则，即不追求在武器和武装力量上与其他大国均等，而是奉行以战略核力量首先是战略火箭军来保持尽可能低水平的核均势，在还击时给对方造成一定的损失，从而有效地遏制大规模的侵略战争，并阻止周边国家向西方和外部伊斯兰势力靠拢，遏制境外武装冲突蔓延到国内，达到确保国家安全的战略目标。

普京出任俄罗斯总统后，重申了上述核威慑战略。由于这时北约东扩已成为事实，普京核威慑的主要对象是美国的NMD计划，因此核威慑的手段也就更加战略化了。

布什就任美国总统的第3天，普京正式批准了由联邦安全会议和总参谋部共同提交的《2001年至2005年俄罗斯武装力量建设计划》和《2001年至2010年国家发展武器装备和特种技术纲要》等30多份有关军事改革的文件。《2001年至2010年国家发

---

① 叶卫平：《世界高技术武器市场透视》，天津人民出版社2002年版，第151—177页。

展武器装备和特种技术纲要》提出要研制第五代航空器、坦克、舰船、防空系统等武器装备。《2001年至2001年俄罗斯武装力量建设计划》建议将目前4个军种减少为陆军、空军和海军3个军种，战略火箭军于2002年正式降格为战略火箭兵，同时在一年内组建由总参谋部直接指挥的航天兵，担负航天发射、卫星测控、卫星攻击、导弹防御等类似美国NMD的任务，从而形成俄罗斯武装力量由3个军种（陆军、空军和海军）和3个兵种（战略火箭兵、航天兵和空降兵）构成的结构。普京命令，2001年7月1日前完成航天兵组建工作。

布什承认，在美苏敌对状态下，双方"储存了数以千计的核弹头，使它们处于千钧一发的警戒状态，并且互相瞄准对方"，因此，"哪一方也不会发动核武器袭击，因为我们深知另一方也会做出回应，从而造成两败俱伤的局面"。而如今，美国一旦建立起国家导弹防御系统，这种状况就不再存在，国际相对安全格局将被美国的绝对霸权体系所取代。俄罗斯要重新恢复相对安全的格局，就必须研制新一代的战略进攻和防御武器。

（二）发奋研制新一代战略进攻武器

俄罗斯安全会议关于2010年以前战略进攻武器的发展计划规定，俄罗斯把核威慑力量视为保障国家安全的重要因素之一，空中核力量将以图95H型和图160型战略轰炸机以及远程空射巡航导弹为主。

目前，俄罗斯的战略火箭军有4个军、19个基地师，到1997年底时拥有洲际导弹756枚。

西方媒体报道，俄罗斯1995年10月25日首飞试验了被北约称为SS—X—26的中程弹道导弹，以供21世纪使用。

（三）发奋研制新一代战略防御武器

苏联从1964年开始研制各种反卫星武器，主要有自爆和激光两种。地球轨道卫星速度快,结构复杂,因而脆弱,因此用常规爆炸即可将它摧毁。在十几年的试验中,苏联先后试验了同轨道接近法、近地点接近法、远地点接近法和直接上升接近法等不同的拦截方式。在 70 年代,具备了攻击地球轨道卫星的作战能力,成为世界上唯一拥有能够用于实战的反卫星武器国家。

俄罗斯反卫星武器工业 21 世纪研制的重点是:(1)提高现有反卫星武器的技术含量,特别是使其具有改变轨道面的能力,从而能够拦截高轨道卫星,并把每天发射次数提高到两次以上,即不再受限于只有当敌人卫星飞临发射场上空时才能发射拦截卫星;缩短拦截时间,减少反卫星导引系统的误差。(2)开发更加先进的反卫星武器,例如各种太空雷、各种反卫星激光反射镜武器、各种反地基激光器的吸光材料弹。俄罗斯反卫星武器工业还考虑研制小型核装置,杀伤多个敌人卫星,或者通过强烈红外辐射,使敌人卫星的探测、预警和制导等传感器失灵。

在导弹防御方面,俄罗斯计划开发第三代反导导弹,逐步更换 60 年代研制的 A—35 系统和 70 年代中期研制的 A—135 系统。

21 世纪,俄罗斯还计划要使等离子体导弹拦截武器成为现实。

(四) 苏联失败的军事原因回顾[①]

二战结束后,苏联向华约国家、中东地区各国以及其他社会主义国家出售了大量武器装备,同时也输出了苏联的军事战略理论和各种战术和战法。

但在 1979—1989 年的侵阿战争中,苏联虽然出动各类先进的武器装备,结果却大败而归。在 1991 年的海湾战争中,伊拉

---

① 张召忠:《怎样才能打赢信息化战争》,世界知识出版社 2004 年版。

克不仅拥有大量新进的苏式武器装备,而且在苏军顾问的指导下建设了各种坚固的防御体系,传授了各种作战理论和战法,但与美军交手之后,很快就陷入全线崩溃的境地。在2003年的伊拉克战争中,伊军不堪一击,更是震惊了俄罗斯的一些军事战略家。他们认为,伊拉克的战败是苏联军事理论的失败,也昭示了俄罗斯武器装备上的问题。

为什么使用俄罗斯武器装备以及沿袭苏俄军事理论的所有国家都打不赢信息化战争呢?看来,问题出在两个方面:

一是武器装备所处的环境差。技术决定战术,有什么样的武器装备就有什么样的作战理论。苏联时代,在军事技术方面就过于偏重核、航天和机械化装备,在电子信息装备方面比美国落后10—20年。20世纪80年代,奥加尔科夫元帅提出新技术革命理论,这个创造性思维在世界上是第一次提出,如果苏联抓住那次机遇,在技术革命方面就会超前美国一步。可惜,在保守派的围攻下,新技术革命的动议不仅彻底流产,而且元帅本人也被降职使用。错过了这一步,结果整整错过了一个时代。奥加尔科夫的改革创意,很快被美国国防部副部长佩里接受并开始推进以信息技术为核心的新技术革命。美国军队正是因信息化武器装备在信息化战争中的作用,使其在近十几年的所有战争中连战连捷。

二是技术差。苏制和俄制武器装备在机械加工制造技术上比美国落后10年左右,但在电子信息技术方面至少落后20年,尤其是系统集成技术、计算机信息技术、智能化处理技术等落后更多。

二 在与国外的合作中争取崛起

俄国继续将过时的洲际导弹改装成运载火箭,以增强发展新战略武器的后劲。

俄罗斯还希望通过继续与美国航天工业合作的方式，在获取发射利润的同时，为跻身于美国的 NMD 计划增加可能性。美国在商业卫星发射领域技术滞后，所占份额只有 32%，欧洲阿丽亚娜航天公司却占 52%，俄罗斯和中国各占 8%。冷战结束后，美国不能容忍欧洲阿丽亚娜航天公司主导世界卫星发射市场的局面继续存在下去，可是航天飞机发射一次的成本高达近 5 亿美元，而火箭只需要 1.2 亿美元，美国很难用航天飞机与阿丽亚娜火箭比试高低，而其宇宙神火箭、大力神火箭和德尔塔火箭也均非阿丽亚娜火箭的对手。于是，美国采取了借助俄罗斯的力量来排挤欧洲阿丽亚娜航天公司的市场份额的对策。这样，美国洛克希德公司、俄罗斯赫鲁尼切夫研究所、俄罗斯能源运载火箭研究所合作成立了国际发射服务公司（LKEI），使质子火箭进入美国等西方国家的商业发射市场。马丁·玛莉埃塔公司同洛克希德公司合并后，也成为这家公司的股东之一。

按照美国政府的规定，国际发射服务公司在 2000 年以前每年利用质子火箭发射美国商业卫星的次数不能超过 8 次，发射费用不能低于市场价格的 7.5%。这个发射次数不足以对欧洲阿丽亚娜航天公司的领先地位构成威胁，但它每次的发射费用仅为 7000 万美元，而阿丽亚娜火箭却在 7000 万至 1.2 亿美元之间，因此洛克希德—马丁公司的宇宙神火箭与质子火箭的结盟，在 21 世纪初竟把阿丽亚娜火箭每年的发射利润减少 3 亿至 5 亿美元。洛克希德—马丁公司为了提高自己的竞标实力，表示将采用俄罗斯制造的火箭发动机或其他硬件的形式，从而把俄罗斯技术和成本融入它的投标计划中。用质子火箭发射的俄罗斯飞船不需要洁净室，而美国卫星则需要洁净室设施，因此国际发射服务公司投资 2300 万美元，按照西方的标准对拜科努尔航天中心的组装设施加以改建，特别是新建了能够接受西方电子设备的洁净室设施和工作站，并改进了能够满足西方宇宙飞船加注燃料需要的设施。国际发射服务公司首次质子火箭发射开始于1996年第一季度，第二季度发射了洛拉尔公司的一颗广播通信卫星，又于年底发射了泛美6型卫星和国际海事组织的Inmarsat3型卫星。它还在1997年至2000年年底期间，为休斯航天和通信公司发射了四颗卫星，收入约10亿美元。赫鲁尼切夫研究所还把单独研制的新型质子火箭交给国际公司于1998年首次发射。

1995年6月30日，美国副总统戈尔参观了俄罗斯科鲁尼乔夫火箭制造厂，表示美国即将废除限制俄罗斯发射含有美国技术的商用卫星的限额。除美国原先同意俄罗斯在1999年前进行8次发射外，还允许洛克希德—马丁公司与俄国质子火箭制造商制定另外的发射计划。1995年在洛克希德—马丁公司的活动下，美国航天局和俄罗斯宇航局分别委托赫鲁尼切夫研究所研制"FGB拖绳"和ANGARA重型助推器，前者是国际空间站的重要组成部分，后者是比质子火箭还要大的助推器，将于21世纪初用于普列谢茨克航天中心的火箭发射。

美国波音公司则与俄罗斯RSC能源公司、乌克兰南方公司和挪威克维尔纳造船公司建立了四方合资公司，投资1亿至1.5亿美元，专门负责由乌克兰制造组件、在美国加利福尼亚完成组装的"天顶"火箭的商业推销工作，还要建设一个海洋商业卫星发射中心。波音公司宣布"天顶"火箭将于1998年6月首次发射的消息后，它到1997年4月已接到18张发射订单。为了与阿丽亚娜5型火箭竞争，美国公司还支持俄罗斯在南太平洋租借岛屿，建设一个造价10亿美元的重型卫星发射中心。

美国和俄罗斯还加强了分割外空航天市场的合作。它们1995年11月12日先后发射了三个装有摄像机、传感器、磁强针、远距地图绘制系统等器械和着陆舱的火星探测器，以选择可能的火星着陆点，测定群场，钻探火星地下是否有水，探究火星过去的火山活动和发生大风暴的原因。第一个是美国1吨多重的"火星环球勘测者"，已完成1993年8月失事的"火星观察者"号探测器的任务。它将运转两年，在高378公里的极轨道上绘制火星地图和测定它的磁场。第二个是俄罗斯重6.2吨的"火星96探测器"，装有法国等20多个国家提供的仪器。它用两年的时间向火星投下两个空间站和两个能够深入火星地下5米至6米的触头。这两个触头不仅向它也向美国的"火星环球探测者"传递有关数据。第三个是美国重0.88吨的"火星探路者"，它装有一个起落装置，可以将一个重10公斤的六轮小机器人送上火星，进行数天时间和方圆500米的探测。

2002年5月15日，美国洛克希德—马丁公司第一次在它生产的大力神3型火箭上使用了俄罗斯发动机，并成功地把一枚欧洲通信卫星送上了太空。从1995年开始，美国普拉特—惠特尼公司还与俄罗斯的NPOEnergomash公司合作，耗资近1亿美元发展新的火箭发动机。1995年6月30日，国际发射服务公司的一枚三级质子火箭在拜科努尔航天发射场将美国劳拉公司制造的Sirius—1无线电广播卫星送入预定的椭圆大倾角地球轨道；9月和10月又把Sirius—2送入预定的椭圆大倾角地球轨道，组成为美国驾车者提供50个不间断的CD级音乐广播频道和50个新闻广播频道的星座。俄罗斯还以航天仪器、设备和技术在过海关及在俄罗斯境内时不被察看的承诺作为交换，换取了美国与它签署航天技术保护协议，以大幅度提高商业卫星的发射数量。2000年3月，俄罗斯政府还支持一家航天技术研制公司研制了一种重达1500吨的大型海上气垫船，背负着宇宙飞船在离海面数公尺的高度高速飞行。当它的时速增至600公里时，其背上的宇宙飞船即发动火箭脱离水上飞机攀升，以960公里的速度进入轨道。

由于它可以借助海上气垫船的速度，因此无需向航天飞机那样要加装外置燃料箱或固体火箭推进器，从而降低了发射成本；还可以根据轨道位置，选择适合的发射位置，以此来增加国家商业卫星发射的市场份额，开拓与美国的合作领域。

第四节　包括航天业在内的日本军工产业

作为我国近邻，日本航天业发展的态势和走向也引人注目。本来，二战以后的日本在拥有和发展军备方面都受到一系列限制，其中包括日本至今没有一家国有武器装备生产工厂。针对这种格局，日本一方面利用这种情况，在美国武力的保护下，倾全力发展国民经济，迅速地提高了综合国力，成为全球经济大国之一。另一方面，随着综合国力的提升和经济实力的增强，日本也不甘于默默无闻，它也在千方百计地以"寓军于民"的方式增强自己武装力量和军备，其中包括日本军品的大部分研制任务和全部生产任务，均通过市场化、股份化的方式，由民间企业承担实施。因此，日本在"寓军于民"方面的经验和做法独树一帜，绩效不错，值得注意。

一　日本战后"寓军于民"的军工发展战略

二战结束后，日本沦为战败国，其军工生产发展受到了国际社会的严格控制与监督。

（一）二战后军工产业的恢复与发展

冷战的爆发、美苏两个超级大国对世界霸权的争夺，使日本的"非军事化"和"民主化"进程出现了逆转。美国为了将日本塑造成为东亚的反共产主义"防波堤"，开始重新武装日本。随之，日本的军工生产也得到了逐步的恢复。1947年，美国将在太平洋战争期间散落在世界各个战场上的武器汇集起来，送给日本检修，使日本的军工生产开始恢复。1950年，朝鲜战争爆发，日本为美国大量生产战争物资，成为美国"特需"的提供基地和"远东兵工厂"。1953年，美国占领军当局索性撤销了对于日本军工生产的禁令。

1951年，日本成立了兵器工业会。1952年，日本财界具有举足轻重影响的"经联团"成立了防务生产委员会。此后，日本又相继出现了航空宇宙工业会、造船工业会防卫装备协会、防卫装备工业会等军工产业组织。

日本的军工生产大抵可以1965年为界划分为前后两个阶段：仿制、改造美式装备阶段和自行设计、制造的国产化阶段。迄今为止，日本已经建立了门类齐全、水平较高、潜力巨大、"寓军于民"的军工体系。日本已形成独立的军工生产体系和一定规模的生产能力。据统计，有资格与防卫厅签订合同的企业有2000余家，除少数几家为大型垄断企业外，大部分为中小企业。其特点是：航空工业是日本国防产业的重中之重，独立研制的支援战斗机和直升机已达到较高水平；导弹和航天工业发展迅速，可生产反坦克导弹、反舰导弹、地空导弹和空空导弹，并建立了军事侦察卫星系统；舰船和国防电子工业发展惊人，造船能力世界第一；国防电子工业制造的C4I系统位居世界前列；核武器工业具备相当实力，已具备研制战略导弹核武器的潜力。

（二）"寓军于民"的战略选择

从历史文化渊源上看，注重武备、崇尚扩张的思想已经融入日本政治家的血脉之中。吉田茂在1963年所写的《世界与日本》一书中说：优秀的独立国家，而且在经济上、技术上乃至学问上都跻身于世界一流的日本，如果在防卫上不改变总依赖他国的状况，作为国家应该说是处于残缺的状态。

从国家经济总体战略上，日本仰仗着美国的军事"保护伞"，充当免费"搭车者"的角色，抓住机遇，实现了国民经济的快速恢复和发展，为振兴军工产业奠定了基础。同时，日本建立了"军民结合"、"寓军于民"的军工生产体系，利用民间的科研力量和生产能力开发军事生产技术。

1955年，日本经济开始起飞，1967年超过英、法两国，1969年又赶上联邦德国，成为资本主义世界中仅次于美国的第二大发达国家。经济的腾飞给日本的军工科研与生产奠定了雄厚的物质基础。与之相伴的是，日本的军费开支不断上升。

(三)"寓军于民"战略的实施

1970年，日本颁布了《国防装备和生产基本政策》，为军工生产确立了基本的方针。其中的主要原则有：以国家的工业能力、技术能力为基础；鼓励采购本国生产的武器装备；最大限度地利用民间企业的开发能力、技术能力；制定好远景规划，为装备采办计划打下基础；积极引入竞争。它以法律文件的形式将"寓军于民"的战略思想固定下来。日本至今没有一套完整的专业军工生产体系，也没有专门从事武器装备生产的工厂，武器装备的大部分研制任务和全部生产任务都由民间企业实施。日本防卫厅制定的《国防产业发展方针》要求日本国防产业生产以国家工业力量为基础，主要依靠民间企业来开发和生产武器装备。目前日本已形成了官、军、民三位一体多层次的军工体制。在科技飞速发展的今天，将武器装备生产委托给民间企业，不仅可节省建立军工企业所需的大量资金和维修费，为民间技术军用开发提供便利，为民间企业注入活力，而且军方可以从许多民间企业中自由选择最适合的生产厂家，为降低生产成本，提高军工产品质量提供了保证。从整个科技实力来看，日本的水平超过西欧而不及美国，但在某些民转军科技方面，日本已把美国远远抛在后面。一旦需要，日本的民用技术就可以立即转为军用，国民经济动员能力很强。

可以说，日本国防工业在"寓军于民"方面的成功，从体制上看，首先是由于决策者根据二战后日本国情，坚持走市场化、股份化之路的结果。

二 日本国防工业的结构调整和产权重组

随着全球产业结构大调整和产权重组步伐加快，日本的国防工业也在结构调整和产权重组方面大步跨越。由于日本经济体制的特色所致，日本政府在其中起到了很大作用。在政府的促进下，1995年10月，石川岛播磨重工业公司和住友重工业公司同意联合双方的海军舰艇核武器设计业务。三井造船工程公司和日立造船公司1995年4月宣布，将共同使用其造船厂的350名工程技术人员。日本运输省还借鉴韩国造船企业结构调整的经验，提出了一项旨在提高造船企业国际竞争力的"整编"措施，计划引导日本目前7家大型造船企业合并为3家至4家。具体地说，计划将石川岛播磨重工和住友重工、川崎重工和日本钢管公司、日立造船公司和三井造船公司分别合并，或是将其造船部分分离出来后再合并；而三菱重工的造船部门已经列为世界之首，单独经营下去依然能保持国际竞争力，则不合并。运输省还提出了两个调整方案：一是石川岛播磨重工和住友重工、川崎重工和日本钢管公司将自己的造船部分分离出来，重新组建一个造船公司；二是将一方的造船部门并入另一方的造船部门之中。上述两个方案将由它们选择其一。在日本西部，形成了以三菱重工业公司的长崎造船厂为主的军舰建造基地。经过这次合并改组，日本主要舰艇的生产厂家，形成了关东地区的石川岛播磨——住友重工，日本西部地区的三菱——日立造船和三菱重工业公司3大集团。在这里，政府主导下的产权重组和结构调整，使日本军工企业实力大增。

在军品采办体制方面，日本走市场化之路的举措也颇为有力。从1998年开始，日本仿效实施美国开始推行的新采办体制，其中最主要的做法就是推广民用高技术产业的管理经验，例如实行连续的采办与全寿命的支持，用民用标准代替专用的军用标准，即使有些不能被代替，也要大大地简化。据称，日本的1.8万个军用标准到去年大约有一半被简化，而且要简化采办程序，例如对取得商业国际工程投标资格的厂商进行防务投标时，防卫厅不再进行资格审查。目前，日本的自卫队武器装备正由第二代向第三代发展。在常规武器方面，90式坦克已占其坦克装备总数的1/5，新型4600吨的"村雨"级和7200吨的"宙斯盾"驱逐舰已占其作战舰艇总数的1/4，F—2战斗支援机和F—15战斗机已占其作战飞机总数的1/2以上。在日本新的五年军备发展计划期间，将再采购包括2艘"宙斯盾"、2艘1.35万吨直升机驱逐舰在内的2艘舰艇，12架F—15和47架F—2战斗机。在CISR系统建设方面，日本国中央指挥所的中央指挥系统中的公用网已建成，并正在构建专用网，计算机通用操作系统正在加紧建设。这些系统于2005年底完全建成后，日本国自卫队的联合作战能力将跃上信息化平台。在弹道导弹防御方面，日本从2002年12月决定部署弹道导弹防御系统以来，已发射了光学成像和雷达探测卫星各一颗，据说即将再发射两颗，构成天基侦察、定位系统；日本已装备"宙斯盾"驱逐舰，配合引进"标准—3"截击导弹，即可实现海上拦截弹道导弹。下一步日美将联合开发"爱国者—3"和更为先进的截击导弹。上述装备全部列装后，日本可基本实现信息化目标，作战能力大大超出自卫的需求。

在军工产业的运行机制与宏观调控方式上，通产省而非防卫厅是日本政府管理军工生产的职能机构。可以说，这是日本四大基本防卫政策之一——确保文官统制制度在军工生产、管理领域的自然延伸。通产省颁布的《装备制造法》规定：任何从事修理或制造装备的企业都必须要获得通产省的许可证。通产省拥有管理、协调军工生产的权力。这促进了军用技术与民用技术的双向转移，为"寓军于民"的发展战略提供了制度上的保障。

日本军事工业以私营企业为主，将"国防工业"定义得非常宽泛，从重型机械和电子生产商到服装、食品的供应商，从弹药生产厂家之类的专门防务企业到生产军民通用产品的分包商。因此，人们很难真正地统计日本有多少军工企业，有多少人在从事军工生产。

日本的大型防务承包商都是能军能民、亦军亦民的，这有利于日本的军工产业实现"寓军于民"。1998年，日本最大的10家国防承包商是三菱重工、川崎重工、三菱电气、日本电气公司、石川岛播磨重工、东芝、舰船联合公司、小松、尼桑发动机、日本电子计算机。这些巨型公司的经营范围非常之广，既包括军品，又包括民品。三菱重工是日本首屈一指的船舶、火箭制造商和石油、天然气、火电、核电工厂的开发商以及重型机械的生产商。往往一个企业的生产军民结合度非常高，以至于产品在最后组装之前很难分清是军用，还是民用。

许多军工承包商本身是一个规模庞大、从事多样化经营的企业集团的组成部分。日本的三菱重工是日本最大的国防企业，2000年在世界军工企业100强中排名第13位。它所属的三菱集团由160多个公司组成，生产的产品小至筷子，大到火箭、宇宙飞船，年总收入高达1750亿美元。三菱银行是世界上最大的银行之一，拥有资产8200亿美元。三菱汽车公司和三菱化学公司均处于世界排行榜的前10名之内。这有利于各种技术之间的转移、嫁接,有助于"寓军于民"局面的形成。美国军工专家早就注意到了日本的成功。甘斯勒曾写道:日本"前首相中曾根康弘在担任日本防卫厅长官时,就制定了正式的国防工业政策,这一政策要求采取全面的措施,将日本防卫机构结合到民用经济之中。(目前)日本已在很大程度上落实了这一政策,特别是在发展两用技术和柔性制造工艺方面"[1]。这种评估,大体上符合日本实况。在苏联解体后,日本成为仅次于美国的军费开支大国。本来,日本在明治维新后是以称霸争雄的姿态而崛起的,军事工业原来就是其长项。第二次世界大战以后,日本"寓军于民"的国策,使其大企业一直沿着亦军亦民之路发展。三菱重工、富士重工以及川崎重工等大企业,均是如此。这就为以后"寓军于民"的进一步推进打下了牢靠基础。

中曾根康弘于1970年颁布了他的"研制和生产国防装备的基本政策"。其中有五项目标:(1)要把维护日本的工业基础作为国家安全的一个关键因素;(2)要从日本国内的科研与生产获得一切军用装备;(3)要利用民用工业;(4)要对科研与生产进行长期规划;(5)要将竞争原则引入国防生产。从此,日本一直根据这些政策强调军民一体化。日本国防工业的管理体制也是以"寓军于民"为原则的。日本通产省对军、民工业部门都实行监督和指导。它作为内阁的一个省,级别甚至比防卫厅高。虽然到目前为止,它的大部分投资都来自国防部门,但是,在技术方面起领导作用的则是民用部门。日本防卫厅主管研究与发展的官员就说:"我们必须依靠民用部门。在现代技术领域,军用技术和民用技术之间没有区别。"虽然日本的飞机工业大约

---

[1] [美]甘斯勒:《美国国防工业转轨》,国防工业出版社1998年版,第229页。

80%是为按许可证方式制造美国军用飞机而建立的，但通产省和日本飞机工业界制订的长远目标是，为世界市场制造民用飞机，年营业额争取达500亿美元。显然，这是一个军民一体化的飞机工业发展战略。1993年日本政府进行的一项飞机工业研究得出结论，如果在国内研究和生产一种新的运输机，它就应当满足军民两用方面的需要，而为获得规模经济效益，它应由通产省和防卫厅联合经营。这种做法在美国也是罕见的。

富士通系统综合研究所所长最近说："民用与军用技术正在迅速交会，昔日的所谓军用技术这一事物很快就要消失。"在日本，一个具有明显军事用途而以非军品出口的例子是防雷达铁淦氧涂料。日本在这个领域处于世界领先地位。美国国防部曾从日本购买这种涂料用于隐身轰炸机。

由于对"寓军于民"的数十年的坚持，所以，随着日本经济实力的增强，日本的国防工业实际上也相当发达。因此，战争状态下日本军工生产对战争的支援力量未可小视。其中包括，日本每年的汽车产量均在1000万辆以上，1996年生产了2776万辆而居世界第一。若按工业通常以350辆汽车的资金和物资消耗折合为1架军用飞机换算，日本在战争时只需要将30%的汽车工业生产能力转产飞机制造业，便可年产1万架以上军用飞机。更何况，20世纪80年代中期，日美开始共同研制FS—X型战斗机，其成功使日本战时大量生产作战飞机的设备和技术问题也获得解决。所以，一旦处于战争状况，日本的空中优势还是比较容易形成的。至于日本的造船工业和导弹工业、军械工业以及原子能工业、航天工业等在战争状态下的转产军品实力，大体都很强。这种情况，加上近年日本庞大的军费支出，使日本的军事力量和国防工业成为全球注目的又一对象。

三 日本国防工业近况

近几年来，随着国际形势的变化，作为经济大国的日本，出于谋求政治大国和军事大国地位的需要，加快了武器装备建设步伐。

（一）增加高科技研究开发投入

日本视国防科技为推动经济发展的动力和国家安全防卫的基石，认为谁掌握了国防高技术，谁就掌握了未来世界。近年来，日本对军事科研的经费投入持续保持10%以上的高增长。据预测，未来日本将在三军主战兵器、导弹防御、航空航天甚至核武器等军事技术领域保持或取得领先地位，其军事技术的尖端化趋势不可逆转。据美国防部发表的报告称，日本的国防科技发展势头强劲，在不少领域里已经与美国并驾齐驱，在软件、雷达、通信网络管理、微电子和材料诸领域，日本已处于领先地位。海湾战争中高技术所显示出来的巨大威力给全世界以强烈的震动，也折射出日本国防高科技的发展水平。因为美军在海湾战争中使用的多种装备的关键零部件，大多是由日本提供的。在科索沃战争、阿富汗战争中，美军的许多先进武器都可以看到日本国防高科技的影子。

（二）对国防产业实行优惠扶持政策

日本极力支持本国国防产业的发展，从经费、政策、管理等方面对军工企业实行倾斜，并采取各种优惠扶持措施。在税收方面，实行"倾斜减税"，如税额扣除、收入扣除、特别折旧、准备金和基金制度、压缩记账等。在金融方面，实行"倾斜金融"，即根据各种扶持国防产业的个别法，由政府金融机构予以长期低息贷款。日本政府还对那些难以实现大规模生产的军品科研项目提供了大量补贴。例如，对本国计算机集成制造系统、造船机器人等高科技项目的开发提供了大量经费支持。日本政府为保护重点军工企业和主要军品生产线，规定将军品产值占企业总产值10%以上的企业列为重点军工企业，对它们在经费投入上实行政策倾斜，并对其生产设施实行保护，使之不受军品订货减少的影响。政府还通过关税壁垒等措施实施产业保护。

第五节　欧洲航天业

欧洲是一个大的经济—军事实体。作为世界主角之一，其航天业也不容忽视。

一　若干大国及"欧盟"的航天业

（一）法国

以前，法国国民经济是西方各国中计划经济色彩最浓厚的国家，其中国有成分比重也很大。这一点，也决定了法国国防工业国有比重大和计划经济特征突出。在某种意义上可以说，原来社会主义国家计划经济体制下的国防工业所具有的一切弊端，法国的国防工业也都多少具备，包括国有军工企业与市场经济隔绝，彼此互斗，不能形成规模等。1996年2月，法国总统宣布对国防工业实施改革，其主要措施之一，是对国有的军工企业实行股份制改造，这和西方其他国家（包括美国）的相关情况就有很大不同。如果说，其他西方国家不是从国有制走向股份化，而是在原有的股份化公司的基础上进一步实施产权重组，形成更大型企业，那么，法国则力求实现股份化的第一步。虽然两者程度不同，但在股份化的框架内推进"寓军于民"，则是一致的。

在实施股份化改革之前，法国在航天、航空和国防电子工业领域,有5家巨型企业。它们分别是:法国航空航天公司、汤姆逊电器公司、阿尔卡特电信公司、达索飞机公司和马特拉高科技公司。这些企业所有制不同,其中,汤姆逊电器公司国家控股58%,是欧洲最大的电子企业;航空航天公司则是国有企业。

在国有企业股份化改造中,法国的具体方案是:

(1) 对汤姆逊电器公司,国家让出自己拥有的部分股权,同时指定法国航天航空公司、阿尔卡特公司和民营的达索公司参股。其中,政府和航空航天公司共同控股达40%,超过其他公司股权(其中有30%的股权以股票形式上市),所以,国家依然是控股者,但股权已较为分散,并形成了法国电子技术和空间技术的重点企业。

(2) 对法国航空航天公司,政府要它与拉戈代尔集团下属的马特拉高科技公司合并,引进后者32%的股份,另使20%股份上市,组建新的"航天·马特拉公司",从而使国有股减至48%。虽然控股权已不存在,但值得注意的是,政府作为"第一股东"拥有"金股"特权,可以用以保护国家战略选择。

(3) 鉴于达索飞机公司是家族式私有企业,1998年6月,法国政府将其在达索拥有的46%的股份出让给法国航空航天公司,从而达到了使两家航空航天公司合并的目的,并形成了法国飞机企业轴心。

(4) 在航天领域,汤姆逊与阿尔卡特公司合并形成了"阿尔卡特空间公司",其中,阿尔卡特持股51%。2001年5月,阿尔卡特宣布将其余的49%的股权全部收购,从而使阿尔卡特再生并扩张。

(5) 导弹制造企业方面,马拉特高科技公司与航空航天公司的合并，结束了法国导弹企业之间的"二虎相争"，形成了法国导弹生产的支柱。

人们可以发现，法国政府这一股份化计划的实施，实际上使国有和民有大型公司你中有我，我中有你，彼此持股，形成了类似于日本大企业的产权结构，适应了产业结构调整的潮流。加上法国早于日本推广了美国军品采办体制的成功经验，所以，法国"寓军于民"已渐入佳境。

(二) 英国

以前，英国的公有化计划经济与法国有一些相似，有的地方还超过法国。20世纪70年代和80年代，英国政府实施的所谓"私有化计划"，实际就是推进国有企业股份化，并使其他股份公司进行产权重组。与此同时，英国也早于日本，采用了美国改革后的军品采办体制。所以，英国国防工业的转轨也较顺利。

(三) 欧盟

1986年，欧洲共同体宣布《独立欧洲政策团体行动计划》，旨在消除军火市场上的国家保护主义，允许欧洲军工企业"平衡地"进入军品市场。显然，这一计划使欧盟各国国防工业的市场化、股份化升温，并给军品生产的全球化提供了诱因。

在这个计划实施前后，西欧各国已经在冷战背景下多次实施"军转民"，其"转产"和"多种经营"等概念，甚至成为美国军工专家产生灵感的来源，美国"军民一体化"战略的设计者甘斯勒在书中也援引了欧洲共同体关于发展两用技术的取向作为论据。可以认为，美国的许多"军转民"做法和"军民一体化"设计，可能源自欧洲；而欧洲各国的许多"军转民"经验以及对"寓军于民"的深入思考，也可能是来自美国"出口转内销"的结果。目前，随着欧盟的日渐成形，特别是随着"欧盟军备局"于 2004 年 7 月的正式建立,欧盟的国防工业也将沿着"军民一体化"有新的起色。

二 "欧洲航空防务航天公司"

欧洲航空防务航天公司(EADS)是欧洲最大、全球第二大宇航及防务公司。公司于 2000 年 7 月 10 日联合组建而成。EADS 公司几乎涉足航空航天及防务的所有细分市场,业务遍布全球,在 35 个国家和地区设有代表处。主要产品和服务有空中客车、欧洲直升机、军用运输机、导弹、卫星和运载火箭等。公司现有员工 11 万多人,2005 年的营业收入为 342 亿欧元,2006 年位列世界财富 500 强企业第 130 名。截至 2005 年年底,公司拥有 4900 项发明(每一项发明可能涉及多件专利),其中仅 2005 年就新增发明 586 项;拥有各类授权专利 15036 件,较 2004 年增加 1521 件。

EADS 公司由五大事业部和一家全资北美分公司构成。五大事业部分别是空中客车事业部、航天事业部、防务与安全系统事业部、军用运输机事业部、欧洲直升机事业部。其中负责航天业务的是航天事业部,下属航天运输、Astrium 卫星公司和航天服务三大分部。该事业部 2005 年的销售收入为 27 亿欧元,拥有员工 12000 余人。

EADS 公司认为,对公司的发展而言,创新是关键。在创新中,人是关键。创新是 EADS 公司"3I 驱动"战略中的一驱。公司创新的目标是通过持续改进产品、服务和过程的质量,提高公司的竞争能力。

EADS 公司认为,创新是一个过程,不仅是技术创新,还包括产品、过程、组织、市场和财务创新。公司创新的最终目标是创造价值,具体目标包括成为领先的系统方案解决商、全球化的公司、获得强有力的竞争优势、管理跨单位或部门的协同创新、管理和平衡所有的创新项目。

EADS 公司的技术创新工作主要包括两部分：研究与技术（Research and Technology，R&T）和产品开发（ProductDevelopment）。前者是后者的基础。研究和技术的主要工作包括突破性研究、开发关键技术、技术验证、产品；产品开发的主要工作包括样机建造、定义、产品设计和研制、产品及其鉴定、生产。在公司研发投入中，前者约占 1/3。

EADS 公司的技术创新战略采用的是"集中创新"与"分散创新"相结合的战略。"分散创新"是指新产品开发任务由所在事业部/业务单位全权负责，公司所有的产品开发和近 80% 的 R&T 活动是以这种方式进行的。EADS 公司认为，这样做有利于各事业部/业务单位紧密跟踪和掌握顾客和市场的需求，确保其竞争优势。

"集中创新"是指公司的总部研究中心（CRC）及研究和技术网络（R&T Network），二者是 EADS 公司创新的两大"支柱"。R&T 网络负责协调和管理全公司的公共 R&T 活动，这些活动通常涉及几个业务单位和 CRC。R&T 网络是一种类似于矩阵管理的组织结构，它根据不同的技术进行构建，几乎涵盖了公司所有相关的技术领域，如材料与结构，电子与微电子，电磁兼容性，信号控制，光学和光电子学，IT 和知识管理，流体机械，推进及机载能量，制导、导航与控制，以及其他主题或方向，诸如图像处理、数据整合、微波、通信等。每个技术领域由一群技术专家组成的团队为代表，涉及所有的业务单位和部门负责协调的领导，这样有利于进行横向沟通。R&T 网络负责建立通用的 R&T 计划和项目，并促进信息和成果在整个集团内的流通。

第六节 国外军工改革发展新动向

由于冷战的结束和全球范围国防预算的普遍大幅度削减,各国军事工业都遇到了空前的挑战:一方面,在信息技术变革和新军事变革的浪潮推动下,高新技术武器装备的研制与生产费用持续增长;另一方面,国防采办费用锐减,要求军事工业改变产业产品结构和单一从事军品研制生产的体制,摆脱规模过于庞大而效益低下的困境,并建立小而精、反应灵活的军民一体化科技工业基础,既满足国家未来的安全需求,又促进国家的经济发展。因此,当前各国普遍通过调整军事工业发展战略和政策,制定新的发展规划,改革管理,重组结构与能力,加强国际合作,以形成充满生机、富于创新和具有竞争力的新型军事工业,抓住国民经济和国防基础建设新的发展机遇。

一 军事变革要求新的"军工"

20世纪60年代以来,以信息技术群、新材料技术群、新能源技术群、生物技术群、海洋技术群和航天技术群为代表的新技术革命迅猛发展。这些技术群互相支持、互相联系,对世界各国的发展具有战略性、超前性、增值性和广泛的带动性,成为推动现代社会各方面快速进步的直接动力,强力冲击着世界的各个领域。对抗最为激烈的军事领域首当其冲,成为运用新技术最早最多的领域。

冷战结束以后,由于科学技术在军事领域的广泛运用,以高技术为支撑的新军事变革成为军队变化的显著标志,现代战争由以能源消耗为特点的机械化战争变成了以技术密集为特征的高技术战争,现代战争的战争形态随之发生了深刻变革,"信息战争"形态登上了历史舞台。战争基本形态的转变表现在：信息化武器装备在战争中发挥出极其重要的作用，精确制导武器及其远程打击等成为作战制胜的重要手段；战场空间向陆、海、空、天、电（磁）多维领域扩展，在争夺制空权、制海权斗争空前激烈的同时，制天权、制信息权成为战场取胜的关键；各军兵种联合一体的联合作战把军事指挥体系的对抗推向了顶峰。在这种形势下，世界各主要国家纷纷调整军事战略，不断改变军队建设方略，加强军事高科技领域的投入，积极推进军队信息化建设，以夺取新的军事制高点。在军事革命的推动下，世界军事力量出现了新的分化组合，不平衡成为主要特点，国际安全态势并不乐观。人类社会发展的历史告诉我们，在每一次大的变革中，顺应改革潮流的国家和民族，往往能够乘势而上，缩小同先进国家的发展差距，甚至后来居上；否则，就会被变革的潮流远远抛在后面。今后20年，是我们国家发展的重要战略机遇期，也是国防和军队现代化发展的重要战略机遇期。如果我们错过了这一二十年，就很可能错过整整一个时代。一场全面争夺21世纪国防和军事斗争制高点的大较量已经拉开帷幕。人们认识到，军工经济建设必须形成"外向型"—"开放型"发展模式、"兼容型"—"一体化"发展模式、"创新型"—"科技型"发展模式、"嵌入式"—"嫁接式"发展模式、"集约式"—"内涵式"的发展模式。

二　世界军事工业现状

经过200多年的发展，当今的世界军事工业主要由兵器、舰船、航空、核、航天和军事电子6个行业以及军事工程等其他部分构成。6大行业既各有其特点和独立性，相互间又有一定联系。美国、俄罗斯、法国等国家中以航空航天行业的规模、产值所占的比重最大。如，2001年美国的航空工业产值和航天工业产值分别占其军事工业产值总额的42%和19.5%，俄罗斯的航空航天工业产值总计占其军事工业（不含核工业）产值总额的42%。冷战后，世界军事工业现在仍保持着相当大的规模，分布于世界近百个国家和地区。

在世界军事工业中，以美国的规模最大，其军事工业年产值高达2000亿美元，约占美国GDP值的20%，俄罗斯、法国、英国、德国、意大利、日本等主要国家的军事工业产值在90亿～260亿美元之间，与各国GDP的比值在0.6%～4.1%之间。俄罗斯军事工业的直接从业人员最多，约为300万人；美国超过100万人，其他主要国家的军事工业直接从业人员在2万～35万人之间。美国的军工企业最多，约1万家，其中约65%的企业是从事军事电子并兼营民用电子的企业。日本的军事工业几乎完全"寓军于民"，直接从事国防科研的大型机构只有1家，大型军工企业也只有17家。2001年，美国、俄罗斯、法国、英国、德国、意大利6国的国防研究与发展（R&D）费的总额为542.24亿美元，装备采购费总额为807.51亿美元，分别占以上6国国防预算总额的13.09%和19.5%。

主要国家现有的军事工业生产规模仍然大大超出了各自武器装备采购的需求，各国军事工业都以相当大的规模和能力生产出口军用产品和民用产品，大力争取在国际军贸市场和民品市场的份额以保持本国军事工业的不断发展并为本国的经济竞争力作出贡献。2001年，美、俄、法、英、德、意6国的军事工业产值总计为2745亿美元，是这6国武器装备采购费总和807.51亿美元的3.4倍。其中俄罗斯的军事工业产值约为124亿美元，更达到本国装备采购费8.18亿美元的15倍之多。主要国家有1/3以上的军事工业产品用于出口。

军事工业的产品一方面按其用途即是否用于军事目的分为军品和民品两部分；另一方面又根据产品的特性、功能分为不同类型。目前，在军事工业的产品结构中，军品与民品的比例大致各占50％。

美国和欧洲主要国家的军事工业企业结构，根据其作用和规模可分为系统主承包商、分系统/部件转包商和零部件/原材料供应商三个层次，呈上层小、下层大的金字塔形。武器系统主承包商也称为系统集成承包商，负责武器系统的总体设计、综合协调和最后的组装，处于军事工业企业结构金字塔的顶层，构成军事工业的核心。作为武器系统主承包商的公司拥有强大的设计、工程研制力量和先进的设施与手段，主要从事产品研制，也承担部分应用研究和少量基础性研究工作。这类企业均为世界知名的大型企业，如美国的洛克希德·马丁公司、波音公司，英国的BAE系统公司和法国的塔莱斯公司等。近年来，在一些大型武器系统的研制上，还有一家大公司牵头与另外一两家大公司组队共同作为主承包商，如美国天基激光器计划的主承包商就是洛克希德·马丁—波音—Ⅱ·LW联合承包组。系统主承包商直接对军事工业管理部门或用户负责，掌握承包项目采购费的40％~60％，实力强大，在很大程度上影响或支配各国国内的防务市场。分系统/部件转包商负责制造武器系统的分系统和主要部件，如雷达、发动机、计算机和电子设备等；分系统部件转包商系统一般为系统主承包商的子承包商。处于军事工业企业结构金字塔的中间层规模不等，既有各分系统领域的专营公司、主承包商或大公司的下属企业，也有政府所属的军工厂。分系统/部件转包商主要在转包项目方面或分系统领域从事广泛、深入的研究，开发其赖以生存的专业技术。转包商一般只与主承包商打交道，但作为重要分系统/部件的转包商也要接受军事工业管理部门或用户的指导和监督。零部件/原材料供应商是为数众多的广泛分布于军事工业金字塔结构底层的中小企业，负责向武器系统或分系统提供零部件和原材料，如电子组件、集成电路、电池和轴承等。这类企业扎根于国家科技工业基础之中，大多数都生产军民两用产品，从事多种经营。

三 国外国防科技工业改革的新趋势

进入21世纪，各国在进行军事战略调整的同时，也在积极制定新的军事工业政策和发展计划、规划，继续推进军事工业的转型和良性发展。可以预期，未来军事工业的战略地位和作用会继续加强，产业结构和产品结构的调整将进一步深入，主要国家的武器装备的生产可望持续增长，军事科技的创新能力将持续增强。

各国在21世纪发展军事工业的目标，不仅是要使军事工业为武装部队提供高质量的装备和保障，同时，还要求军事工业为国家经济和科学技术基础的发展服务，推动一个有高技术含量和有竞争力的产业体系的形成。而军事工业在军民两用技术和两用产品上经过连续多年的投入发展，已经并将继续对各国的国民经济和科学技术的发展作出重要贡献。当前，军事工业面临的挑战之一是既要削减过剩的一般能力又要维持有效竞争和创新能力。为此，美国和欧洲军事工业结构和能力的重组将在实现集团化的基础上追求大规模的专业化，俄罗斯将结合专业化重组超大型的国防科研生产综合体，显示世界军事工业集团化、专业化的结构调整还将继续进行。而为了扩大融资渠道、降低风险、增强竞争力，各国军事工业国际化的发展趋势将进一步加强。同时，一些军事工业产权以国有制为主的国家，为了提高效率和效益将继续推进国有军工企业私有化或私营化的改革。

（一）重新确立国防科技工业发展目标

国防科技工业发展目标直接服务于国家军事战略，是引导国防科技工业发展方向的根本指针。方向出现偏差，不仅会导致资源的浪费，而且会在军事变革的博弈中丧失主动。为了适应世界形势的变化，许多国家重新确立了国防科技工业的发展目标。

美国、俄罗斯、英国、法国等主要国家为力争在今后的全球战略格局中赢得先机，分别提出了新的军事战略、国防科技战略、军事工业政策和军事工业改革规划，力图充分发挥军事工业在本国战略力量中的先导作用和潜力基础。美国政府提出了21世纪初期"先发制人"的军事战略，这一军事战略明确了军事工业是"新三位一体"战略力量的重要组成部分。英国在其2002年10月公布的军事工业政策中也表明，一个充满生机、富于创新精神和竞争力的军事工业对于英国的国防至关重要、必不可少。

美国自布什政府上台以来，特别是经历了"9·11"事件后，其军事战略发生了较明显的变化，以"集中精力打赢一场大规模战争"的战略替代了沿用十几年的"同时打赢两场战争"的军事战略。为了实现这一军事战略目标，美国确立了以军事科技为龙头，以重大武器装备项目为牵引，通过加大国防科技工业投入力度，改革采办制度，降低国防科技工业进入门槛等措施，不断开拓科技新领域，带动整个国防科技工业发展，保持一个充满活力的、健康的国防科技工业基础的新目标。

俄罗斯普京政府为了重新确立其大国地位，加快军队的改革和发展，制定了《2010年前俄罗斯武器装备发展规划》，确立了以高技术为先导，积极研发新型高精尖武器装备，巩固军事领域关键技术的科技优势政策。在这一政策的指导下，俄罗斯以加大扶持力度，弥补技术缺口，集中发展信息化、智能化、自动化的武器装备为目标，扩大军贸，着力改善军工企业的亏损局面，确保军事技术的国际竞争力。

随着欧洲统一体进程的加快，欧盟各国纷纷调整各自军事战略，加大国防科技工业领域合作开发的力度，致力于建设欧洲自己的机动型军事力量（组建欧洲联合快速反应部队），以达到制衡美国的目的。为此，欧盟在加速自主发展国防科技工业思想的指导下，将国防科技工业改革的目标定位于组建可与美国抗衡、有竞争力的"自主军工集团"，各国纷纷组建跨国军工集团，加大预研投入，推进军工企业的专业化联合。

对于一个有着10亿人口，长期受印巴冲突困扰的大国而言，印度目标决不会满足于成为一个地区性的大国。而为了实现"大国"梦，其军费不仅以每年20%的速度增长，而且将其1/3用于武器装备的研发上，力图建立门类齐全、结构合理的自主型国防科技工业体系。根据印度国防部的计划，将分三个步骤来实现这一目标，即：第一步，逐步实现国产化，扭转主要武器装备依赖进口的局面；第二步，实现武器装备关键部件和技术的国产化，基本实现进口替代；第三步，建立起自主研发、门类齐全的国防科技工业体系。

(二) 加大国防科研投资力度

高科技需要高投入，高风险意味着高回报，这一点用来描述国防科技工业再合适不过。为了迎接新军事变革的挑战，巩固和增强国防科技工业基础，世界主要国家的国防投资都呈上升趋势，并将其投资重点放在国防科研领域，特别是在一些核心高技术项目上。

美国1999财年的国防预算为2572.58亿美元，其中用于国防科研的经费为266.35亿美元；2000财年的国防预算为2672.24亿美元，其中用于国防科研的经费为343.75亿美元；

2002年10月，布什总统签署的2003财年拨款计划共计3550亿美元，其中科研经费达539亿美元，比2002财年增长9.5%，而这些款项最终将用于TMD、战斗机、无人机及精确制导武器等重点领域。

俄罗斯为保障军事技术的领先地位，加大了对国防科研的投入。1997年，国防科研费占国防预算的比例为11%，1998年为12%，1999年为15%，2000年为17%，2001年则增加到20%。同时，政府还从军火销售收入中拿出1%，用以扶持重点科研项目。俄还计划在2005年前，将武器装备发展费用占总军费的比例提高到40%。

英国政府在其《国防白皮书》中认为，加大国防科技领域的投资是未来国防科技工业繁荣的关键因素，并称英国在航空、航天领域取得的优势就很好地证明了这一点。为此，英国政府在原有每年20亿英镑的基础上，加大科研投资力度，将25个技术领域列为重点资助的方向。

法国在其《2003—2008年军事计划法》中，明确2003年的国防预算将比2002年增长12.4%，2004年比2003年增长7%。由此可以看出，法国对国防科研的投入也呈递增之势。

近几年来，印度每年的军费实际增长率高达7.9%，2002年其国防预算高达133亿美元，而其中科研费接近45亿美元。

（三）组成规模更大的跨行业巨型企业集团，加大管理指导力度

为了有效整合国防科技工业资源，快速高效地提高国防科技水平。许多国家纷纷制定统一的国防科技工业发展规划和政策，用以加强对国防科技工业发展的指导力度，提高国防科技工业管理能力。

近两年，美国和欧洲系统主承包商一层的大型企业继续通过

并购组成规模更大的跨行业巨型企业集团，同时在这一过程中深入进行内部重组，剥离非核心的业务，增强在主要优势领域的核心竞争力。某些分系统承包商和零部件/材料供应商则是在专业化重组的同时，通过并购向集团化发展。更多的中小转包商和供应商则突出专业化，向"专、精、特、新"的方向发展。美国诺斯罗普·格鲁曼公司在 2002 年收购 RILW 公司后，成为跨舰船、军用电子、航空、航天等行业的全球第二大军事工业企业。在这一收购中，诺斯罗普·格鲁曼公司出售了 TRW 公司的航空系统业务和汽车业务，以增强其在导弹防御及相关空间系统、大型系统集成项目等领域与波音、洛克希德·马丁等巨头集团的竞争能力。美国雷声公司在出售剥离飞机综合系统公司后对国防业务重新调整、定位，将原电子系统的指挥、控制与通信和信息系统两部分业务整合分立为综合防务系统等 7 个部分。俄罗斯在今后几年也将以集团化、专业化的方式，进行军事工业产业结构调整。《俄罗斯 2001—2006 年军事工业改革与发展规划》规定，俄将根据武器装备的类型，以各行业的核心设计局和工厂为主体，组建科研生产综合体式的军事工业结构。现有 1700 多家军工企业将按 3 个方向合并重组为 36 家超大型国防科研生产综合体：12 家武器装备总装企业，主要生产飞机、直升机、航天器、坦克、舰船等装备；13 家武器系统生产企业、11 家动力和其他配套设备生产企业，主要生产雷达、发动机、电子仪器、弹药等。

美国政府于 2001 年制定了新的 5000 系列武器装备采办文件，这些核心文件旨在通过市场机制，调整供应商和承包商，将科技成果高效快速地转化为武器装备。普京政府为了挽回因海湾战争导致俄罗斯在军贸中的损失，重振俄军事技术及武器装备在国际市场上的竞争力，专门拟制了《2001—2006 年俄罗斯国防工业改革与发展规划》，用以指导军工企业的改革、调整和发展，力图建立先进高效的国防科技工业结构。为此，计划从1700多家军工企业当中，挑选400—500家大型企业，予以重点支持。意大利2001年制定了扶持本国航运业的新法律，规定15年间为航运业提供7亿欧元的补贴。日本则通过制定船舶发展规划，将7大造船企业进行整合，以提高其在国际军贸市场上的竞争力。印度和以色列政府最近做出了关于国有军工企业逐步向私营企业开放和军工企业私有化的重大决定。

（四）推进军事工业私有化、国际化进程

在军事工业以国有制为主的俄罗斯、以色列和印度等国，将逐步推进军事工业的产权私有化和国有企业的私营化进程。法国将在股份制大型军事工业企业中逐步降低国有股的比例。出于对私有化利弊的不同考虑，这些国家进一步实施军事工业私有化的态度相对谨慎，因而私有化的进程还将持续一段时间。预计各国军事工业的私有化将从两个方面继续进行：一是国有制的军事工业企业实行私有或私营，如法国在混合所有制的大型国防企业中逐步减少国有股份的比例；二是允许军事工业以外的私有企业和部门进入军事工业。

军事工业的国际化正在模糊以往对其产权所有国构成的界定，而外资对本国军事工业的投入将在技术创新、知识产权和就业机会等方面为本国带来效益。为了长期从国外向本国的投入中获益，英国、印度等国制定了有利于将外资吸引到本国军事工业的政策，这将促进军事工业企业产权国际化的发展。英国在其最新的军事工业政策中表明，军事工业企业"所有权或控股权的国籍已经远不像以往那样重要或具有战略性意义"。英国政府已经取消了外资所持英国军事工业企业股份不得超过50%的限制，但为防止军事工业企业被国外个人或单一机构完全控制，保留了每个国外股东的持股比例不得高于15%的限制。2002年，印度政府决定以合资公司的方式允许外国企业直接投资印度军事工业，并限制外资控股的比例不得超过26%。当然，军事工业事关国家安全，其国际化发展还有一定限度。法国明确表示，涉及国家主权和根本利益的核武器及其相关技术装备，必须保持完全独立自主的研究、研制、生产和开发能力；某些涉及决策和作战指挥的具有战略意义的敏感技术领域，适当地考虑与盟国合作，但必须保持独立研制、发展的能力和技术优势；其他主要的常规武器装备均可以考虑同欧洲盟国分享技术成果和共同研制；普通的共同性常规武器装备则充分实行来源多元化。

（五）扩大军品贸易规模

受"9·11"事件和伊拉克战争的影响，国际军贸市场出现了一些调整，高精尖的监视和侦察设备、无人驾驶间谍飞机、无人驾驶战斗机、新型情报收集系统等精密武器系统在市场上变得越来越热销。世界各武器出口大国仍继续积极推行扩大出口战略。

美国借"9·11"事件之机，限制或禁止其他国家向其所谓"受关注的国家"出售武器，而美国自己却在不断扩大军售规模，导致部分发展中国家的正常军贸活动受到冲击，一些中东传统的军火供给国蒙受巨大损失。另外，2001年美国宇航工业协会建议放宽军火出口限制，减少国会审批权限，促进宇航产品的出口。

为了促进武器出口，俄罗斯继2000年对军贸管理体制进行重大调整后，2001年俄罗斯又出台新举措，决定允许军工企业在军贸公司不参与的情况下，独立承接对外零部件供应、装备修理与维护等项目。而据统计，零部件供应、装备维护与修理约占世界军贸总额的25%~30%。俄希望通过此举加强售后服务，提高俄武器出口竞争力。

在欧洲，由欧洲航空防务和航天公司下属的德国戴姆勒—克莱斯勒航空航天公司和西班牙阿莱尼亚航空制造公司的子公司阿莱尼亚飞机制造公司分别筹资50%，组建了"欧洲军用飞机公司"（EMAC）。该公司不仅使欧洲军用飞机制造业成为在世界军用飞机领域与美国竞争的一支主要力量，而且也形成了在国际军用飞机市场上欧洲三大飞机制造商（欧洲军用飞机公司、英国航空航天公司和法国达索企业集团）与美国三大飞机生产公司（波音公司、洛克希德·马丁公司、诺斯罗普飞机公司）相抗衡的局面。法国政府同意向印度出售电子战装备，发放了雷达系统、导弹探测系统、空空导弹和空地导弹的生产许可证，并签署了联合生产潜艇和组建合资公司的协议。

四　国外航天产业新的产权重组

国外航天企业通过产权重组做大做强，成为航天业近年的大潮流。以下是其中一些著名案例的"回放"[①]。

——著名的麦道公司被波音兼并。1996年12月，以民品生产值为主的波音公司斥资133亿美元并购了以军品生产为"大头"的麦道公司，形成所谓"世纪性兼并"，是在国际航天及经济界产生1992年西方航天并购大潮以来的最大震动。新波音公司1997年完成全面合并工作，雇员达22万人，是全球第一大航天集团公司。新公司对波音和麦道原有的结构进行了重组，分为商用飞机集团、航天和通信集团、

[①] 罗开元：《国外航天企业并购重组及其启示》，载《中国航天》2003年第2期，第31—33页。

军用飞机和导弹集团、公共服务集团，销售额迅速膨胀，1998年增大到562亿美元。目前波音公司的年销售额保持在500亿美元以上。而中国航空航天产业，从1995年到2001年共7年的总产值才502.98亿元人民币，大体上是这个新波音公司一年销售额1/8左右。陕西航天科技企业1999年的总产值才为5.49亿元人民币，为其1/730左右。这种对比，十分强烈。

——1998年，雷声公司吸收合并了休斯飞机公司。合并后，年销售额突破200亿美元（相当于人民币1600亿元，比陕西航天业一年总收入5.5亿元人民币多得多）。这样，新的雷声公司，就与新波音公司、洛克希德·马丁公司三家，一同跻身于美观航空航天业第一层次。

——2002年12月，诺思罗普·格鲁曼公司（1991年年收入总额为39亿美元，比我国航空航天企业全年产值50亿—60亿元人民币大得多）收购了美国航天与国防产品制造商TRW公司（1991年年收入为31亿美元），使得诺思罗普·格鲁曼成为全球最大的航天与防务公司之一。其实在此之前的2001年4月，诺思罗普·格鲁曼公司已经吸收合并了利顿公司（1991年年收入为24亿美元）和纽波特纽斯造船公司，收购TRW公司是一个更雄心勃勃的大兼并。

——2001年10月，回声星公司宣布收购休斯电子公司。休斯电子公司，拥有卫星直播电视公司，直播电视公司是美国第一大电视提供商；回声星公司是美国第二大卫星电视提供商。据说，新公司已更有效地与美国主导电缆和宽带供应商竞争。应当说，这个兼并案反映了当代航天业的一个主要民用领域即卫星应用的最新动态，值得我们高度注意。陕西航天科技企业应特别深思这一案例，从中引出应有结论。

——作为"跨国航母"的欧洲航空防务和航天公司（EADS）诞生。海湾战争也震动了欧洲人，使他们深感发展自主空间能力的重要性。1999年10月14日，法国的马特拉航天公司与德国戴姆勒·奔驰航天公司宣布合并，随后又有西班牙航空制造公司宣布加盟。2000年1月，这三家公司完成合并，组成的新公司称为"欧洲航空防务和航天公司"。合并后的公司年销售额达到240亿欧元，使EADS成为第一个真正横跨欧洲的巨型航空航天集团，同时成为世界第三大航空航天和防务集团。

EDAS是上市的联合股份公司，德国公司和法国公司方面拥有30%的股份，其中法国方面30%的股份是由拉加戴尔集团、法国政府和法国几个私营金融机构共同拥有，余下40%的股份将在股票市场上出售。需要注意欧洲人的这种股份化技术。当然，它以发达的市场体系和成熟的股市作为基础，我国还多少缺乏这些东西。但是，他们的思路毕竟值得借鉴。为了降低国家股份的份额，法国政府下一步的计划是减少它所持有的股份，使它在EADS中的持股比例降至15%，让拉加戴尔集团拥有11%的股份，法国几个私营金融机构拥有4%的股份。这表现了法国政府想尽可能少地干预新公司的姿态。由于德国公司是民营性质，这样做也可以减少德国政府的顾虑。EADS下一步的战略，是将合并的大门向英国航天和欧洲其他合作伙伴敞开，特别是意大利阿列尼亚公司并入EADS的可能性较大。须知，当今欧洲与美国也是抗衡的两极。它们的做法，当然也值得中国航天业人士思考。法国、德国等面积或人口大体相当于中国一个省，中国各省为何不能仿效学习他们的思路？

——1999年11月，英国航天公司与马可尼电子系统公司合并为英国航天系统公司，新公司是欧洲第二大航空航天集团，仅次于欧洲大陆EADS公司的规模。

——20多年前，法国承担了阿里安火箭研制费的62.5%，并于1980年3月，以法国为主联合欧洲36家工业公司和13家银行，共同组成了"阿里安公司"，负责阿里安火箭的改进、生产和销售，占领了世界一半以上的商业卫星发射市场，1994年的销售额（不含发射费）15.5亿美元。法国还打破了美国的垄断，研制了阿拉伯卫星、土耳其卫星、鑫诺等通信卫星。在法国，斯波特图像公司是世界上第一家销售商业卫星图片的公司。

法国做法对中国人的启示，都是耐人寻味的。它的面积和人口也相当于中国一省左右，能在航天产业中这么有活力，值得寻思。在法德主导下，新的欧洲导弹集团可能闪亮登场。法国国防部称，成立欧洲导弹集团的障碍已全部扫清。欧洲导弹集团公司将把英国、法国、德国和意大利四国导弹业务合并，与世界导弹巨头——美国的雷声公司相抗衡。根据协议，阿里安公司也将把其导弹制导系统的技术诀窍带到欧洲导弹集团公司。

——再看我们的东邻日本。2001年4月，日本东芝公司与 NEC 公司将各自所有的航天业务合并，成立了 NEC 东芝航天系统有限公司，成为三菱电器公司之后日本第二大从事航天业务的企业。新公司的经营范围，计划从航天设备的生产和销售扩展到商业卫星领域，预计到 2005 年销售额达到 8 亿美元，这也比我国航天业的年总产值大。

——俄罗斯政府已决定，将对俄国航天机构的运行体制进行改革。按照改革计划，俄罗斯今后几年内将在现有的 106 家航天企业的基础上，组建 18 家国家独资的"航天康采恩"。然后再将这些康采恩改组为至少由国家控股 51% 的股份公司。这一改革计划，将涉及大约一半的航天企业，其他不被改组的企业将继续由国家控制，现有的航空航天科研所将改组为联邦科学中心。比起西方发达国家，俄国显然落后。但事出有因，它和中国一样，刚从计划体制中走出，没有长期市场体系的基础和成熟的股市，因此，只好按自己现有情况，与西方竞争。它的经验，也很值得我们注意。

显然，面对国际军品市场激烈的竞争，各国军工企业为了赢得主动和优势，不断进行并购和重组。这不仅因为军工企业的并购和重组有利于改善本国国防科技工业的结构，消化过剩的生产能力，降低生产成本，整合资源，形成整体优势，而且有利于利用两种资源、两个市场，实现优势互补．提高竞争能力，加速军工企业走向国际市场

（一）美国航天企业兼并重组的几种趋势

当然，在全球航天业眼花缭乱的迅速兼并大潮中，美国的情况在相当程度上反映的是航天产业在世纪之交的技术水平上所要求的企业组织结构，我们更不可不思。从 1992 年开始，二十几

个接受政府订货的著名大型航天企业，经过几乎一刻不停的连续兼并，短短四年时间，只有波音、洛克希德·马丁和雷声三家巨型企业硕果仅存。1996年上半年，美国的大航天企业，除了这三巨头外，还有麦道、洛克威尔、休斯、洛拉克、西屋军工、德州仪器军工和诺思罗普·格鲁曼，共有10家大型航天及军工企业，它们是通过前几年激烈的兼并而重新组成的大企业集团。在这期间，美国航天企业兼并资金超过400亿美元，成为第二次世界大战后美国航天业合并最为活跃的时期。可是，这些企业还没来得及理顺内部关系，新一轮兼并又发生了。结果，波音用30亿美元收购洛克威尔、133亿美元收购麦道；雷声用29.5亿美元收购德州仪器军工、95亿美元收购休斯；诺思罗普·格鲁曼用30亿美元收购西屋军工。接着，洛克希德·马丁用91亿美元收购洛拉尔。到1997年初，只一年时间，美国的航天企业仅存四家。当时人们认为，重组兼并差不多完成了。不想，洛克希德·马丁将整个诺思罗普·格鲁曼买下，波音兼并麦道的一幕再次重演。雷声公司吃掉休斯电子，同样颇具戏剧性。雷声以"响尾蛇"短程导弹闻名于世，海湾战争中大出风头的"爱国者"导弹就是其得意之作，而休斯作为航天界的另一个巨头，多年来一直是雷声的老对手，其军品主要是高级中短程导弹及其他防务电子产品。两家激烈竞争的领域是下一代空空导弹。1996年年底，休斯出人意料地赢得了五角大楼新一代"响尾蛇"导弹的订单，当时产业界普遍认为雷声的前途灰暗。谁知道，1997年1月，雷声与投资银行联手，以29.5亿美元买下了德州仪器军工的防务分部。接着在一周以后，以同样手法斥资95亿美元，连同休斯抢走的"响尾蛇"订单，一块儿整个吞下了休斯。1997年7月4日，美国第二大航天企业洛克希德·马丁用116亿美元收购美国六大航天企业诺思罗普·格鲁曼公司，包括用83

亿美元收购其所有股票和承担它的 33 亿美元的债务。至此，洛克希德·马丁拥有 23 万名职工，成为美国同时也是世界最大的军工企业[①]。

在美国航天业这种走马灯式的兼并重组中，人们大体可以看出航天产业发展在世纪之交的几大趋势[②]：

第一，通过大企业的航天公司之间的兼并重组，企业实现技术、市场和人才、营销等优势互补，进一步扩大在国内和国际航天市场上的份额。波音公司与麦道公司两强合并，就充分反映了企业在这方面的突出动机。在两者多年激烈的角逐中，麦道认识到它的地位正在受到来自国内和欧洲同行的冲击，优势在慢慢弱化，在一些领域渐渐显露出有力不从心之感。波音也感到，如不走进一步扩充之路，要保持住明显的优势和市场份额也非易事。而波音和麦道一旦合并，其形成的垄断地位就很难被削弱，甚至无法撼动。这样，两大王牌公司联姻就是情理中的事了。

第二，通过并购重组，调整产品结构。格鲁曼公司提出收购 TRW 公司，就是为了获得在航天领域的产品优势，使新公司能够做到在航空产品和航天产品方面两翼齐飞，以适应冷战之后的新需要。

第三，企业以此减少重复建设，特别是减少研究和开发方面的重复浪费。航天公司不少业务有相同或相近之处，通过合并，双方原有的耗资巨大的基础设施和研发成果就可以共享，今后也用不着花巨额资金去搞相同的项目，节省下来的大量经费就可以用于创新和研制新产品。

---

① 果增明、曾维荣：《装备经济》，解放军出版社 2001 年版，第 224—225 页。
② 2003 年 10 月 12 日的北京文献服务处网站介绍（该网站由中国国防科技信息中心和北京市科协共同策划，联名组建）。

第四,企业通过并购可以廉价地获得对方在航天和国防方面已有的先进技术。谋求形成强大的技术创新合力,这应当是航天企业进行合并最根本的原因和动机。作为第一生产力之一,航天科技是决定企业组织形式的生产要素。说到底,世界航天市场上的竞争,其实质是技术竞争。航天企业的合并,使双方或多方在给定条件下达到了尖端人才、技术优势、研制设备资源和创新意识碰撞、激荡和融合,形成更加强大的技术创新合力。这是它们合并的最根本的动机。

第五,企业着眼于未来的发展,新形势下的国际竞争以及反恐斗争的需要。国外航天企业进行大规模的并购重组,并不是因为波音、麦道、诺思罗普·格鲁曼、雷声、TRW、法国宇航、德国宇航等这样的航天企业现在就有生存危机。它们从长远的发展战略出发,瞄准的是 21 世纪,新形势下的国际竞争,以及反恐斗争之需要。未来航天工业的国际竞争,对空间资源开发权的分割,首先是集中在少数几家世界级公司之间进行。要想在 21 世纪的国际航天和军工市场上取得发言权,没有相当大的规模和实力,显然,一切都无从谈起。

(二) 法国航天业发展态势值得注目

本书的主旨要求,除了关注西方航天业最强的美国以及与中国有一些相似点的俄国外,我们还应当特别留神西方强国中一些中等国家的航天业动态,其中以法国最引人注目。它的面积、人口与中国一个省相仿佛。在欧盟之中,在航天业方面,它与陕西在中国的情况有一系列相似或相当之处,故值得特别剖析。

法国导弹与航天工业的规模在西欧居第一位,其从业人数和销售额高居西欧各国之首。法国大约有 200 家企业从事导弹、运载火箭、航天器、航空器及其配套部件、零件的生产和销售,其中大部分是零部件厂家。具有总承包商能力的导弹公司只有 3

家，航天公司有3家。它们相对集中的地区是巴黎附近、法国西部和南部。法国航天工业公司高性能和昂贵的设备相对集中，总部在巴黎，4个分部下属的每一工厂都有其专长，如：阿基坦厂专长研制复合材料，莱米洛厂负责制造阿里安火箭的部件、贮箱和导弹总装，戛纳厂负责卫星和战略导弹的总装，夏蒂荣厂负责战术导弹研制和光电子技术，布尔日厂则负责战术导弹总装。马特拉公司主要分布在巴黎及其附近的韦利奇，空间工业部分位于南方的图卢兹。汤姆逊—CSF公司导弹系统位于巴黎，下属的导弹电子技术分部位于马拉可夫。阿尔卡特航天公司的总部位于大巴黎，其制造、试验和总装中心在图卢兹。

法国导弹与航天工业企业按所有制可分为国有制、私有制和混合所有制三类。

在20世纪80年代初法国进行的国有化运动中，一批私有企业（例如马特拉公司）变成了国家控股公司，1986年法国推行"私有化政策"，马特拉等公司卖掉了大部分国有股份，又变成了"私有公司"。原来就是国有公司（如法国航天工业公司、汤姆逊—CSF公司），也正进行体制改造。目前许多公司（包括改制中的公司）是混合所有制的股份公司，各种所有制的公司互相参股。多数小公司是私有小企业。

法国各导弹航天企业都是军民结合型，但在大企业内部的各分部之间，在军品、民品上有所分工。法国的卫星方案很注重军民结合。锡腊库斯军用通信卫星实际上是将军用载荷安装在民用通信卫星（Telecom）上的，使之成为军民两用卫星。军用太阳神侦察卫星方案采用了斯波特民用卫星的平台。法国的导弹航天公司大都是多样化经营的综合性公司。

法国航天工业公司是西欧最大的导弹航天工业公司，它不仅研制生产导弹、运载火箭、卫星，还生产飞机、直升机。其飞机分部是空中客车工业公司的主要成员。

马特拉公司最初只研制战术导弹、机载武器系统、卫星。1978年以后，该公司业务领域扩展到军事工业、航天工业、交通运输工业、电子元件、电信工业、控制与自动化、信息处理等10多个领域。从1990年起，其航天分部与英国的马可尼公司的航天分部联合，组建了马特拉—马可尼航天公司。

汤姆逊—CSF公司的销售额中军品占80%，民品占20%。其各集团销售额占总销售额的比例为：航空航天集团占19%，导弹系统集团占30%，通信与指令集团占12%，探测系统集团占16%，信息技术集团占7%，特种器件集团占9%，专用电遥感及其他占7%。

欧洲动力装置公司除生产火箭发动机外，还生产工业发动机、刹车装置、医用假肢、遥感地面站等。

海湾战争使法国深感发展独立自主的空间侦察能力的重要性。出于财力的考虑，相继出台了发展欧洲侦察、军用通信、导航等卫星系统的计划。1997年，马特拉—马可尼航天公司决定与德国的戴姆勒·奔驰航天公司合并，起名为马特拉—马可尼—DASA—道尼尔公司，加速了欧洲航天工业联合的步伐。

为了增强商业通信卫星的竞争能力，1998年，法国阿尔卡特航天公司决定与汤姆逊—CSF公司的航天分部、法国航空航天公司的卫星分部联合组建一个欧洲最大、世界第四大的通信卫星公司。

马特拉公司正准备将其战术导弹和防务电子分部与德国DASA的相应分部合并，以增强战术导弹工业的竞争力。

1996年，法国和俄罗斯签订了创建斯塔塞姆合资公司的协议，共同开发小型运载火箭的制造和发射技术。

法国政府还推进法国航空航天工业公司与私营达索公司合

并，克服国有企业的一些弊端，提高企业效率和效益。

可以看出，法国航天科技企业的成功经验之一是立足于股份市场的企业产权重组。

五　航天科技全球性合作

以下实例很能表现航天科技的全球性合作。

2007年5月30日至6月1日，来自世界14个航天局及航天机构的代表参加了由意大利航天局与欧洲航天局联合召开的第三届关于可持续太空探索的国际合作工作会议。

此次会议向世人公布了其全球太空探索战略的联合框架。这份25页的《全球探索战略协调框架》强调了太空实体成员自愿参加的属性。这一框架协议于2007年初起草，现已经通过所有参与方批准。参与方来自欧洲、北美、亚洲和澳洲。其中包括NASA、俄罗斯联邦航天局、韩国宇航研究机构、乌克兰航天局、澳大利亚联邦科学和工业研究组织、加拿大航天局和印度空间研究组织。协调框架允许各国政府选择参与联合任务，分享科学数据，并参加相关论坛。依据框架协议，太空探索任务的通信、控制、生命支持和载人航天器的对接系统需要具备互用性。同时相关论坛将协助解决未来月球及火星的所有权问题，并就保护利益点达成协议。

下一次战略会议将于2007年12月在柏林召开。随后的下一任东道主已确定为加拿大航天局，会议将于2008年初召开。各宇航企业与机构在巴黎航展签署多项协议。

在2007年6月18日至24日的第47届巴黎国际航展上，各宇航机构与企业达成了多项协议。此次航展在巴黎附近的布尔热举行，来自42个国家的2000多家公司参加了此次航展。

欧洲航天局（ESA）与NASA签署了一项詹姆斯·韦伯太空

望远镜的合作协议，该望远镜计划于2013年搭乘阿里安航天公司的"阿里安"—5火箭发射升空，执行为期5年的任务。ESA的激光干涉太空天线（LISA）探路者任务将从2010年开始探测重力波，NASA将为LISA任务提供扰动减轻系统。

ESA与泰勒斯阿莱尼亚航天公司签署了两份价值2.29亿欧元的合同，由该公司设计、研发"哨兵"—1（Sentinel.-1）卫星，这是为欧洲全球环境与安全监测（GMES）计划建造的首颗地球观测卫星。ESA的"哨兵"系列包括5颗卫星，是回应GMES计划对地观测需求的首个运营卫星系列。"哨兵"任务要求关注开拓地球观测数据现有服务的连续性，以及满足用户源自GMES应用的需求。"哨兵"—1卫星可在直径250千米扫描范围内拍摄地球图像，地面分辨率为5米。"哨兵"—1卫星有望于2011年发射升空，将确保ESA的ERS和Envisat卫星C波段合成孔径雷达数据的连贯性，预计发射质量约2200千克。"哨兵"—2和"哨兵"—3卫星预计于2012年发射，将支持陆地和海洋监测。"哨兵"—4和"哨兵"—5卫星将对气象和气候进行研究。

泰勒斯阿莱尼亚航天公司与俄罗斯航天局的列舍特涅夫应用力学科研生产联合体签署一项合同，将为俄罗斯Loutch-5A和Loutch—5B卫星提供中继装置。另外，还为卫星运营商阿拉伯卫星公司重4800千克的Arabsat—5A卫星以及重5400千克的Arabsat—5B卫星提供有效载荷。

阿里安航天公司和国际发射服务公司（ILS）将负责发射阿拉伯卫星公司的2颗卫星，它们将以EADS Astrium公司的欧洲星E3000平台为基础建造。这2家公司在2007年包揽了6次发射任务，占据发射订购的首位。阿里安航天公司还与运营商SES公司签署了一项2009~2013年的框架合同，并与另一卫星广播公司签署一项发射协议，为其发射重 3000 千克、基于 Spacebus 400082 平台的 THOR 6 卫星，该卫星计划在轨运行 24 个月。

此次航展，俄罗斯有 60 家国防承包商参加。俄罗斯航天局与阿里安航天公司签署一项合同，由俄罗斯"联盟"—ST 火箭将从法属圭亚那库鲁航天中心起飞的前 4 颗欧洲卫星送入轨道。由"联盟"—ST 火箭承载的首颗欧洲卫星计划在 2009 年 3 月以前发射。拉沃金设计局与德国 Kayser-Threde 宇航工程公司签署一项合同，Kayser—Threde 公司将利用俄罗斯的 Fregat 推进器进行技术和科学试验。俄罗斯航天局与意大利航天局签署协议，在俄罗斯 Foton—M 和 Bion—M 研究航天器上开展合作研究。此外，这两家航天局还签署了一项执行协议，合作研发欧洲"织女星"运载火箭改良版的第三级推进器。俄罗斯航天局还与日本宇宙航空研究开发机构（JAXA）签署合作协议，为 BepiColombo 航天器安装一个俄罗斯多用途伽马射线光谱仪。BepiColombo 航天器是执行 ESA 与 JAXA 前往水星的联合任务，预计于 2011 年搭乘"联盟"-ST 运载火箭发射。俄罗斯航天局还与 NASA 签署一项协议，在火星轨道探索计划中合作开展科学研究，并与德国宇航中心（DLR）签署一项关于太空设备原型在轨试验的谅解备忘录。

可以说，航天科技全球性合作方兴未艾。

第三章

马克思主义股份制理论发展的"之"字形轨迹及其对我国原有航天业的影响

列宁的《帝国主义论》从股份制导出了资本主义的新阶段,力求说明帝国主义的寄生性、腐朽性和垂死性。这本书一开头就申明,"奥地利马克思主义者鲁道夫·希法亭的《金融资本》一书","对'资本主义发展的最新阶段'作了一个极有价值的理论分析"[①]。列宁在书中多处征引发挥希法亭的基本观点。

现在看来,《帝国主义论》股份制理论存在一系列失误。至少,它对股份制社会经济功能的分析,与中共把股份制视作公有制的主要实现形式,存在很明显的矛盾,同时与马克思恩格斯的股份制理论也大不相同。这种失误形成的理论渊源之一,便是希法亭《金融资本》一书。

本章将通过对马恩与希法亭股份制理论的比较,指出希法亭对马恩股份制理论精髓的背离,它对《帝国主义论》"正宗化"所产生的危害,以及列宁在股份制问题上对"修正主义"批判的失误,从而从理论上进一步厘清马克思主义股份制理论的来龙去脉及其曲折的发展轨迹,以利于当前中国企业包括航天企业的

---

① 《列宁选集》第二卷,人民出版社1960年版,第738页。

股份制改革。

第一节 马恩股份制理论及其内在矛盾

即使在今天看来,马恩晚年的股份制理论也基本正确。可惜它被自己的信奉者长期误解了。这种误解也基于人们对马恩"革命"理论侧面的过分看重。

一、唯物史观中的股份制"两权分离"

马恩创建的唯物史观体系,已经对股份制难题的处理给出了分析框架:在财产问题上,经济基础也是法律关系的根源和决定者。马恩说:"私有财产的真正基础,即占有,是一个事实,是不可解释的事实,而不是权利。只是由于社会赋予实际占有以法律的规定,实际占有才具有合法占有的性质。"[1]这也就是说,财产问题的实质在于其实际占有(包括使用、支配、处分等)状况,所有权关系只是其表层的法律现象。一般来说,法律所有权关系是为财产占有服务的;在财产占有转型期,两者往往会彼此脱节,但法律所有权关系迟早会改变自身,以适应财产实际占有状况。用唯物史观原理考察股份制,当然应当首先注目于股份制社会中生产资料(如厂房、机器、无形资产等)的实际占有状况,首先从实际占有的事实出发界定财产的社会性质或发展趋势,而不能完全离开实际占有的事实,只从所有权归属方面思考问题。

与传统的占有与所有权——对应的财产状况不同,股份制的最大特征之一,是财产的实际占有与所有权剥离。马克思对此有

---

[1]《马克思恩格斯全集》第1卷,人民出版社1956年版,第382页。

相当明确的论述:"股份制企业一般地说也有一种趋势,就是使这种管理劳动(这里是指企业经理的管理行为——引者)作为一种职能越来越同自有资本或借入资本的所有权相分离"[1];"在股份公司内,职能已经同资本所有权相分离,因而劳动也已经完全同生产资料的所有权和剩余劳动的所有权相分离"[2]。直至今日,这种"两权分离"(严格地说,应称为"财产占有与财产法律所有权的分离",因为,前者是事实,并非法律权利。此处只是借用流行说法)仍是关于股份制问题的一切理论思考的首要切入点。

从股份制的"两权分离"出发,应用唯物史观关于财产性质首先取决于实际占有状况的思路,那么,人们显然可以悟出:股份制财产的性质,首先是由其实际占有状况所决定的,而不是首先由这些财产在法律层面的所有权决定的。在观察股份制下的财产性质时,只从法律所有权看问题,当然是错误的。

以下我们将看到,许多股份制理论的欠妥,包括一系列失误、错误和曲解、曲说等,大体上均与是否坚持财产占有首先决定财产社会性质问题密切相关。

二 股份制财产是"社会财产"

1. 股份制企业经理人员是劳动者

马克思在《资本论》及其手稿中提出的股份制理论的精髓,就是沿着唯物史观思路前推的。

在注目股份制中"资本的法律上的所有权同它的经济上的

---

[1] 《马克思恩格斯全集》第25卷,人民出版社1975年版,第436页。
[2] 同上书,第494页。

所有权分离"①的前提下,《资本论》第 3 卷明确说:由于"两权分离",股份制企业的"财产不再是各个互相分离的生产者的私有财产,而是联合起来的生产者的财产,即直接的社会财产"②,其中包括"以生产资料和劳动力的社会集中为前提的资本,在这里直接取得了社会资本的形式,而与私人资本相对立,并且它的企业也表现为社会企业,而与私人企业相对立"③。可以看出,在这段含义明确的论断中,马克思首先注目于股份制企业财产的社会化占有状况,从而把股份制财产界定为"社会财产"或"社会资本"。从唯物史观出发,结论也只能如此。因为,在股份制中,虽然企业财产的法律所有权属于股东,但是,它的占有却是由企业的雇员(包括经理)实施的,而企业雇员常常是不固定的,因而企业财产的占有在不同程度上属于社会。因此,对股份制财产只能被界定为某种程度上的"社会财产",虽然在法律所有权的含义上它仍然是雇员私有的。这种由企业发展本身自然产生的对财产社会化的实施,它也从一个方面印证了马克思主义关于公有制必然代替私有制论断的真理性。

当马克思如此界定股份制的财产性质时,他还比较仔细地考察了股份制企业经理人员的社会地位。马克思写道,在股份制企业的指挥岗位上,"留下来的只有管理人员,资本家则作为多余的人从生产过程中消失了"④;这些留下来的管理人员,并非企业财产的所有者,但企业财产却被他们"所使用,这些人办起事来和那种亲自执行职能、小心谨慎地权衡其私人资本的界限的

---

① 《马克思恩格斯全集》第 25 卷,人民出版社 1975 年版,第 494 页。
② 同上书,第 493 页。
③ 同上书,第 436 页。
④ 同上书,第 498—499 页。

所有者完全不同"①；他们的劳动形成了生产绝对不可缺少的"指挥劳动"②，而他们的"薪金只是或者应当只是某种熟练劳动的工资，这种劳动的价格，同任何别种劳动的价格一样，是在劳动市场上调节的"③。《资本论》还明确批评"混淆企业主（指资本家——引者）收入和监督工资或管理工资"的误解、曲解④。很显然，在马克思的思路中，股份制企业的经理人员是劳动者，与依据财产所有权的剥削者有本质上的区别，不能将两者混同。

2. 恩格斯论股份制生产不再是私人生产

在这里尤其应说明的是，由于恩格斯去世比马克思晚了十多年，更明显地感受到了股份制的强大生命力和广阔前景，所以，他不仅在晚年整理《资本论》第3卷时，对马克思股份制理论多加注释强调，甚至增补展开，加以发挥，而且在他的笔下，股份制企业作为社会化财产的定性更加明确。

在《1891年社会民主党纲领草案批判》中，恩格斯针对该草案关于当时股份制仍是"私人生产"及其"本质的无计划性"的观点，尖锐指出："由股份公司经营的资本主义生产，已不再是私人生产，而是为许多结合在一起的人谋利的生产，如果我们从股份公司进而来看那支配着和垄断着整个工业部门的托拉斯，那么，那里不仅私人生产停止了，而且无计划性也没有了。"⑤在这段论述中，股份制财产的社会化性质，以及它的生产的计划性特征，都是十分明确的，毫不含糊。江泽民在2000年的一次

---

① 《马克思恩格斯全集》第25卷，人民出版社1975年版，第435页。
② 同上书，第494页。
③ 同上书，第437页。
④ 同上书，第493页。
⑤ 同上书，第493页。

谈话中，特意指出恩格斯的这段论述，是在创立唯物史观后，"又根据资本主义发展的新情况和工人运动的新实践，不断做出新的判断和理论解释"的结果①。这一评价，启示我们进一步加深对晚年马恩股份制理论精髓即股份制财产已经社会化论断的正确性的理解。

三 晚年马克思关于股份制的理论飞跃

如果说，写作《共产党宣言》和《资本论》第 1 卷时期的马克思，面对资本主义的原始积累和频发的经济危机，正倾全力号召工人阶级联合起来夺取政权，那么，19 世纪 70 年代以后的晚年马克思，则面对着欧美大工业形成后出现的新时代特点，其中首先是面对着股份制的产生和发展促成的生产力大发展对财产社会化的自发推动，于是，他在《资本论》第 3 卷中形成了社会主义理论的一大飞跃。其集中表现，是马克思关于通过股份制形成的财产社会化以实现社会主义的提示。

在《资本论》第 3 卷第 27 章信用在资本主义生产中的作用中，马克思比较集中地考察了当时日益发展并引起经济生活巨变的股份制的地位和经济后果。他指出：

第一，股份制使"生产规模惊人地扩大了，个别资本不可能建立的企业出现了"②。这意味着，股份制是大工业的产物，又反过来有力地促进了大工业时代社会生产力的进步。在这里，马克思是首先用生产力尺度来观察股份制的。他首先看到的是股份制对生产规模扩大的贡献。这一点带有根本性，至今对我们思考股份制问题具有现实的指导意义。

---

① 《马克思恩格斯全集》第 25 卷，人民出版社 1975 年版，第 493—494 页。
② 同上书，第 498 页。

第二,"那种本身建立在社会生产方式的基础上并以生产资料和劳动的社会集中为前提的资本,在这里(指股份制企业——引导者)直接取得了社会资本的形式而与私人资本相对立。并且它的企业也表现为社会企业,而与私人企业相对立。这是作为私人财产的资本在资本主义生产方式本身范围内的扬弃"[1]。这一段论述十分重要,包括马克思明确揭示了股份制的经济实质是对私有制的扬弃;这种扬弃是由资本主义生产方式本身产生和实现的,而不是由超资本主义的政治革命等力量硬性促成的。在这里,马克思实际上已经产生了通过股份制实现社会主义的思路。因为,社会主义本身就是以生产力发展的名义要求消灭私有制的,而股份制正好是大生产形式的一种扬弃私有制的新的财产组织形式,在很大程度上与社会主义要求相一致,社会主义应予充分利用。

第三,从社会角色转换角度看,在股份制企业中,"实际执行职能的资本家转化为单纯的经理","而资本所有者则转化为单纯的所有者","资本所有权这样一来就同现实再生产过程中的职能完全分离",亦即"在股份公司内,职工已经同资本所有权相分离"[2],"很大一部分社会资本为社会资本的非所有者所使用"[3]。马克思在这里对股份制"两权分离"特质的明确解释,为他通过股份制实现社会主义的新思路提供了进一步的理论论证。因为,正是这种"两权分离",使私有制向社会所有制的转化成为真正的现实。可以说,明确揭示股份制固有的"两权分离"特质,并由此揭示出股份制导向的财产使用社会化,以

---

[1] 《马克思恩格斯全集》第25卷,人民出版社1975年版,第494页。
[2] 同上书,第495页。
[3] 同上书,第498页。

及它为社会主义公有制的实现提供了具体的制度模式,这是晚年马克思股份制理论精髓的重大贡献所在。

第四,"资本主义生产极度发展的这个结果,是资本再转化为生产者财产时所必需的过渡点,不过这种财产不再是各个相互分离的生产者的私有财产,而是联合起来的生产者的财产,即直接的社会财产"[1]。显然,这是晚年马克思对通过股份制实现社会主义思路的进一步明确展开。在晚年马克思的这种分析思路中,股份制作为市场经济和大生产条件下社会主义公有制实现形式之一的结论,是必然的。之所以如此,是因为"两权分离"一方面是私人资本所有者仅仅具有所有权而并无使用权,另一方面又使生产者具有联合起来的这些财产的使用权(包括支配权等),从而在经济运行的层面形成了财产的社会化,它在一定条件下会达到社会主义公有制的实现。因此,马克思接着对股份制有如下评价:"这是资本主义生产方式在资本主义生产方式本身范围内的扬弃"[2],"资本和劳动之间的对立在这种工厂内已经被扬弃",它表明,"在物质生产力和与之相适应的社会生产形式的一定发展阶段上,一种新的生产方式怎样会自然而然地从一种生产方式发展并形成起来",它"应当被看作是由资本主义生产方式转化为联合的生产方式的过渡形式"[3]。恩格斯在整理编辑《资本论》第3卷时,完全同意马克思的上述评价,也认可"在股份制度内,已经存在着社会生产资料借以表现为个人财产的旧形式的对立面"[4]。从马恩这些关于股份制是一种"新的生产方式"的评价中,人们完全可以领悟到,晚年马恩坚持把社

---

[1] 《马克思恩格斯全集》第25卷,人民出版社1975年版,第493—498页。
[2] 同上书,第496页。
[3] 同上书,第496页。
[4] 同上书,第494页。

会主义胜利的希望首先根植于资本主义大工业生产形成的生产力大发展对财产社会化自然而然的促成上;他们并没有陷入离开经济生产力发展的必然性而只靠政治革命实现社会主义的唯心史观。根据马恩的这种思路,社会主义者完全应该而且必须利用股份制以实现社会主义。

四 《资本论》股份制理论的内在矛盾

发人深省的是,与马恩以上论断有所不同,《资本论》第3卷又陷于股份制财产的法律私有权,并提出了如下论断:

(1)股份制生产"是一种没有私有财产控制的私人生产"①。这种论断与前述精髓截然相反。

(2)之所以如此,理由之一是股份制"再生产出了一种新的金融贵族,一种新的寄生虫——发起人、创业人和徒有其名的董事;并在创立公司、发行股票和进行股票交易方面,再生产出了一整套投机和欺诈活动"②。

(3)之所以如此,另一个理由是,股票的利息是"作为资本所有权的报酬获得的",它与私人企业资本家剥削的区别仅仅在于股东"同现实再生产过程中的职能完全分离",但它仍然与股份制企业的员工"相对立"③;"在生息资本上,资本关系取得了最表面、最富有拜物教性质的形式"④;"在生息资本的形式上,资本拜物教的观念完成了"⑤。沿着这条思路,马克思甚至写道:股份制为企业的控股人"提供在一定界限内绝对支配

---

① 《马克思恩格斯全集》第25卷,人民出版社1975年版,第440页。
② 同上书,第449页。
③ 同上书,第496—497页。
④ 同上书,第496—497页。
⑤ 同上书,第499页。

别人的资本，别人的财产，从而别人的劳动的权利。对社会资本而不是对自己资本的支配权，使他取得了对社会劳动的支配权"①。在这种解析中，股份制企业实际上只不过是私人企业的变形之一，它在财产占有方面的巨变似乎可以不计，股东于是成了新条件下产生的全凭"投机"、"欺诈"获取不当利益的"新生资产阶级"。这种论断并未顾及股份公司创业劳动的付出，把有关从业人员定为剥削者、投机"寄生虫"，显然是片面的。其实，这些人员在促进财产占有社会化方面有功于世，其所获利益大部为其合理的创业报酬，无可厚非。

作为一个成熟的政治家，马克思在从宏观上指出股份制财产为"社会财产"的同时，注目于股份制实施中的现实状况，重视其微观、时段特点，防止陷入理论空想，并非完全无理。应当看到，股份制企业体制也是一个开放的动态体系；它在财产占有方面的社会化程度，也是一个从低级向高级逐渐演化的过程，因此，初级阶段的股份制不能不带有私有制的明显烙印，其中包括控股人在某种程度上大谋私利，盘剥他人。在这个意义上，应当说，马克思的上述论述并不全错。但问题在于：（A）对股份制的定性，不能只看法律所有权而根本不顾其财产占有向社会化演进的事实。既然股份制的财产占有沿着社会化方向前进，那么，再把它看成与私人企业没有本质区别，就显出片面；（B）对股份制的定性，也不能只看它的初级阶段而不顾它发展的宏观必然走向。控股人实际的控制权，只是股份制初级阶段的形式之一。经理控制权及公共基金等新事物的出现，早已大面积地代替了它。在这种情况下，少数人或个别人完全控制大的股份公司并肆意谋取私利，已经逐渐成为"明日黄花"。因此，再把股份制无

---

① 《马克思恩格斯全集》第 25 卷，人民出版社 1975 年版，第 497 页。

限定地仅仅看成少数人剥削大众的工具,也是片面的。马克思某些论点显然自相矛盾。

(4)由于出发于股份制企业财产所有权的私有特征,所以,《资本论》第 3 卷在有的地方背离自己关于股份制财产是"社会财产"的定性,只从其私有权导出了它的垄断性并加以突出。例如,它说:由于股份制企业在所有权方面与私人企业无根本差别,都是个别或少数人"取得了对社会劳动的支配权",这便"导致资本的集中,从而导致最大规模的剥夺"。"这种剥夺是资本主义生产方式的出发点;实行这种剥夺是资本主义生产方式的目的。"在另一处,它又说:股份制"在一定部门中造成了垄断"①,在相当的程度上形成了"危机"②,从而使剥削的广度和深度均非往昔可比。在这种推理中,财产占有的社会化对剥削的制约,股份制导出的生产计划性,等等,似乎可以完全略而不计,法律私有权成了无条件决定经济基础的东西。这当然是一种理论失误。

(5)最让人吃惊的是,《资本论》第 3 卷从以上分析出发,竟然又得出了在股份制条件下"社会财产为少数人所占有"③的结论。这一结论,直接对立于马克思自己揭示的股份制财产占有已经逐渐社会化的事实,以及唯物史观关于经济事实比法律关系更根本的原理。我们并不否认法律私有权在股份制初级阶段被少数人用以谋私的历史必然性,但由这些事实,并不能否定股份制财产的占有越来越社会化的大趋势,以及这种大趋势必将削弱法律私有权地位和作用的历史规律。看来,限于现实政治的谋虑,

---

① 《马克思恩格斯全集》第 25 卷,人民出版社 1975 年版,第 499 页。
② 同上书,第 497 页。
③ 同上书,第 497 页。

马克思有时也会背离自己股份制理论的精髓,不自觉陷入法律权利决定论;《资本论》对股份制二重性的分析,在某些问题上的确陷入了迷乱。历史上的任何现象均有二重化特征,历史科学的要害在于揭示它们的大趋势,而不在拘泥于个别时段相逆于大趋势的某些史实。

(6)由于对上层建筑和法律私有权反作用的某种绝对化,《资本论》第3卷对股份制二重性的分析,始终存在着一条界标:股份制只能是"局限在资本主义界限之内"的财产社会化,它"并没有克服财富作为社会财富的性质和作为私人财富的性质之间的对立,而只是在新的形态上发展了这种对立"①。由此,马克思又明确地把股份制界定为"转到一种新生产方式的过渡形式"②或"过渡点"③,其中包括,即使是股份化的"工人自己的合作工厂",也"必然会再生产出现存制度的一切缺点"④。在这里,股份制只不过是为实施有计划的大生产创立了经济前提,新社会的真正建立,仍然有待于用革命"剥夺剥夺者"后建立的计划经济。显然,除了对计划经济的执著,这里的理论失误还在于偏离了经济基础的决定性。既然作为经济事实的财产占有在股份制下已经社会化,并不断提升着社会化的水平,那么,法律私有权迟早要服从并适应经济基础公有化的进展而成为次要的因素;在这种情况下,为什么非要实施计划经济不可呢?

---

① 《马克思恩格斯全集》第 25 卷,人民出版社 1975 年版,第 499 页。
② 同上书,第 494 页。
③ 同上书,第 497—498 页。
④ 同上书,第 1028—1030 页。

五 马克思去世后恩格斯再申股份制是"经济革命"

在马克思开始创作《资本论》的时候，股份制尚处于襁褓之中。当时的私有制主要呈现为"两权合一"的资本家私人企业。面对这种企业，马克思突出了剩余价值理论。这种状况，与马恩当时对资本主义生存能力判断失当彼此呼应。19世纪70年代后，面对挫折，马恩也冷静了下来。1865年前后，等马克思开始写《资本论》第3卷的时候，大规模投资银行体系的发展和股份公司的出现，已经开始改变资本主义社会的社会结构。马克思恩格斯关于股份制财产是"社会财产"以及经理是劳动者的论断，正是力图把股份制社会化的理论努力。

马克思去世后，恩格斯进一步反思失误并沉思股份制的迅猛发展。在离世前半年所写的《〈法兰西阶级斗争〉导言》中，他已经明确承认，股份制是一种"经济革命"，并承认在感受到这种"经济革命"之前的想法，包括1848年前后想立即进行共产主义革命的想法，都有失误。他沉痛地写道："历史表明，我们以及所有和我们有同样想法的人，都是不对的。历史清楚地表明，当时欧洲大陆经济发展的状况，还远没有成熟到可以铲除资本主义生产方式的程度；历史用经济革命证明了这一点，这个经济革命自1848年起席卷了整个欧洲大陆，在法国、奥地利、匈牙利、波兰以及最近在我国初次真正确立了大工业，并且把德国变成了一个真正第一流的工业国——这一切都是在资本主义的基础上发生的，因此这个基础在1848年还具有很大的扩展能力"[①]；"历史表明我们也曾经错了，我们当时所持的观点只是一个幻想。历史做的还要更多：它不仅消除了我们当时

---

① 《马克思恩格斯全集》第25卷，人民出版社1975年版，第990页。

的迷误，并且还完全改变了无产阶级进行斗争的条件"，这是值得"较仔细地加以研究的"①。在这种反思教训后的相当冷静而科学的思路上，新社会的出现首先只能依靠资本主义母体中自己出现的新经济因素的产生和成熟；只有当这种新因素成熟到足够程度时，社会主义才能够代替资本主义。由此可知，和马克思一样，离世前的恩格斯也已经把社会主义胜利的希望首先寄托在股份制的"经济革命"上。在导言中，恩格斯还明确提出了"怎样利用普选权"的问题②。可以设想，这也与他关于股份制具有很大扩展能力的判断相适应。他并未陷于暴力革命崇拜。此外，在离世前3个多月，恩格斯还专门对《资本论》第3卷进行了增补，其中包括写成《交易所》一段，不仅指明自1865年《资本论》第3卷初稿写成以来，"交易所的作用大大增加了"，全部流通"都集中在交易所经纪人手里"，而且指明"交易所就成为资本主义生产本身的最突出的代表"，它使工业几乎全变成股份企业，"一切国外投资都已采取股份形式"，等等③。写完这些话不久，恩格斯患癌症。可以把《交易所》看成他的理论遗嘱。可惜它未及仔细展开，只强调了交易所的重要地位和股份制的迅猛扩展，但其作为马恩股份制理论精髓的指向依然清晰。

离世前的恩格斯当然不可能对《资本论》彻底改写。因此，马恩对股份制的一系列新认识，也只能在突出剩余价值理论的《资本论》既定理论体系中展开。于是，既有的理论体系，与对新生股份制的新认识，便出现矛盾。如果假以天年，以马恩的智

---

① 《马克思恩格斯全集》第25卷，人民出版社1975年版，第686页。
② 同上书，第496页。
③ 同上书，第496页。

慧，他们完全可以把自己对股份制的正确理解和定性一以贯之，改写《资本论》，转而凸显股份制财产的社会化。但很可惜，年龄和身体状况均不允许马恩重构理论体系。于是，在股份制问题上，一个存有内在矛盾的《资本论》便流传下来了。

第二节　股份制：究竟是社会财产，还是私有财产
——重新评价希法亭的《金融资本》及列宁对它的肯定

希法亭（1877—1941）是德国社会民主党成员。恩格斯离世不久，1910年，他出版了《金融资本》一书，旨在剖示股份制对资本主义发展的影响。由于该书面对的是当时社会的"焦点"问题，同时又由于该书首先以继承发挥马克思主义股份制理论并创立"帝国主义理论"的名义出现，所以引起了巨大理论反映。回顾马克思主义股份制理论演化史，《金融资本》的确是绕不开的一个"理论大物"。它至少标志着马恩逝世后的另一阶段的开始。列宁《帝国主义论》便把《金融资本》"正宗化"，影响很大。《金融资本》至今仍被许多人视作马克思主义者关于帝国主义理论的代表作之一，这是需加纠正的。

一　希法亭对马恩股份制理论精髓部分的全面否定

既然《金融资本》是以继承发挥马恩自诩的，那么，它当然就不能不面对马恩的理论遗产。如前所述，这份遗产是含有内在矛盾的体系，所以，对它的任何继承发挥，均须有所侧重、取舍。更何况，19世纪和20世纪之交，股份制发展很快，出现了一系列马恩未见未论的新情况，需要人们在此种取舍的前提下，沿着正确科学的方向，有所创新。

可惜的是，希氏著作关于股份公司及相关经济现象的部分，虽然不乏大段征引马克思的文字，但却全面地发挥了马恩股份制理论中不太完善甚至有错误的方面，同时根本背离了其精髓部分的科学正确的方向。当时，有一位奥地利马克思主义者就认为，希氏之书在股份公司的解释等问题上，或者比马克思"走得远多了"，或者"反对老师的观点并加以修正"①。百年后再回视，这位马克思主义者的眼光是犀利的，正确的。可以说，这的确是马克思主义股份制理论演变史中的一大悲剧。

和马恩一样，《金融资本》第七章"股份公司"对股份制的理论考察，也开始于"两权分离"②。它还大段地征引了《资本论》第3卷关于股份制财产不再是"私有财产"，而是"社会财产"的论述③。由此，人们可能设想，希法亭的著作会沿此思路展开，完成马恩及《资本论》未竟之业。

令人意想不到的是，希氏之书的主旨之一，其实是对马恩股份制理论精髓的批判。在"股份公司"中，希氏明确说："我们对股份公司经济学的观点，超过马克思的观点而向前发展了"④，接着便开始批评、反驳马恩股份制理论精髓。其坚持的基本观点是：股份公司和个人企业均属私有制，二者没有什么本质上的差别，它们均是少数资本家剥削他人的资本主义企业形式。这一点，比较集中地表现于第七章第三节"股份公司和个人企业"等部分。该节一开头就写道⑤：

---

① ［俄］卡拉达也夫：《经济学说史讲义》，三联书店1963年版，第747页。
② ［德］希法亭：《金融资本》，商务印书馆1997年版，第112页。
③ 同上书，第131页。
④ 同上书，第125—126页。
⑤ 同上书，第263页。

股份公司在它创建的时候，并不诉诸执行职能的和有执行职能能力的资本家（他们必须把所有权职能和企业家职能结合在一起）的相对狭小的阶层。它从一开始就同这种个人的性质无关，而且只要它还存在就仍然如此。它的所有者的死亡、遗产分配等等，对它都没有任何影响。但是，这还不是同个人企业的决定性区别，因为个人企业在达到一定发展程度时，它的所有者失去的个人性质，可以由雇用的职员的个人性质所代替。文献中在股份公司和个人企业之间所作的另一种对比，实际上也是毫无意义的。这种对比是：一方是由主观上负全部责任的、完全独立的、但也有完全利害关系的企业家进行管理，另一方是由一群没有教养的、没有影响作用的、只有部分利害关系和不懂管理的企业家（股东）进行指挥。因为股份公司是由一个寡头或者甚至只由一个大资本家所控制，他们实际上（对企业）同样有完全的利害关系并同大量的小股东相独立而存在。此外，管理者，即产业官僚的上层，通过红利，首先是通过通常的扩大股票占有，也与企业发生利害关系。

熟悉马恩股份制理论的人一眼就看得出来，这段论述中所谓"文献中在股份公司和个人企业之间所作的对比"，显然首先指的是马恩股份制理论精髓；所谓"毫无意义"，实际是认为对马恩的这一理论精髓应予完全否定。这段文字的理论要害，即在于完全推翻马恩从财产占有实际状况出发，把股份制财产定性为"社会财产"而不是"私有财产"的基本观点，从而对马恩的基本见解实施背叛。希氏的理论错误，首先在于无视股份制财产的占有事实，只凭其法律层面的私有权，认定股份制企业实际就是个人企业，只不过资本家的个人性质"由雇用的职员的个人性质所代替"而已,其控制者仍然是"一个寡头"或"一个大资本家",其中包括企业管理人员也成为"产业官僚的上层",等等。可以说,希氏的这一段文字,本质上已经抛出了一个完全否定马恩股份制理论精髓并全面发挥扭曲其有待完善部分的理论纲领。其展开,则是在股份制上,当马恩说它已是"社会财产"的地方,希法亭偏要说它是"私有财产",并且不点名地持续批判马恩的思路。这就是希氏《金融资本》一书的理论真相。

显然,在理论取向上,《金融资本》完全与马恩相悖。希氏在书中说:"我们对股份公司经济学的观点,超过马克思的观点而向前发展了。"①这句话的真义是:《金融资本》研究股份制的理论取向与马恩截然相反。

正是由于这种相悖的取向,使希法亭完全照搬并大力发挥马恩分析私有企业的理论模式来分析股份制企业。这才是《金融资本》自诩继承发挥马恩的真相。于是,我们在《金融资本》一书中处处看到,股份制企业只不过是变了花样的私有企业,它的剥削有增无减,越来越残酷苛刻。应当说,这是马克思主义股份制理论演化史上很值得人们总结教训的转折点之一。

二 希法亭对马恩股份制理论某些失误的片面发挥

围绕上述否定马恩的纲领,希氏还提出了一系列偏激思路和观点。

(一)"创业利润论"

本来,马恩的股份制理论既有注目股份制财产占有事实的精髓部分,也有过分重视其法律私有权的有待完善部分。《金融资本》在否定前者的同时,又以后者"也许部分正确"为名,使

---

① [德]希法亭:《金融资本》,商务印书馆1997年版,第256页。

之进一步强化和绝对化。其突出表现之一，就是在坚持"股份公司的利润也同私人企业的利润完全一样"的同时，批评马克思"还没有把股息理解为特殊的经济范畴，因此也没有分析创业利润"[1]。于是，"创业利润"成了《金融资本》套用《资本论》分析私人企业利润的模式而形成的关于股份制的一个独特理论范畴，甚至被希氏界说为股份制企业区别于私人企业的要害所在[2]，对之应认真对待。

作为一种稀缺的特殊的生产要素，资本本身具有二重性。一方面，它体现着一种社会关系，并在资本主义条件下表现着剩余价值；但另一方面，它作为越来越重要的生产要素，又具有生产力属性，《资本论》也多次使用过"资本生产力"概念。第3卷甚至认为，如果把剩余价值的"资本主义性质去掉"，那么它也是理想社会的一种基础[3]。因此，要全面把握资本问题，就不能只从社会关系方面理解它，而且要从生产力方面审视它。在股份制中，资本作为稀缺的生产要素，显然比以前得到了合理的配置，其中包括，中小股东手中的零钱也被集中起来用于生产发展，极大地提升了社会生产力水平。马恩对股份制迅速聚集资本而推动生产力发展从来都明确肯定。因此，完全无视资本大量聚集对生产力发展的巨大作用，完全无视聚集资金的创业劳动对社会财富创造的重大贡献，仅仅从剩余价值角度看待资本，完全把股息看成一种剩余价值，称为"创业利润"，既不符合事实，也不符合马恩股份制理论精髓及他们对"资本生产力"属性的肯定性揭示，显然片面。众所周知，即使在马克思分析私人企业

---

[1] [德] 希法亭：《金融资本》，商务印书馆1997年版，第253页。
[2] 同上书，第429—430页。
[3] 同上书，第108页。

时，他也明确肯定地承认"两权合一"条件下指挥生产的劳动及其对生产力发展的贡献，并未认定私人企业主的所有收入全等于剩余价值。由此可以推知，《金融资本》一概否定股份制创业者（使用否定性的"创业者"一词，是《金融资本》原文[①]）的贡献，用"创业利润"这个新造的范畴把这些贡献一概淹没于"剥削"的谴责之中，实际也是不符合马克思剩余价值理论的。希法亭自认为超越了马克思且沾沾自喜地作为全书立论之基的"创业利润"，其实是一个非科学的范畴。它在理论上是片面的，在政治上烙有明显的"左"的印痕。

我们注意到，《金融资金》在展述"创业利润"时，也是以变相否定股份制"两权分离"特征为前提的。它说："资本主义的所有制越来越成为这样一种有限制的所有制，它只给资本家一种简单的剩余价值的要求权，而不允许他们对生产过程进行决定性的干预。但是，这种限制同时也使巨额股票所有者对少量股票所有者施行无限制的统治"，因为，"对生产资本的实际支配权，落到那些实际上只付出生产资本的一部分的人的手里"[②]。在这一段话中，希氏虽承认股份制使一般股东"两权分离"，但他否定了"两权分离"的普适性，认定控制权仍牢牢地被掌握在大股东手里。这也就是说，"两权分离"在大股东身上不适用。因此，股份制在实质上与私人企业无异，两者的差别只在原来的私人企业主换成了现在的大股东而已。

在股份制发展初期，大股东控制权难以超越确是普遍存在的事实，无可否认。在这个意义上，希氏之言，也出于对经济事实的反映。但是，大股东控制权只是"两权分离"初级阶段的产

[①] ［德］希法亭：《金融资本》，商务印书馆1997年版，第256页。
[②] 同上书，第264页。

物。随着生产力发展对企业结构更新的要求，在股份制的演化轨道上，大股东控制权的弱化也是无可抗拒的历史总趋势。接替大股东控制权的是"经理部门控制权"凸显。在这种股份制形式下，企业"名义上的权力仍然属于股东，实际的权力属于董事会"，"无论在法律上或通常在实际上，他们（指股东——引者）都没有干涉经理部门的权能"。股份制的最新动态，是信托机构介入。在这种企业结构中，股东们"只是对一笔固定的款项具有契约上的权利"，他们对企业财产的关系"的确已断绝了"①。当然，即使"两权分离"已很彻底，股份制财产要能完全地为全社会服务、谋利，仍然是一个较为漫长的充满了历史回流的斗争过程。因为，控制权力的经理人员也总会利用权力谋取个人或小集团利益。对此，恩格斯写道："把为个人或股份公司谋利的资本主义生产转变成为全社会谋利"，要有一定的"物质条件和精神条件"。创造这种条件的过程，就是解放一切社会成员的过程②。实际上，中国特色的社会主义目前正在为此而奋斗。十分显然，在历史事实上，在理论逻辑上，股份制是沿着"两权分离"越来越彻底及其财产占有越来越社会化的轨道前进的。希氏无视马恩对"两权分离"的分析及其关于股份制财产逐渐社会化的结论，仅仅局限于大股东控制权，确有一点坐井观天的味道。

希氏也承认，大量资本在股份制下的聚集，使企业"摆脱了个人财产的桎梏"，"可以纯粹按照技术的要求来进行"生产，包括"它可以占有最好的最新的（科技）成就"，"始终保持技术上的领先地位"。但是，在这里，促成科技创新和巨大发展的

---

① ［德］希法亭：《金融资本》，商务印书馆1997年版，第105—107页。
② 同上书，第247页。

财产占有关系巨变及其重大意义,实质上又被完全忽略了,其结论仅仅是:"同私人企业相比,股份公司能够首先在更大规模上、其次以更完善和更新的技术进行作业,从而能够与私人企业相比获取超额利润"[1],"卡特尔化意味着异常的超额利润"[2]。这种结论,承续并夸大了马克思关于股份制生产仍是"私人生产",它促生了"金融贵族",股息只是"生息资本"等有待完善的论述,偏执地把股份制企业完全等同于私人企业,并以所谓"创业利润"范畴,发挥了前述马克思关于股份制的不妥提法,并把它们推向极端,显然过时落伍。股份制的财产占有越来越社会化,是一个越来越明显的事实;这种经济基础的巨变,迟早要引起分配关系的改进,这是毋庸置疑的唯物史观基本原理,也是近一两个世纪人类经济生活发展的大趋势。人们怎么能完全无视经济基础的这种巨变,以及这个经济大趋势呢?

(二)股份制只导向"垄断"论

如前所述,马克思恩格斯在把股份制财产看成"社会财产"的同时,又从股份制财产法律私有权出发,指出股份制导向资本的集中并形成垄断,会产生"最大规模的剥夺"。后者显然也是只注目于股份制初级阶段"大股东控制权"的结果,当然有待完善。希法亭生活的时期,"大股东控制权"虽然正在流行,但它的弱化趋势也已较清晰。在这种条件下,他反而进一步全面突出和发挥股份制导向垄断的看法,提出"马克思集中理论的实现即垄断联合"[3],成为后来许多马克思主义者否定股份制的一个主要理由,甚至至今难以改变,促人深省。

---

[1] [德]希法亭:《金融资本》,商务印书馆1997年版,第130—131页。
[2] 同上书,第146页。
[3] 同上书,第43页。

股份制本身就是具有强化聚集资本功能的企业体制。完全背离生产力标准,只用形成超常规剥削的垄断来说明它,是偏颇的。其一,对于分析股份制而言,要害的问题是坚持唯物史观基本原理,首先从财产的实际占有状况出发,然后引申出相关结论,而不能离开财产实际占有状况,首先只注目于法律私有权关系,并仅从中引出结论。否则,就会陷入马恩批评过的"法学家的世界观"。从希法亭的思路,人们可以明显看出,他对股份制财产实际占有状况没有兴趣,倾力注目于其法律私有权,并从中引出一系列背离马恩股份理论制精髓的结论。毫无疑问,这种方法本身就背离唯物史观,所以其结论也未足为训。希氏的根本错误在此。其二,对于思考资本集中垄断问题而言,希氏把股份制企业完全等同于私人企业,把资本的集中完全等同于剩余价值集中后的规模性增值,本身就背离马克思对资本和剩余价值理论的阐明也未足为训。其三,它完全无视聚集资本的创业劳动具有的重大价值,根本不理解并完全否定银行、交易所及其工作人员在当代社会发展中的重要作用,以逻辑上的大步跳跃形成资本集中即为垄断剥削的不妥思路,显然也是一种偏激。这一点,还比较明显地体现于希氏对银行和交易所的定性上。他提出,"随着财产的日益集中,控制银行的虚拟资本的所有者与控制产业的资本所有者,越来越合而为一";"随着卡特尔化和托拉斯化,金融资本达到了它权力的顶峰"[1];"金融资本,在它的完成形态上,意味着经济的或政治的权力在资本寡头手上达到完成的最高阶段。它完成了资本巨头的独裁统治"[2]。这些话,虽不全错,但均很偏颇。银行只是社会生产和企业筹资水平达到一定条件时

---

[1] [德]希法亭:《金融资本》,商务印书馆1997年版,第78页。
[2] 同上书,第51页。

产生的一种金融设施，不是资本寡头的专利品。所谓"资本巨头的独裁统治"，也只能是从出发于法律私有权的视角获知的短暂的历史现象之一，它当然无法永远抗衡股份制财产社会化必然引致上层建筑巨变的规律，也并非股份制固有的特质所在。至于希氏离开"证券交易所"在筹集资本方面的巨大作用，仅仅认定它使股东成为"货币资本家"①，当然又很片面。交易所的发展首先大大推动了股份制财产的社会化，它的革命作用远远大于某一个国家的某一次工人暴动。像希法亭这样，只从"法学家"或"道德家"的眼光看它，把它聚集资金的功能只看成垄断由以产生的罪恶，是相当片面的。

按照希法亭的观点，既然股份制导向垄断，那么，"垄断联合看来要废除马克思的价值理论"②，即竞争将弱化或灭失；"独立的产业日益陷入对卡特尔化产业的依赖，直到最终被它们所吞并"③，即中小企业将被垄断寡头吞并尽净。这也是背离历史事实的片面论断。首先，在股份制条件下，特大股份公司只能与大量中小企业并存竞争，是至今人人可见的事实。这是由于，有一些行业比较适合于中小型企业，经济规律迫使特大股份公司让位；同时，特大股份公司的某些配件生产和某些生产和销售、服务环节交给中小企业，在经济上往往更合算；在多媒体时代，信息技术在有利于企业统一的同时，也给中小企业提供了生存发展的技术依据，等等。一些经济学者发现，所谓"完全的竞争"，只是一种理论的抽象。在经济现实中，竞争总是不完全的，总有某种程度的垄断渗于其中；垄断也从来不是绝对的，总

---

① ［德］希法亭：《金融资本》，商务印书馆1997年版，第76页。
② 同上书，第43页。
③ 同上书，第54页。

有垄断难以达到的领域和层面属于竞争。后来，英国的马克思主义经济学家斯拉法1926年发表的文章，以及美国经济学家张伯伦"垄断竞争理论"，英国学者罗宾的"不完全竞争经济学"等，均确证了垄断必然灭除竞争以及大企业必然会吞并一切中小企业观点的片面性。令人尤感兴趣的是，第二次世界大战以后，特别是20世纪70年代以来，中小企业尤其是小企业的发展又呈强劲势头①，至今仍在持续。当今世界，一方面是跨国公司引领经济潮流；另一方面，是大量中小企业生机勃勃，丝毫未见垄断灭除竞争的趋势发展。由此看来，希法亭的垄断理论也只能是一种主观色彩很强的臆断或误断。

（三）小股东也是"货币资本家"论

希法亭发挥马克思有待完善的论断，还明确地严格地按照法律私有权及其逻辑，把小股东一律看成"货币资本家"。

《金融资本》第七章"股份公司"一开头就提出"投入股份公司的资本以纯粹货币资本的职能"出现，"股东也执行单纯的货币资本家的职能"。"我们把股东作为单纯的货币资本家来考察"②。沿着这种分析思路，并不占有企业财产的所有股东一律成了希法亭攻击的主要对象，其偏激一看可知。因为，股东中大量存在着小股东，他们甚至是穷困的劳动者，残障人，领退休金者，等等，怎么可以把他们与资本家完全等同呢？即使严格按《资本论》分析剩余价值的思路，"资本家"也须以占有财产为第一要件，怎么可以把并不占有财产的小股东"扩大化"为资本家呢？但是，希法亭不管这一切，他说：在股份制中，"连考虑在什么地方能以最好的价钱出卖其劳动力的无产者"也是投

---

① ［德］希法亭：《金融资本》，商务印书馆1997年版，第89页。
② 同上书，第156页。

机资本家①。真是"左"得可笑。

面对这种"左"论所造成的政治副作用，与希法亭思路大体一致的比利时共产党人曼德尔后来也不能不说明："并不是任何人，只要他的收入归根结底来源于社会剩余价值的分享，便都是资本家。否则每一个残废军人都成了'资本家'了。""把一个小股东当成例如通用汽车公司那样一个巨大托拉斯的'共有人'，纯粹是法律上的假想。"②的确，这种用法律私有权分析完全代替唯物史观分析，至今仍是在股份制问题研究中背离马恩股份制理论精髓的一种主要倾向，普遍流行，支持着政治上"左"的倾向，应予高度戒防。

(四) 否定股份制的民主化功能

从股份制财产社会化的理论，可以合乎逻辑地推导出股份制及其股票发行使财产逐步民主化即社会化的观点。这个论点，首先着眼于财产的占有，而不是首先注目于其法律私有权。人们应当承认，在股份制下，企业财产的占有权的确不再只属于其个人了，占有的确在逐步民主化即社会化并不断提升民主化水平。

但是，希法亭却恰恰要公然批评否定这一见解。《金融资本》严厉指责"一些人"找"借口去侈谈财产通过股票而民主化"。在它看来，股份制只能"使巨额股票所有者""施行无限制的统治"③。如前所述，这是误断。

(五) 股份制完全"投机"论

如果说，《资本论》对于股票交易中的所谓"投机"现象也

---

① [德] 希法亭：《金融资本》，商务印书馆1997年版，第396页。
② 同上书，第56页。
③ 同上书，第32页。

有一些表述的话，那么，希法亭抓住"投机"大做文章，把马克思论述扭到了另一个方向。因为，在经济学分析中，离开生产力标准，无限定地使用道德判据并使之高于一切，是不允许的。更何况，资本市场的本性决定了股票交易难以避免"投机"，因为"投机"现象在很大程度上只是经济规律在这一特种交易中的特殊展现。硬要用某种道德尺度完全否定它，是很不妥当的。但是，《金融资本》偏偏这样干了。它说"投机是非生产性的，带有赌博的性质，而且舆论中"名声不好；"投机在资本主义社会中的必然性，并不证明它的生产性，而只是证明这种社会组织的错误"[①]。此结论经不住推敲。它完全不顾股票交易对生产力发展的巨大作用，只从旧的道德尺度出发观看新生经济现象，当然偏颇。

三 列宁《帝国主义论》对《金融资本》的"正宗化"

问题的可悲性还在于，正是希氏理论构成了列宁著名代表作《帝国主义论》的理论源头。

众所周知，《帝国主义论》曾被视作《资本论》之后马克思列宁主义政治经济学和科学社会主义的最重要理论成果。它不仅被说成是以十月社会主义革命为代表的各国无产阶级革命的主要理论依据，而且被看成对资本主义进入股份制阶段之后人类社会结构及趋势的科学剖示。如此一部代表性作品，在理论上竟然以否定马恩股份制理论精髓的希氏的偏激之论作为源头，并与继承发挥马恩股份制理论精髓的思路相对立，确实是值得人们反思的一种理论现象。

这一理论现象出现的根源，在于当时列宁代表夺取政权的

---

① ［德］希法亭：《金融资本》，商务印书馆1997年版，第234页。

要求强烈呼唤为自己服务的理论以动员工人群众。在革命热情高涨的形势下,对理论的科学性及其成熟程度的要求被大大降低了,想尽一切办法动员群众起来夺权成为最高尺度。人们可以看出,在所有关于股份制的理论中,只有希氏《金融资本》所提供的思路,最有利于动员工人起来夺权。于是,以领导夺权为己任的列宁把它作为自己代表作的理论借鉴,并进一步发挥它,以形成更大的鼓动性和感染力,便成为顺理成章的事情。为革命热情所鼓舞的列宁,面对千千万万在资本主义剥削下饥寒交迫的工人的夺权怒吼,不可能仔细要求理论的科学性及其成熟度,更不可能顾及革命后的建设所需,于是,《金融资本》的否定马恩股份制理论精髓的思路,通过列宁《帝国主义论》而"正宗化"。

当年为工人革命制造舆论的理论,还包括作为社会民主党人的卢森堡的帝国主义理论。它把帝国主义的特点归结为大国的世界竞争,但不重视经济垄断问题;以及英国学者霍布森的《帝国主义》一书,它把帝国主义界说为一种在国外扩大商业利益和政治侵略的政策,等等。与这些思路相比较,希法亭的书不仅是最早最系统的以马克思主义名义考察帝国主义的有分量专著,而且这本专著在许多方面都紧紧抓住股份制经济基础展开阐释,显然有利于动员工人反对国内外资产阶级的斗争,所以,列宁才选中了它,在笔记中和著述中数十次地提到希氏或征引其观点材料,尤其是对希氏关于股份制导向资本主义新阶段即垄断和金融资本统治等见解,更是认同再三,构成了《帝国主义论》的主旋律之一。可以说,没有《金融资本》,便没有列宁《帝国主义论》。

当然,一切都是时代的产物,我们不能苛责列宁。这首先因为,当时的革命有其历史必然性。

四 列宁《帝国主义论》肯定《金融资本》时在股份制理论上的失误

《帝国主义论》的主题之一,在于论证股份制的迅速发展使资本主义进入了一个新阶段——垄断阶段,此即帝国主义;帝国主义本质上是垄断资本主义,它的根本经济特征是垄断,表现着生产的社会化和私人占有之间的尖锐对立,导致了腐朽,使之成为垂死的资本主义,被剥削的工人只有用社会主义革命推翻它,才能争取美好的未来。这种主题,成功地为十月革命提供了理论支持,其功不可没。我们今天回视它,并不是对当年十月革命正当性和合理性的否定;本书的着眼点,只在于从中国当前实行股份制改革的理论正当性,回视《帝国主义论》在股份制理论方面的某些失误,吸取相关的理论教训。

(一) 股份制仍然是私有制论

与希法亭思路大体一样,把股份制的基本矛盾界定为生产的社会化与生产资料占有的私有制之间的矛盾[1],是列宁与马恩论断的首要不同点。这种理论分歧,带有根本性。

为什么股份制的占有仍然是私有的呢?《帝国主义论》的根据之一,在于"股票的占有"仍然是私有的[2]。在这里,生产资料的实际占有状况,完全被它的法律所有权遮掩了。在另一处,《帝国主义论》甚至引述德国西门子的话,把股票称为"帝国主义的基础"[3]。于是,在《帝国主义论》中,法律所有权代替了财产占有的决定性地位。如前所述,这是股份制研

---

[1] 《列宁选集》第二卷,人民出版社1960年版。
[2] 同上。
[3] 同上。

究中的最大方法论误区，但它不幸却成为《帝国主义论》的方法基础。

为了说明股份制占有的私有性质，《帝国主义论》甚至对马克思的与之相反的论断加以批驳。在《资本论》第3卷，马克思提出：股份制下的"银行造成了社会范围的公共簿记和生产资料的公共的分配的形式"，"信用制度和银行制度扬弃了资本的私人性质"，"成了使资本主义生产超出它本身界限的最有力的手段"①。在引述其中有关句子后，《帝国主义论》写道："但是，生产资料的这种分配，就其内容来说，决不是公共的，而是私人的。"②显然，马克思以财产占有实际状态的名义发言，把股份制财产判为"社会财产"，从而认定银行正在扬弃资本的私人性质，而《帝国主义论》却只以股票法律私有权为据，否定股份制导致财产社会化，进而拓展希法亭的"创业利润"思路，完全否定股份制。在这里，面对同一个股份制，思考的结论截然相反。熟对熟错，了解唯物史观原理者一看就明，且历史已有结论。

（二）股份制导向垄断论

以希法亭的思路为源，《帝国主义论》的全部立论，以股份制导向垄断为出发点。

在引述《金融资本》关于卡特尔等联合制导向垄断的同时，《帝国主义论》提出："这种从竞争到垄断的转变，是最新资本主义经济的最重要的现象之一，甚至是唯一的最重要的现象"③；"卡特尔成了全部经济生活的一种基础。资本主义变成了帝国主

---

① 《列宁选集》第二卷，人民出版社1960年版。
② 同上。
③ 同上。

义"①。列宁的结论,与希法亭关于卡特尔和托拉斯是"资本主义集中的最高阶段"②的论断彼此呼应。它们的共同依据之一,是大企业"直接吞并小企业","征服它们"③。历史事实已表明,这种结论显然偏颇。后来,连列宁自己都出面批评关于垄断"消灭"了竞争的论点④。

(三) 对银行的否定

《金融资本》的书名已经隐含了它对银行职能的一概否定。《帝国主义论》引述这本书,对银行职能的否定与它完全一致。列宁所归纳的帝国主义的五个基本特征,其二便是"银行资本和工业资本已经融合起来,在这个'金融资本'的基础上形成了金融寡头"⑤。由此,《帝国主义论》提出,帝国主义是"从一般资本统治进到金融资本统治"的资本主义⑥。就对银行功能和金融工具的定性而言,这是很不准确很不全面的论断。今天看,应当说:"金融很重要,是现代经济的核心。金融搞好了,一着棋活,全盘皆活。"

有论者根据银行在现代经济中的核心作用,如实地把它看成"不是带有单纯私有经济性质的企业",而"是日益超出单纯私有经济调节范围的企业",并无大错。因为,既然股份制财产的占有已经社会化,那么,作为这种社会化核算机构的银行,当然已经超出传统私有范围。但是,《帝国主义论》对这一论点点名批评,意在坚持银行作为股份金融部门的私有本质⑦。这种批

---

① 《列宁选集》第二卷,人民出版社1960年版。
② 同上。
③ 同上。
④ 同上。
⑤ 同上。
⑥ 同上。
⑦ 同上。

评,当然是"过火"的,与马恩股份制理论的精髓大异。

(四)否定股份制财产是"社会财产"

像希法亭一样把股份制初级阶段的"大股东控制权"凝固化和绝对化,《帝国主义论》也说"极少数垄断者""控制着整个资本主义社会"①,完全否定马恩关于股份制财产是"社会财产"的论断,当然片面。

(五)"食利者阶级"论

在《金融资本》把股东一概看成"创业利润"瓜分者的基础上,《帝国主义论》进而提出了"食利者阶级"概念,并把它定义为"以'剪息票'为生,根本不做任何事情,终日游手好闲"的人;他们是帝国主义寄生性的一个重要表现②。这也是经不起推敲的。它在政治上是打击一大片,在理论上则是完全无视筹资劳动的价值。

(六)股份制必然导向"危机"论

如果说,《金融资本》有时还多少沿着马恩的思路,对股份制在财产社会化的前提下可能出现的生产计划性有所省悟,对股份制经济的大发展会导向社会主义颇多乐观,那么,《帝国主义论》则对《金融资本》的这些多少合理的成分也一概加以批评和否定,并把它提到反对"机会主义"的高度③。可以说,前者不仅进一步发挥了后者的片面性,同时也进一步抛弃了后者中的一些合理因素,在贬斥股份制上走得更远。

《金融资本》对"股份公司的革命意义"直言不讳,说它作为"清扫机","十年内就清扫了一百年的清扫量","解决社

---

① 《列宁选集》第二卷,人民出版社1960年版。
② 同上。
③ 同上。

问题需要这样的清道夫"①。由此,它设想,"存在着卡特尔化不断蔓延的趋势",最后"产生了总卡特尔",于是,"整个资本主义生产将由一个主管机关自觉地进行调节,这个机关决定它的所有领域内的生产量",届时,经济危机没有了,"货币会完全消失",卡特尔走向自己的反面②。它还设想,"金融资本的社会化职能使克服资本主义变得非常容易",因为,"金融资本已经办理了社会主义所必要的那种剥夺","经济权力同时也意味着政治权力。对经济的统治同时也提供了对国家政权的权力手段的支配",等等③。沿着这种思路,希法亭后来还提出了在股份制大发展中,资本主义已经"组织化",有组织的资本主义意味着用计划生产的社会主义原则代替资本主义④。这就是后来形成了巨大影响的所谓"有组织有计划的资本主义"理论。客观公正地说,这种理论超越了关于资本主义对应于无计划生产以及社会主义等于国有计划经济的僵硬框架,把经济基础自身的巨变看成比政治力量更根本的决定因素,并无大错。在一定意义上,它是马恩股份制理论精髓的合乎逻辑的一个推论。

以鼓吹暴力革命为职志的《帝国主义论》当然要批判这种思路。列宁饱含感情地提出:"所谓用卡特尔消除危机,这是拼命替资本主义粉饰的资产阶级经济学家的谎话。相反,在几个工业部门中形成的垄断,使整个资本主义生产所特有的混乱现象更加厉害。"⑤显然,列宁坚守资本主义等于无计划生产的信条,是不合乎事实的。

---

① [德] 希法亭:《金融资本》,商务印书馆1997年版,第54页。
② 同上书,第234页。
③ 同上书,第123页。
④ 同上书,第24页。
⑤ 《列宁选集》第二卷,人民出版社1960年版。

第三节 反思列宁与伯恩斯坦围绕股份制的论战

如果说，在市场经济问题上，中国倡言和实施社会主义市场经济，在理论上首先是对马恩关于社会主义计划经济设想的突破，那么，在股份制问题上，中国倡言"股份制中性论"以及中共十五大决定实施"股份制社会主义"，在理论上首先是对列宁有关股份制系帝国主义经济基础论断的突破，也是对列宁当年批判过的伯恩斯坦有关"修正主义"股份制言论的契合和发挥。

一 列宁当年批判伯恩斯坦有关"修正主义"股份制言论的失误

苏联的完全计划经济体制及它对股份制的完全否定，在理论上，一方面是对列宁晚年"新经济政策"的抛弃；另一方面则是对列宁十月革命前后关于社会主义计划经济的某些设想及其对股份制批判地继承发挥。写于1916年的《帝国主义论》，在总体上把股份制判定为帝国主义的经济基础，实际上也是列宁与当时第二国际"修正主义"思潮论战需要的产物。第二国际修正主义代表人物之一，就是伯恩斯坦（1850—1932）。他曾多年担任德国社会民主党负责人。主张"股份制中性论"，是他当时被斥责为"修正主义"的根据之一。七八十年之后，再来阅读当年论战的有关资料，人们可以发觉，我们今天对股份制的一些最基本的看法，在某些方面与伯恩斯坦很相似；他似乎把该说的话大体都说了。这件事的确很值得我们反省。邓小平实际早就对"反修"已有所反思。看来，当年国际共产主义运动中的"反修斗争",可能也是导致社会主义走向僵化之路的诱因之一[①]。今天,当踏上股份制社会主义新路时,我们再也不能继续被它束缚了。

"工人阶级伟大解放斗争的历史性权利和目的不取决于任何现成的公式,而是由这一阶级的历史的存在条件和由此产生的经济的、政治的与道德的需要决定的工人阶级所必需实现的是理想,而不是教义。如果有人要把这种观点称为'修正主义',那末他尽可以这样做。不过他就不应当忘记,马克思和恩格斯在他们当时也是修正主义者。他们是社会主义历史上所遇到的最大的修正主义者。任何一种新的真理,任何一种新的认识都是修正主义。既然发展不会停顿,既然斗争的形式也要随着斗争的条件一同受变化规律的支配,那么在实践中理论中也就永远会出现修正主义。"[②]伯恩斯坦写于1908年的这一些话,作为一种认识论观点,确与我们今天防"左"的看法有某些相近。

伯恩斯坦写这些话时,恩格斯逝世已十多年。当时国际共运内部,出现了尖锐斗争。斗争是围绕以下的问题展开的:在新条件下推进社会主义事业,究竟是一切从马恩本本上写好的结论出发呢,还是一切从实践出发,必要时修改本本上的某些过时或不全面的结论?伯恩斯坦力主后一种观点。在恩格斯逝世后的第二年,他就说过,时代和实践条件已发生变化,"检查一下我们用来迎接这个时代的精神武器,可能不是多余的"[③]。由此出发,他指出:"马克思主义的实践主要是政治性的,它以夺取政权为目的",因而经典马克思主义对于经济组织、经济建设问题的研

[①] 参见赵永峰《历史的陈迹:对"修正主义"的批判》,载《理论信息报》1989年2月27日。
[②] 中共中央编译局:《伯恩斯坦言论》,三联书店1966年版,第341页。
[③] 同上书,第27页。

究有所忽略①。其中包括，马克思从"剥夺剥夺者"的需要出发，论述经济组织和经济建设问题，难免出现某些片面和失误②。例如，马克思有时"甚至对股份公司也仅仅从资本积聚和集中的角度来论述"，也有偏颇③，他也忽略了"小企业和中等企业表明自己完全有能力同大企业并存"④，等等。现在看来，伯氏的这些话并非一无是处。从"劳动价值论"开始，经典马克思主义政治经济学的着力点，就在于揭示资本家对工人"剩余价值"的不平等榨取，动员工人阶级夺取政权。这种情况，的确决定了它不可能充分全面地研究经济组织和经济建设问题；当涉及股份制等问题时，往往难免首先注目于其中与阶级斗争密切相关的"资本积聚和集中"的方面（须知，当时对"资本"的界定与我们今日理解也不同）而忽略其他方面。伯氏较早清醒地看出了这一点并明确指出，不仅并无大错，而且有功德于后。

经典作家观察股份制往往只从阶级斗争入手，在当时国际共运中仍被看成"千古罪人"。针对伯恩斯坦关于股份制的新见解，卢森堡1898年写了《社会改良还是社会革命》，提出股份制由于其"资本积聚和集中"的特点而只能"复制"资本主义主要矛盾，"推动它们达到极端"，从而使资本主义走向"崩溃"⑤。在这位激烈的德国女革命家笔下，信用制度促生的股份制，只能被当作资本主义发展的新形式，它的本质只能是为剥削

---

① ［德］伯恩斯坦：《社会主义的前提和社会民主党的任务》，三联书店1965年版，第157页。
② 同上书，第159—160页。
③ 同上书，第99页。
④ 同上书，第113页。
⑤ 卢森堡：《社会改良还是社会革命》，三联书店1958年版，第8—9页。

者提供新形式的更有效的服务，从而成为资本主义走向崩溃的经济载体。正是针对卢森堡代表的这种看法，伯恩斯坦提出了"股份制二重属性论"。他说，股份公司"是在经济本身的基础上成长起来的，它是一个在本质上同经济一样的、使生产适应市场变动的手段。至于它同时也是或者能够成为垄断和剥削的手法，那就不用说了。但是同样不用说，就它的前一个属性来说，它意味着一切从前的对抗生产过剩的手段的提高。它能够在市场充斥时转入暂时的限制生产，危险比私人企业要小得多。比起私人企业来，它能更好地对付外国的倾销竞争。否认这一点，就意味着否认组织对于无政府竞争的优越性"[①]；"像信用这样的能够具有多种形态的事物在不同条件下一定会起不同的作用。马克思原来也绝不是仅仅把信用当作破坏的观点来讨论它的。他认为信用除了别的职能之外，还有'形成到一个新生产方式的过渡形态'的职能，并且就这一方面明确地强调了信用制度的两重性质"，而卢森堡在征引马克思论述时，却只说明"信用的破坏的一面，一句话也没有提它的生产和创造的能力"，这显然是对马克思断章取义[②]。

今天看，伯氏当年的这种"股份制中性论"，很可能受到邓小平的重视和借鉴。

第一，在伯氏那里，"股份制中性论"是以马克思为主要根据的。被它征引的马克思肯定股份制的论述是马克思主义股份制理论的精髓之一。马克思在其中指出，信用制度的重要功能之一是"流通费用的减少"，它的发展具有必然性，股份公司也是它的必然产物；由于股份公司的形成，"生产规模惊人地扩大了，

[①] 中共中央编译局：《伯恩斯坦言论》，三联书店1966年版，第148—145页。
[②] 同上书，第138—139页。

个别资本不可能建立的企业出现了";"那种本身建立在社会化生产方式的基础上并以生产资料和劳动力的社会集中为前提的资本,在这里直接取得了社会资本的形式,而与私人资本相对立,并且它的企业也表现为社会企业,而与私人企业相对立";在股份公司内,管理的"职能已经同资本所有权分离",它是"直到今天还和资本所有权结合在一起的再生产过程中的职能转化为联合起来的生产者的单纯职能、转化为社会化职能的过渡点",因为,其中"没有私有财产的控制","已经存在着社会化生产资料借以表现为个人财产的旧形式的对立面","很大一部分社会资本为社会资本的非所有者所使用,这种人办起事来和那种亲自执行职能、小心谨慎地权衡其私人资本界限的所有者完全不同"。马克思的结论是:股份制具有"二重性质",它也极大地促进了生产力发展进步,是"转到一种新生产方式的过渡形式";另一方面,它在资本主义体制下当然又只能为剥削服务[①]。

仔细领会马克思关于股份制的这段十分著名的论述,人们可以发现,他当时把股份制确实看作中性事物。伯恩斯坦由以提出"股份制中性论",并不是对马克思的误解,更不是篡改,而是坚持和发挥。时至于今,"第四国际"理论家、比利时经济学家曼德尔仍然坚持传统旧见,反对民主社会主义者(包括伯恩斯坦"修正主义"者)重申"股份制中性论"[②],当然只能被看成一种有悖于马克思原义的理论偏执。

第二,伯恩斯坦根据当时股份制发展实际情况,提出股份制及其产生的大企业集团已经形成对生产的有意识调节,因而,它

---

① 《马克思恩格斯全集》第 25 卷,人民出版社 1972 年版第 492—499 页。
② [比]曼德尔:《未来的社会主义》,中央编译局 1984 年编译本(内部用书)第 2 页。

有助于克服经济危机的看法,经受住了时间的考验。事实真相是:计划不是社会主义的专利,资本主义也会对经济实施计划调控,股份制则是其实施这种控制的主要微观基础。伯氏从股份制可能有助消除经济危机的功能中,发觉它既是一种"使生产适应市场变动的手法",也是一种防止危机的新型"组织"形式,确系卓见,构成了他的"股份制中性论"的主干之一。他的某些提法,在我们今天的文献中也频繁出现,确实说明它们经得住了岁月激流的冲刷。

第三,伯恩斯坦并非像过去的批判者所说的那样"美化"资本主义。从其表述即可看出,一方面,它明确认定"股份制中性论",另一方面,它又由此出发明确承认在资本主义条件下,股份制可被用来为剥削服务。今天来看,他的这种分析也是有道理的。一切出于批判的激情而形成的对伯氏看法的误解、曲解和附加均应被剥除。我们对一切都应实事求是。

股份制"这个经济形式本身向着公有化前进"[①]。这是伯氏更进一步的见解。在他看来,分析股份制的唯物主义方法首先应当注目于股份制导致的"生产和流通的社会化"[②]。他说,股份制企业"容许已经积聚的资本进行广泛的分裂,并且使各个巨头为了积聚工业企业的目的而占有资本成为多余的事"[③],"股份在社会阶梯上再现了由于企业的积聚而产生的生产头领被从工业中排除出来的中间环节"[④]。伯恩斯坦在这里实际上重申了马克思的如下见解:"两权分离"即股份制产生的财产所有权与占

[①] 中共中央编译局编:《伯恩斯坦言论》,三联书店1966年版,第318—319页。
[②] 同上书,第51页。
[③] 同上书,第125页。
[④] [德]伯恩斯坦:《社会主义的前提和社会民主党的任务》,三联书店1966年版,第109页。

有（使用、支配）权相脱离，使资本家对生产资料的占有逐渐成为不可能的事情，进而会使资本家被从生产过程中排挤出去而仅仅成为获取股息的人。这也就是说，股份制使生产资料的占有、使用和控制逐渐实现了社会化。这样，从宏观上看，私有财产便被逐渐否定了，因此，它本身实际在向着公有化前进。正是基于这一理解，伯恩斯坦说："从工人的立场出发，始终记住卡特尔和托拉斯的能力，比去预言它们的'无能'更为重要得多"。[①] 20世纪20年代，他又认为1918年德国社会民主党执政时颁布有关推进股份制的法律，"为工人和职员开辟了从工厂的附庸变为在社会法律意义上的股东或同伙者的可能性"[②]。显然，他支持工人推进股份制，通过股份制而逐渐实现社会主义。这已经相当靠近"股份制社会主义"理论了。

不过，伯恩斯坦当时还被传统观念束缚而不可能十分明确地形成"股份制社会主义"理论体系。例如，有一次，他又明确地认定"股票"作为分割"利润"的凭证难以"忍耐"，提出争取自身解放的工人阶级应当用革命强力"征用"股份制企业，使之不再为股东服务而为全社会服务[③]，等等。可以说，伯恩斯坦在这里的悲剧，在于他没有社会主义市场经济的实践经验，同时又未能把"股份制中性论"贯彻到底，在逻辑上也自相矛盾。对于生活在近一个世纪之前的这位有远见的智者，我们对他的这些缺点当然也不能苛责。

从"股份制中性论"出发，伯恩斯坦的又一功绩，是他实际上已踏上了实现生产资料公有制的形式应当多样化的思路。

---

① 中共中央编译局编：《伯恩斯坦言论》，三联书店1966年版，第150页。
② 同上书，第466页。
③ 同上书，第318页。

1899年，在反思"通向社会主义道路上的困难"时，伯氏指出："国有化或地方公有化是公有化的标准形态，当然，它们本身不是目的；它们也只不过是达到以争取最大可能的普遍幸福为最高任务的那一目的的手法。达到这一目的的保证是，在经济领域中，在生产、贸易和交通中能带来最大可能的经济效率。如果我们着手进行社会化，那末我们就应当不断地问自己：我们所采取的以及能够显而易见的正在实现着的发展（指'由国家和地方经营'而'摆脱了私人剥削的企业'——引者），就是用强力阻碍对它的历史意义的理解。因为它是坚决反资本主义的，是反对由资本家占有生产资料和剩余产品的。"而这种占有正是资本主义经济制度的特征和基本的方面；如果我们离开生产资料的实际占有和使用而"把分配形式看成决定性的标准，那末这决不是科学社会主义。社会主义恰恰是以把生产方式和生产条件看成决定性标准的这种认识为基础的。在'国家资本主义'的说法背后隐藏着一种完全空想主义的思维过程，这个思维过程不从社会发展的规律出发，而是从任意一个设想好的、具有自己分配形式的未来国家出发"①。现在看来，对伯恩斯坦的这些话，也是可以继续讨论的。在批判修正主义的时候，这些见解均被当作对马克思主义的"背叛"而长期受到"口诛笔伐"，似乎也应被反思。因为，在这里，至少伯氏是紧紧抓住生产资料的实际占有、使用和控制问题来展开自己论述的，这是符合唯物史观对所有制的唯物主义说明的；援引国家政权的性质或生产资料的法权属性来批驳伯氏，就会陷入一个可怕的唯心主义陷阱：似乎不是生产资料的占有、使用和控制状况从根本上决定一个社会和国家的生产关系性质，而是某种既定的国家政权性质或生产资料的法

---

① 中共中央编译局编：《伯恩斯坦言论》，三联书店1966年版，第29—30页。

权性质可以从根本上不顾人们实际占有（使用、控制）生产资料的方式而自行决定国家和社会性质。当然，作为上层建筑，政权也具有经济意义，未可淡视，但它毕竟不具有最终的决定性。

卡尔·考茨基（1854—1938）也曾被长期作为"修正主义"代表人物。他在股份制问题上的看法，与伯恩斯坦伯也有一些相近之处。

在为《资本论》第二卷所写序言中，他就认同伯恩斯坦关于卡特尔导致人们用计划消除经济危机的看法①。1919年，他在担任德国社民党"公有化委员会"负责人期间，也同意用公私合营的股份公司形式实现生产资料公有化的方案②。晚年，在《唯物主义历史观》一书中，他又写道："由于有了股份公司和企业联合，已经使资本家个人愈来愈成为多余的人"，它"使各别的企业主之间的竞争和投机愈来愈被某种坚定的调整和组织所代替"③。这些看法也多少契合于邓小平的看法。

总之，在股份制问题上，被称为"修正主义"的伯恩斯坦和考茨基根据唯物史观新实践论审视"批修"的理论，提出了一系列不同于当时"正宗"的新见解，而且经受住了历史的检验，应当说是我国改革理论的源头之一。在许多方面，当年因批判"修正主义"而被当作"正宗"马克思主义看待的那种一概否定股份制的观点，倒是经不住历史冲刷的东西。这一史实再一次印证了邓小平的以下论述："不以新的思想、观点去继

---

① ［苏］卡拉达耶夫等：《经济学说史讲义》，三联书店1963年版，第308页。

② ［苏］德沃尔金：《右翼社会党人经济理论批判》，人民出版社1978年版，第358—360页。

③ ［德］考茨基：《老修正主义哲学资料选辑第一辑·（考茨基）唯物主义历史观（第五分册）》，上海人民出版社1965年版，第289页。

承、发展马克思主义,不是真正的马克思主义。"[1] 这就要求我们不能囿于旧有的"批修"模式,而要勇于吸纳包括过去某些所谓"修正主义"观点在内的一切含有真理颗粒的精神文明成果,为社会主义事业服务。须知,这一句话好说,但实践起来颇难。连作为改革事业开拓者之一的赫鲁晓夫,在当年搞改革时,都不能不首先大批"阉割和歪曲马克思主义"的修正主义(参见他在苏共 21 大的讲话),可见作为"左"的表现,"批修"模式的惯性力量的确很大。邓小平反思和纠正它,是有功于后人的。

二 深刻的教训

希法亭《金融资本》是列宁《帝国主义论》的主要理论源头。希法亭的偏激以及列宁对它的"正宗化",已经把马克思主义股份理论引上了一个与马恩不同的全面否认股份制的方向,造成了严重的后果,教训十分深刻。中国航天业完全国营,除了与航天业本身的若干特殊要求有关外,也与此有关。

当社会进入股份制时期后,经济基础已经发生了巨大变化,财产摆脱私有制的羁绊而迅速地大面积地社会化。面对此情景,马克思主义者本应按照唯物史观对财产性质判定的分析框架,首先注目于股份制对公有化的推进,从而高举马恩股份制理论精髓的旗帜,积极地利用股份制来实现社会主义。可是,希法亭的情况说明,一些以马克思主义名义出现的论者,脑子仍然停留在过去私有企业的时代,无视股份制财产的社会化性质,把它等同于私有制加以全面否定,这只能给社会主义事业造成损害。马克思主义股份制理论发展中的曲折启示着我们:在股份制问题上,马

---

[1] 《邓小平文选》第三卷,人民出版社 1989 年版,第 292 页。

克思主义理论必须与时俱进。

可惜的是，苏联的领导者在很大的程度上背离并否定了马克思恩格斯的上述科学思路，一方面过分地强调政治革命在向社会主义转化中的决定意义；另一方面又无视股份制作为私有制对立物的意义，这样那样地把它看成资本主义私有制的新形式，看成帝国主义的经济基础。斯大林《苏联社会主义经济问题》在理论上的一大弊端，是只承认国有制为社会主义公有制，从根本出路上否认股份制作为社会主义公有制的一种实现形式，使社会主义与当代市场经济完全绝缘，严重阻滞了包括航天业在内的社会主义大生产的发展。我国航天业在很长一段时间内也按苏联思路办事，教训不可谓不深。

近来，我国资深理论家吴江先生根据当代实际，勇敢指出，列宁对帝国主义时代资本主义生命力估计失当，是有道理的。这种失当，如上所述，也源自理论分析中的片面性，以及对马恩股份制理论精髓部分的轻易否定。《帝国主义论》对股份制的全盘否定，使社会主义各国隔绝于股份制实践，妨碍了生产力发展，其消极后果已经有目共睹。当中共十六届三中全会《决定》从中国社会主义市场经济新实践出发，提出应把股份制作为公有制的主要实现形式时，它也是纠正了《帝国主义论》及其源自的《金融资本》的偏激，回归并发挥了马恩股份制理论的精髓。

第四节 西方一些进步学者发挥马恩股份制理论的精髓

西方包括航天业在内的经济，第二次世界大战后发展较快，与西方学者发挥马恩股份制理论的精髓并给西方包括航天业在内的国民经济提供了理论支持有关。

一　贝尔论马克思的"两大图式"

从马恩股份制理论的内在矛盾,以及希法亭对其有待完善部分的片面发挥和对其精髓部分的全面否定来看,马克思主义股份制理论重建的要害之一,在于充分认识上述内在矛盾,继承并发挥其精髓部分,完善、补充或扬弃其有待完善的部分,形成与时俱进的理论体系。

就我们看到的资料而言,首先注意到这一问题的人包括美国著名未来学家丹尼尔·贝尔。30多年前,他就明确申言自己是马克思的追随者,并坚持首先从财产占有状况观察股份制;指出在股份制问题上,马克思理论存在"两大图式",其一以《资本论》第1卷中的剩余价值理论为代表,它形成于股份制大发展之前的私人企业时代;其二以《资本论》第3卷关于股份制财产是"社会财产"的诊断为代表,包括它以"格外敏锐的目光"观察"经理、技术雇员、白领工人等等的'新'中产阶级",并以巨大注意力审思"大规模投资银行体系的发展和股份公司的出现已经开始改变资本主义社会的社会结构"。同希法亭相似,贝尔在书中也整段地摘引了《资本论》第3卷关于股份制财产是"社会财产"的话,但其结论、思路却与希氏截然相反。贝尔重申了"两权分离",认为马克思对股份制财产社会化的分析,也证明"利润有了社会性"(请注意贝尔的这一提法。它是符合马克思论述逻辑的,也是实事求是的),它使"中产阶级"发展壮大,从而使人类进入"后工业社会"[①]。应当说,贝尔的思路,比起希法亭钻进的理论死胡同,较能说明当代人类生活的

[①] [美]贝尔:《后工业社会》,商务印书馆1984年版,第57—137页。

实际。

贝尔对马克思的第一种图式基本上是否定的。他说:"后马克思主义时期中经理与业主的分离,企业的官僚科层化,职业结构的复杂化,这一切都使一度明确的财产统治和社会关系的情况模糊了。马克思还曾进一步断言:生产的中央集权化和集中化会成为商品生产的'桎梏',但在《资本论》以后的百年中,西方世界却出现了生产率的大提高和当代任何空想家所从未梦想到的技术发展。"[1]就对马恩股份制理论中有待完善的部分的批评而言,贝尔的这种评价并无大错。和希法亭完全不同,他首先抓住了股份制对生产力发展的促进功能,以及历史事实对这种功能的印证。

二 贝尔论西方学者继承了马恩股份制理论的精髓

贝尔在股份制理论方面还有一个重大发现:认为马克思恩格斯逝世后的西方企业管理理论和社会发展理论,均是"含蓄地阐明了马克思的第二图式","在这些概念中,生产力(技术)取代了社会关系而成为社会的主要轴心";"在经典的马克思主义观点看来,并且对于号称马克思主义的社会和社会运动来说,这些社会发展理论在学术上提出了严重的挑战"[2];"如果人们读到二十世纪上半叶所阐述的资本主义未来的社会学理论,他们就会见到:事实上,(它们)几乎所有都是同马克思的第二种图式对话"[3]。除了一些用词不当外,应当说,贝尔的这种解释大体是符合历史真相的。希法亭钻进的理论死胡同,对股份制带来

---

[1] [美]贝尔:《后工业社会》,商务印书馆1984年版,第57—137页。
[2] 同上。
[3] 同上。

的财产占有状况巨变视而不见,并与承认这种财产占有巨变从而引起社会结构巨变的贝尔式思路严重对立,可以说已被历史事实宣布失效;而西方贝尔式的一些主流股份制理论,却这样那样地显示出智慧之光,在许多方面值得我们思考股份制问题时批判借鉴。

三 西方股份制理论扫描

马恩之后,在西方,与希法亭思路对立的贝尔式股份制理论繁多,其中包括:

(一)"经理主义理论"

此论出发于股份制的"两权分离",认为随着股东越来越多,股份制企业的控制权或管理权逐渐归于经理部门,对企业财产不存在所有权关系的经理们的产生也逐渐社会化,从而不仅使生产更加社会化,而且使企业财产的使用日益社会化。可以明显看出,这种理论实际源于马恩关于股份制财产是"社会财产"的思路,虽然在一些方面尚不完善,但在对股份制宏观取向的把握上,还是可取的。

在目前,以空想姿态否认股份企业在财产使用社会化过程中充满着公私之间的反复较量乃至血腥斗争,是完全错误的。人们在具体策略上和政策上,的确应当充分注目并着力克服股份制企业管理人的种种谋私行为。但是,我们的理论一当涉及股份制本质时,不能仅仅深陷于此种经济现象,而首先应深入股份制财产占有日益社会化;这种社会化迟早会革除私有财产时代的法律思维定式和道德尺度,逐渐形成新的上层建筑。不讲这一点,只讲股份制推进中反社会化因素的干扰,完全否定"经理主义理论",把私有强化当成股份制本质,是根本错误的。

（二）"资本主义民主化理论"

此论最早产生于德国，认为股份制将导向"劳动者所有制"，因为，在股份制下，劳动者可用工资购买股票（此即"人民股票"），再加上政府的相关扶助政策，股份制的所有权便可逐渐被劳动者所控制，形成"社会市场经济"。在笔者看来，这种思路不仅与马恩关于股份制财产系"社会财产"的论断有所吻合，而且也与《资本论》在总体肯定股份制前提下所提"重建个人所有制"的指向遥相呼应，至少是一种可供试验的主意，不能否定。

以前，人们对《资本论》第1卷在设想全民所有的计划经济模式的时候，又猛然提出"重建个人所有制"口号大惑不解，形成种种曲解和误会，值得澄清。须知，《资本论》第1卷出版于1867年，当时正值股份制大发展之际，马克思对此当然不能无动于衷，从股份制财产是"社会财产"产生通过股票的个人所有制促成财产社会化的思想，完全符合马克思思路。查原文，他提出"重建个人所有制"时，明言不是"重新建立私有制，而是在资本主义时代的成就的基础上，也就是说，在协作和对土地及靠劳动本身生产的生产资料的共同占有的基础上，重新建立个人所有制"[①]。仔细体会，特别是仔细体会其中关于对生产资料"共同占有"的限定，人们只能得出结论：这种个人所有制是股份制中股票所有权的个人所有。甚至可以说，只有这样理解，才符合马克思原意；别的一切理解，在逻辑上都说不通。也因此，德国的"资本民主化理论"，在一定的意义上也可以被理解为对马克思这一设想的具体操作。甚至还可以说，我国目前把股份制作为公有制的主要实现形式，实际上也是以马克思的这种

---

① 《马克思恩格斯全集》第25卷，人民出版社1972年版，第659页。

思路为理论依据的。

(三)"竞争垄断理论"

此论最早出自美国学者爱·张伯伦和英国学者罗宾逊等人,认为经济现实中存在的往往是垄断与竞争因素错综相接的混合体。在张伯伦看来,现实生活中的每个生产者的产品,都存某些差别(内在的,或外在的各种性质、特征),这是垄断产生的决定性因素;同时,这些有差别的产品往往可以彼此替代,故而形成市场交易中垄断因素与竞争因素的混合。这种证明虽非完美,但不是毫无道理。此论曾被称为"现代政治经济学的最大成就","最卓越贡献",虽嫌过分,但确从一个层面反映出希法亭把垄断绝对化的片面和主观。当代市场经济,确是竞争与垄断因素混合的经济。只讲其垄断,不能服人。

(四)"权力转移论"

这是由美国经济学家加尔布雷思提出的新理论,认为生产过程是各种生产要素的协和作用,而这些要素的获得难易及其使用价值不同,故其所有者在生产中所处地位也不同;在不同时代,控制权归于最难获得或使用价值最高(包括最难替代)的要素拥有者。据此,加氏提出,在封建时代,土地是最重要的生产要素,所以,地主成为控权者;在资本主义时代,资本代替土地成为最重要的要素,故权力从地主移向资本家;近年来,随着"新工业国"的形成,专门知识代替了资本的地位,于是,技术结构阶层即专门知识拥有者接替了资本家而成为控制社会权力的群体,在他们的治理之下,股份公司追求社会稳定和经济增长。

加氏的这一理论虽不无可再思之处,但登高远望,从知识经济初见端倪的角度看,它确有一些合理之处。在知识经济时代,知识的创新成为决定国家和企业成败的决定因素,这和传统所讲资本主义社会已大有不同,因而再套用《资本论》第 1 卷分析这个社会,显然不行。

仔细冷静地审视以上种种关于股份制社会的理论,人们可以发觉,它们或者是从财产占有的社会化出发思考和推导出有关结论的,或者是立基于知识经济时代生产力结构的新变化而得出应有推论的,大体上均与马恩股份制理论的精髓部分或生产力决定性原理彼此契合。它们也印证了贝尔所说马恩之后的西方股份制理论均是与马克思"第二图式"对话的论断不是毫无根据。当然,它们均有某些辩护性的特征,不完全正确,但是,这毕竟不能掩其功。

第 四 章

中国改革开放以来包括航天业在内的国防工业实施"寓军于民"战略的历程

"文化大革命"十年浩劫，对于中国人民和中国社会主义建设事业是大坏事。国民经济最后濒临崩溃边缘，经济损失和其他损失极为惨重，至今提及，令人痛心。

但是，坏事在一定条件下又会变为好事。在"文化大革命"中被打倒的邓小平复出，作为党的第二代领导集体的核心，顺应历史和民意的呼唤，把中国的舰船从"无产阶级专政下继续革命"的航向，拨乱反正到倾全力发展生产力、搞好中国现代化的"正途"上来，使中国迎来了改革开放的新时代。

中国的"寓军于民"实际上是与中国的改革开放同步展开的。一方面，国防工业是国民经济的一个产业门类，它的"寓军于民"不能完全隔离于中国整个国民经济的现实状况；另一方面，中国的改革开放，首先是由国民经济从传统的计划经济体制向社会主义市场经济体制转轨开始的，并且至今是改革开放的重心所在。因此，中国国防工业的"寓军于民"，实际上也是作为中国国防工业从传统的计划经济体制向市场经济体制转轨的表现形态而存在发展的。在一定意义上可以说，对中国改革开放以来"寓军于民"的回顾，总结其经验教训，都只能被置放于改革开放的总背景上，才能更加全面准确。因此，本章将结合中国从中共十一届三中全会开始的改革开放实践及其理论变革,来回顾中国国防工业30年的"寓军于民"历程。

如果说,以邓小平为核心的党的第二代领导集体的最大历史功绩之一,在于果断纠正"阶级斗争为纲",果断推进国民经济从计划体制向市场体制的转型,在中国成功地实施了改革开放,使中国从"文化大革命"的阴影中走出,迈向以现代化建设为中心的新时代,其中包括使航天业也迈向市场体制,那么,以江泽民为核心的党的第三代领导集体的建树之一,便是深化改革开放,初步奠定了社会主义市场经济体制,使中国实现了初步小康目标,并在此基础上形成了江泽民国防和军队建设思想体系。目前,胡锦涛为首的党中央,正在邓小平理论和"三个代表"重要论述的指引下,按照科学发展观的要求,进一步以市场为资源配置的基础性方式,突现"五个统筹",包括使航天业实施股份制,为中国全面小康社会的建成和人的全面发展而奋斗。

可以看出,中共十一届三中全会以来的20多年的改革开放,在经济基础方面的一条红线,就是紧紧抓住向社会主义市场经济转型不放,力求在全社会以市场作为资源配置的基础性方式,促进生产力发展、人民富裕幸福和人的全面发展。而作为一个产业部门的中国国防工业的"寓军于民",事实上也是作为中国国民经济从计划体制转轨到社会主义市场经济体制的组成部分,而被提出和推进发展的。从"计划"到"市场",到股份制,也是中国国防工业"寓军于民"的轴心。围绕这个轴心学习和理解邓小平、江泽民以及胡锦涛为首的党中央一系列相关言论和举措,才能主线明晰、抓住要害。

第一节 邓小平以市场经济为基础的"军转民"思想对原有思路的突破

2007年6月22日,中央电视台发布了中央有关部门分三种情况具体安排国防科技工业股份化的规定,说明了中国的国防科技工业股份化已经进入崭新的阶段。它使我们更加怀念邓小平"军转民"思想对中国国防科技工业股份化的有力推动。

中国的"寓军于民"实际上是作为中国改革开放的一个重要侧面展开的。一方面,国防工业是国民经济的一个产业门类,它的"寓军于民"不能完全隔离于中国整个国民经济的现实状况;另一方面,中国的改革开放,首先是由国民经济从传统的计划经济体制向社会主义市场经济体制转轨开始的,并且至今仍是改革开放的重心所在,因此,中国国防工业的"寓军于民",实际上也是作为中国国防工业从传统的计划经济体制向市场经济体制转轨的表现形态而存在发展的。在一定意义上可以说,对中国改革开放以来"寓军于民"的回顾,总结其经验教训,都只能被置放于改革开放的总背景下,才能更加全面准确。

以邓小平为核心的党的第二代领导集体的最大历史功绩之一,在于果断纠正"阶级斗争为纲",果断推进国民经济从计划体制向市场体制的转型,在中国成功地实施了改革开放。十一届三中全会以来的改革开放,在经济基础方面的一条红线,就是紧紧抓住向社会主义市场经济转型不放,力求在全社会以市场作为资源配置的基础性方式,促进生产力发展、人民富裕幸福和人的全面发展。而作为一个产业部门的中国国防工业的"寓军于民",事实上也是作为中国国民经济从计划体制转轨到社会主义市场经济体制的组成部分,而被提出和推进发展的。从"计划"

到"市场",也是中国国防工业"寓军于民"的轴心。围绕这个轴心学习和理解邓小平一系列相关"军转民"的言论和举措,才能更深刻地把握它。

一 改革开放前的中国国防科技工业简况

即使在改革开放前,中国的国防科技工业也与同期的苏联国防工业有所不同。如果说,在当年美苏冷战剑拔弩张的背景上,苏联的国防工业是国民经济的重中之重,实行的是很严格的计划经济和国有国营模式,军工单位按照指令,集中力量研制生产军品,并被政府全部拨给部队使用,其中不从事或很少从事民品生产,那么,改革开放前的中国国防工业单位虽然也按计划经济和国有国营模式办事,军品的生产和调拨严格按计划进行,但是,军工兼搞民品生产却并不少见。这是因为,一方面,中国人口多而底子薄,根本不可能像苏联那样在冷战中与西方展开全力的军备竞赛,因而也不必要倾全力于高档武器的研制生产,因而,从国情出发,军工企业从事民品生产不仅是被允许的,而且是被提倡的;另一方面,中国革命战争的胜利本来就得益于军民一家,当中国社会进入和平建设时期,军民结合的思路和传统,也必然导致军工企业从事民品生产,为社会主义建设增加力量。

早在解放初期,作为兵工重镇,重庆市的"第21兵工厂"(今长安厂)就适应成渝铁路修建,不仅设计了轧辊大元车,给打山洞提供了机械等,共生产民品达28种。该市其他军工企业亦复如此[①]。这在当时是自然的,甚至是必然的。

根据解放初期建设形势的需求,毛泽东指出,军工单位要学

[①] 张良才:《重庆兵器工业的"军转民"与汽车工业》,载《汽车研究与发展》1994年第1期,第9—14页。

会能军能民两套本领,"和战结合,军民结合"。1952年5月,当时的中共中央兵工委又提出:"兵工企业要贯彻军需与民用相结合"的原则。1957年3月,第二机械工业部明确提出了"军民结合,平战结合,以军为主,寓军于民"的指导方针①。所有这些开国奠定的思路,都对中国国防工业沿军民结合之路发展,产生了影响。

1960年前后,随着庐山会议"反右倾机会主义"的开展和台湾某些人关于"反攻大陆"叫嚣的传来,国防工业系统出现了反对民品生产的倾向,这种倾向指称军工企业搞民品生产是"不务正业",迫其"下马"②。但即使如此,中央军委还是强调"军民结合,平战结合,以军为主"③,并未一概拒斥国防工业的民品生产。

但是,后来的国内外形势发生了很大变化。一方面,苏联和中国之间的关系越来越紧张,后来竟然出现了兵戎相见的场面;另一方面,随着越南战争的升级,中国实际上直接参与了对美作战。在冷战的大框架下,中国处于南北受夹击的战略格局之中。根据这种情况,毛泽东一方面在国内逐步推行"以阶级斗争为纲",包括搞社教和"文化大革命",另一方面,在对外事务中强调立足于早打大仗,再三要求以临战姿态搞好反侵略准备。这些,都势必对中国国防工业产生直接的影响。后来,随着"阶级斗争为纲"越来越普遍传播,随着20世纪60年代前半期"三线"建设以临战思维展开,搞了一批国家投资建成、国家包

---

① 朱海兴:《重温"军民结合"方针》,载《航天工业管理》1997年第12期,第1—3页。

② 张良才:《重庆兵器工业的"军转民"与汽车工业》,载《汽车研究与发展》1994年第1期,第9—14页。

③ 《邓小平文选》第三卷,人民出版社1993年版,第126—127页。

料包销的军工单位,军工系统一步一步走向严格的计划经济之路,民品生产被大大排斥。事实上,这些"三线"院所工厂刚建成,就被抛入"文化大革命"狂风暴雨之中,大部分生产和科研能力远未发挥。

在艰难的岁月中,一些军工项目,如原子弹和氢弹爆炸成功,人造卫星升天,等等,也为中华民族立下了汗马功劳。它所产生的精神力量,至今发挥着作用。

二 十一届三中全会前后邓小平对"军转民"的设计

众所周知,十一届三中全会是中国走出"文化大革命"阴影的转折点。正是在这次会议上,以邓小平为核心的中国共产党第二代领导集体拨乱反正,使中国进入真正的社会主义现代化建设阶段。

确认和平和发展是时代主题,表现出邓小平对当代国内外大势判断的高度科学性和真理性。使中国从临战状态恢复到以经济建设为中心,是这一主题确定后的必然结论。对此,邓小平曾明确地说:

> 党的十一届三中全会以后,我们对国际形势的判断有变化,对外政策也有变化,这是两个重要的变化。
>
> 第一个转变,是对战争与和平问题的认识。过去的观点一直是战争不可避免,而且迫在眉睫。我们的好多决策,包括一、二、三线的建设布局,"山、散、洞"的方针在内("山、散、洞"是"靠山、分散、进洞"的简称,是20世纪60年代中期建设国防尖端项目的方针——引者注),都是从这个观点出发的。这几年我们仔细地观察了形势,认为就打世界大战来说,只有两个超级大国有资格,一个苏联,

一个美国，而这两家都还不敢打。……由此得出结论，在较长时间内不发生大规模的世界战争是有可能的，维护世界和平是有希望的。根据对世界大势的这些分析，以及对我们周围环境的分析，我们改变了原来认为战争的危险很迫近的看法。

对于总的国际局势，我的看法是，争取比较长期的和平是可能的，战争是可以避免的。……一九七八年我们制定了一心一意搞建设的方针，就是建立在这样一个判断上。要建设，没有和平环境不行。我们在制定国内搞建设这个方针的同时，调整了对外政策[①]。

由科学正确的世界大势判断出发，确立国内一心一意搞建设，就不能不涉及如何对待国防工业的问题。十分显然，把大量的财富，以"山、散、洞"的形式和计划经济体制，投入到国防战备，不仅严重影响国家经济建设，而且效益很差，且不适应世界大势，应予改变。从大量资料看，对这些，当时邓小平都仔细思考过了，并且有了自己的思想。

（1）1978年8月，他在听七机部汇报时，指出"国防工业要以民养军，军民结合。外国没有什么专门搞军用品的。我们搬的是苏联制度，是浪费、是束缚技术发展的制度。要从搬的苏联制度中解放出来"[②]。

这一段话十分重要。它至少表明，我国新时期国防工业战略

---

① 《邓小平文选》第三卷，人民出版社1993年版，第233页。
② 刘积斌：《坚定不移地贯彻军民结合方针，努力开创国防科技工业新局面》，载《中国兵工》1998年第12期，第3—5页。

的制定，是在思考借鉴国外国防工业发展经验教训的前提下完成的。其中，苏联国防工业发展的教训与美国市场经济体制使"军民结合"的经验，形成了鲜明对比，成为中国国防工业发展战略决策的重要参照物。苏联模式的教训，一是浪费，二是束缚技术发展。邓小平总结出来的这两条，实际上也是对中国国防工业照搬苏联模式所产生不良绩效的批评。的确，花那么多的钱，投入了那么大的力量，背离了当代工业企业选址的基本要求，搞"靠山、分散、进洞"，以至搞成的工厂无法生产，或者生产一点东西但成本极高，包括信息很不灵通，交通也很不便，人心不稳，这不是一笔很大的浪费，又是什么呢？至于用计划经济体制搞军工，完全离开市场对人才、资金、技术等科研生产要素的优化配置，当然也只能形成对科技进步的阻力。实际上，作为军事家出家的政治领袖，邓小平对军工单位的科研水平一直是很注意的。1977年，他刚复出不久，就明确指示"在军队中，科研和教育也要一起抓"。他还称赞美国科研人员共有120万人，而我们却只有20多万，"还包括老弱病残，真正顶用不很多"①。应该说，他对军工单位的科研状况及科技水平是了如指掌的，其中，科研生产力被体制束缚的问题，他肯定也是一清二楚的。要知道，在当代新科技革命条件下，利用市场力量推进技术创新，已被证明是康庄大道。在许多基础性技术领域，在市场上形成的科技领域创新，往往在技术水平上超出计划体制下花费巨资搞的军事技术成果。在这种情况下，继续用完全的计划经济模式搞军品研发生产，当然只能束缚军工生产力发展。可以说，邓小平对七机部的这一段话，是我们理解新时期中国国防工业发展战略的一个很重要的出发点。一些人总把邓小平理论仅仅解说为中国人

---

① 《邓小平文选》第二卷，人民出版社1983年版，第41页。

"摸着石头过河"的经验总结,是不妥的。至少,邓小平对七机部的这一席话,说明他在形成自己新的理论体系时,一方面,立基于中国新实践,另一方面,又批判地借鉴了国外的有关经验教训,绝不是只注目中国局部实践的产物。也因此,本书把国外相关经验教训专列一章,作为中国国防工业"寓军于民"批判借鉴的对象。

(2) 1978 年 7 月,在听取汇报时,邓小平还指示:要走军民结合、平战结合的道路,在国家统一计划下,搞军民结合;兵器工业至少要拿出一半的人搞民品[①];"每一行都要研究搞民品","总的方针,至少拿出一半人搞民品,将来自动化了,可用三分之二的人搞民品"[②]。1982 年 1 月 5 日,他在同军队领导同志谈话中指出:"国防工业有四句话:军民结合、平战结合、以军为主、以民养军。其中,以军为主改为军品优先,其他三句不变"[③]。在这里,他明确提出中国国防工业要贯彻"军民结合、平战结合、军品优先、以民养军"的"十六字方针"[④]。这个方针,在很长时间内是中国国防工业发展的规范。

为什么当时说至少要拿出一半人搞民品呢?看来,这与当时人们对世界大势的认识尚不太一致有关。当时的冷战态势和中国尚受夹击的格局,还不像目前,所以,军队的一些同志对大搞军品,还不是很理解。面对当时苏美武装到了牙齿的现状,想尽可能多地利用既有的人力物力搞一些军事装备等,是可以理解的。

[①] 马之庚:《深入贯彻邓小平军民结合战略思想,把兵器工业保军转民事业推向新阶段》,载《中国兵工》1998 年第 12 期,第 6—9 页。
[②] 刘积斌:《坚定不移地贯彻军民结合方针,努力开创国防科技工业新局面》,载《中国兵工》1998 年第 12 期,第 3—5 页。
[③] 同上。
[④] 怀国模:《总结历史经验,适应新的形势,把军民结合推向新阶段》,载《中国兵工》1998 年第 8 期,第 4—5 页。

正是针对这种情况，邓小平才限定至少拿出一半人搞民品。这种说法，当然只是针对具体情况具体框定，并不是指国防企业"军转民"的人力配置必然如此。

这一点，也可以从邓小平把国防工业部门所提"以军为主"改为"军品优先"看出来。"以军为主"四个字，所反映的心态，仍然是临战必需。这种心态，和和平与发展的时代主题当然是有一定差距的。为了把这种心态彻底扭转到适应社会主义现代化建设的轨道上来，使大家认识到"国防工业设备好、技术力量雄厚，要把这个力量充分利用起来，加入到整个国家建设中去，大力发展民用生产。这样做，有万利而无一害"①，所以，邓小平在这段话中不仅明确说军队要在国家统一计划下行动，而且明确地把"以军为主"改变为"军品优先"。这种改动，也说明，在国防工业发展中，不能再笼统地讲以军品研制为主，而应当落实"军转民"方针。

（3）尤其令人深思的是，在十一届三中全会前后，20世纪70年代末，邓小平还提出：军工科研生产要按经济规律办事，改革的方向是改为订货关系，实行合同制②。

如果联系到前述邓小平关于苏美国防工业体制优劣的言论，可以认为，这一段论述，已经表明，他经过对国外国防工业体制的比较研究和深思，已经把发展国防工业的希望寄托于市场经济体制之上。从逻辑上看，美国国防工业实行的是市场经济体制，它比苏联的计划经济体制优越，所以能在冷战的军备竞赛中保持后劲压倒后者；邓小平扬美贬苏，已经隐伏着他当时对美国国防

---

① 江泽民：《论有中国特色社会主义（专题摘编）》，中央文献出版社2002年版，第277页。

② 果增明、曾维荣：《装备经济》，解放军出版社2001年版，第156页。

工业采用市场经济体制的借鉴。这种借鉴,在这一段话中,更明确地说了出来。实行合同制,只能以市场经济体制作为基本依托。显然,所谓"要按经济规律办事",实际指的就是按市场经济规律办事,供求的双方采用订货模式,以合同体制联系。在当时的情况下,邓小平已经能如此深入地思考国防工业改革,明确要以市场经济模式为取向,充分表明了他的远见卓识。要知道,即使十一届三中全会以后很久,在理论界,一些人仍然对国民经济向市场经济方向转轨加以批判,多次反复较量。比起这些"左"的批判者,邓小平当时有关论述的科学性及其理论勇气,至今令人佩服。

我们说在当时的条件下,邓小平以社会主义市场经济为改革取向,的确不是抓住一两句话的"孤证"为立论前提。事实上,在十一届三中全会召开前后,他确实是这样想问题的。1979年11月26日,即在十一届三中全会召开前夕,他在会见美国出版家时,就讲过:"说市场经济只限于资本主义社会,资本主义社会的市场经济,这个是不正确的。社会主义为什么不可以搞市场经济,这个不能说是资本主义","这也是社会主义利用这种方法来发展社会生产力"[1]。在这里,中国的经济体制向社会主义市场经济方向转轨,已经是很明确的东西了。几乎与此同时,邓小平要求国防工业搞订货合同制,当然也只能被看成对社会主义市场经济体制在国防工业中落实的一种设计。按照这种思路,中国国防工业的现代化,不仅要完成"军转民"的转轨,而且要完成从计划经济向市场经济的转轨。现在回过头来看,这一双重转轨的设计,对中国国防工业现代化带有根本的指导意义。舍

---

[1] 江泽民:《论有中国特色社会主义(专题摘编)》,中央文献出版社2002年版,第455页。

此，中国国防工业的现代化是不可能的。

（4）为了适应和平与发展的时代主题，更有效地使国防工业成建制地与中国国民经济大发展融为一体，在邓小平指示下，1980年，船舶和电子工业被从国防工业系统中剥离了出来。但当时整个国防工业的管理体制仍然基本独立于国民经济之外，与市场经济绝缘。对此，1984年10月，邓小平指出："要结束（军工）另外一个天地的时代。"[1] 这句斩钉截铁的指令，再次表达了他关于彻底破除"临战思维"，使国防工业与整个国民经济融为一体的高瞻远瞩和对军民一体化的管理体制的总体设计。

为了说明这个指令，后来他又讲："我国的军工企业还是同苏联的一样，苏联的体制证明是吃了亏的，主要是不能带动民用工业，不能带动整个经济。因此，我们的军工体制要改革，否则也要吃亏。军工不纳入整个经济发展范围，是一个大浪费。"他还说："我们的军工体制主要还是学苏联的，多少年没有变。这种体制不能发挥军工的生产力。"[2]

如前所述，邓小平早在20世纪70年代末就对美苏国防工业体制的优劣进行对比，比较肯定美国国防工业以市场经济搞军民结合的模式。事隔七八年，他又一次对苏联国防工业在计划经济体制下隔绝于市场和隔绝于整个国民经济的弊端，加以揭示。这一揭示，重在表明苏联国防工业发展和管理模式，由于隔绝于整个国民经济，或者说，由于独立于国民经济管理体系之外，所以，它花大代价获得的科技成果只能滞留于军品生产领域，不能带动民用工业发展，形成了大的浪费。可以把邓小平的这一揭

---

[1] 刘积斌：《坚定不移地贯彻军民结合方针，努力开创国防科技工业新局面》，载《中国兵工》1998年第12期，第3—5页。

[2] 同上。

示，看成他关于国防工业管理体制的一种设想。其思路特征，就是力争"融军于民"，使军民结合，使军工科研成果为拉动民用工业的力量。这是完全符合当时全世界科技发展态势的。后来，中国将核工业部、航空工业部、兵器工业部和航天工业部划归国务院系统①，也是从国家管理体制的层面，落实邓小平的这一设想，对中国国防工业的现代化起了很大作用。

（5）由于国际形势变化很快，也由于转轨必然表现为一个过程，所以，中国国防工业企业刚开始"军转民"的时候，往往"饥不择食"，什么民品都干，较小注意发挥军工科技优势。针对这种情况，邓小平在1986年又指出：国防工业"现在搞了一些民品，是应该搞的，但都是一般的民品，没有在技术上提高，突破国民经济生产中的技术水平。……没有解决什么问题，没有提高国家的技术水平"②。

可以看出，这种批评是比较严厉的。

为什么严厉？是因为事关国防工业对整个国家科技水平的拉动问题，事关中国生产力水平抬升问题，事关生产力标准和综合国力。

可以设想，在邓小平关于中国国防工业的蓝图中，后者应是一个以高代价换来的高科技水平拉动中国整体科技水平抬升的力量。这种蓝图，并非一时的空想，而是基于当代全球的现实。在西方，随着新科技革命的深化，国防工业中的许多科技成果，如核科技、人造卫星科技、电子科技等，都被广泛应用于民用领域，并获得成功。第二次世界大战以来，特别是在知识经济初现

---

① 刘积斌：《坚定不移地贯彻军民结合方针，努力开创国防科技工业新局面》，载《中国兵工》1998年第12期，第3—5页。
② 王晓平：《中国军转民的历史回顾与发展思路》，载《中国兵工》1998年第11期，第1—5页。

端倪的条件下，军工科技拉动民用科技水平，已经成为当代科技发展的一种常见现象。因此，邓小平才审时度势，提出了自己的看法。

这一看法说明，对中国国防工业的发展，邓小平不仅注目它的体制改革，而且也注目它的科技水平提升及其对国家生产力发展的推动作用。这给中国国防工业发展，又树立了一个目标：提升国家整体科技和生产力水平。

（6）从十一届三中全会以后，邓小平一直把国防工业的改革开放及其"军转民"作为一项重要工作来抓。1991年他到上海视察时，对中国国防工业走过的路给予了实事求是的评价："我们抓国防工业的军民结合，抓得比较早，这一条抓对了。别的国家就不行，所以显得很困难。"①

这里所讲"别的国家"，应当是指苏联解体后的俄国。1991年，俄国的国防工业惨不忍睹。之所以如此，是因为苏联国防工业转型的方法和工作着力点本身存在许多问题，包括他们先从政治体制问题入手，而不是首先抓住经济问题，改善人民生活水平。正是这种总体上的错误，使得苏联的国防工业虽然有较高的科技水平，但也不能不在十分困难的境遇中被拖垮，根本谈不上认真地向市场经济全面转轨，以及搞军民结合。苏联一解体，俄国的国防工业简直陷入一片混乱之中。与此形成鲜明对比的，则是中国国防工业及时地在投身中国建设事业以及军转民中取得了引人注目的成就。这种巨大成就，伴随着中国公开宣布的百万大裁军的成功实施，都使中国国防工业的转轨引起全球注目。1991年，联合国裁军署一位官员在北京的军转民国际讨论会上发言说，对于和平利用军工技术，"美国知道怎么搞，但不想搞；苏

---

① 邓小平：《邓小平文选》第三卷，人民出版社1993年版，第233页。

联想搞，不知道怎么搞；中国搞了十年，取得了很大成绩，别人却不知道你们是怎么搞的"①。当时中国军界一位主要负责人也在"中国利用军工技术协会第一届委员代表大会"上公开讲，"国外公认""军转民应向中国学习"②。可以说，中国军转民十年的巨大成就，证明了邓小平制定的中国国防工业的一系列方针是对的。正是在这种情况下，邓小平在上海才说了如上一段话。很显然，他也是针对当时国内存在的那种完全否定市场经济的倾向，有感而发。

在上引的6个单元谈话中，邓小平几乎有一半都结合着苏联或美国对国防工业体制来谈问题，充分证明了他关于中国国防工业改革开放及军转民的一系列设计，的确是充分批判借鉴国外经验教训的结果。这启示着我们，研究中国国防工业"寓军于民"问题，一定要放眼世界。

三 "南方讲话"对"军转民"的有力促进

如果说，十一届三中全会前后，邓小平关于中国国防工业发展的若干设计，重在从体制上强调市场化，强调抛弃苏联把国防工业隔绝于市场经济和整个国民经济的模式，那么，1992年初邓小平南方对中国国防工业的重大意义，便是在对反对中国经济市场化改革论调的批评反驳中，进一步明确了市场经济作为资源配置方式的优点，进一步明确了中国的计划经济模式向社会主义市场经济转轨的必要性和紧迫性，给中国国防工业的改革开放和"军转民"进一步注入了坚定的信念。

---

① 王晓平：《中国军转民的历史回顾与发展思路》，载《中国兵工》1998年第11期，第1—5页。
② 李华坚：《中国实施"军转民"战略成就巨大》，载《中国兵工》1998年第9期，第3—5页。

邓小平指出:"计划多一点还是市场多一点,不是社会主义与资本主义的本质区别。计划经济不等于社会主义,资本主义也有计划;市场经济不等于资本主义,社会主义也有市场。计划和市场都是经济手段","证券、股市,这些东西究竟好不好,有没有危险,是不是资本主义独有的东西,社会主义能不能用?允许看,但要坚决地试。看对了,搞一两年对了,放开;错了,纠正,关了就是了"。"总之,社会主义要赢得与资本主义相比较的优势,就必须大胆吸收和借鉴人类社会创造的一切文明成果,吸收和借鉴当今世界各国包括资本主义发达国家的一切反映现代化生产规律的先进经营方式、管理方法。"[1] 邓小平的这一段话,不仅再次表明他借鉴世界各国先进经营方式和管理方法的雄才大略,而且也从深层理论上说清楚了市场和计划的关系,包括进一步表明了按市场经济固有要求试搞股份制的坚定信心。可以说,这也是对中国国防工业企业沿着市场经济走股份化道路指明了方向。

现在回头来看,1992年前后,虽然中国国防工业在"军转民"中已经积累了一些经验,包括相当一部分企业都搞出了民品,有的还有相当的规模和市场,但是,由于企业股份化的问题一直难以突破,所以,这些企业改革的深化和"军转民"都还未跃上应有的层面。资金缺乏,体制不顺,市场难以拓开,成了当时许多军工企业改革的拦路虎。在这种情况下,邓小平的南方讲话,特别是其中关于坚决试搞股份制的论述,的确为军工企业改革和"军转民"跃上新台阶指出了康庄大道。这至少因为,对于中国大多数军工企业而言,要真正在当代科技水平上以规模经济方式搞"军转民",离开股份化几乎是没有可能的。军工企

---

[1] 邓小平:《邓小平文选》第三卷,人民出版社1993年版,第373页。

业走市场化道路必然指向股份化，只有股份化才是当代水平的市场化。

国防工业的改革开放和"军转民"的实施，实际上也是一个系统工程。这个系统工程不仅包括许多行业，而且也包括宏观管理层面和作为微观主体的企业层面等。十一届三中全会前后及南方讲话中邓小平的有关论述，表明中国决策层关于国防工业改革开放和"军转民"工作已有成套的思路及相关举措。但这些思路被国防工业各部门各层次完全理解并加以贯彻执行，是需要一个过程的，其中包括，在某些特定情况下，人们的认识也可能会波动，特别是当一些错误理论以"左"的面目出现时。同时，由于邓小平的一些论述，是针对当时的具体态势所讲，随着社会主义市场经济新实践的推进和情况的变化，这些论述也需要细化、精确化和与时俱进。由此可以说，邓小平关于中国国防工业改革开放及其"军转民"思想，在实际生活中的作用，不仅表现为国防工业各部门结合自己具体情况加以理解和贯彻执行，有力地推进了国防工业调整和"军转民"的实施，也表现为人们在实践中不断讨论和探索国防工业市场化、股份化的具体有效实现形式，包括根据新的实践，对有关论述、政策细化和精确化。

例如，"以民养军"的提出，本来是鉴于军工企业面临军品订货骤减，为求得生存而提出的口号。客观地说，在当时情况下，这个口号是对的。因为，一方面，它破除了军工企业应由国家统包统养的过时观念，倡言军民结合；另一方面，它立足于国防工业不能自我灭失，应当保存一定实力以维护国家尊严。但是，随着"一心一意搞建设"国策的进一步落实和推进，随着以市场经济方式深入推进"军转民"，这个口号也表现出某些与形势发展不合拍的缺漏。后来，我国有学者著文明确提出，在我国加入WTO以后，在国防工业部门，由于依从"以民养军"，使民品发展受制于军品,从而使民品生产不具备对市场变化作出迅速反应的竞争能力,导致民品发展后劲欠缺,民品也难以形成强劲的市场竞争力,使军工的综合优势在民品上得不到充分体现,等等。作者建议,为了迎接我国加入 WTO 以后的机遇和挑战,军民结合体制必须紧紧围绕增强市场竞争能力这一核心展开,因而,可以不再提"以民养军"口号[①]。这种议论及其所指问题,应当引起注意。目前,我国国防工业发展战略,已不再提"以民养军"[②]。这没有什么不正常。任何口号,都是针对一定时空条件下的某种倾向而提出的。如果时空条件变了,那么,口号也要变。变就是与时俱进。

第二节 江泽民国防和军队建设思想

中国的"寓军于民"实际上是与中国的改革开放同步展开的。一方面,国防工业是国民经济的一个产业门类,它的"寓军于民"不能完全隔离于中国整个国民经济的现实状况;另一方面,中国的改革开放,首先是由国民经济从传统的计划经济体制向社会主义市场经济体制转轨开始的,并且至今是改革开放的重心所在,因此,中国国防工业的"寓军于民",实际上也是作为中国国防工业从传统的计划经济体制向市场经济体制转轨的表现形态而存在发展的。在一定意义上可以说,对中国改革开放以来"寓军于民"的回顾,总结其经验教训,都只能被置放于改革开放的总背景上,才能更加全面准确。

---

① 朱岩:《转换机制与竞争——重返关贸总协定对我国国防工业军转民体制的影响与对策》,载《中国软科学》1993 年第 1 期,第 27—29 页。

② 中共中央宣传部:《"三个代表"重要思想学习纲要》,学习出版社 2003 年版,第 77 页。

如果说，以邓小平为核心的党的第二代领导集体的最大历史功绩之一，在于果断纠正"阶级斗争为纲"，果断推进国民经济从计划体制向市场体制的转型，在中国成功地实施了改革开放，使中国从"文化大革命"的阴影中走出，迈向以现代化建设为中心的新时代，那么，以江泽民为核心的党的第三代领导集体的建树之一，便是深化改革开放，初步奠定了社会主义市场经济体制，使中国实现了初步小康目标。

十一届三中全会以来的20多年的改革开放，在经济基础方面的一条红线，就是紧紧抓住向社会主义市场经济转型不放，力求在全社会以市场作为资源配置的基础性方式，促进生产力发展、人民富裕幸福和人的全面发展。而作为一个产业部门的中国国防工业的"寓军于民"，事实上也是作为中国国民经济从计划体制转轨到社会主义市场经济体制的组成部分，而被提出和推进发展的。从"计划"到"市场"，也是中国国防工业"寓军于民"的轴心。围绕这个轴心学习和理解江泽民一系列相关"寓军于民"的言论和举措，才能更有效地推动目前中国国防工业的股份制改革。

一　调整既有战略

中国原有的军事战略是立足于早打、大打、打核战争，后来调整为重点准备应付一般条件下的局部战争和突发事件。这种调整，在当时是对的。但是随着全球经济和政治情况的新变化，它就显出了一定的局限。

在20世纪的最后一二十年，世界的最大变化之一，是随着新科技革命的深入发展，知识经济已经初见端倪。一方面，是科学技术飞速发展并向现实生产力迅速转化，于是，科学技术日益成为当代生产力的第一要素和决定要素，它以创新和普及极大地改变了人类社会生活的方方面面。在这样的条件下，国家与国家之间的竞争，关键是科学技术的竞争。其中包括，科学技术被广泛使用于军事领域，也使战争的形态发生了巨大的变化，战争更多地呈现为"信息战"（也有人称为"知识战争"），"海湾战争"已经清楚地表现了这一点；另一方面，"冷战"的结束并不等于一切战争的结束，霸权主义和恐怖主义仍然在全球横行，我们应当有备无患。鉴于这种情况，我军军事战略理应由应付一般条件下的局部战争，调整为打赢高技术条件下的局部战争。以江泽民为核心的我党第三代领导集体，正是这么干的："一九九三年初，军委制定了新时期积极防御的军事战略方针，在战略指导上实行了重大调整，把军事斗争准备的基点由应付一般条件下的局部战争转到打赢现代技术特别是高技术条件下的局部战争上来。这就明确了新形势下我军军事斗争准备的目标和任务，抓住了我军建设的主要矛盾，正确解决了我军建设和改革的发展方向问题"[①]；"这是积极防御战略思想的重大发展，也是军队建设指导思想战略性转变的深化"，它"推动我军由数量规模型向质量效能型，由人力密集型向科技密集型转变"[②]。2004年夏秋，江泽民又指出我军的战略目标是建设信息化军队、打赢信息化战争（见2004年8月31日《光明日报》）。这都包含着关于我国国防工业发展的丰富信息。

1. 注目当代战争形态的巨变

江泽民指出："我们是在世界科技革命蓬勃发展的条件下，

[①] 江泽民：《论有中国特色社会主义（专题摘编）》，中央文献出版社2002年版，第453页。

[②] 同上书，第459页。

在世界军事领域正在发生以信息技术为基础和核心的深刻变革的背景下，从事军队现代化建设的"①；"新军事革命，实质上是一场军事信息化革命。高技术战争，是以信息为主要特征的。信息化正在成为军队战斗力的倍增器"②。这种判断，立基于当代新科技革命对人类社会带来的巨变，立基于当代科技发展的主要特征，同时也是对海湾战争前后世界战争形态变化趋势的一种科学总结，在马克思主义战争理论上是一种创新，同时，也可以说，它是对西方特别是美国当代战争理论和国防工业发展理论有关成果的一种批判借鉴（参见第二章）。

江泽民还结合知识经济时代知识的作用来说明战争形态的这种巨变。他说："军队对科学技术发展的敏感程度，远远超过其他部门。现在可以看得很清楚，知识作为一种重要的军事要素，在军队建设和军事斗争中的作用越来越突出。未来的信息化战争，从某种意义上说，就是知识的较量"③；"在未来的信息化战场上，知识将成为战斗力的主导因素"④；面对这种情况，我们应该清醒地看到，"在现代化技术条件下作战，我军在某些方面，特别是武器装备方面存在着较大的差距"⑤，其中包括，我军必须"完成机械化和信息化建设的双重历史任务"，才能实现"现代化的跨越式发展"⑥；这种形势"给我们提出了严峻的挑战。如果我们目光短浅，行动缓慢，就会被世界军事发展的潮流

---

① 江泽民：《论有中国特色社会主义（专题摘编）》，中央文献出版社 2002 年版，第 465 页。
② 同上书，第 460 页。
③ 同上书，第 464 页。
④ 同上书，第 452 页。
⑤ 同上书，第 460 页。
⑥ 同上书，第 461 页。

远远抛在后面"①，所以"加强我军的质量建设显得愈来愈重要，愈来愈紧迫"②。

2. 实施科技强军战略

军队"加强质量建设的关键，是实施科技强军的战略，提高军队现代化建设的各个方面的科学技术含量，增强现代技术特别是高技术条件下的防卫作战能力"③，这是江泽民1998年总结我军20年来建设经验的明确结论。"要贯彻科技强军的方针，把依靠科技进步作为提高军队战斗力的基础。要提高武器装备的科技含量，部队的战备、训练、后勤保障等各方面都要注意利用现代化技术特别是高技术成果"④，这是1997年他在中央军委扩大会议上对科技强军战略的再次说明，也是对邓小平"军转民"思想的一个发展。如果说，邓小平理论在当时所面对的情况，是赶快纠正"阶级斗争为纲"，正确判定世界和战大势，倡言"科学技术是第一生产力"，努力把军队建设及国防工业发展与整个国家的"四化"建设结合起来，实施军民结合，走"军转民"之路，那么，江泽民所面对的情况，就有很大不同。海湾战争给全世界都上了一堂战争课。它"使我们进一步看到了科学技术在现代战争中的作用。我们不是唯武器论，相信最终决定战争胜负的是人，而不是物。但现今的武器毕竟是重要的，科学技术是不能忽视的"⑤。这样，邓小平倡言的"科学技术是第一生产力"，就被与时俱进地推化为江泽民所讲"依靠科学技术进步"

---

① 江泽民：《论有中国特色社会主义（专题摘编）》，中央文献出版社2002年版，第461页。
② 同上书，第460页。
③ 同上书，第455页。
④ 同上书，第450页。
⑤ 同上书，第451页。

成为"提高军队战斗力的基础"。务请注意"战斗力的基础"这个断语,它出自生活在知识经济初见端倪条件下的我党第三代领导集体,确是对马克思主义军事和国防工业理论的一大丰富。

3. 国防工业职责的跃迁

面对20世纪末的全球军备态势,尤其是面对海湾战争,江泽民指出,它"说明,随着高技术在军事领域的利用,武器的打击精度空前提高,作战的突然性、立体性、机动性、快速性和纵深打击的特点十分突出,拥有高技术优势的一方明显地掌握着更多的战场主动权。在当今世界上,一个国家如果不随着经济和社会的发展努力增强国防实力,提高军队的素质和武器装备水平,在现代技术尤其是高技术条件下的作战能力不强,一旦战争发生,往往陷入被动挨打的地位,国家利益、民族尊严和国际威望就要受到极大损害"[①]。"必须认识到,现代条件下的局部战争,同过去的战争相比已经有了很大的不同。像我们这样的大国,敌人从一开始就大规模派兵跑到我们国土上来打仗的可能性看来是比较小了。如果一旦发生冲突或战争,敌人首先恐怕还是利用精确制导武器、远程作战飞机进行空袭,实施相对独立的海战、空战的可能性增大。"在这种情况下,我们当然首先是实行人民战争[②],同时,鉴于我军在武器装备方面存在着较大的差距,"在国防科研领域,我们要重点研究开发一些关键技术。掌握这些技术,是实现我国新时期军事战略的需要"[③];"在未来战争中,使用高技术武器装备特别是先进的空袭武器装备,进行远程精确打击,将成为主要的作战方式。装备技术水平落后的一

---

① 江泽民:《论有中国特色社会主义(专题摘编)》,中央文献出版社2002年版,第455—456页。
② 同上书,第464页。
③ 同上书,第462页。

方，将很难掌握战场的主动权，即使最终赢得胜利也要付出很大代价。在现代战争中，如果没有空中军事优势，没有一定的反击能力，是要吃亏的。这一点也要讲唯物主义。我军武器装备总体水平还比较低，做好军事斗争准备，必须有重点地加快发展高技术武器装备，使我军尽快拥有几样克敌制胜的'杀手锏'，能够有效地遏制和反击任何强敌的军事入侵。这是一个很重要的指导思想，一定要坚定不移地贯彻落实"①。提高部队武器装备水平，其中包括大大提高武器装备的高技术含量，显然就成了当代中国国防工业职责的跃迁。江泽民提出科技强军战略就是"向科技要战斗力"②，也可以被理解成国防工业首先应当用高科技武器装备提高部队战斗力。十分显然，当代中国国防工业也要力求实现从人力密集型向科技密集型转变，从数量规模型向质量效能型转变。

4. 量力稳步实施科技强军战略

搞"杀手锏"，当然是要花大价钱的。但我国又是一个发展中国家，还在小康之路上奋斗，根本不可能倾全力与西方列强搞军备竞赛。像苏联那样搞，最后以失败而告终，也是前车之鉴，不能忘记。对此，提出科技强军战略的江泽民是十分明确的。一方面，他说我国的国防工业不能走"叫花子与龙王比宝"之路③，语气激烈，显然是高度戒防苏联的教训在中国重演；另一方面，他又明确说必须搞"杀手锏"之类高技术武器装备，"要

---

① 江泽民：《论有中国特色社会主义（专题摘编）》，中央文献出版社2002年版，第457页。
② 同上书，第455页。
③ 同上书，第462页。

想办法逐步地解决这个问题","全部解决是不可能的"①。显然,在这里有一个很重要的全局性观念:国防工业应与中国国民经济协调发展,不能大幅度超越于或落后于后者。

5. 借鉴国外有益经验

无论是在邓小平的理论中,还是在江泽民的论述中,在阐述中国军事战略和国防工业问题时,全球化视野都是一个相当突出的特征:苏联与美国等大国的经验教训均历历在目,端端可数。这也并不难理解。中国是一个重要的大国,目前正处于和平崛起的关键时刻,如果有战争的危险,也必然来自有实力向我们挑战的国家。更何况,发达国家在国民经济信息化的前提下搞军队现代化,也积累了一些可供借鉴的经验,应予参考。因此,我国军事统帅不能不如此。唯有如此,才能知己知彼百战不殆。

继邓小平多次比较苏美国防工业体制优劣之后,江泽民也讲:"在当今世界任何一支军队,如果关起门来搞建设,拒绝学习国外先进的东西,是不可能实现现代化的。我军进行现代化建设,必须面向世界,跟上世界军事变革和发展的潮流,积极借鉴各国军队特别是发达国家军队现代化建设的有益经验,有选择地引进先进的技术装备和管理方法"。当然,"各国的国情不同,我们也决不能照抄外军现代化建设的模式",要"坚持走有中国特色的军队现代化建设之路"②。另一方面,江泽民也不止一次地设想,入侵之敌可能"利用精确制导武器"和"远程作战飞机"等,这也显然是以霸权大国为参照的。

在江泽民看来,向国外借鉴有关经验,还表现在对国外军事

---

① 江泽民:《论有中国特色社会主义(专题摘编)》,中央文献出版社2002年版,第457—458页。

② 同上书,第450页。

理论的全面了解和批判参照上。早在1996年,他就在军委扩大会议上讲:"先进的军事理论,历来是军队建设得以健康发展的必要条件,是战争的重要制胜因素。当代军事领域的深刻变革,推动着军事理论的发展和创新。现在世界各国都重视军事理论的研究,军事理论领域出现了十分活跃的局面,关于未来军队和未来战争,或者叫做二十一世纪军队和二十一世纪战争的新学说、新观点层出不穷,酝酿着重大的理论突破。这些年来,我们在军事领域研究方面取得了一些可贵的成果。但是应该看到,我们的军事理论特别是对高技术战争的研究还很不深入、很不系统,有分量的东西还不多。有些同志只看到武器装备等'硬件'方面的落后,而往往忽视军事理论这一重要'软件'上的差距,对发展军事理论的重要性认识不足,缺乏紧迫感。这个问题不解决,将来是要吃大亏的。"①

事实上,稍微了解当代军事理论动态的人都可以发现,江泽民对国外军事理论的新进展和新动态相当清楚。他关于当代战争是信息战争或知识战争的观点,关于外敌入侵大国可能采用中远程精确打击的作战方式的观点,关于军队编制应适应战争形态巨变而向"精兵、合成、效能"方向发展的观点,关于要提高武器装备高科技含量的观点,关于科技强军战略的制定,等等,其实也都是或多或少地批判参照国外特别是美国军事理论新进展的结果。正是在这种批判借鉴的前提下,结合我国军队面对的国际态势和国内任务,江泽民才对我国当时既有的军事战略作出必要的调整。对此,他也说:"进入八十年代以来,世界范围的高技术竞争日趋激烈。现在各国都调整自己的发展战略,把发展现代

---

① 江泽民:《论有中国特色社会主义(专题摘编)》,中央文献出版社2002年版,第477页。

技术尤其是高技术作为增强综合国力和国防实力的关键措施,力争掌握战略主动","正因为如此,现在世界上许多国家都在调整军事战略,以适应国际形势和军事斗争发展的需要"①。我国的军事战略由"应付一般条件下的局部战争"调整为"打赢高技术条件下的局部战争",这件事情本身,便呼应着江泽民关于军事理论的重要地位以及应借鉴国外有关研究成果的论述。

二 在市场经济框架中推进"寓军于民"

"寓军于民"是中国国防工业在落实邓小平所提出"十六字方针"的过程中,更侧重强调实现国防工业改革和"军转民"应在社会主义市场经济框架中完成的口号。对此,提倡它的江泽民解释说:"把经济建设搞上去和建立强大的国防,是我国现代化建设的两大战略任务,而'寓军于民',是把这两项战略任务有机地统一起来的重要举措。关键要坚持按经济规律和科学规律办事,发挥市场配置资源基础性作用,建立和完善适应新形势的新体制,把各方面的积极性、主动性、创造性、充分地发挥出来"②。这就更清楚地界定了,我们所讲"寓军于民",是以社会主义市场经济的方式,把国民经济建设和国防建设有机地统一起来,亦即包括国防工业建设在内的国防建设一定要按照市场经济规律办事,在市场经济的运作模式下,把自己融入整个国民经济建设中,而不能再像苏联那样独立于国民经济之外。这个"寓"字,是十分形象地。它至少表明,我国的国防工业融入国民经济的这种市场体系之后,不是灭失了,而是以国民经济的这种市场

---

① 江泽民:《论有中国特色社会主义(专题摘编)》,中央文献出版社2002年版,第457页。
② 江泽民:《论科学技术》,中央文献出版社2001年版,第201页。

体系为寄托，生存自己，发展自己，能军能民的一整套体制和机制会使它既作为国用产业而存在，也作为国防工业而存在。在这里，市场既是我国国防工业优化资源配置的基础性方式，同时又是我国国防工业生存发展的沃土。

1. "寓军于民"原则对邓小平"十六字方针"的深化

2000年7月14日，江泽民在参观国防军工协作配套成果展示会时，发表了讲话。这是一篇关于国防工业改革开放和"寓军于民"问题的极重要讲话，可以被看成是江泽民关于国防工业问题的代表性论述。其中不仅明确阐述了他关于"寓军于民"的思想，而且对"寓军于民"的具体做法，也有仔细的阐述，很值得重视。在其中，江泽民指出："坚持寓军于民，是一个关系国民经济和国防科技建设全局的重大问题"；"在发展社会主义市场经济的新形势下，我们不断探索和完善国防建设和经济建设相互促进、协调发展的机制，坚持寓军于民，推动国防科技工业走'军民结合，平战结合，军品优先，以民养军'的发展道路，是正确的。今后还要继续坚持下去"①。在这种表述中，"寓军于民"成了集中体现和深化"十六字方针"蕴涵的走市场经济之路的原则。可以说，这的确是对邓小平所确定"十六字方针"的一种推动、深化和发展。

后来，在党的十六大报告中，对于国防工业，江泽民又说：要"深化国防科技工业体制改革，坚持寓军于民，建立健全竞争、评价和激励机制，增强自主创新能力，加快国防科技和武器装备发展"②。可以说，我国国防工业改革开放的总原则，便是

---

① 江泽民：《论科学技术》，中央文献出版社2001年版，第209页。
② 江泽民：《全面建设小康社会，开创有中国特色的社会主义事业新局面——在中国共产党第十六次全国代表大会上的报告》，人民出版社2003年版，第43页。

"寓军于民"。这一原则体现出我们党对在新的历史条件下治国的特点和规律把握得更成熟了。

在有的时候，江泽民对国防工业战略的表述，还直接凸显其应走社会主义市场经济必由之路的时代要求。1995年，他说过："要加强国防科研，提高部队装备现代化水平。按照发展社会主义市场经济的要求，坚持平战结合、军民结合，建立和完善国防工业运行机制，提高军民兼顾程度，增强平战转换能力，走出一条符合我国国情并反映时代特征的国防现代化道路"[①]。1999年，在五个军工总公司改组成十个集团公司时，江泽民在贺信中说："各军工集团公司要在这次体制改革的基础上，按照社会主义市场经济发展的要求"，继续深化改革[②]。在这些关乎国防工业原则的言论中，虽没有"寓军于民"的字样，但代表这四个字的，是关于按照社会主义市场经济要求进行改革的内容。它从一个侧面反映出，在国防工业发展中，"寓军于民"大体等价于"按照社会主义市场经济要求进行改革"。须知，我国改革开放20多年来，社会主义市场经济体制已基本建立，并且绩效显著。在这种条件下，把国防工业融入市场体制之中，使它获得生存和发展的持续活力，已经越来越显出正当性、必要性和紧迫性。在当代中国和当代世界，国防工业舍此很难获得生存发展的持续活力。可以说，"寓军于民"也是对世界大潮的一种顺应。

正如邓小平在思考国防工业问题时，始终把其他国家特别是各大国国防工业发展的经验教训作为参照系一样，江泽民提出"寓军于民"原则时，也对这些参照系了如指掌。他说："军工

---

① 江泽民：《论有中国特色社会主义（专题摘编）》，中央文献出版社2002年版，第455页。

② 江泽民：《论科学技术》，中央文献出版社2001年版，第136页。

企业要勇于进入市场，经受市场的考验，这样既可以为企业发展积累资源，减轻国家负担，又可以锻炼队伍，提高素质。我们很多搞得好的民用企业，就是在市场的风浪中发展壮大起来的。西方发达国家搞国防科技建设，基本上也是这样做的。西方一些大公司，既生产民品，也提供军品。他们的一些有益经验，我们要加以借鉴和运用"，"如果关起门来搞建设，拒绝学习国外的先进东西，是不可能实现现代化的"①。在这条思路上，把国防工业企业融入国民经济的市场体系中，"寓军于民"，既生产民品，也提供军品，最大的好处是使企业在市场中获得了持续生存发展的能力，能军能民，同时国家也大大减轻了原来那种"养活"军工企业的负担，从而使资源得到了优化配置。其中，市场作为配置资源的基础性方式的作用，被充分地发挥了。显然，以此为据而形成的"寓军于民"原则，也可以被理解成是借鉴运用西方发达国家国防工业发展经验的结果。

2. 对"寓军于民"原则的细化

在提出"寓军于民"作为国防工业发展原则时，江泽民还对它进行了种种深入的细化，其中包括：

（1）要求军工企业在贯彻"寓军于民"原则时，"核心问题是要形成一套有效的竞争机制、评价机制和监督机制。对可以由民用、军工有关部门竞争研制生产的产品，应尽可能贯彻竞争择优原则。对于投入大、技术高、尖端的重点军工产品生产，也要建立完善的评价机制和监督机制。这样才能围绕加强国防科技建设，优化全社会科技和生产力量的布局，促进资源的优化配置，促进军民科研体系之间的联系、结合与合作，使科技创新成果更

---

① 江泽民：《论科学技术》，中央文献出版社2001年版，第211—212页。

快更好地转化为现实生产力"①。

江泽民在这里所讲的"三大机制",出发点是落实科研资源在全社会范围内的优化配置,并且基本上是采取市场竞争的方式,一方面使军品研制不限于军工系统,有资格的民用部门也可以投标,提高其质量,从组织形式上达到"寓军于民";另一方面,它又是军工单位面对民用单位的平等竞争,努力提升自己的素质,力求军品研制中的高水平和低价格。同时使自己超越军品生产,也可在民品市场上求得生存发展,使整个国防工业企业存在并发展于民用经济之中,实现"寓军于民"。在这里,最关键的一环,是把军工单位和民用单位置于平等竞争的地位,双方在市场规律面前一律平等,能军能民,以市场规范发展自己,从而真正使军工企业融化于国民经济体系之中,使民用体系成为军用体系的坚强后盾和可靠后方。由于民用体系是在市场经济之路上持续发展的,所以国防工业企业也就由此获得了持续的自我发展的活力。可以说,江泽民关于"三大机制"的设计,把中国用市场经济方式实施"寓军于民"推上了一个崭新的阶段。

(2) 搞"哑铃型"的社会大协作体系,是江泽民对军工企业"寓军于民"的产业组织和产业结构的要求。

江泽民是在论述军工部门打破过去那种"自成体系、自我封闭、分工过细、军民分割的局面"时,要求"坚持大力协同",搞"社会大协作体系",提出"哑铃型"概念的。所谓"哑铃型",是指军工产业的大协作,"重点要解决两头。一要加强技术研究和开发能力,要从源头抓起;一要加强系统集成、总装、检测和行销服务。原材料、零部件以及中间的加工制造,应尽可能利用全社会的力量来协作完成。要搞'哑铃型'而不要

---

① 江泽民:《论科学技术》,中央文献出版社2001年版,第210页。

搞'橄榄型'的结构。资源配置的机制和方式必须有利于促进'哑铃型'结构的形成"①。据军工部门负责人传达,这就是"小摊子、高水平、小核心、大协作"的军工科研生产体系②③④。

从产业经济学的角度看,这个"哑铃型"的设计,实际上就是从国防工业的产业结构、组织等领域,说明"寓军于民"操作规范的,是对"寓军于民"原则的一种十分现代化的设计。

"哑铃型"的基本特点,是加强技术研究、开发设计能力的一头,和系统集成、总装、检测能力(其中也包括特殊加工制造能力建设),另一头,重点支持武器装备科研生产核心能力。这"两头",在整个国防工业生产能力结构是"重头",比较硕大,而其拥有的普通加工制造能力细小,原则上面向全社会放开,即国防工业不拟专门拥有庞大的普通加工制造能力,遇到普通加工制造业务,一般向全社会招标,择优选用。这种产业能力结构,一方面可以使国防工业部门精化,使有限的资金、人力、物力都用在"刀刃"上,力争集中全力,有所创造,有所突破,从而提升我军武器装备的现代化水平;另一方面,它又使国防工业发挥市场竞争的功能,通过普通加工制造的招标选优,节约费用,提高质量。事实上,国外发达国家的国防工业产业结构,近来也是沿着这种格局发展的,市场规律迫使其普通加工制造业务向全社会开放,这样至少可以节约大笔开支,又便于检查监督。

---

① 江泽民:《论科学技术》,中央文献出版社2001年版,第211—212页。
② 刘积斌:《党旗飞扬铸长剑,寓军于民谱新篇》,载《国防科技工业》2001年第7期,第8—13页。
③ 刘积斌:《坚定不移地贯彻军民结合方针,努力开创国防科技工业新局面》,载《中国兵工》1998年第12期,第3—5页。
④ 穆占英:《建立军民结合、能军能民的国防工程建设新体制》,载《军民两用技术与产品》2001年第4期,第4—6页。

我们根据中国国情移植之,是明智之举。

从产业组织的角度看,"哑铃型"也是浓缩精干国防工业主体的一种设计。以前,我国国防工业实际上是"大而全,小而全",队伍冗员太多,花销大而矛盾多。"哑铃型"则十分鲜明地突出了保留科技研发力量和系统集成力量,对于其他的组织结构和组织成员,则尽力减少,包括"放开"它们,采取改组、兼并、联合、租赁等方式,搞活它们;也包括对"救活无望"的单位,实施关闭破产。可以说,中国国防工业由"橄榄型"向"哑铃型"转化的过程,也是它彻底市场化且走向股份化的过程。正是这种过程,将使"寓军于民"持续化,成为体制自行推动的运行机制。

第三节 胡锦涛为总书记的党中央对邓小平、江泽民国防和军队建设思想的坚持和发挥

中国的"寓军于民"实际上是与中国的改革开放同步展开的。一方面,国防工业是国民经济的一个产业门类,它的"寓军于民"不能完全隔离于中国整个国民经济的现实状况;另一方面,中国的改革开放,首先是由国民经济从传统的计划经济体制向社会主义市场经济体制转轨开始的,并且至今是改革开放的重心所在,因此,中国国防工业的"寓军于民",实际上也是作为中国国防工业从传统的计划经济体制向市场经济体制转轨的表现形态而存在发展的。在一定意义上可以说,对中国改革开放以来"寓军于民"的回顾,总结其经验教训,都只能被置放于改革开放的总背景上,才能更加全面准确。

如果说,以邓小平为核心的党的第二代领导集体的最大历史功绩之一,在于果断纠正"阶级斗争为纲",果断推进国民经济

从计划体制向市场体制的转型，在中国成功地实行了改革开放，使中国从"文化大革命"的阴影中走出，迈向以现代化建设为中心的新时代，那么，以江泽民为核心的党的第三代领导集体的建树之一，便是深化改革开放，初步奠定了社会主义市场经济体制，使中国实现了初步小康目标。目前，胡锦涛为首的党中央，正在邓小平理论和"三个代表"重要论述的指引下，按照科学发展观的要求，进一步以市场为资源配置的基础性方式，突现"五个统筹"，为中国全面小康社会的建成和人的全面发展而奋斗。

可以看出，十一届三中全会以来的20多年的改革开放，在经济基础方面的一条红线，就是紧紧抓住向社会主义市场经济转型不放，力求在全社会以市场作为资源配置的基础性方式，促进生产力发展、人民富裕幸福和人的全面发展。而作为一个产业部门的中国国防科技工业的"寓军于民"，事实上也是作为中国国民经济从计划体制转轨到社会主义市场经济体制的组成部分，而被提出和推进发展的。从"计划"到"市场"，也是中国国防工业"寓军于民"的轴心。只有围绕这个轴心学习和理解胡锦涛为首的党中央一系列相关言论和举措，才能主线明晰、抓住要害。

2002年举行的中共十六大，中共中央领导集体实现了顺利的新老交接。胡锦涛为总书记的党中央，高举邓小平理论和"三个代表"重要思想的旗帜，领导中国继续向全面小康目标的实现奋进。其中包括，党中央对国防建设十分重视。2002年，十六大报告明确指出："坚持国防建设与经济建设协调发展的方针。"这是在党的代表大会上，第一次明确地把国防建设与经济建设协调发展，确立为党领导国防和军队建设的基本方针。中共中央政治局第十五次集体学习的主题，便是促使国防建设与经济建设协调发展。主持这次学习的中共中央总书记胡锦涛，将正确认识和处理国防建设和经济建设的关系，称为"一个带有全局性的重大问题"。他强调"在集中力量进行经济建设的同时，必须切实加强国防建设"，使二者"相互促进"。胡锦涛在这次集体学习讲话时，强调"始终把国家主权和安全放在第一位，坚决拥护国家的根本利益，坚决维护国家的主权和领土完整"。胡锦涛这样阐述国防建设与经济建设的协调关系：经济建设是国防建设的基本依托，经济建设搞不上去，国防建设就无从谈起。国防实力是综合国力的重要组成部分，国防建设搞不上去，经济建设的安全环境就难以保障。他表示，要"形成全党全国关心国防、支持国防、建设国防的浓厚氛围"[①]。

一 使股份制成为国防科技工业公有制的主要实现形式

2003年10月召开的中共中央十六届三中全会《关于完善社会主义市场经济体制若干问题的决议》，是新的党中央通过的一个十分重要的纲领性文件。在这个《决议》中关于所有制的部分，明确提出了应当"使股份制成为公有制的主要实现形式"的命题，使中国的改革开放在所有制问题上跃上了一个新台阶。毫无疑问，中共中央《决议》中的这个论断对于国防工业也是适用的，因此，它也使国防工业的改革开放和"寓军于民"跃上了一个新台阶，十分引人注目。可以说，中共中央《决议》对股份制的这个论断，实际上也是突破了传统政治经济学教科书对马恩股份制理论的曲解误解，继承和发挥了马恩股份制理论精

---

① 新华社北京2004年7月24日电。

髓的必然结果①。2007年6月22日，中央电视台又播发了中央有关部门对国防科技工业分三类情况实施股份化的决定，使中共中央《决议》进入具体操作阶段。

军品生产的特质之一是提供公共物品。即使在西方，在美国，国防工业国有化的议论和动作也不是罕见事件。中国传统的国防工业体制，以完全的国有国营和计划经济为主要特征，适应了20世纪冷战中军事斗争的需要，也不是完全不可理解的事情。问题是，当冷战结束，中国走上社会主义市场经济体制之路，中国国防工业的所有制结构便不能再完全国有。市场不允许它采用完全国有独资的企业体制（当然，少数战略国防单位例外）。于是，国防工业企业的所有制问题，便成为"寓军于民"中的一大问题，摆在人们面前。"使股份制成为公有制的主要表现形式"要求国防工业的绝大多数企业要走股份化之路。

那么，对于这些应被股份化的军工企业而言，股份化在促进军品研制生产方面，究竟有哪些直接显见的益处呢？

第一，股份化有利于国防工业扩大融资，实现现代化所要求的规模经济，从而提升军品研制生产的规模和能力。这不仅因为股份制本来就起源于其巨大的融资品性，而且也由于对当代中国的军工企业而言，目前一般大都存在设备陈旧、资金短缺的问题，亟待通过股份化而扩大融资，从而更新设备，强化研发，走上新生之路。

第二，在当代中国国防工业中，股份化的过程实际上也是产权重组的过程，及资源优化配置的过程。其中包括，一些骨干性的高技术单位，可以通过股份化而跨所有制、跨行业地兼并

---

① 王新安：《使股份制成为社会主义公有制主要实现形式论》，载《西北大学学报》总第124期。

其他有效科技资产和研发生产能力，形成生产力方面的规模化或优势互补格局；另一些较小的单位，也可以在股份化的产权重组中，或被兼并，或被社会"消化"，从而使国家"盘活"资产。

第三，股份化的一大优点是对人才能量的进一步释放。在其历史上，它就曾在"二权分离"（即所有权和使用权的分离）的模式中，打破了所有制的限制，选择优秀的经理人才，从而克服财产所有者往往缺乏经营才能的局限。在当代中国的国防单位股份化中，不仅可以发现和使用一批经营管理人才，而且尤其是可以通过知识产权的股份化，使一大批科学技术骨干力量与单位结成经济命运共同体，不仅可收"留人"之效，以避免高科技人才的大量流失，而且也可大大提升人才的收入水平。

在中国的股份制中，包括军工企业在内的国有企业经理获得了十分巨大的支配法人资产的权力，但就其本身来看，他们对这种权力行使的后果，往往很难承担对等的资产责任。这必然导致公司资本所有人的风险高度集中，同时使企业的绩效只能寄托于经理对自身人力资本的珍惜，保险程度较低。这不仅是中国当代股份制实施中必须面对的一大难题，而且也是全世界股份制推动中令人头痛的固有漏洞。如果说，《资本论》第3卷对作为"新的生产方式"的股份制在推进生产力发展方面的肯定，是揭示了它的正面特质，那么，也正是《资本论》第3卷，同时指出了它这一负面效应，说明只是信用才为经理"提供在一定界限内绝对支配别人的资本、别人的财产"的权力，因而可能形成"新的寄生虫"等等[①]。这种危险，在中国进一步推进包括军工企业在内的股份制改革的时候，依然存在。但中国共产党以

---

① 《马克思恩格斯全集》第25卷，上册，人民出版社1975年版，第496页。

"三个代表"重要思想为宗旨,它在这种经济格局中的一大功能,是应比西方更强化对经理们的监督监管,包括批判地借鉴西方的某些经验,根据中国的国情加以改造和发挥,务求一方面提升综合国力,另一方面又保护广大股民的利益。如果说,在此前的包括军工企业在内的股份制推进中,我们更多地依靠传统的人事管理体制,那么,在今后,包括军工企业在内的以股份制为公有制的主要实现形式时,我们就应当花大力气在股份制体制的完善和法制化、诚信化上下工夫,其中包括提升股市信息透明度,使股民拥有更多的知情权以实现"投票权"(买卖股票);健全经理市场,在经济领域中逐步淡化非市场化的选人识人方法,为经理人才通过市场竞争而被选择出来创造足够的条件,使绩效欠佳的经理必须负担职业风险;健全诚信的法治环境,确实使失信、欺诈和败德产生的收益远远低于为此承担的风险损失,等等。当然,这只能是一个渐进的过程。

第四,当代中国国防单位的股份化,势必要通过投资主体多元化来完成,而且在许多情况下,投资主体多元化意味着不同所有制、不同地域(或国度)、不同行业资产的重组,其中势必使军用单位与民用单位通过资产重组而形成有机的结合,从产业结构和组织上达致"寓军于民"的实现。

第五,对于国家利益而言,作为"公共物品"提供者的军工单位,通过股份化和适当控股而使中国现有国防单位的资本吸引到大量的非国有资本,实际上是壮大了国有资本的力量,大大有利于缓解国防费用的紧张和国家安全的急需。其中包括,一些以"两用科技"为主的单位,也可以通过股份化而引进国外先进的技术成果和一批资金,甚至可以"走出去"实现并购,从而扩大规模,提升科技和研发能力,为国防事业提供更高水平的物美价廉军品。

第六，从企业和现代化科研院所管理的层面看，只有股份化以后的单位，才能在现代化的意义上实现归属清晰、权责明确、保护严格、流转顺畅的产权制度，从而大大有利于在权、责、利界限明确的前提下实施现代化管理，克服原有的管理不到位、产品质量难以保证的痼疾。

第七，股份制本来就是对私有制的一种否定，马恩也把社会主义实现的经济希望寄托于它。在当代中国，国防工业单位的股份化，并不像西方和俄国人所说的"私有化"，而是作为公有制的主要实现形式而有利于社会主义制度的股份化。

在提出建立社会主义市场经济体制的改革大方向后，中国共产党人同时瞩目于利用股份制建立社会主义市场经济的探索，其根据就是《资本论》第3卷的社会主义新理念[1]以及先进国家利用股份制提升社会生产力的经验。

早在1986年，邓小平会见纽约证券交易所董事时，就表示"要利用你们的经验，从你们那里学习这方面的知识"[2]。此后，他又在论述国企改革时说："用多种形式把所有权和经营权分开，以调动企业积极性，这是改革的一个很重要的方面"，"其实许多经营形式，都属于发展社会生产力的手段、方法，既可为资本主义服务，也可为社会主义所用。谁用得好，就为谁服务"[3]。在邓小平推动下，利用股份制搞社会主义市场经济在我国逐渐启动。党的十四大报告指出，股份制有利于政企分开、完善企业经营机制和积累社会资金，应积极试点。党的十五大报告进一步从理论上总结说，股份制是现代企业的一种资本组织形

---

[1] 王新安：《"使股份制成为社会主义公有制主要实现形式"论》，载《西北大学学报》总第124期。
[2] 本书编辑组：《申银十年风云录》，学术出版社1994年版，第85页。
[3] 《邓小平文选》第三卷，人民出版社1993年版，第192页。

式，有利于所有权和经营权分离，有利于提高企业和资本的运作效率，资本主义可以用，社会主义也可以用。

应当说，中国经济体制改革的过程，实际上也是逐渐利用股份制发展社会主义市场经济的过程。其中包括，在国防单位的改革中，股份制使许多单位筹集到了必须数量的资本，实现了新跨越，有一些形成了混合所有制的大企业，大大有利于权责明确、归属清晰、保护严格、流转顺畅的现代产权体制的发展。可以说，中共中央十六届三中全会的《决议》已经表明，中国从改革的实践中已经找到了社会主义与市场经济相结合的途径，这就是把当代市场经济微观形态的股份制作为公有制的主要实现形式来利用。《资本论》第3卷关于社会主义的新理念，在中国的经济体制改革实践中放射出耀眼的光彩。同时可以说，在这个大背景下，中国国防工业单位通过股份化也找到了"寓军于民"的一种可靠的企业组织形式。它已不是计划经济和小农经济意义上的"军民结合"，而是在当代市场经济的水平上，真正把国防工业"寓"于整个国民经济之中。在这个意义上，十六届三中全会《决议》，2007年中央有关部门对国防科技工业分三类情况实施股份化的决定，是中国国防工业"寓军于民"道路上的一次质的飞跃。

我国国企在向股份制转轨中表现出的巨大活力以及它们的远大前景，已经证明《资本论》第3卷对股份制论断的思路是对的；在社会主义中国，股份制正在逐渐成为社会主义公有制的主要实现形式。显然，党的十六届三中全会《决议》关于"使股份制成为公有制的主要实现形式"的论断，是在直接继承并发展马恩股份制理论的基础上，对中国改革经验的总结，对社会主义市场经济操作形式的崭新概括，在理论和实践上均有深远的意义。在实现国防工业"寓军于民"方面，无论怎样估计它的重大作用，都不为过。

与中共十四大以来的所有文献相比，与《资本论》第 3 卷的股份制理论相比，党的十六届三中全会《决议》关于股份制为公有制主要实现形式的论断，以及 2007 年对国防工业股份制的新推动，在理论形态上，至少有三点是理论创新。其一，它不仅承认股份制可以为社会主义服务，而且进而认定在当代中国，股份制是公有制的主要实现形式。"主要"二字，在这里十分明确，毫不含糊。其二，如果说，过去对股份制提倡试验，提倡发展，那么这一次则明确要求"大力发展"。显然，理论和实践的双重突破，使中国人大力搞股份制的决心下定了。其三，如果说，过去中国国企改造更多地强调外部竞争，基本未触动国企股权向非国有经济和外商转让的问题，那么这一次的《决议》以"混合所有制"的概念，2007 年对国防工业股份制分三类实施的思路，从指导思想上解决了这一问题。按照《决议》，中国国企的改造，包括中国国防工业单位的改革开放，一般将不再只是国有资本的重组，而是放眼整个资本市场，着力提倡公私（包括外资）资本在一个企业内部融为一体，并以此作为今后发展的总方向。这些创新，是对马克思主义股份制理论和科学社会主义理论的巨大推陈出新。至少可以说，在共产党的领导下推进这种新模式，这是社会主义发展史上空前的事情。社会主义本身的现代化，在这里找到了最好的载体。这也意味着，中国国防工业的"寓军于民"已经体制化、操作化、持续化。

二 国防产业政策使"寓军于民"进一步体制化出台

十六届三中全会之后，我军有中国特色的军事变革进入一个崭新的阶段。2004 年上半年，党中央、国务院和中央军委出台了一系列文件推动和规范这一变革。3 月份，军委江泽民主席签署命令，颁布实施《中国人民解放军装备科研条例》，共11章82条。其中贯彻了建立、完善适应社会主义市场经济特点的"四个机制"要求，把竞争、评价、监督、激励融入装备科研活动；明确了装备研制实行合同制，通过招标或竞争性谈判等方式择优选定装备承研单位；建立了装备科研重要节点评价和过程监督措施；激励调动科研单位适应需求自主创新发展的积极性，体现了新时期我军装备科研管理工作的新特点和新要求①。7月份，江泽民主席又签署命令，颁布实施《中国人民解放军合成军队战斗装备保障条令》，提出合成军队战斗装备保障必须以毛泽东军事思想、邓小平新时期军队建设思想、江泽民国防和军队建设思想为指导，贯彻军事战略方针，继承和发扬我军装备保障的优良传统，着眼信息化条件下局部战争的战斗装备保障特点，服从和服务于战斗需要，紧紧围绕战斗决心，统一组织装备保障力量，灵活运用各种保障方式和方法，充分发挥主动性和创造性，全面而有重点地为合成军队战斗行动提供及时、可靠的装备保障②。同月，中央军委又下发《关于加强军队专业技术人才队伍建设的意见》，提出要充分吸纳和利用社会人才与智力资源，包括通过特招地方专业技术人才、做好文职人员聘用工作、聘用地方专业技术人才进行技术支援等方式，不断拓宽引才渠道；简化特招审批程序，提高工作效率；对于急需的高层次人才，要加大引进力度，在定职定级上给予优惠政策，在工作生活条件上给予优先保障；对于作战部队和边远艰苦地区部队急需的优秀人才，特别是能够解决装备复杂技术问题的专家型拔尖人才，要打破常规及时引进，并可视情况将生活安排在部队驻地附近的中心

---

① 新华社2004年3月26日电。
② 新华社2004年7月24日电。

城市；在军地通用性强、社会人才资源丰富的专业，设置文职人员岗位，聘用地方优秀专业技术人才，制定相应的管理制度和政策待遇；除保密要求较高的部门外，可按照平等自愿、协商一致的原则，聘请地方专业技术人员定期或不定期参与军事教学、科研和技术保障等工作，并给予相应报酬；要加强军地学术技术合作，聘请国内外专家到军队讲学，开展学术交流，参与联合科研攻关，在重大任务中提供技术咨询，等等[1]。

2004年6月，经国务院批准，中国《国防科技工业产业政策纲要》发布，在国内外引起广泛反响。这一纲要性政策文件，是胡锦涛为总书记的党中央结合我国社会主义市场经济的新实践，总结邓小平和江泽民推动国防工业改革开放的经验，批判借鉴国外有关经验教训，形成的一个关于我国国防工业产业发展的纲领性文件。它进一步使我国国防工业"寓军于民"原则体制化、操作化、持续化，完成了从探索阶段向理性推进阶段的转化。可以说，这个文件的产生，使我国国防工业的"寓军于民"跃上了一个崭新的层面。

早在几年前，根据九届人大二次会议审议通过的《政府工作报告》中关于"抓紧制定和实施适应新形势的产业技术政策"的要求，国防科工委便组织开展了国防科技工业产业技术政策的制定工作，并经国务院同意，作为国家产业技术政策的重要组成部分，已于2002年6月27日由国防科工委、国家经贸委、科技部、财政部、国家税务总局联合颁布。这次发布的《纲领》，是在原有的文件的基础上，进一步加工修改、精化细化后的结果，说明中国决策层关于国防工业产业发展的想法已经成型。

这个文件共分8部分。开头的导言部分，明言21世纪开头

---

[1] 新华社2004年7月5日电。

20年,是我国国防科技工业实现全面振兴的关键阶段,然后细述了制定我国国防科技产业政策的指导思想和总体目标,其中包括指出,我国国防科技工业坚持的方针是:"军民结合,寓军于民,大力协同,自主创新。"这一方针,显然大大深化、推动和发展了邓小平当年的"十六字方针",具有与时俱进的特征。除"军民结合"、"寓军于民"外,"大力协同"和"自主创新",都是对新的条件下新鲜经验总结的结果,反映了新时代中国特色的军事变革的客观要求和世界军事工业发展的大趋势,十分引人注目。它还规定了我国国防工业发展的目标是:"建立适应武器装备建设和社会主义市场经济发展要求的结构优化、组织高效、技术先进、布局合理的国防科技工业新体系"。

导言之后的8个部分,分别细述国防科技工业的"产业发展政策"、"产业结构政策"、"产业布局政策"、"产业组织政策"、"产业技术政策"、"对外开放政策"、"人才政策"和"保密安全",连"附则"共52条,涉及领域相当周全。它指出,国家对国防科技工业实行重点支持,加快国防科技工业发展,全面振兴国防科技工业;在国民经济发展的基础上,建立国防科技工业投入稳定增长机制;加强国防科技工业信息化建设,支持企业发展科技含量高、经济效益好、资源消耗低、环境污染少、人力资源能得到充分发挥的项目,推进国防科技工业现代化;加快研制生产技术先进、质量精良、价格低廉的高新技术武器装备;国家加大对高技术产业发展的支持力度,推动国防科技工业转变经济增长方式,积极发展以高技术为先导的新兴产业,培育新的经济增长点;充分利用国家教育资源,发展国防科技工业教育事业,加速培养和造就国防技术工业高技术人才、优秀管理人才和复合型人才。《纲要》在导言中规定,"本纲要是制定国防科技工业专项政策以及核、航天、航空、船舶、兵器、军工电子等行业政策的基础和依据"。对于本书的主题而言,这个纲要的如下内容尤其值得注目。

(1) 在"产业发展政策"部分,它规定"实施寓军于民发展战略。充分发挥市场配置资源的基础性作用,国家鼓励相关国有企业发挥技术、资金和生产优势参与武器装备研制生产,使武器装备建设根植于国民经济基础之中";"深化国防科技工业投融资体制改革,推动国防科技工业投资主体多元化,发挥国家投入的导向作用,引导和带动社会资金参与国防科技工业建设","鼓励符合条件的企业,尤其是军民两用产品生产企业改制上市",等等。可以说,十六届三中全会关于"使股份制成为公有制的主要实现形式"的要求,通过《纲要》的这些规定以及2007年制定的政策,在国防工业中落到了实处。

在苏联和中国传统的军品产业中,武器的研制生产,向来是由国有企业承担的,民间资本不得插手其中。这不仅是因为民间资本的所有权不符合传统社会主义意识形态的要求所决定的,而且也是由冷战条件下的军工技术和生产的高水平保密性所决定的。《纲要》敢于突破中国国防工业的这一传统戒律,明确鼓励社会资本参与国防科技工业建设,并在第20条中进一步明文规定"打破行业、所有制界限,对从事武器装备及其关键配套产品科研生产的单位,面向社会展开武器装备科研生产资质审查和资格认证",使民间资本入股或进入军品研制生产的设想进一步细化和明确化,确实是了不起的大动作。当然,一定的保密还是必要的,但它不能成为限制民间资本进入军品研制生产领域的借口。

由于过时理念的束缚,我国目前大约还有包括国防工业领域在内的120多个禁限民间资本投资行为的法律法规尚待改正;据前些年报道,某发达省区国有经济可进入80多个行业,外资可进入60多个行业，而国内的非公有资本却只能进入40多个行业①。这种状况，已经远远不能适应"使股份制成为公有制主要实现形式"的要求，应当迅速改变。党的十六届三中全会《决议》已经提出，"允许非公有制资本进入法律法规未禁入的基础设施、公用事业及其他行业和领域"。我国国防工业的产业政策也据此作了调整。只有照此办理，使非公有制的民间经济成分大量参股包括国防工业单位在内的国企，以市场机制改造包括国防工业单位在内的国企，才能促进当代中国社会主义公有制更健康更迅猛的发展。

在这个问题上，应当说，努力克服过时的旧观念，包括克服从苏联传来的只把国有及传统"集体"所有制看成"正宗"公有制的观念，努力向人们宣传晚年马恩所讲股份制固有的"两权分离"及其财产使用社会化的观念，宣传中国改革开放以来利用股份制发展社会主义市场经济的成功经验，宣传发达国家借助股份制形成跨国军工大企业并极大地提升军事装备水平经验，等等，看来仍是必要的。在西部欠发达的省区，这一点显得尤为重要。封闭落后的经济局面形成的守旧精神状态，至今是制约西部欠发达省区股份制发展的最大障碍之一。从苏联传入的那种狭隘的公有制理论，至今还束缚着许多西部民众的头脑。在这种情况下，努力恢复并发挥马恩的股份制理论，破除苏联理论的片面性，借鉴国外用股份制发展生产力的成功做法，在包括陕西在内的西部欠发达省区就显得更加重要。

（2）在"产业发展政策"中，它规定"优先发展军民结合高技术产业"，其中包括"促进核能及核应用技术、民用航天、民用飞机、民用船舶、民爆和特种化工等军工主导民品的发展与

---

① 张玉玲：《公有制经济发展的新动力》，载《光明日报》2003年10月27日。

技术进步","积极发展信息技术、新材料、节能与环保、生命科学、海洋工程等高技术为先导的新兴产业,培育新的经济增长点"。应当说,这也是顺应当代科技发展大趋势而总结出来的前瞻性条文,表现了《纲要》的与时俱进品格。因为,以信息技术革命为基础的高技术均具有"两用"特征。在以前军民分离的体制中,一方面,军品研制经费不可能大面积高强度地投入这种民用技术领域;另一方面,市场竞争却在民用领域促使这些两用技术迅速发展完善,于是,在信息技术等领域,形成了军工科技远远不如民用科技的现象。它表明原有国防科技工业投融资体制的根本缺漏。针对这种弊端,《纲要》十分明确地规定在军工科研领域"优先发展军民结合高技术产业",重点支持"军民两用技术科研、能力建设"等,是大胆的,也是明智的。因为,它一方面可以大大提升军工科研的先进性,提升我国武器装备的高科技水平和含量;另一方面又可以使军工科技成为国民经济和科技发展的重要推动力量。可以设想,以信息技术、航天、新材料等为先导的新兴产业,对国民经济的拉动将是相当强劲的。

(3)"建立'哑铃型'武器装备科研生产能力结构",是《纲要》在"产业结构政策"中的一条明文要求。江泽民关于"寓军于民"的这一设计,在《纲要》中进一步明细化了,包括在军工系统"淘汰落后科研生产能力",建立和完善竞争、评价、监督和激励四大机制。如前所述,这也是对当代全球先进的国防工业产业结构大趋势的一种顺应。

(4)《纲要》的"产业结构政策"中,还有一条强调"大力推进军民结合。支持企业优化军民品结构,促进军民产业协调发展。加快军工民品发展,鼓励和支持企业发挥比较优势,调整产品结构,形成一批知名品牌,提高市场竞争能力"。在这里,要加快发展的是"军工民品",即"主业民品",它无疑是军工企业比较优势的产物。

（5）"按照寓军于民、专业化分工与协作和规模经济原则，依靠市场调节和政府宏观调控，形成产业适度集中、企业有效竞争、大中小企业协调发展的产业结构组织格局"，这是"产业组织政策"中的头一条。其中有三条原则，其一是"寓军于民"，其二是专业化分工与协作，其三是规模经济。这是军工企业在股份化中进行产权重组时，应当注意的基本尺度。一方面是产业要适度集中，另一方面则要求有效竞争，故只能是大中小企业协调发展，不能搞成行业垄断，也不能弄成"一盘散沙"。尤其令人注目的是，《纲要》这一部分还要求"逐步建立武器装备总（主）承包商、分包商和零部件供应商组成的分层次的社会大协作体系"。显然，零部件供应商虽然数量庞大，但在军工系统中，它们只能是"哑铃型"的细颈部分，主承包商和分包商则是"哑铃型"的"两头"，是军工产业组织的主体部分。稍微了解有关术语的人一眼就可以看出，这里所提主承包商、分包商和零部件供应商，全部是移植自西方发达国家的"行话"。它也反映出《纲要》对于西方国防工业先进理念和经验的汲取。实际上，"纲要"第41条就明白地写着：要"积极引进国外先进技术设备和管理方法。引导和支持军工企业和科研院所通过技术合作、技术转让、智力引进、项目合作等形式，加快引进国外先进关键技术、高精尖设备、先进工艺和管理方法"。这些文明成果属于全人类，为什么犯傻不利用呢？

（6）在"产业组织政策"有关"浓缩精干军工主体"方面，《纲要》提出："支持以军品为主、承担重要武器装备研制生产任务的企业通过军民分线、主辅分离和辅业改制加速发展。对承担一般军品配套任务、经营状况尚可的企业，采取改组、联合、兼并、租赁、承包经营、股份合作制、出售等多种形式，放开搞活。对长期亏损、资不抵债、扭亏无望的军工企业,实行关闭破产。"可以说,这也是对军工企业股份化操作的一种细化,且分类指导,不搞"一刀切",凝聚着中国国防工业改革开放的丰富经验,相当成熟。2007年对军工企业股份化分三类情况的新推动,是对这些丰富经验的再提高,再细化。

对于第一类企业,本书特别注目于其中"军民分线"、"主辅分离"和"辅业改制"三条政策。

就笔者所知,在西方发达国家,特别是在美国,军工企业的"军民分线"和"主辅分离"往往是被批评的组织管理模式[1]。批评基于市场经济条件下的军工企业与民用企业没有本质的不同,它们均在市场规则的指导下行动,因此,除了极少数须以国有国营为方式运作外,大都通过"柔性"制造工艺等技术实现了军民结合,包括一条生产线既可生产军品,也可生产民品,一切以市场需求而定。所以,企业实施"军民分线"、"主辅分离"是悖逆市场经济通则的,应被否定。应当说,美国企业否定这种管理模式,在彼地彼时的条件下,也可能是对的。但是,把它照搬到中国,则是不对的。这不仅因为,在中国的军工企业中,推广"柔性"制造工艺等技术尚需时日,因之,军品生产和民品生产往往具有不同特点,而且因为,中国的社会主义市场经济体制刚刚建立起来,许多环节发育很不成熟,不可能像经过数百年市场考验的美国企业那样在军民品生产组织上游刃有余,因而不能着急照搬美国的理念。这种情况也说明,《纲要》对国外东西的借鉴,也是结合中国情况取舍的,绝不照抄照搬。

本书也注目建立于"主辅分离"之上的"辅业改制"。陕西

---

[1] [美]甘斯勒:《美国国防工业转轨》,国防工业出版社1998年版,第79—82页。

航天科技企业也存在此类问题。应当首先考虑股份制改革，突破大中型军工单位国有独资的老套子，使产权多元化。当然，这中间还有控股、"金股"和参股等形式的区别，但走股份化之路却是首选。

对于第二类企业，"纲要"给出的"搞活"形式是比较多的，严格的单一国有国营的僵壳已被突破，可以实行国有经营、股份合营等多种形式。这不仅可以使国家"盘活"一大批资产，而且也为军工产业形成大批零部件供应商提供了条件。

第三类企业的关闭破产是应当的。有生有死，这是市场条件下企业生命现象的常态。

（7）与以上企业的分类处理相对应，《纲要》对军工科研机构的所有制改革，也同样进行了分类指导："国家重点支持从事基础性、战略性研究的军工科研单位。与产品生产直接相关的应用研究和技术开发类科研院所实行企业化转制，推动承担一般配套科研任务院所的市场化进程。鼓励有条件的国防科研院所转制为国防科技中介机构。"本书研究对象中，也有此种类型。

（8）在"产业技术政策"的"创新体系建设"部分，《纲要》按照"自主创新"的要求，提出"推动企业成为技术进步和创新主体"，包括"支持企业建立研究开发机构，加大高技术、高附加值产品的开发力度，尤其要加快拥有自主知识产权主导产品的开发和更新换代"。在竞争首先是创新能力竞争的当代，在国防工业中如此支持创新体系建设，也是前瞻性举措。

2004年6月2日，在中国科学院和中国工程院院士大会上，胡锦涛说："当今世界，科技进步日新月异。特别是20世纪80年代以来，世界科学技术发生了新的重大突破，以信息科学、生命科学为标志的现代科学技术突飞猛进，不仅给世界生产力的发展带来巨大推动，而且也给人类的生产方式和生活方式造成了深刻影响。世界科学技术酝酿着新的突破，一场新的科技革命和产业革命正在孕育之中"，"新的形势和任务对我国科技界提出了更高的要求"，包括要"加快建立军民结合、寓军于民的创新体制"①。显然，在这里，胡锦涛倾力关注"寓军于民"中的创新机制问题。这是与以往的表述有所不同的。它也反映了我国"寓军于民"面对着一个崭新的任务。

（9）"产业布局政策"中规定，"鼓励三线军工企业在现有基础上进行调整、改造和发展"，包括"支持三线军工企业与高等院校、经济发达地区的企事业单位进行联合，重组以及多种形式的合作"。这一点，对于本书也是很重要的。

（10）"支持国防科技工业全方位参与西部大开发"，"促进军工经济与区域经济结合"，也都是《纲要》的内容。

（11）"扩大国防科技工业利用外资的范围"，是"对外开放政策"中的一个核心条文。对于本书而言，这更是一条十分重要的规定。国防工业中的民品生产专线，在"主辅分离"以及"辅业改制"中，大力利用外资，包括通过产权市场收购外资中的技术成果或生产能力，仍然是中国国防工业"寓军于民"实施中必须给予充分注意的大问题，绝对不可视而不见，避而不论。

（12）美国"军转民"中，改革军品采办制度是一个争论十分热烈的话题。在中国，也可能由于市场体制尚处于初级阶段，所以，改革军品采办制度，包括改革军品定价制度，尚未引起理论界较多的讨论和重视。但《纲要》第18条却对此有明确规范，提出要"改革军品定价制度，逐步建立以市场为基础的武器装备价格形成机制"。显然，这是中国国防工业向市场化迈出

---

① 胡锦涛：《在中国科学院第十二次院士大会、中国工程院第七次院士大会上的讲话》，载《人民日报》2004年6月3日。

的又一大步。

中国传统的军品采办体制，最早是（1949—1982）供给制，即国防工业生产部门所生产的武器装备数量及种类完全由国家有关部门确定，生产出来后以计划调拨的形式交付国防部门使用；国防工业各级领导部门自身则高度行政化，实际上成为国家行政部门一部分；国防工业企业则是国防工业部门的附属单位。这是一种最典型的计划经济军品供求体系，毫无市场因素参与。这一阶段后期，军品采办体制基本情况是：在国家管理方面，成立了隶属军委建制、接受国务院与中央军委双重领导的国防科学技术工作委员会；在军队管理方面，成立了总参装备部，与总后军械部和车船部一起负责军品采办管理；与此同时，各军兵、种也都保留有自己的装备采办管理机构。

后来便是军品合同制阶段（1983—1997）。这一阶段，武器装备获取制度逐步走向市场化。1983—1986年，军品合同制进行探索和试行。1987年，国务院、中央军委颁发了《武器装备研制暂行办法》，标志着军品采办合同制的全面展开。进入90年代，军品采办合同制深入发展，逐步形成了具有中国内地经济转型期特色的军品采办制度。这一阶段的武器装备获取管理体制也进行了多次变革，其主要特点是：在决策层上，由国务院、中央军委对人民解放军军品获取实行统一领导和决策；在管理层次上，总参谋部、总后勤部、国防科工委对武器的管理实行分工负责；最后具体的采办管理，则是由总部有关业务部门、国防科工委和军、兵种分别实施。在这种体制中，市场因素亦有表现，且逐渐加重。

1998年后，是探索建立更加市场化又有中国特色的武器装备采办制度阶段。1998年，国家对军品采办体制进行了重大改革。作为武器的使用方，将原分散于各总部的军品管理权集中，成立了由中央军委领导的全军武器装备管理机构，即总装备部；撤销原来由中央军委与国务院双重领导的国防科技工业委员会，同时建立由国务院单独领导的国防科技工业委员会。此次改革的重要意义在于：它比较彻底地从权、能、事、责、利等方面，将军品采办方和军品研制生产方分开，进一步着意培养军品采办市场相互独立的交易主体。此后，国防科工委对于原有的军工企业集团进行了重组与改革，进一步努力使国防工业企业成为市场的主体；总装备部也出台了《中国人民解放军装备条例》[①]。当然，一方面由于中国内地社会主义市场经济建立与完善本身还需要一个过程；另一方面，与武器装备获取的市场化行为相关的一系列相关制度还不健全，因此，尽快借鉴西方发达国家军品采办经验，进一步按照国际通行的军品采办的机制原则，改革中国军品采办体制，包括进一步理顺军品价格形成机制，使之向市场化更加靠拢，是建立与社会主义市场经济相适应的国防经济运行机制的一个重要内容。《纲要》的规定正好是在这个关键点上有所突破。

可以把《纲要》和 2007 年的股份制新发展，看成是中国国防工业实施改革开放以来，经过 20 多年在市场经济道路上的探索，根据中国现状和借鉴国外经验形成的新世纪中国国防工业市场化、股份化发展的设计图。它不仅是在国家管理的宏观层面上力求"寓军于民"，而且也是在微观层面上（包括企业）上力求"寓军与民"；不仅是在生产和采办上力求"寓军于民"，而且也是在科研开发上力求"寓军于民"，力求形成"寓军于民"的持续化。它寄寓了邓小平和江泽民等老一辈对中国国防工业全面振

[①] 卢周来：《剑与犁——当代国防经济的理论与实践》，石油工业出版社 2003 年版，第 201—203 页。

兴的厚望，也寄托了中华民族挺立于世界民族之林的豪情和信心，肯定会导向新的胜利。

第四节 中国改革开放以来实施"寓军于民"的历程

如果从十一届三中全会算起，那么，中国改革开放已经经过了1/4世纪。回顾这20多年中国国防工业"寓军于民"的历程，可以看出，它是沿着邓小平、江泽民和胡锦涛同志为总书记的党中央所指出的市场化、股份化改革的道路，随着中国改革开放的深入发展而不断推进的。逐渐从传统的计划经济体制转轨到社会主义市场经济体制，从国家管理层面上的"寓军于民"渗透扩散到企业层面的持续化体制化的"寓军于民"，是这种推进总的轨迹。客观地说，成绩巨大，但也存在着一些不容忽视的问题。

一 实施"寓军于民"成绩巨大

1. 启动阶段的创业

十一届三中全会是1978年年底召开的。国家发展战略和军事战略的调整，很快就反映在1980年军品需要数量的猛减。此后，大量的国防工业企业和科研院所被逼上"军转民"之路。开头大家都不是很理性自觉地搞"军转民"，是在市场化道路上"摸着石头过河"，许多单位往往是为了发出工资或安排闲置劳动力而开始搞民品生产的。形势逼人，不转不行[①]。

20世纪80年代的确发生了一些"饥不择食"的情况。一些

[①] 刘戟锋：《中国军转民：回顾与展望》，载《自然辩证法研究》1995年第10期，第47—51页。

军工企业面对"断奶",搞"鸡零狗碎"的事大都是民品。大体上到1986年,七成以上的军工企业都有了自己的民品生产①。与此同时,部分电子工业企业和全部"小三线"的军工企业下放给地方政府管理②。西部地方政府一般财力单薄,也增加了这些军工企业"军转民"的紧迫感。1991年,"军工科研生产能力已有三分之二转向为国民经济建设服务","民品产值占总产值的比重,由1978年的不足10%,提高到目前的70%左右。国防科技工业生产的产品,为国民经济发展,为基础建设、交通、能源、原材料、机械、电子、轻纺等行业提供了大批技术装备,有的达到了国际先进水平,有的填补了国内空白,有的发展为出口支柱产品"③。

2. 逐步坚定走上市场化道路

邓小平南方讲话,是中国国防工业"军转民"自觉坚定走上市场化、股份化道路的标志。

20世纪90年代中期,中国不仅有一大批决策层支持的关于"军转民"的研究报告和建议面世④,而且,中央各部门确实在国防工业市场化、股份化方面采取了一系列举措,获取了较好的绩效。包括"七五"之后为扶持"军转民",共向国防工业投入180亿元人民币,引导国防工业单位试行股份化改革,同时提倡发挥军工科技优势,使民品生产上档次,规模化⑤⑥。在1993年

---

① 李华坚:《中国实施"军转民"战略成就巨大》,载《经济世界》1995年第10期。
② 同上。
③ 同上。
④ 同上。
⑤ 同上。
⑥ 韩德乾:《依靠科技进步,推动军转民工作》,载《科技成果纵横》1994年第5期,第3—4页。

之前，中国国防工业的民品生产一直以超过20%的年增长速度推进，1993年民品产值已占总产值的77%，有一些较大的军工企业引进外资和股份化试点相当成功。所有这些，引起了联合国裁军署的注意，在北京召开了"军转民国际研讨会"，让中国介绍经验①。

1997年颁布的《国防法》，以法律形式进一步明确国防工业实行军民结合。这一年，国务院还批转了国防科工委等部门《关于加强军工科研院所与企业结合进一步促进军转民工作的若干意见》，使军转民发挥军工科技优势之路进一步通畅。

在1998年国务院机构改革中，对原有的国防工业管理体制和军工产品供求体制进行了调整：原属军队编制的国防科工委改为总装备部；国务院成立了由文职人员组成的新的国防科学技术工业委员会，与国防军工总公司一起负责对兵器、航空、航天、核工业、船舶等军工企业实行管理，使军工企业的发展与社会主义市场经济体制进一步彼此适应。显然，国防工业管理体制开始大踏步地走上了市场化之路。

20世纪90年代初中期，江泽民开始强调兼顾富国强兵，国防投入逐步回升，最近几年提出军队要完成机械化和信息化的双重历史任务，投入上升幅度明显增大。

1998年，国防工业中的民品产值已达八成，其中包括1.5万种产品②。"这一阶段的产品开发，转向了以国民经济急需的高新技术产品为主，并积极承担国家项目的攻关和重大设备的研制任务。开发模式由各自为政发展到技术引进、技术转让、合作

---

① 国防科工委民品发展司：《军转民工作成效突出》，载《国防科技工业》2002年第10期，第6—9页。

② 同上。

开发、委托开发、共建中试开发基金、合办技工贸一体化科技企业等,迈开了产学研相结合的步伐",和平利用核能规模不断扩大,航天产业大步进入国际市场、船舶工业逐步实现了造船模式的转换,等等①。国防科工委已经把军转民纳入国民经济和社会发展计划,推动军转民融入地方经济;围绕国内外两个市场搞开发,实现军转民跨越式发展;优先发展"军工主导产品",择优发展"支柱民品",促进"优势民品",坚决淘汰"落后民品";实行军民品分线,军民品单独核算;以优势企业为依托,以资产为纽带,通过改制、联合重组、兼并、股份化上市等形式,积极推进集团化、规模化和产业化;搞好以产权为核心的资产经营,确保国有资产保值增值;力促更多的军工民品打进国际市场,发展跨国经营,等等。在此背景下,我国国防工业的"寓军于民"绩效越来越好。为了落实军民分线管理,促进适度竞争,1999年6月,我国五个军工总公司改组成了十个集团公司,适度竞争渐入佳境。

国防科工委对"十五"期间军转民所定思路是:以市场需求为导向,以结构调整为主线,以改革开放和科技进步为动力,以提高军工整体经济效益为中心,以信息化带动和提升传统产业的发展,充分发挥国防科学技术整体优势,优先发展军工主导民品,尽快形成产业规模,大力发展汽车、摩托车及零部件等军工支柱民品,努力提高经济效益,择优发展军工优势民品,大力开发高新技术产品,努力培育新的经济增长点,把军民结合和民品发展提高到一个新水平②。2001年,国防科工委在京召开了"民品工作会议",提出民品发展的关键是调整和优化产业及产品结构,应

---

① 杨新:《可歌可泣的篇章,灿烂辉煌的前景——国防科技工业军转民二十年追忆》载《中国兵工》1998年第6期,第4—5页。
② 国防科工委民品发展司:《军转民工作成效突出》,载《国防科技工业》2002年第10期,第6—9页。

着力抓好以下四个方面工作：一是充分发挥国防科技工业整体优势，优先发展军工主导民品（核电、民用航天、民用飞机和民用船舶等），尽快形成产业规模；二是继续大力发展汽车、摩托车及零部件等军工支柱产品，努力提高经济效益；三是择优发展军工优势民品，大力发展高新技术产品，努力培育新的经济增长点；四是努力发展第三产业，促进军工经济全面发展[1][2]；确立了民品发展的出发点和落脚点是市场，民品研制和发展要真正按市场规律办事，包括提升市场融资的力度，大力推进投资主体多元化，发展股份制公司和多个投资主体的有限责任公司，能够上市的争取上市，等等[3]。此后，我国国防工业的"寓军于民"在规模化、上档次的大道上迅跑。"十五"计划目标基本实现，有的大大超额或提前。其中，杨利伟作为中国首位航天员的宇航成功，核电建设对缓解中国能源短缺现状的贡献等，都使全国全球注目。

当然，中国国防工业的改革开放和寓军于民也还存在一些困难。例如，直到世纪之交，它仍然处于全行业亏损状态，已经成规模经济的企业所占比例不大，机制不活的问题仍颇严重等。这有待于改革的深化。

3. 军工各行业"军转民"略况[4][5]

2003—2004年，中国政府积极推进和平利用军工技术发展

---

[1] 本刊编辑部：《坚持军民结合，加快改革创新，努力开创国防科技工业民品发展新局面》，载《国防科技工业》，2001年第7期，第25—28页。

[2] 刘积斌：《党旗飞扬铸长剑，寓军于民谱新篇》，载《国防科技工业》2001年第7期，第8—13页。

[3] 本刊编辑部：《坚持军民结合，加快改革创新，努力开创国防科技工业民品发展新局面》，载《国防科技工业》2001年第7期，第25—28页。

[4] 张洪飚：《中国军转民的实践与发展》，载《机电新产品导报》2001年第5—6期，第2—4页。

[5] 国防科工委民品发展司：《军转民成效突出》，载《国防科技工业》2002年第10期，第6—9页。

民用产业，并取得显著成效。2003年民品产值比上年增长20%，占国防科技工业总产值的65%以上[①]。

（1）核工业以核为本，发展核电，核电和与之相配套的核燃料工业取得较大进展，同时积极开发同位素和辐射技术应用、消防产品、核仪器设备、精细化工等多种经营项目。人数比5年前减少了一半，主营业务收入却比5年前增加了78%。这是5年来中国核工业集团公司的变化。

我国核工业5年迈出了5大步。

一是建立了比较完善的核科研开发体系，拥有一批具有国际水平的科研、试验设施和核科研技术队伍，拥有一大批具有自主知识产权的核电、核燃料科研成果，具有较强的技术创新能力。

二是核电发展成绩显著。从"零的突破"，到自主化的重大跨越，再到与国际接轨，我国核电建设和运营管理达到了新的水平。经过努力，目前我们已经具备了"以我为主、中外合作"建设、运行和管理60万千瓦级和百万千瓦级压水堆核电站的能力。核电的发展，不仅带动了科研、设计和核燃料生产的进一步发展，而且对国内的机械、电子、仪器、仪表等行业都具有巨大的拉动作用。

三是我国核燃料工业在关键环节上实现了生产能力的跨越和技术水平的提升，形成了完整的工业体系。核电站燃料元件实现了30万千瓦、60万千瓦、90万千瓦的标准化、系列化和国产化，质量达到国际先进水平。乏燃料后处理工作取得了进展，并从2003年开始接受核电站乏燃料。

四是核安全得到保障。我国已经建立健全了核安全监督管理体系，具有比较齐全的核安全法规。几年来，我国没有发生一起

---

① 新华社2004年6月1日电。

核安全事故，放射性废物和退役设施的安全性得到有效控制。

五是核工业总体经济状况逐年好转。据介绍，截至 2003 年年底，集团公司的主营业务收入达到 132 亿元，比 1999 年增长 78%，年均增长 16%。公司的总资产及净资产分别比 1999 年增加了 52% 和 32%[①]。

应当看到，加快核电建设，是目前我国保障国民经济持续快速协调健康发展的需要，也是能源结构调整的必然选择。核电是一种清洁安全、技术成熟、供应能力强的发电方式，与水电、火电一起，并称世界电力工业的三大支柱。改革开放以来，我国电力工业取得了举世瞩目的成就，从过去严重缺电到目前装机总容量和发电量均居世界第二位，火电和水电的快速发展功不可没。但是，我国一次能源的布局很不均衡，煤炭资源主要分布在北部，水能源主要分布在西部，而电力负荷中心主要在东南沿海。长期以来，以煤电为主的能源结构，"北煤南运"和"西电东送"的能源输送走向，加剧了环境和运输的压力。而已探明的水电资源即使全部开发出来，也难满足经济社会发展的需要。因此，加快推进核电建设，就成为实现能源与经济社会和生态环境协调发展的重要抉择。

20 世纪 80 年代以来，我国先后有 11 台核电机组投入运行或开工建设，核发电量已占总发电量的近 2%。通过引进先进技术，加强自主开发，提高了核电设备制造及燃料生产能力，我国现在已初步形成了一支门类齐全、专业水平较高的核电科研、建设和管理队伍，缩小了与世界先进水平的差距。随着我国综合国力的增强，核电建设的物质基础也明显改善。可以说，加快核电

---

① 廖文根：《我国核工业五年迈出五大步》，载《人民日报》2003 年 7 月 18 日。

的时机已经成熟[1]。

（2）航天工业大力发展了卫星和卫星应用系统、运载火箭发射服务和汽车、数控、计算机应用等高技术民品。目前，载人航天事业取得举世瞩目的效果。

民用航天取得重大突破。1996年10月以来，41次航天发射均获成功。2003年10月成功发射神舟五号载人飞船，将中国首名航天员送入太空。完成了新一代运载火箭关键技术攻关工作。成功发射了极轨和静止轨道气象卫星、海洋一号卫星、资源卫星等应用卫星。环境与灾害监测预报小卫星星座、大型静止轨道卫星公用平台、新一代极轨气象卫星等卫星研制工作顺利推进。2004年1月正式启动月球探测工程，计划2007年年底前实施绕月探测[2]。

2004年珠海第五届中国国际航空航天博览会上，作为主办单位之一的中国航天科工集团公司以全新的面貌，以一流的防务公司的形象出现在本届航展上。参展项目涉及导弹武器系统和民用航天两大部分近百种产品，参展产品的数量超过往届，参展的军品导弹武器系统比上届增加了许多新产品，民用航天产品的种类、数量和技术水平也大大超过往届，有的产品技术已达到世界先进水平。

航天科工集团公司首次推出车载"近程超低空便携式防空导弹"，导弹主要承担野战防空任务，该导弹系统适于野战随行防空和阵地防空。具有优秀的探测性能、制导精度和夜战性能。此外，近程超低空便携式防空导弹还采用了全新的红外抗干扰技

---

[1] 本报评论员：《加快核电建设势在必行》，载《人民日报》2004年7月22日。

[2] 见本书第五章第二节。

术。导弹的导引系统性能较佳，能够全方位攻击低空空中目标，导弹的抗干扰能力较强，而这些作战能力同时也将大大提高作战人员战场生存能力，将附带损伤降低到最低程度。该导弹经过改进实现了车载，并能随进发射。航天科工集团公司还推出了一套互动式的、时实仿真的作战模拟演示训练系统，它将极大地提高作战武器训练的实战应用性能，也是本届珠海航展除飞行表演外的又一观众追踪热点。

在导弹武器参展项目中还首次推出了符合国际公约贸易规定的短程地地导弹。

在民用航天项目中，航天科工集团公司研制的小卫星和微小卫星，小型全固体运载火箭，卫星通信系统也在航展中以崭新的姿态吸引观众的目光。这些产品不论是技术水平、外观设计与上届航展相比都有了全新的提高，有的已是更新换代产品。比如："动中通"移动卫星接收系统，它保证了在移动中清晰地接收卫星传送的信号，人们可以在各种交通工具的移动中实时地观看卫星电视节目；雷达设备也是本届航展的一大看点，这次展出的各种雷达中有在神舟五号载人飞船返回地面中作出突出贡献的相控阵精密测量雷达（功勋雷达——回收一号）和各种目标跟踪、测量、定位、警戒等用途的雷达设备，也有各种气象雷达等；在安全计算机中，展品里包括安全计算机、防信息泄露计算机和保密手机等，突出了其有效的安全性和保密性；各种卫星接收设备也占据了民用展区的突出位置；我国第一个小型全固体运载火箭将成为航展中的一道亮点，它以全新的概念为今后小卫星的发射提供新的运载工具；届时，人们可以近距离地接触到目前我国比较先进的、大量用于人民日常生活中的民用产品、机电产品、卫星应用产品和信息产品。

由中国航天科技集团公司承制的我国第一颗月球探测卫星

"嫦娥一号",目前正按计划进行研制。卫星各关键技术已获得突破性进展,初样星的研制工作进展顺利。预计两年内升空探月。

"嫦娥一号"绕月卫星及其运载火箭将于 2006 年 10 月完成全部研制工作,待命出厂,力争 2006 年 12 月发射升空。另外,我国与欧盟的伽利略计划合作进入实质性操作阶段。该计划是欧盟 2002 年正式批准的一项战略科研计划,旨在建立一个民用全球卫星导航系统,提供高精度、高稳定性的定位服务。7 月 25 日,随着"探测二号"卫星发射升空,我国科学家提出的"地球空间双星探测计划"成功实现,这一计划与欧洲空间局"星簇计划"组成联合观测,人类历史上首次实现了对地球空间进行六点立体探测。[①]

(3)航空工业积极发展民用飞机(其主导民品包括支线客机、通用飞机、地效飞机及民用直升机)、燃气轮机等航空民用高技术产品,其非主业民品包括汽车、摩托车、环保、纺织机械、食品及包装机械、轻工机械、建筑材料等产品。

随着经济全球化和我国经济持续快速发展,中国的航空运输年周转量已从 1980 年的世界第 35 位上升到目前的第 5 位。民机数量也从 1949 年的 99 架,增加到现在的 620 架,今后 20 年还将需要 1900 余架民机。我国已成为航空需求大国,国家已批准立项,正在用新的机制研制具有自主知识产权、与国际先进水平接轨的新支线飞机 ARJ21。中国航空工业迎来了难得的重大历史机遇。西安飞机设计研究所与上海飞机设计研究所,为了 ARJ21 新支线飞机项目,于 2003 年 6 月 28 日实现了东西整合,组建了

---

① 吕晓戈:《航天科工集团亮相珠海航展》,载《光明日报》2004 年 11 月 5 日。

中航第一研究院。目前中航一集团正在整合十几个飞机发动机厂、所，组建发动机事业部①。

（4）船舶工业以船为本，民用船舶出口已连续几年居世界前3位，同时发展了以柴油机、烟草机械、各种大型钢结构为主的多种非船舶民品和第三产业。中国船舶集团公司的负责人认为，目前中国船舶工业军转民已经完成任务。据说，造船吨位位居全球第三，有大量外国订货，且近年猛增，其实力足可建造航母②。

（5）兵器工业的民品，以车辆为主，发展了机械、光电、化工三大系列产品。其中，重庆市的长安汽车（集团）有限责任公司十分有名（见后述）。

二 "寓军于民"早期成功案例：重庆市兵器工业③④

1. 重庆兵器工业简史

重庆是中国近现代兵器工业重镇之一。其中，有的兵工厂的前身，就是1862年清朝大臣李鸿章在上海淞江建立的"上海洋炮局"。后来，重庆又成为抗日战争和解放战争期间的兵工基地。

1949年末重庆解放以后，军管会接管了各大兵工厂，恢复生产，支援抗美援朝战争。1958年掀起"大跃进"高潮，各兵工厂遵照1957年党中央关于"军民结合，学会两套本领"的指

---

① 黄强：《加快航空工业的创新》，载《人民日报》2003年12月21日。
② 陈小津总经理接受香港《凤凰卫视》记者阮次山访问的谈话（《凤凰卫视》2004年8月3日播出）。
③ 张良才：《重庆兵器工业的"军转民"与汽车工业》，载《汽车研究与发展》1994年第1期，第9—14页。
④ 王勤谋：《总结经验，放眼世界，再攀军转民高峰》，载《中国兵工》1996年第4期，第16—17页。

示，出现了大上民品的局面。仅用了 5 个月就试制出第一辆长江牌 46 型吉普车，填补了我国吉普车生产的空白，到 1963 年共生产了 1390 辆。

1960 年，国防工业系统开展了质量整风运动，在纠正国防工业忽视军品生产的倾向时，又对军工企业生产民品予以否定，错误地批判了军工企业搞民品为"不务正业"，对已初步成熟的民品生产也采用了"一刀切"的政策，迫使民品生产先后下马，使国防工业又转到单一的军品生产轨道。

1978 年以后，随着邓小平关于国防工业"十六字方针"的贯彻，重庆兵器工业各厂又开始生产民品。当然，在重新开始民品生产的时候，困难很大，产品也是五花八门的。像江陵机器厂搞过台钟、手表壳、锁边器、溜冰鞋等产品；长江电工厂搞过易拉罐、运动步枪子弹；建设机床厂搞过电动缝纫机、香烟滤嘴接嘴机、自动养鸡场成套设备、插秧机及各类机床等；有的兵工厂还搞过铁铲、水桶、文件柜、家具、小五金、电风扇等。由于这些产品既谈不上技术密集，也谈不上经济规模，更没有结合兵工企业自身的技术优势、设备优势和人才优势，所以效果并不理想。

出路在哪里呢？一部分有远见的企业从长远开发民品的战略出发，终于丢掉了了小打小闹的游击战术，认准了只有跨入汽车行业，生产汽车、摩托车及其配套产品的大兵团作战才是有前途的方向，才能大显身手，成大气候。

在这种背景下，长安机器厂果断地选择了微型车，西南车辆厂选择了重型车，嘉陵机器厂和建设机床厂选择了摩托车，先后引进国外技术。并且以这些厂为龙头，带动了一大批兵工企业，组成了微型车、重型车和摩托车生产的企业群体，发展到今天，已成为重庆汽车工业中的一支中坚力量。

2. 各企业"寓军于民"的做法和经验

（1）长安机器厂

长安机器厂有12000多名职工。1981年11月确定以日本铃木CT90K样车为开发对象，1983年11月完成样车试制。1984年在兵器工业部和重庆市政府的大力支持下，组织了跨部门、跨地区的横向联合。1984年5月与铃木公司签订技贸合作协议，引进技术与装备及78%的散装件进行装车，向市场推出700余辆长安牌微型货车，从而打开了生产微型车的局面。到1985年，民品产值（包括猎枪和三牙轮石油钻头）占生产总值的比例已由1978年的15.9%一跃而达到84.9%。

截至1993年3月，长安牌微型车的累计产量已突破10万辆。长安车的质量在近5年中经国家行检连年被评为一等品。1992年长安厂共生产微型车27007辆（占重庆当年汽车产量的52%），其中奥拓轿车5567辆，销售收入突破10亿元，利润将近1亿元，被列为全国500家最佳经济效益的大型企业之一，形成"长安汽车公司"。此外，长安汽车公司与日本铃木自动车工业株式会社、日商岩井株式会社共同投资1.7亿美元，于1993年6月8日在重庆成立了长安铃木汽车有限公司。这是中国迄今为止首家中日合作生产微型轿车的最大规模企业。合资公司在三年内建成了一个年产奥拓系列轿车至少10万辆的汽车基地。

（2）西南车辆厂

西南车辆厂解放前是官僚资本办的纺织机械厂，解放后曾生产过空气压缩机，当时职工约9700人。

在"军转民"中，它于1980年选用本茨公司的2026A重型越野车为样车试制地盘，选用国内引进的道依茨风冷发动机为动力装置。由原四川兵工局组织庆岩、平山、红泉、晋林、晋江、庆江、青江、望江、长江电工厂及渝州齿轮厂12家兵工厂联合测绘设计。1982年试制出SC2030样车,1985年通过鉴定,确定西南车辆厂为重型汽车定点生产厂家,生产汽车2000辆。为配合重型汽车的生产,后来还引进了德国ZF变速器技术。

(3) 嘉陵机器厂

嘉陵机器厂的前身是1875年创建于上海的龙华枪子厂,抗战时迁入重庆,现有职工约8200人。

1979年至1980年,该厂与建设机床厂先后开始仿制、试制,推出了重庆第一批50毫升摩托车,开创了重庆生产摩托车的历史。1981年年底引进日本本田摩托车技术,截至1992年已向市场投放了4种系列11个品种共230余万辆摩托车,产销量占全国同期的1/4以上,累计创产值67.3亿元。50型、70型、125型、145型摩托车在市场上畅销不衰。到1992年累计出口摩托车11万辆,创汇5000多万美元。

嘉陵厂是我国目前最大的摩托车生产企业,被誉为"中国摩托车行业排头兵"。该厂2000年形成了年产100万辆的生产能力。

嘉陵最有现实意义的一条成功经验,是工厂依靠初期300多万元的投入,在赚钱中迅速滚动发展。1979年开始上摩托车产品。1982年、1983年、1985年产量分别为5万辆、10万辆、25万辆,利税相应为414万元、390万元、2800万元。它走的是一条小本起家,通过不断扩大销售量,获取利润,获得资金实力之路,这是一条自我发展的良性循环道路。这样做可以更好发挥资金的作用,更快创造社会财富。事实上,在市场经济体制下,国外绝大多数企业走的也是这条路。资本主义国家20世纪初兴办的企业,如通用、福特、丰田、IBM等是如此,现在进入高科技时期也如此。当今世界首富比尔·盖茨十几年前创办美国微软公司时的资本只有1千美元。1993年销售额达340亿美元的韩国大宇集团，1967年创业时只有30平方米的一间办公室、5个职工、1万美元资本。

嘉陵第二条具有现实意义的成功经验是：一开始就不是走计划经济体制时期上产品的老路——全能封闭、自成体系，尽量万事不求人；而是创建了"嘉陵牌摩托车经济联合体"，将数量70%以上、成本占60%的零部件生产扩散出去，嘉陵本身只搞总装的关键部件，从而有效地利用社会资源，为迅速扩大产量、降低成本服务。

按嘉陵的估算，新建一个规模经济的摩托车企业要投资1亿元左右，而通过协作和充分利用军工生产富余能力，只用少量投入它就很快形成25万辆的规模经济和规模效益。既争取了时间，又降低了宏观成本，也使嘉陵在市场竞争中有较强的应变能力。

我们常说市场经济是竞争经济，竞争的方式是在不断发展的。其中之一，就是由"企业各自为战"发展为"企业合作起来组成一个共同体对外竞争"。在20世纪20年代，福特汽车公司是一个典型的全能企业，连钢材、玻璃之类原材料都自行生产，方向就是要做到万事不求人。而在第二次世界大战后崛起的丰田汽车公司，却是与193家一次零部件承包商组成丰田集团，与其他汽车公司竞争。这193个企业不仅组成了一个团体，叫"协丰会"，而且还以利益为纽带，组成一个向心力很强的命运共同体，并成为丰田公司创造的精益生产方式的重要内容之一。

（4）建设机床厂

建设机床厂的前身是光绪十五年即1889年创办的汉阳兵工厂步枪厂。1938年7月迁入重庆，有职工约18000人，是重庆最大的兵工厂。

建设机床厂民品产值的比重在"六五"期间为52%，到"七五"已上升到62%。1984年开始，与日本雅马哈公司联合生产"重庆·雅马哈"CY80型摩托车。现产品有50型、60型、80型、150型等4个系列16个品种的摩托车。

1992年建设厂生产了31万辆摩托车，占全国产量的15.6%。1988年至1992年，在完成军品任务的前提下，该厂累计生产摩托车100余万辆，占全国产量的1/6，实现利税5.24亿元，相当于解放后前38年利税总和的8倍。出口摩托车近9万辆，创汇5720万美元。

1992年年底组建了以长安厂为核心、有301家企事业单位组成的"建设工业集团"，同时与雅马哈发动机株式会社联手组建了合资公司，"八五"末期实现年产100万辆摩托车的目标。

目前，重庆建设工业集团努力做大做强自主品牌，在引进国际摩托车先进技术的同时，大力发展及壮大自主研发队伍，已拥有一大批有自主知识产权的产品。2004年上半年，建设集团摩托车产销突破50万辆大关，同比分别增长78%和76%；摩托车出口64097辆，同比增长86.89%。

建设集团最初的对外贸易主要依托日本雅马哈在国际上的影响力，走单一品牌经营路线。亚洲金融危机之后，建设集团改变思路，将"建设品牌"大举推向国际市场的前沿，提出要发展"依靠不依赖"的出口多元化道路。建设集团先后在3个国家设厂，4个国家设立办事处，并先后在71个国家申请注册了建设商标，逐渐树立了形象。

通过几年的国际市场运作，建设厂清楚地认识到品质与品牌的重要性。在开辟菲律宾市场的过程中，经营人员发现建设厂的产品与日本产品的最大的差别在于品牌知名度和美誉度。随后集团投入巨资，在当地与官方举行中菲文化节等多种文化宣传活动，并且赠送摩托车给菲律宾政府作警车，将建设产品与日本原装产品拆开进行零部件比较和整车性能的比较。现在，建设摩托车已获得广泛认可，成为当地市场上的畅销品牌①。

（5）江陵机器厂

江陵机器厂拥有职工1万余人，抗战时由株洲迁入重庆。在"军转民"中，它于1984年开始生产微型车发动机，与长安厂配套。与日本铃木株式会社合作，引进F系列汽油机生产技术，开发生产了江陵牌JL462Q型和JL368Q型汽油机。到1992年累计产销微型车发动机10万台。"八五"期间大规模进行技术改造，已形成年产10万~20万台微型车发动机的能力，成为国家大规模微型车发动机生产厂家之一。

（6）望江机器厂与平山机械厂

望江机器厂是抗战时从广东迁入重庆的兵工厂，职工约13000人。是国家定点生产摩托车的企业，主要民品有三轮摩托车和五十铃轻型汽车前桥。过去摩托车产量仅1万多辆，不成气候。1993年6月9日与日本铃木株式会社和日商岩井株式会社三方合资，组建了重庆望江铃木摩托车有限公司，投资总额5100万美元，中方出资50%，合作期为30年。公司主要目标是生产铃木公司的大排量CN250摩托车和另一种中排量车型。第一期生产规模为年产5万辆，第二期达到年产30万辆。

平山机械厂是建设大三线时的产物，是重庆四家生产摩托车整车的厂家之一，职工约2300人。"军转民"以来已批量生产了双狮牌SS90型两轮摩托车和铁马汽车的车桥及传动轴。

（7）庆岩机器厂

庆岩机器厂是搞大三线时建的兵工厂，是以冲焊为主的大型综合性机械加工企业，拥有3000多名职工。主要产品为高空喷

---

① 许倩、刘小健：《重庆建设摩托做强做大自主品牌》，载《人民日报》2004年7月28日。

射消防车,是国内首次开发的新产品,并打入了国际市场。

(8) 作为零部件供应商的重庆其他兵工厂

在重庆的 27 个兵工企业中,除两个生产照相机和一个生产电冰箱压缩机外,其余 24 家企业都作为零部件供应商参与了汽车工业。在配套厂中,有的也达到了相当规模,如华川机械厂以生产摩托车磁电机和点火线圈闻名于全国。磁电机产量已占全国的 40%;又如长江电工厂,1988 年已形成了年产 5 万台微型车散热器能力,并占据了国内 1/3 的市场,现又形成了年产 10 万台五十铃轻型汽车散热器的生产能力,开始了一个老兵工企业向中国汽车零部件工业"小型巨人"的起步。

1992 年,重庆整个兵工企业系统在重庆汽车工业中占有优势,见表 4—1 所示。

表 4—1　重庆 1992 年汽车工业与兵工系统工业产量对比

品种	重庆市	兵工系统	兵工系统所占百分比
汽车产量(辆)	45577	27417	60
发动机产量(台)	36909	35808	97
摩托车产量(辆)	689629	689629	100

表 4—1 中列举的部分兵工企业汽车工业的产值已达 19.72 亿元,占重庆市 1990 年汽车工业总产值 26.1 亿元的 73.8%。数据对比也充分说明了重庆汽车工业中的产量及产值的一半以上是由兵工企业在"军转民"的过程中完成的,从而显示了重庆兵工系统在汽车工业中强大的实力和举足轻重的支柱地区。

第五章

中国航天业及其民品产业的股份制改革（上）

包括中国航天业在内的中国军工向"寓军于民"战略转型，使中国航天业获得了广阔的发展空间。本章将对中国航天业及其民品产业的发展现状及其今后在体制上的发展战略加以探讨。

无论从第二次世界大战后国外包括航天业在内的军工产业发展的经验看，还是从我国改革开放以来包括航天业在内的军工产业向"寓军于民"战略转轨的实践看，中国航天业及其民品产业要与时俱进地大发展，首先要深化其股份制改革。在目前的情况下，这种股份化改革，从面向国外的角度看，先得从与国外同行实施股份化合作入手；从面向国内的角度看，又先得从用包括股份制方式在内的各种办法吸引民间资金、民营企业和完善集体或个人知识产权问题抓起，同时对有关资产实施融资租赁。现分述如下。

第一节 当代中国的股份制

当代中国的股份制是在向社会主义市场经济转型过程中逐渐产生和完善起来的，目前正在迅速发展，方兴未艾。

一 当代中国股份制是对马恩股份制理论的继承和对改革经验的总结

在提出建立社会主义市场经济的改革大方向后,以邓小平理论为指导的中国共产党人开始瞩目于利用股份制建立社会主义市场经济体系的探索,其理论根据首先就是《资本论》第 3 卷的社会主义新理念。

早在 1986 年,邓小平在会见纽约证券交易所董事时,就表示"要利用你们的经验,从你们那里学习这方面的知识"①。此后,他又在论述国企改革时说,"用多种形式把所有权和经营权分开,以调动企业积极性,这是改革的一个很重要的方面","其实,许多经营形式,都属于发展社会主义生产力的手段、方法,既可为资本主义所用,也可为社会主义所用,谁用得好,就为谁服务"②。在邓小平推动下,利用股份制搞社会主义市场经济在我国逐渐启动。中共十四大报告指出,股份制有利于政企分开、完善企业经营机制和集聚社会资金,应积极试点。中共十五大报告进一步从理论上总结说,股份制是现代企业的一种资本组织形式,有利于所有权和经营权分离,有利于提高企业和资本的运作效率,资本主义可以用,社会主义也可以用。

应当说,中国经济体制改革的过程,实际上也是逐渐利用股份制发展社会主义市场经济的过程。其中包括,在改革中,股份制使许多国有企业筹集到了必须数量的资本,实现了新跨越;有一些形成了混合所有制的大企业,大大有利于权责明确、归属清晰、保护严格、流转顺畅的现代产权体制的发展。可以说,中国从改革的实践中也已经找到了社会主义与市场经济相结合的微观

---

① 《邓小平文选》第 2 卷,人民出版社 1983 年版,第 41 页。
② 同上书,第 126 页。

组织途径，就是把作为当代市场经济微观形态的股份制视为公有制的主要实现形式来利用。《资本论》第3卷关于社会主义的新理念，在中国的经济体制改革实践中放射出耀眼的光彩。

在改革中，截至2003年年底，我国试点股份制转轨的国企共有3200个，它们每年的产值和税利均高于未转轨的国有企业。近5年来，我国股份制国企从7.2万家迅猛增至近30万家；从业人员从643万人增至2746万人；全年实现营业收入从8311亿元增加到56733亿元[1]。2003年，非国有企业和外商已经积极介入中国国有企业的重组，在中央企业发生的产权转让中，83%左右是由非国有经济和外商受让的[2]。可以认为，我国国企在向股份制转轨中表现出的巨大活力以及它们的远大前景，已经证明《资本论》第3卷对股份制论断的思路是对的；在社会主义中国，股份制正在逐渐成为社会主义公有制的主要实现形式。显然，党的十六届三中全会《决定》关于"使股份制成为公有制的主要实现形式"的论断，是在直接继承并发挥晚年马恩股份制理论的基础上，对中国改革经验的总结，对社会主义市场经济操作形式的崭新概括，在理论和实践上均有深远意义。

与中共十四大以来的所有文献相比，与《资本论》第3卷的股份制理论相比，中共十六届三全会《决议》关于应使股份制作为公有制主要实现形式的论断，在理论形态上，至少有三方面的创新。其一，它不仅承认股份制可以为社会主义服务，而且进而认定在当代中国，股份制是社会主义公有制的主要实现形式。"主要"二字，在这里十分明确，毫不含糊。其二，如果

---

[1] 叶卫平：《避险求强：中国军工"入世"对策》，北京出版社2001年版，第124—126页。

[2] 同上书，第126—130页。

说，过去对股份制提倡试验，提倡发展，那么，这一次则明确要求"大力发展"。显然，理论和实践的双重突破，使中国人大力搞股份制的决心下定了。其三，如果说，过去中国国企改革更多地强调外部竞争，基本未触及国企股权向非国有经济和外商转让的问题，那么，这一次的《决议》以"混合所有制"的概念，明确提出并从指导思想上解决了这一问题。按照《决议》，中国国企的改造，将不再只是国有资本的重组，而是放眼整个资本市场，着力提倡公私（包括外资）资本在一个企业内部联合运营，即让它们在一个混合所有制企业内部融为一体，并以此作为今后发展的总方向。这些创新，是对马克思主义股份制理论和科学社会主义理论的推陈出新。至少可以说，在共产党的领导下推进这种新模式，是社会主义发展史上空前的事情。社会主义本身的现代化，在这里找到了最好的载体。

应当看到，当代中国的经济改革之所以能把股份制作为社会主义公有制的主要实现形式，首先由于中国股份制财产使用的社会化过程是在中国的社会主义体制下展开的，包括它是在中国共产党的坚强领导下实现的。这种体制，这种领导，使股份制财产使用的社会化方向能沿着社会主义推进，从而能使股份制成为社会主义制度的内在要素。事实上，同样是股份制下的财产使用社会化，由于所处社会条件不同，其公有化程度相差极大，有的甚至会成为少数"股份大鳄"鲸吞一般股民利益的操作平台。在西方许多地方，股份制是在很低的公用化程度上甚至是在为私有财产服务的模式内推进的。中国当代股份制与它们的一个根本性区别，便在于前者是在中国共产党领导的社会主义体制下真正为广大群众乃至社会利益服务的，它的确是社会主义的一种实现机制。

二　今后应推进作为公有制主要实现形式的当代中国股份制

目前，要使股份制成为中国公有制的主要实现形式，必须在包括航天业在内的国企改革中进一步大力发展国有资本、集体资本和非公有制资本等参股的混合所有制经济。

首先，由于过时理念的束缚，我国目前大约还有120多个禁限民间资本投资行为的法律法规尚待改正。例如某发达省区，国有经济可进入80多个行业，外资可进入60多个，而国内的非公有资本却只能进入40多个。这种状况，已经远远不能适应"使股份制成为公有制主要实现形式"的要求，应当迅速改变。党的十六届三中全会《决议》已经提出，"允许非公有资本进入法律法规未禁入的基础设施、公用事业及其他行业和领域"。只有照此办理，用非国有制改造原来的国企，才能促使当代中国社会主义公有制更健康更迅猛地发展。

在这个问题上，应当说，努力克服过时的旧理念，包括克服过去从苏联传来的只把国有及集体所有制看成"正宗"公有制的观念，努力向人们宣传晚年马克思恩格斯所讲股份制固有的"两权分离"及其财产使用社会化的理念，宣传中国改革开放以来利用股份制发展社会主义市场经济的成功经验，宣传发达国家借助股份制形成跨国公司并极大地提升生产力水平和国力的经验，等等，看来仍然是必要的。在西部欠发达省区，这一点显得尤其重要。封闭落后的经济局面形成的守旧精神状态，至今仍是制约西部欠发达省区股份制发展的最大障碍之一。过去从苏联传入的那种狭隘的公有制理论，至今还束缚着许多西部民众的头脑。在这种情况下，努力恢复并发挥晚年马恩股份制理论精髓，破除苏联理论的片面性，借鉴国外以股份制发展生产力的成功做法，在西部欠发达省区就显得更加必要。

其次，在股份制中，国企经理获得了十分巨大的支配法人资产的权利，但就其本身来看，他们对这种权利行使的后果，往往很难承担对等的资产责任。这必然导致公司资本所有人的风险高度集中，同时使企业的绩效只能寄托于经理对自身人力资本的珍视，显然保险程度较低。这不仅是中国当代股份制始终面对的一大难题，而且也是全世界股份制推进中令人头痛的固有漏洞。如果说，《资本论》第3卷对作为"新的生产方式"的股份制在推进生产力发展方面的肯定，是揭示了它的正面特质，那么，也正是《资本论》第3卷，同时指出了它的这一负面效应，说明只靠信用为经理"提供在一定界限内绝对支配别人的资本，别人的财产"的权利，因而可能形成"新的寄生虫"等等[1]。这种危险，在中国进一步推进股份制改革的时候，依然存在。但中国共产党以"三个代表"重要思想为宗旨，它在这种经济格局中的一大功能，是比西方更强化对经理们的监督监管，包括批判借鉴西方的某些经验，根据中国的国情加以改造与发挥，务求一方面提升综合国力，另一方面又保护广大股民的利益。如果说，在此前的股份制推进中，我们更多地依靠传统的人事管理体制，那么，在今后以股份制作为公有制主要实现形式时，我们就应当花大力气在股份制体制的完善和法治化、诚信化上下工夫，其中首先包括提升股市信息透明度，使股民拥有更多的知情权以实现"投票权"（买卖股票）；健全经理市场，在经济领域中逐步淡化非市场化的选人识人方法，为经理人才通过市场竞争而被选择出来创造足够的条件，使绩效欠佳的经理必须担负执业风险；健全诚信的法制环境，确实使失信、欺诈和败德产生的收益，远远低于为此承

---

[1] 《马克思恩格斯全集》第25卷，人民出版社1975年版，第496页。

担的风险损失,等等。这只能是一个渐进的过程,但其前景十分光明。

再次,鉴于中国现有的大企业和关键性大中型企业基本都属于国有单位之间的合股,所以,日本法人持股制度对现阶段中国国企股份制改造具有独特的借鉴作用。与日本相比,中国个人拥有的资产数额是较小的,特别是普通干部、工人、农民手上积累的资金有限,难有足够大的资金余额购买股票,走美国式个人持股的路是比较窄而且慢的。更为重要的是,中国国企推行股份制的着眼点,首在转变企业经营机制,建立现代企业制度。这就迫使中国不得不把眼光集中在现有国企身上,企业法人相互持股正是必然出现的思路之一。

当然,中国的法人持股与日本出发点不同,不是逆于市场规则的表现。所以,企业可按照生产经营活动的内在联系出资持有其他企业的股票,同时又吸收另外的企业出资持有本企业的股票。例如,企业为了保证原材料、半成品、零部件等生产物资的供应,可选择合适的供货伙伴进行投资,掌握其一定的股份,从而影响其经营,以确保稳定的供货关系;同样,供货企业为了保证产品有稳定的销路,也可选择合适的购货伙伴进行投资,控制其一定的股份。经过一个时期的选择、组合,中国的企业组织结构就会发生变化。首先,被持股企业必须按股份制企业的规范改组为股份公司,然后,根据相互持股关系的复杂程度,形成密切协作的企业系列或者紧密联合的企业集团。这既是资金合理流动的过程,更是企业改组的历程。

在中国目前条件下,通过法人相互持股,可以实现投资主体多元化,转换企业资本构成,切断原来的行政隶属关系,拆除政府直接干预企业的基础。这样,就为企业经营机制的转轨创造了前提。

此外，在中国通过法人相互持股，可以控制分红率的爬升趋势，有助于股份公司的起步。目前在试行股份制的过程中，中国居民缺乏投资的风险意识，有追求高分红率的倾向。另外，如果企业试行股份制，向国家上缴的税利不减，又增加很高的红利负担，企业获得的好处不多，股份制就难以起步。企业相互持股，相互分红给对方，这样，双方支付数额大部分或全部对冲。此时如分红太高，相互持股企业得不到什么好处，受益的只是个人或其他非相互持股股东。因此，企业势必控制过高的红利分配。

在中国目前条件下，法人相互持股也可以突出经营者集团的作用，强化企业的经营自主权。企业互为对方的股东，利用股东权利相互干预内部事务，即不经济也无必要；政府作为股东与企业的联系也更为间接、更多中介，故更难于干预企业内部事务。这样，就强化了经营者的职能和责任心，增强了企业自主权，有助于一代企业家的成长，当然也会极大激发企业活力。

当然，日本的"法人持股股份制"又是与日本封建传统较深的国情紧密联系在一起的。美国著名经济学家萨缪尔森就认为，第二次世界大战以后，虽然美国麦克阿瑟将军对日本体制有所改革，但未深刻触及日本文化；于是，日本的股份制推进形成了一条独特通路。"日本有庞大的家族集团，三井、三菱，还有一些在战前并不富裕的家族，如索尼和丰田"，他们形成了互相持股的模式，于是，便形成了日本目前的股份制特征。正是这种特征，造成了日本前些年股市泡沫的形成和破灭[1]。人们可以明显看到，从20世纪末日本的股市泡沫破灭后，日本经济一直未能产生好的表现，直到2005年年初，已有起色的日本经济又陷进低谷。显然，这也是中国国企改革借鉴日本"法人持股股份

---

[1] 廖理等：《探求智慧之旅》，北京大学出版社2000年版，第10—11页。

制"时，不能不充分注意的另一面。

第二节 中国航天业及其民品产业发展现状

经过30余年改革开放，中国航天业及其民品产业获得了大发展。抚今追昔，对比明显。

在全球知识经济已初见端倪的条件下，人类迫切需要开发利用空间资源，包括利用卫星技术改善人类通信和电视播放状况，利用火箭技术实施人工降雨，从空间获取能源（如月球土）等。这种需要，为我国航天科技企业及其民品产业的发展，提供了十分广阔的市场空间。而只有市场需求才是当代高科技产业发展的根本动因。在这个意义上，可以说，航天科技企业民品产业发展的前景，是乐观的。因为，它本身就是知识经济的"宠儿"，知识经济时代已经给它赋予了靓丽的前途。只要翻检一下全球对航天产业需求的数字及其必然上升的趋势，对此就不会有怀疑。

2004年6月颁布的我国《国防科技工业产业政策纲要》，其第一条就把包括航天产业在内的国防科技工业作为国家的"战略产业"来界定，并从增强国防的角度，说明国家在军事上对航天产业发展的强烈呼唤。我国要"和平崛起"，"和平崛起"意味着不以战争为手段来掠取财富，这就要求中国必须有遏制战争的能力，遏制战争比打赢战争需要有更强的战略能力，因此，中国必然对国防工业包括航天工业有更多的资金投入。因为，"能战方能言和"。只有充分做好准备工作，才有可能延缓或避免战争，从而争取更长的和平建设时间。何况，航天高新武器从研制、生产、试验、装备部队到形成战斗力，一般需要10—15年的时间，周期很长。目前，我国国家经济实力不断增长，它必然尽可能满足国防现代化建设的需要，尽早、尽快足额投入，确保急需的高新武器和"杀手锏"装备的研制、生产加快进行，并逐步装备部队，形成维护国家安全的战斗力，以强大的国防实力和战略威慑力震慑对手，争取和平。

一 我国航天工业起步简史

(一) 中国航天工业创业维艰

以毛泽东为首的中共中央领导中国人民刚刚胜利结束了抗美援朝战争，面对国外敌对势力的包围封锁，就毅然作出发展尖端武器的战略决策。1956年5月，由周恩来主持的中央军委会议决定，创建我国导弹研究机构——"国防部第五研究院"。这是我国航天工业起步和建立的主要标志。

国防部第五研究院以钱学森为首任院长。当时的基本队伍是30多名技术专家和150余名应届大学毕业生。截至1956年年底，组建了导弹总体、空气动力、发动机、结构强度、推进剂、控制系统、控制元件、无线电、计算技术、技术物理等10个研究室。

经党中央批准的五院建院方针，是"自力更生为主，力争外援和利用资本主义国家已有的科学成果"。这一方针，保证了我国的航天工业40多年一直走在适合国情的发展道路上，取得了支撑我国国际地位的辉煌成果，而且在技术上又不受制于人。

当时，根据"中苏国防新技术协定"，由苏联派出专家，提供样品导弹和资料，帮助我国仿制导弹。因为我国仿制工作立足于最终要以自己的力量设计和制造导弹，所以，1959年苏联政府撤走专家、中断援助的毁约行为，并未给我国的导弹仿制工作造成实质性的困难。苏联专家撤走仅3个月后的1959年11月15日，仿制的东风一号地—地导弹便发射成功。东风一号虽系仿制，但完全由我国自己制造，因此它的成功仍被聂荣臻元帅称为

"我国军事装备史上的一个重要转折点"。我国从此有了自己的导弹武器。

1960年,国防部五院适时地将仿制转为自行设计中近程地—地导弹东风二号。1962年,东风二号的首发试射遭遇失败,但失败使研制工作从技术到管理都获得了宝贵的教训。经过修改设计的东风二号,历经10余项大型试验后,于1964年6月发射成功,并在性能上得到改进,射程增加20%后具备了实战价值。东风二号的成功,是我国导弹工业创建成功的主要标志之一。

1957年10月4日,苏联成功发射世界上第一颗人造卫星以后,我国初期的航天活动也开展起来。1958年5月,毛泽东在中共八大二次会议上发出号召:"我们也要搞人造地球卫星。"当年10月,中国科学院地球物理研究所所长赵九章率代表团访问苏联,考察人造卫星。1960年2月,中国科学院上海机电设计院自行设计制造的我国第一枚液体探空火箭发射成功,并在以后进行了一系列宇宙生物学等试验。中国科学院还提出了我国第一颗人造地球卫星的技术方案并完成了基本的研制工作。

我国航天工业创建时期的物质条件是极端艰苦的,以致在20世纪80年代改革开放以后,外国人在参观已几经改善的卫星制造厂房和设备时,还不相信中国人在那样的条件下能造出"上天的产品"。

(二) 中国航天工业体系在艰难中逐步形成

国防部第五研究院初建时,按专业技术组建了3个"分院";后来根据各类导弹型号研制的需要,于1964年11月调整为4个"型号分院",各分院所负责研制的型号总体与分系统的研究、设计、试验和试制,基本上自成体系。稍后,在五院的基础上,加上从全国各有关部门调集的研制力量,组建了"第七机械工业部",统一组织和管理航天工业的研究、设计、试制和生产。

1969年,上海建成了防空导弹、运载火箭和应用卫星的综合科研生产基地。与此同时,我国航天工业三线基地的建设也在加紧进行。至70年代末,分布在四川、贵州、陕西、湖北等地的七机部大多数"三线基地"陆续建成,成为我国航天工业的重要组成部分。

中国科学院"卫星设计院"于1965年开始筹建,1966年初正式成立并开始研制人造地球卫星。后来,中央军委决定调集有关力量,成立由国防科委领导的"空间技术研究院",以便在非常时期实施强有力的领导和组织工作,加快我国第一颗人造地球卫星的研制。中国空间技术研究院于1968年2月成立,钱学森兼任院长,1973年7月成为七机部的"第五研究院"。此后,由国防科委负责发射试验,由七机部负责各类导弹、运载火箭和人造卫星的科研生产的格局完全被确定下来。至此,我国航天工业体系初步形成。

(三)中国航天工业逐步发展壮大

1970年1月,我国中远程两级液体弹道导弹飞行试验成功,在此基础上研制的长征一号运载火箭于当年4月24日成功地将我国第一颗人造地球卫星东方红一号送上了轨道。东方红一号的发射成功,揭开了我国航天活动的序幕并展示了我国航天活动综合性的成就。人造卫星、多级运载火箭、航天发射场以及地面测控网组成了协调、高效的"航天大系统"。从导弹工业发展起来的我国航天工业,开始进入不断壮大的新时期。

1. 卫星的发射及其成果

自20世纪70年代以来,我国一直推进科学卫星系列计划。我们先后在各种气象卫星、通信卫星等应用卫星上,进行了几十次"搭载实验",取得了很大成绩。1975年5月,我国发射了第一颗科学卫星"实践"1号。1981年9月20日，我们又发射了"实践"2号。1994年2月8日，我们再发射了"实践"4号。这颗卫星上载有多种探测器，包括电子、质子、重离子等探测器，而且在探测环境参量的同时给出其效应等。1999年5月12日我国又成功发射了"实践"5号，重点研究了"单粒子事件"及其防护。

据《人民日报》2004年12月13日报道，我们2004年8次发射长征系列运载火箭，箭无虚发，将10颗不同类型的卫星成功送入预定轨道。中国航天人乘着我国首次载人航天圆满成功的东风，宇航发射任务实现了"八战八捷"。

2. 空间试验及其成果

这里重点介绍中国当时在空间环境、空间材料及空间诱变育种3个方面的若干成果。

自1975年以来，我国已成功发射了数十颗返回式卫星。卫星在完成主任务的同时，进行了多项卫星搭载实验，在空间材料科学方面取得了多项令人鼓舞的成果，可产生新的高技术生长点并带动相关高新技术产业的发展。它显示，发展高空材料应用产业是一项具有战略意义的工作。

作为一个要解决13亿人口温饱问题的农业大国，我国从1987年开始用返回式卫星搭载植物种子，并回收种子在地面进行种植、观察、选择和多代培育。在利用空间特殊环境诱导"植物性状变异"以培育性状优良的新品种，创造新的种子资源等方面，取得了可喜的成果，开拓了"空间诱变育种"这一新领域。据不完全统计，自1987年以来，在航天高技术领域的支持下，遍及22个省、市、自治区的70多个单位，应用我国发射的8颗返回式卫星的剩余载荷及4次高空科学实验气球，搭载了60多种植物，500多个品种的种子，其中有些已评定为高产优质的品系，得到广泛推广。

3. 对地观测及深入开发地球的成果

中国发展对地观测技术已成为国民经济发展的重要手段，在气象预报、灾害监测、资源勘探、海洋动力环境、农业发展、环境监测、城市建设等方面，正在发挥巨大的作用。特别是当未来信息技术高度发展并成为社会发展、人们生活中的最重要手段时，作为主要的信息保障，对地观测具有不可替代的位置。

我国在航天技术发展中实施"应用卫星，卫星应用"方针，以发展气象卫星、通信卫星、海洋卫星、导航卫星等应用卫星为重点，发展载人航天计划和科学探测卫星计划，以后还要进行以月球探测为起点的深空探测计划。

我国已具备了从可见光、红外线到包括毫米波、亚毫米波的微波遥感器的设计、研制能力，而且在"风云"系列气象卫星上成功地应用；在返回式地球探测卫星、"资源"系列卫星上都获得了优质的图像；在"神舟"系列发射中首次搭载了我国微波遥感系统和中分辨成像光谱仪。我们还要发射各种性能的合成孔径雷达卫星。

我国遥感卫星除在气象预报、海洋预报和资源探测等方面的成功应用外，在灾害监测方面也成功地得到应用，其技术在国际上领先。我们用星载和机载技术实现了"机—星—地"遥感信息的实时传输，从而使灾害监测和损失评估在很短时间内完成，为防灾、减灾起到了重要作用。

(四) 改革开放后中国航天工业的腾飞

改革开放为中国中国航天的腾飞插上了翅膀。30 余年的改革开放，使中国航天工业跃上了崭新的台阶。

1. 长征火箭"大家族"进一步形成

20 世纪 80 年代前后，我国运载火箭逐渐形成系列，进而组成了长征火箭"大家族"。主要用于发射各类近地轨道卫星的长征二号系列拥有了长征二号丙、长征二号丙改进型、长征二号捆绑式和长征二号丁运载火箭。继长征三号成功发射了东方红二号卫星之后,长征三号系列陆续增加了新成员长征三号甲、长征三号乙;其中长征三号乙三级液体捆绑火箭于 90 年代后期问世,其地球同步转移轨道运载能力达到了 5.1 吨,全长近 55 米,已跃入世界大型火箭行列。90 年代后期,主要用于发射太阳同步轨道和极地轨道各种应用卫星的长征四号乙运载火箭也成功地投入了使用。

长征运载火箭系列化的意义是重大的。自此,我国火箭的运载能力低轨道从 1 吨到 9.2 吨,高轨道从 1.45 吨到 5.1 吨,已经可以满足国内外各种用途卫星的发射要求,长征火箭"大家族"是中华民族的骄傲,是我国航天工业蓬勃发展的象征。

多种新型号的战略、战术导弹武器研制出来并陆续装备了我国陆、海、空三军和战略导弹部队,大大增强了我国国防实力。

2. 我国运载火箭开始挺进国际商业卫星发射市场

我国航天工业进入发展新时期的另一个重要标志是,20 世纪 80 年代后期,我国运载火箭开始挺进国际商业卫星发射市场,目前成绩骄人。

我国政府于 2000 年 11 月发表的《中国的航天》白皮书,把积极推进我国航天技术实现产业化作为一个重大发展目标。随着完善的、规范化的社会主义市场经济在我国的建立,在确保国家主权和国家安全的前提下,我国航天工业摆脱了计划经济遗留下来的束缚,加速了产业化和市场化,以前所未有的姿态挺进全球大市场。

《中国的航天》白皮书明确了我国在新世纪加快发展航天的目标。其中,我国近期发展目标包括:

——建立长期稳定运行的卫星对地观测体系；

——建立自主经营的卫星广播通信系统；

——建立自主的卫星导航定位系统；

——全面提高我国运载火箭的整体水平和能力；

——实现载人航天飞行，建立初步配套的载人航天工程研制试验体系；

——建立协调配套的全国卫星遥感应用体系；

——发展空间科学，开展深空探测。

我国远期发展目标包括：

——空间技术和空间应用实现产业化和市场化，空间资源的开发利用满足经济建设、国家安全、科技发展和社会进步的广泛需求，进一步增强综合国力；

——按照国家整体规划，建成多种功能和多种轨道的、由多种卫星系统组成的空间基础设施；建成天地协调配套的卫星地面应用系统，形成完整、连续、长期稳定运行的天地一体化网络系统；

——建立我国的载人航天体系，开展一定规模的载人空间科学研究和技术试验；

——空间科学取得众多成果，在世界空间科学领域占有较重要的地位，开展有特色的深空探测和研究。

在新时期，我国航天业最大的动作，是启动了载人航天活动和探月活动。

二 "嫦娥"和"神舟"使中国成为全球"老三"

（一）新时期我国航天业探月活动中的"嫦娥工程"

1. "嫦娥工程"在人类探月史上的地位

2007年10月24日，中国首颗探月卫星嫦娥一号从西昌卫星发射中心发射升空。一个多月后的 11 月 26 日，中国第一幅月图完美亮相，中国首次月球探测工程取得圆满成功。

在嫦娥一号工程中，中国只花费了相当于一个普通城市 2 公里地铁的造价，却实现了 38 万公里的深空探测；嫦娥一号的 5 万多个元器件，98.8 万行飞行控制源代码，100% 地由我国科研人员自行设计、研发；"嫦娥一号"发射时间是 18 时 05 分 04 秒 6，与理论最佳时机误差只有 0.4 秒，节省的燃料能让卫星多飞两年；卫星进入地月转移轨道的允许误差是 2%，实际达到 0.03%，创造了中国航空器飞行和信号传输距离之最。

嫦娥一号传回第一张月球表面图像，显示出来的只有 6 平方米大，但是它体现的是月球表面 128800 平方公里的区域，相当于近 8 个北京市那么大。

2. 嫦娥一号的成功和中央的关怀

嫦娥一号是一项凝结中华民族深切期盼的重大工程。由于它，中国航天事业，也从"太空时代"迈向"深空时代"。

2005 年 11 月 26 日，庆祝神舟六号载人航天飞行圆满成功大会在北京人民大会堂隆重举行。胡锦涛总书记的重要讲话，科学概括了新中国数十年航天事业发展战略，深刻阐述了特别能吃苦、特别能战斗、特别能攻关、特别能奉献的载人航天精神，在全国广大干部群众，特别是航天科技工作者中引起强烈反响，成为推进我国首次月球探测工程的强大精神动力。

作为中国航天事业承上启下的重要一步，中国首次月球探测工程成功的背后，是党中央面对不断发展的世界大势，作出的一次高瞻远瞩的重大战略决策。

其一，40 多年前，以毛泽东为核心的第一代中央领导集体从国内外大局的战略高度出发，以长远的眼光和非凡的胆略，毅然决定研制"两弹一星"。

其二，十一届三中全会后，以邓小平为核心的第二代中央领导集体，明确地把发展航天事业纳入发展高技术的"863"计划。

其三，2004年1月23日，中国首次月球探测工程被正式批准立项。在党中央亲切关怀和英明决策下，中国航天业开始了新的征程。"依托经济社会发展全局，突出自主创新"——党中央对月球探测工程的组织实施提出了明确要求和具体部署：打造一个自主创新的"中华牌"月球探测工程。这是党中央对月球探测工程提出的明确要求，也是中国航天人的梦想和追求。

我国的月球探测工程规划分三步走，即分为"绕"、"落"、"回"三期，并提出了每一期工程的科学目标和工程目标。

2005年2月4日，胡锦涛总书记召开中央政治局常委会议，听取月球探测工程进展情况汇报。中央领导多次到研制现场了解情况，看望科技人员，也对工程提出了更具体、明确的要求。

中央提出，要通过月球探测工程的实施，不断提高我国科技自主创新能力，努力涌现出一批拥有自主知识产权的科技成果，带出一支高素质的创新型人才队伍，创出一套带动相关技术和产业发展的模式，为国家重大科技工程建设提供宝贵的经验。

为此，月球探测工程领导小组一方面积极组织、科学管理、狠抓落实，同时努力探索工程管理系统的新经验，不仅要出成果、出人才，还要出经验、出模式。

从2004年年初立项，到2007年11月26日第一幅月图完美亮相，中国首次月球探测工程仅仅用了3年多的时间。更为珍贵的是，按照中央要求，工程从一开始就立足自主创新，充分利用我国成熟的技术和现有的设备，独立研制、独立制造、独立试验，独立打造了一个自主创新的"中华牌"月球探测工程，许多关键技术和设备在国际或国内均属于首次应用，成为令人骄傲的自主创新工程。

其四，胡锦涛关于月球探测工程的讲话鼓舞人心[1]。2007年12月12日，中共中央、国务院、中央军委在北京隆重举行庆祝我国首次月球探测工程圆满成功大会。胡锦涛总书记热情洋溢的讲话温暖人心，催人奋进。胡锦涛强调，我国首次月球探测工程的成功，实现了中华民族的千年奔月梦想，开启了中国人走向深空探索宇宙奥秘的时代，标志着我国已经进入世界具有深空探测能力的国家行列。这是我国推进自主创新、建设创新型国家取得的又一标志性成果，是中华民族在攀登世界科技高峰征程上实现的又一历史性跨越，是中华民族为人类和平开发利用外层空间作出的又一重大贡献。全体中华儿女都为我们伟大祖国取得的这一辉煌成就感到骄傲和自豪。

胡锦涛指出，这一重大成就，是我国改革开放29年来综合国力不断提高的重要体现，是我们在实现中华民族伟大复兴征程上谱写的壮丽篇章。事实再一次向世人昭示，自强不息、勤劳智慧的中国人民有志气、有信心、有能力攀登世界科技高峰，不断为人类文明进步作出贡献。

胡锦涛高度评价了我国首次月球探测工程实施以来参加工程组织实施、研制、建设、试验、科学应用的全体同志作出的突出贡献。他说，我国首次月球探测工程的成功实施，突破了一大批具有自主知识产权的核心技术和关键技术，带动了我国基础科学和应用科学若干领域深入发展，促进了众多技术学科的交叉和融合，探索出一套符合我国国情和重大科技工程要求的科学管理模式和方法，培养造就了一支高素质、高水平的航天科技人才队伍，为我国深入开展深空探测奠定了坚实基础，为我国航天事业

---

[1] 新华社2007年12月12日北京电。

发展开辟了更为广阔的领域和空间。

(二) 新时期我国航天业中的载人航天活动

美苏当年称霸全球的法宝之一,就是载人航天。中国人要自立于世界民族之林,应当打破美苏称霸,发展自己的载人航天。

2008年9月25日晚5时,北京。奥运余喜犹存。历史的指针指向一个激动人心的时刻:神舟七号载人航天飞行。21时10分04秒,神舟七号飞船升空。长征二号F型运载火箭像一条巨龙,喷射出一团橘红色的烈焰,顷刻间,托举着神舟七号载人飞船拔地而起,直刺苍穹。21时32分,北京航天飞控中心宣布:飞船正常入轨。21时33分,载人航天工程总指挥宣布:神舟七号飞船发射成功!

这也是中国长征火箭的第109次飞行。在未来几天的飞行中,3位航天员中的一人步出飞船,把中国人的足迹首次印到太空之中。其间,另一位航天员在同样暴露在真空中的轨道舱执行任务,配合出舱航天员共同完成此次出舱任务。

1999年11月20日神舟一号发射升空,11月21日返回,飞行1天。神舟一号是不载人的试验性飞船。这是长征二号F型火箭的首次研制型飞行试验,主要目的是考核运载火箭的性能和可靠性。

神舟二号使中国人离飞天的日子更近了。"神舟二号"于2001年1月10日发射升空,1月16日返回,飞行7天。这是我国第一艘正样无人飞船,技术状态与载人飞船基本一致。除没有载人外,技术状态与载人飞船基本一致。

神舟三号飞船于2002年3月25日发射升空,4月1日返回,耗时6天零18个小时。神舟三号飞船搭载了"模拟人",模拟航天员呼吸和血液循环系统中的心律等多种太空生活的重要生理活动参数,为未来航天员进入太空提供可靠的数据。

2002年12月30日0时40分，神舟四号飞船在低温严寒条件下又发射成功。2003年1月5日19时16分，飞船安全返回并完成所有预定试验内容，突破了我国低温发射的历史纪录。

2003年10月15日9时，中国第一艘载人飞船神舟五号成功发射。中国航天员杨利伟经过60万公里的太空跋涉，于2003年10月16日6时23分在我国内蒙古中部草原成功着陆。从此，中国成为世界上继苏联/俄罗斯和美国之后，第3个能够独立开展载人航天活动的国家，标志着中国载人航天工程取得了历史性的突破。这一刻，距神舟五号发射21个小时23分，距中国第一艘试验飞船发射3年零329天，距中国载人航天工程立项11年零25天。

2005年10月12日凌晨，40岁的费俊龙和41岁的聂海胜登车前往发射场。12日9时整，托举着神舟六号飞船的长征二号F型运载火箭凌空而起，几秒钟后消失在云层里。

10月17日凌晨4时33分，在航行了325万公里之后，飞船返回舱于内蒙古四子王旗的主着陆场平稳着陆。5时38分，身着航天服的费俊龙自主出舱，聂海胜随后走出，挥动鲜花向搜救人员致意。这一刻，距离神舟六号发射115个小时又32分钟；距杨利伟完成中国首次载人航天飞行后顺利返回两年又22个小时；距离中国载人航天工程启动13年又26天。

神舟六号的成功发射和平安着陆，树起了中国载人航天史上第二座里程碑，从此，中国成为世界上第三个能够独立开展空间科学试验的国度。与"神五"相比，"神六"飞天变化很多。主要有：一是航天员人数从一人到两人；二是飞行天数从一天到多天；三是航天员活动范围扩大到全船，他们要脱下航天服，从返回舱进入轨道舱活动，还要完成空间科学实验的操作；四是飞船更舒适，通过110多项技术改进，神舟六号飞船首次全面启动了环境控制和生命保障系统；五是火箭更安全，发射神舟六号飞船的长征二号F型火箭经过75项技术改动，更加安全、可靠和舒适，也有了更多的功能。

北京时间2008年9月25日21时10分04秒，我国自行研制的，载有翟志刚、刘伯明、景海鹏三位航天员的神舟七号载人飞船在酒泉卫星发射中心发射升空，并准确进入预定轨道。9月27日16时41分00秒，航天员翟志刚身穿中国研制的"飞天"舱外航天服，打开神舟七号载人飞船轨道舱舱门，进行了中国首次太空漫步，并在太空中展示五星红旗。28日下午，"神七"返回舱成功在内蒙古四子王旗着陆，三位航天员自主出舱。神舟七号载人航天飞行任务获得圆满成功。

中国人第一次在浩瀚太空"印上"自己的足迹，成为继美、俄之后世界上第三个实现太空舱外活动的国家，实现了中国空间技术发展的一个重大跨越。

载人航天第二步第一阶段有两大任务，一个是出舱，一个是交会对接。神七是第二步第一阶段任务的第一次飞行。神七最主要的任务就是实现我国航天员第一次出舱。人在太空中可以发挥自动化机器无法替代的作用，掌握出舱活动和交会对接两项技术后，我们就具备了从事较大规模、持续载人航天活动的基本能力。这次飞行，将在太空进行不同固体润滑材料和太阳电池基底材料舱外暴露试验，由航天员把实验的样品从舱外取回。将释放小卫星，它将围绕轨道舱伴随飞行，这也是我们第一次进行两个卫星相对运动轨道的测量、预报和控制，可为今后进行交会对接的地面导引控制积累经验。还将进行中继卫星通讯实验，这将为我国的天基测控网奠定良好基础，大大提高测控网的覆盖率和效率，为以后的交会对接提供必备的测控保障。目前世界在用的载人天地往返系统就三种，一个是美国的航天飞机，一个是俄罗斯的联盟号飞船,再一个就是神舟飞船。神七飞船的技术水平和能力应该说跟国外在用的飞船是相当的。完成出舱活动后,下一个目标就是解决交会对接问题。交会对接的准备工作已经开始,我们打算用不太长的时间掌握交会对接技术。届时首先发射一个目标飞行器,然后发射飞船和它交会对接。如果是进行载人的交会对接,人还可以进入这个目标飞行器里面,目标飞行器同样具备环境控制和生命保障能力,具有科学实验的能力。完成一定任务后,人可以回到飞船,飞船与目标飞行器分离,再返回地面。同时,我们会开展比第一步任务阶段规模更大的空间应用和空间技术试验。会验证一些未来空间站要使用的技术,解决空间站阶段的基本关键技术,从而在完成交会对接任务以后,基本上具备研制空间站的能力。按照载人航天三步走的计划,在第二步任务中,我们还将研制和发射空间实验室。作为可持续的载人航天活动,空间站是下一个发展目标。它可以给人提供一个从事较大规模、长期可持续的载人航天活动平台。

中国的飞船起步比美、苏晚,但飞船技术水平和他们现在的大体相当。短短七八年的时间,中国航天人走完了发达国家三四十年所走过的路。《纽约时报》引用一位美国太空史专家的话说:"这是一个很好的开始。中国已经加入了一个很特别的俱乐部,在这个俱乐部里原来只有美国和俄罗斯两个会员。"

一个民族的智慧、一个国家的能力,往往需要一些标志性事物来证明,而航天高技术正是能够起到这种作用的技术领域之一。航天高技术与空间开发活动不仅是提高人类生活质量、开发新资源的重要途径,而且是衡量民族智慧、国家力量和文明程度的重要标志,也是确定一个国家国际地位的重要因素。30多年来,中国航天事业经历了由科学研究、技术试验到工程应用的转变,在卫星回收、一箭多星、地球同步轨道通信卫星定点、宇宙飞船研制和载人航天等领域跻身世界先进行列，走出了一条有限投入条件下大幅度跨越式发展的道路。这一切，都归功于以爱国主义和坚强民族意志主导的自主创新，离开了自主创新，这一切都无从谈起。

2008年11月7日上午，中共中央、国务院、中央军委在人民大会堂隆重举行庆祝神舟七号载人航天飞行圆满成功大会。党和国家领导人胡锦涛、温家宝、贾庆林、李长春、习近平、李克强、贺国强等出席大会。会上，李克强宣读了《中共中央、国务院、中央军委关于授予翟志刚同志"航天英雄"、刘伯明、景海鹏同志"英雄航天员"荣誉称号并颁发"航天功勋奖章"的决定》，胡锦涛向他们颁发了证书和勋章并发表重要讲话[1]。

胡锦涛重要讲话说，神舟七号载人航天飞行获得圆满成功，我国3名航天员首次成功实施空间出舱活动和空间科学实验，实现了我国空间技术发展的重大跨越。这一举世瞩目的伟大成就向世界宣告，中国已成为世界上第三个独立掌握空间出舱关键技术的国家。我国航天员太空行走迈出的一小步，代表着我们在科技创新征程上迈出的一大步。这是我国载人航天事业发展史上的又一重要里程碑，是我们建设创新型国家取得的又一标志性成果，是中国人民攀登世界科技高峰的又一伟大壮举，是中华民族为人类探索利用外层空间作出的又一卓越贡献。全体中华儿女都为伟大祖国取得的这一辉煌成就感到无比荣耀和自豪，广大航天工作者为祖国和人民建立的卓越功勋，党和人民将永远铭记！

胡锦涛说，载人航天工程不仅有力带动了我国基础科学和应用科学相关领域加速发展，促进了科技成果向现实生产力转化，为经济社会发展提供了重要推动力量，而且培养造就了一支能够

---

[1] 新华社2008年11月7日北京电。

站在世界科技前沿、勇于开拓创新的高素质人才队伍,探索出依托重大工程培养创新型人才和领军人物的有效途径和体制机制。广大航天工作者大力发扬以爱国主义为核心的民族精神和以改革创新为核心的时代精神,培育形成了特别能吃苦、特别能战斗、特别能攻关、特别能奉献的载人航天精神,为全党全军全国各族人民沿着中国特色社会主义道路奋勇前进增添了精神力量。神舟七号载人航天飞行圆满成功,充分展示了改革开放30年来我国显著提高的经济实力、科技实力、综合国力,进一步增强了全体中华儿女的民族自信心和自豪感,进一步坚定了全党全军全国各族人民继续推进改革开放和社会主义现代化建设的决心和信念,对于我们在中国特色社会主义道路上,实现中华民族伟大复兴必将产生重大而深远的影响。这一成就再一次向世人昭示:中华民族是勤劳智慧、富有创新精神和创造能力的民族,是自强不息、勇于战胜一切艰难险阻的民族,是爱好和平、积极为人类和平与发展的崇高事业不懈奋斗的民族。

胡锦涛指出,载人航天工程的生动实践,深化了我们对组织重大工程建设的认识,为加快我国科技事业发展、推进改革开放、推动经济社会又好又快发展积累了宝贵经验,提供了重要启示。

第一,科学发展是实现发展目标的必然要求。广大航天工作者,牢固树立科学发展理念,尊重科学、尊重规律,发扬求真务实精神,坚持成功是硬道理,始终用"精心组织、精心指挥、精心实施,确保成功、确保万无一失"统一思想,科学统筹、协调推进各方面各阶段的建设,形成了人力、财力、物力最佳组合,确保了工程建设和重大试验顺利实施,促进了载人航天工程全面协调可持续发展。实践再一次告诉我们,只有坚持科学发展才能又好又快实现既定的发展目标。我们必须始终坚持科学发展，切实把科学发展观贯穿于社会主义现代化建设全过程，不断创造无愧于历史、无愧于当代、无愧于后人的业绩。

第二，社会主义制度是凝聚强大力量的政治优势。载人航天工程规模宏大、系统复杂、高度集成，全国数千家单位、几十万科技大军承担研制、建设、试验任务。各系统各单位始终坚持社会主义大协作，自觉讲大局、讲团结、讲奉献，形成了全国一盘棋、全力为成功的强大合力，谱写了万众一心、团结奋进的时代凯歌。实践再一次告诉我们，社会主义制度能够集中力量办大事是我们国家的显著政治优势，是我们战胜艰难险阻、创造历史伟业的强大制度保证。我们必须始终坚持和充分发挥这一显著政治优势，最大限度地凝聚全社会的智慧和力量，共同创造党和国家事业发展的新辉煌。

第三，自主创新是掌握民族发展命运的关键之举。我国载人航天工程靠自力更生起步、在自主创新中发展。广大航天工作者勇于探索、善于创造、敢于超越，始终瞄准世界航天科技前沿，攻克一道道世界性难题，掌握一大批具有自主知识产权的核心关键技术，在较短的时间内，以较少的投入，高标准、高质量、高效益地实施了工程任务，走出了一条符合国情、具有特色的载人航天工程发展道路，使我国加速跻身于世界航天大国之列。实践再一次告诉我们，自力更生是中华民族自立于世界民族之林的奋斗基点，自主创新是我们攀登世界科技高峰的必由之路。我们必须始终坚持自力更生、自主创新，牢牢掌握我国科技发展的主动权，不断增强国家科技实力特别是核心竞争力。

第四，爱国主义是成就伟大事业的精神动力。在载人航天工程实施过程中，广大航天工作者高举爱国主义旗帜，以祖国需要为最高需要，以人民利益为最高利益，自觉把个人理想与祖国建设、民族振兴紧密联系在一起，表现出强烈的爱国情怀，展现了对祖国的赤胆忠诚。实践再一次告诉我们，爱国主义是我们民族精神的核心，热爱祖国、奉献祖国是一切时代成就一切伟业的重要力量源泉。我们必须坚持不懈地在各族人民中大力弘扬爱国主义精神，使爱国主义始终成为激励我国各族人民为推进改革开放和社会主义现代化建设、实现中华民族伟大复兴而团结奋斗的强大精神支柱。

胡锦涛说，必须围绕建设国家创新体系，深化科技体制改革和各项配套改革，充分发挥政府的主导作用、市场在科技资源配置中的基础性作用、企业在技术创新中的主体作用、国家科研机构的骨干和引领作用、大学的基础和生力军作用，使技术创新体系、知识创新体系、国防科技创新体系、区域创新体系、科技中介服务体系协调统一，形成科技创新的整体合力。必须完善适应社会主义市场经济发展要求的科技事业管理体制，建立健全法律法规，完善科技资源配置方式，形成科技不断促进社会进步、社会不断增加科技投入的良好环境。

胡锦涛总书记的讲话，极大地鼓励了中国人民和航天工作者。

(三) 民营企业进入航天业和航天科技产品"民用"

过去，民营企业参与到以高精尖著称的航天事业是不可想象的。今天，民营企业也能够涉足航天事业了。很多人说，航天经济的产业链堪称各个经济类别中最长的，几乎无所不包。这个说法并不夸张。从能源、钢铁、新材料、电子、机械、通信等行业，到航天服装、航天食品涉及的纺织、服装加工、农产品、食品加工等行业，一次航天活动所涉及的产业，几乎涵盖了日常生活中的各个领域。神舟七号载人飞船当然也不例外。既然与"神七"相关的产业几乎涵盖了日常生活的各个产业，那么，一旦"神七"的科技成果转化为民用，所带来的产业价值必然将是惊人的。实际上,关于航天活动的产业价值,国际上早有数据论证。据欧美多家研究机构评估,在航天领域每投入1元钱,将会产生8元至14元的"带动效应"。美国耗资240亿美元进行阿波罗登月计划,科技成果转化为民用后,衍生出的产业价值超过2000亿美元。

在中国,通过神五、神六升空,也有相应的"军转民"数据产生。北京航空航天大学经济管理学院教授韩立岩介绍,自开展航天计划以来,我国每年航天产业整体投入平均在上百亿元,而其产值则会翻番,同时还可以产生5倍至6倍的辐射效果。粗略地估算,目前,通过神五、神六带来的产业价值已经超过1200亿元。

北京航空航天大学经济管理学院副院长魏法杰表示,神七升空代表着中国火箭等技术的成熟,以及中国在载人航天飞船、太空行走等技术上的突破。神七不仅将带动航天产业的发展,未来还将给国民经济带来巨大动力。不过,魏法杰也承认,由于我国在航天项目上起步比欧美一些国家略晚,航天科技转化为民用也需要一个比较长的过程。相对而言,将航天科技转化为民用技术在中国尚处于"初级阶段"。

有行业内报告显示,1996年,全球航天技术产业创造的利润为750亿美元;到2000年,利润已攀升到1250亿美元;至2010年,全球商业航天活动的收入预计将达5000亿至6000亿美元,其中全球卫星产业市场的规模预计将达2000亿至3000亿美元。今后10年,全球预计发射商用卫星700颗左右,作为具有发射能力的国家,中国必然将从中分得一杯羹。

民营经济介入除了巨大的产业价值和对国民经济整体助力外,神七发射中有一个亮点不容忽视。神舟项目中引入了不少民营企业。以浙江为例,根据该省国防科工办主任陈加福介绍的情况，从神一到神七，浙江省有6家民营企业先后参与了制造过程。这6家企业分别承担了生命保障系统、电器、稽查等相关的部分制造任务。民营企业能够涉足航天事业，足以说明中国的民营经济已经发展到了新阶段。未来，我们还将在国家载人航天工程和绕月探测工程等重大国家级航天项目中，看到民营企业的身影。

应当看到，用于航天事业的产品，必须应对太空中环境恶劣，保证航天员在恶劣环境中顺利使用，因此小到宇航员们使用的"铅笔"，都要做到精益求精，其中蕴含着大量尖端的科技。这些服务航天事业的生产企业为此付出了艰巨的努力，科研人员花费了巨大的精力和脑力，尽快将这些技术及时的转化为生产力，转化为经济利益，不仅可以满足航天事业的特殊性需求，也可以满足公众对高科技航天产业的需求，同时也能为科技生产企业带来丰厚的经济效益和社会效益，更加快了科研技术向生产力快速转化的进度，保证了企业的高科技投入在最短时间内取得实际的收益。

将航天高科技产品转化为民用，实际是高科技服务公众、创造最佳社会效益和经济效益的一种现实选择，也是符合国际潮流的一种通行做法。美国、俄罗斯、加拿大、欧盟等世界航天强国，服务于航天事业的高科技项目转化为民用产品成功的事例不胜枚举，每年所创造的经常效益高达几百亿美元，生产企业获得了较为丰厚的收益，甚至于成为企业的主导产品并在市场上经久不衰，保持着旺盛的生命力。所以，当我们的生产企业也致力于将用于航天事业的高科技产品转化为民用时，这种乘着发展航天事业而研发的高科技产品民用化，肯定能成为民用产品的新锐，吸引更多的人来使用，创造出令人叹为观止的市场奇迹。

三 中国航天业的构成

1988年,中国航天工业部与航空工业部合并为航空航天工业部。1993年,航空航天工业部的航天部分分别改组为中国航天工业总公司和国家航天局。1998年,国家航天局并入组建的国防科工委。按照国防工业市场化要求,1999年7月,中国航天工业总公司一分为二,分别为中国航天科技集团和中国航天机电集团。它们接受国防科工委的行业管理,不再承担任何政府职能,享有国有资产的经营权,国家不再对公司负有无限连带责任。

40多年来,中国航天产业形成了约570亿元资产。其中中国航天科技集团拥有300亿元资产,共有130多个企事业单位,有职工11万人,其中专业技术人员4万多人,中国科学院和中国工程院院士25名。中国航天机电集团拥有270亿元资产,由140个企事业单位组成。集团公司共有11万余职工,遍及全国16个省市,其中近40%为各类专业技术人员。它们的主业民品部门为卫星、运载火箭工业和国际商业卫星发射服务业,形成了26个产值超亿元的主业民品项目。非主业民品项目为各种军转民项目。

航天服务业现有三个卫星发射中心,其中西昌卫星发射中心用于发射地球静止轨道卫星,酒泉卫星发射中心用于发射顺行轨道卫星,太原卫星发射中心用于发射太阳同步轨道卫星。它还有一些卫星测控站,例如渭南卫星测量中心,西安测控中心,长春、闽西、渭南、喀什、酒泉、南宁卫星测控站,远望号综合测量船,以及在基里巴斯共和国建立的塔拉瓦卫星测控站。

中国航天系统除了航天科技、航天机电、工大高新、中兴通讯这四只上市股票外,1999年11月,中国运载火箭研究院下属的北京遥测技术研究所和北京建华电子仪器厂与武汉电缆集团有限公司下属的黄市电缆集团和武汉神力齿轮制造有限责任公司进行资产置换，借武汉电缆之壳上市。1999年12月9日，武汉电缆更名为火箭股份，主营民用航天与运载火箭技术及配套装备、卫星应用技术和设备的技术开发、新材料，计算机技术及软硬件等。

航天业像其他军工产业一样以工业为主体，但拥有更大规模的第三产业。它的航天供销总公司在华北、华东、东北、西南、西北、中南均设了子公司。它的航天建设集团公司以中国航天建筑设计院、北京航天建筑工程公司、山西航天建筑工程公司、华航房地产为发起单位，并吸收了集团内外的建筑企事业单位，形成参股、控股的子公司。

1999年，中国航天科技集团公司完成民品产值48.1亿元，实现民品销售收入38亿元，进出口总额5.4亿美元；国有企事业单位利润结余总额2.1亿元，赢利约3400万元。它到2005年的发展目标是：培育10个产值上亿元的民品，民品销售收入超过100亿元，累计出口创汇10亿美元。中国航天机电集团的发展目标是，从2000年到2005年，形成9项年销售收入达数亿元的标志工程，民品平均年销售收入75亿元，机电产品年平均出口创汇1亿美元以上。

四 中国航天科技企业民品产业发展现状

中国航天企业在20世纪70年代发射第一颗卫星后，从1985年起宣布对外承揽国际商业卫星发射服务。从早期艰难的市场开发，抓住市场机遇，进入国际商业卫星发射服务市场，到积极开拓市场和在逆境中求发展，直到2003年载人航天成功，其主要民品的发展历程，可圈可点，其"非主业民品"的发展，在国内也引人注目。

日本科学技术厅曾对国际航天发展的水平给出了一个阶段划

分表（见表5—2）[①]。从表中可以看出，中国航天业民品发展现在已经与美、俄并驾，进入"先驱国"之列。

表5—2　　　　　　　世界各国宇宙开发计划情况

类别	所实施的计划的特点
宇宙领域发展国	目前还没有任何一个国家达到这种程度。利用宇宙城市等把本国国民的活动及生活系统等扩大到宇宙空间
先驱国	国力雄厚、技术水平极高的国家，在技术开发和宇宙开发的领域中，为了掌握世界领导权而进行角逐，拥有载人系统，正在推行行星探测的宇宙工厂计划
技术自主国	不单是把宇宙系统的利用效果作为目的，而且制造和使用发射系统和卫星系统，学会尖端技术，掌握投资效果
应用技术国	虽然没有发射系统，但拥有卫星系统，结合本国的工业能力制造卫星系统或部分卫星系统，只掌握利用效果
成果购买国	仅以获得宇宙系统的利用效果为目的，购买可以得到的卫星系统
部分成果购买国	仅以获得宇宙系统的利用效果为目的，购买或者租借可以得到的部分卫星系统
非实施国	现在，这样的国家几乎已经消踪灭迹。基本上没有宇宙开发计划

（一）主业民品产业发展现状[②]

1. 卫星

1958年5月17日，毛泽东主席在中共八大二次会议上指出："我们也要搞人造卫星。"1970年4月24日，中国第一颗人造地球卫星"东方红一号"发射成功，使中国成为继苏联、美国、法国、日本之后世界上第5个能独立研制和发射卫星的国家。中国着力进行了低轨道返回式卫星、高轨道静止通信卫星、极轨和地球同步轨道气象卫星的研制和应用。中国在卫星设计、

---

① ［日］科学技术厅：《现代日本的科学技术》，科学技术文献出版社1985年版，第45页。

② 叶卫平：《避险求强：中国军工"入世"对策》，北京出版社2001年版，第126—130页。

卫星回收控制技术、卫星同步定点技术和地面数据与指令获取技术等方面，接近世界先进水平；在卫星遥感、环境试验和微重力实验方面达到了较高水平，成为世界上第 3 个拥有进行空间微重力实验手段的国家之一，有些项目已进入世界先进行列。目前，已与美、俄并驾，成为世界上拥有载人航天系统的先驱国家。

中国能够独立制造东方红系列通信卫星、返回式卫星、风云系列气象卫星及资源卫星、试验卫星。在发射的 45 颗卫星中，有 9 颗科学实验卫星，3 颗技术试验卫星，17 颗返回式卫星，10 颗通信卫星，5 颗气象卫星，1 颗地球资源卫星和 1 艘试验飞船，应用卫星和卫星应用已步入产业化进程。中国有能力为国内外用户提供科学实验搭载服务，进行生命科学实验和微重力材料加工研究，有能力将返回式卫星改装成空间育种等试验卫星。

中国在国际上率先实现了小卫星发射入轨后再上载软件的功能，意味着小卫星在天上可以根据需要改变其功能，程序破坏了也可通过电磁波修复。2000 年 6 月 30 日，中国清华大学和英国萨瑞大学联合研制的重 50 公斤的微小卫星"清华 1 号"由俄国宇宙—3M 火箭送入太空。这颗卫星具有遥感拍摄功能，表明中国具有世界一流的小卫星研制能力。

从总体上讲，中国在气象卫星、资源卫星、试验卫星上与美国、俄罗斯差距不大。中国的小卫星研制水平已处于领先地位，但是，在通信卫星和侦察卫星上。与国际先进水平大约落后 20 年。比如，美国在海湾战争中起用的侦察卫星，能透过遮障物发现军事目标，甚至能点清战区人员数目。美国的间谍卫星可用于探测和监控世界上的导弹发射并进行预警。美国正在研制的天基红外系统将更加庞大先进。而中国的卫星分辨率低、寿命短、时效差、遥感侦察设备单调，卫星数目也太少。为了打破美国在全球定位系统卫星（GPS）上的霸主地位，2000 年 10 月 31 日，中国用长征三号甲火箭发射了中国空间技术研究院研制的导航定位卫星——北斗导航试验卫星。它是中国第一颗导航定位卫星,可以为中国车辆、船只、飞机提供导航定位服务,并为建成全天候、全天时的北斗导航系统奠定了基础。

中国已发射的海洋一号卫星,主要对海洋水色要素进行探测,具有变轨和轨道维持能力,姿态控制更为精确,输出功率加大,资助定轨能力有所提高。中国与亚太地区相关国家合作研制的三轴稳定的亚太多任务小卫星(SMMS)已进入工程阶段,中国正在计划研制环境与灾害小卫星星座,导航定位、移动通信、对地观测等小卫星星座,中国有能力完善实用小卫星系列平台,适应高、中、低多层次、多种有效载荷应用的需要。

中国卫星工作的目标是:把新型卫星研制周期缩短到3—5年,年均研制生产4—6颗卫星,到2010年,建成2—3个天地一体化卫星应用网络体系。为了最有效地利用中国的航天资源,中国将优先发展卫星有效载荷技术,优先发展卫星公用平台技术,建成几种通用化、系列化和模块化的平台,达到快速发展小型、低成本卫星的目的。

2. 火箭

中国火箭工业是在基础工业极其薄弱的条件下独立自主地发展起来的。产品除了曾经生产过的"风暴一号"火箭外,主要是长征系列运载火箭。"长征火箭"是中国航天工业的骄傲,它已成为中国在国际市场上知名度最高的高科技产品。其中的地球静止轨道发射技术、低温高能火箭发动机技术、捆绑与分离技术、一箭多星技术、多级火箭分离技术、大型卫星整流罩技术、火箭高空二次点火技术、卫星回收技术等,已跨入世界先进行列。长征系列火箭型号齐全,有发射中低轨道的长征二号系列、发射同步轨道的长征三号和长征三号甲系列、发射小卫星的长征一号丁。长征系列火箭能够进行覆盖近地轨道、太阳同步轨道和低、中、高地球同步轨道的应用和发射,可以实现标准地球同步转移轨道、超同步转移轨道、低倾角的地球同步转移轨道的发射,可以实现一箭一星、双星、多星的发射,并具备空中多次定向、起旋等多种功能。长征火箭的运载能力在低轨道从1800公斤到9200公斤,高轨道从1600公斤到5000公斤,使中国进入了具有大型与重型火箭运载能力的国家行列。

2000年6月为止,中国航天工业已经发射了61枚长征系列运载火箭。4大系列11种型号火箭承担的飞行任务如下:长征一号飞行2次,长征二号飞行4次,长征二号丙飞行11次,长征二号丁飞行3次,长征二号捆飞行7次,长征二号并改飞行7次,长征三号飞行13次,长征三号甲飞行4次,长征三号乙飞行5次,长征四号飞行2次,长征四号乙飞行2次,加上1次新型长征火箭发射,总成功率为90%,6次失败。2000年10月31日,中国长征火箭进行了第63次发射,创造了1996年10月以来连续21次发射成功的记录。现在中国已成为世界上第五个用自行研制的火箭发射自己制造卫星的国家,成为世界上第四个具备发射中星通信卫星能力、掌握一箭多星技术的国家,成为世界上第三个能够回收卫星、掌握了液氢液氧低温高能火箭发动机技术的国家,成为世界上第二个掌握发动机高空二次启动技术的国家和长征火箭投入产出比居世界第一的国家。

2004年,我国航天发射任务八战八捷,8发长征运载火箭,将10颗我国自行研制的卫星成功送入预定轨道,创造了"四个之最"。一是长征火箭历史上发射次数最多的一年。长征火箭首次一年8次发射,把10颗卫星送上了预定轨道,成功率大幅提高。长征火箭总发射次数达到83次,自1996年10月以来,连续成功发射41次,成功率达到了93%。二是发射卫星种类和数量、新技术应用最多，在轨稳定运行最好的一年。这一年，我国研制的卫星有资源卫星、返回式卫星、科学试验卫星、科学探测卫星、气象卫星和小卫星等。其中，试验二号卫星的正常在轨运行，标志着我国的小卫星性能已完全达到了世界先进水平，对于研制和掌握小卫星平台的前沿技术，探索小卫星技术发展新途径，具有十分重要的意义。三是发射任务按计划完成最佳的一年。2004年的发射活动集中在下半年，从7月25日至11月18日不到4个月的时间里安排了7次发射，次次发射都做到了按计划准时实施。长征二号丙火箭从2003年12月发射探测一号卫星到2004年11月发射试验卫星二号，在不到一年的时间里，以2种技术状态、分赴3个发射场、成功发射5次，将6颗卫星送入太空，在中国航天史上没有先例。四是宇航产品技术、管理创新推进速度最快的一年。2004年，长征火箭全部实现大幅缩短在发射场测发时间。火箭在发射场的准备期由45天左右缩短到23天，缩短了一半，卫星在发射场的工作流程也大幅度缩短。11月6日发射升空的资源二号03星按指令进入预定位置后，与01星和02星成功完成共轨、同面、相差120度组网。资源二号卫星三星成功组网。资源二号卫星三星成功组网，在大大缩短对地观测重复周期、进一步提高时间分辨率和系统分辨率的同时，创下了我国不同时间发射的同一型号三颗卫星辉映太空的纪录。

投入产出比高使长征火箭具有价格低的突出特点。据统计，从1956年至1986年30年间，中国航天工业研制火箭和卫星的投资为126亿美元，而同期美国为2200亿美元，苏联为3700亿美元，欧空局为201亿美元，日本为62亿美元。因此，长征火箭不仅能够满足国内外市场各种卫星的发射需要，还具有很优势的价格竞争实力。长征火箭不仅发射服务价格比国际同类产品低15%左右，还具有以下非价格竞争的优势：

（1）发射精度高。1992年8月14日用长征二号捆给美国休斯公司发射澳星，在200公里的距离的额定近地点高度中，误差仅0.9公里（允许偏差正负6公里），刷新了休斯公司卫星的入轨精度。（2）运载能力强。长征火箭运载能力低轨道可达9200公斤，高轨道可达5000公斤，是世界上少数几种具有大运载能力的火箭。（3）中国的卫星测控水平已达到世界先进水平。中国的"远望号"测控船，被称为"海上科学城"，它具有相当于50万人口城市的发电设备，拥有精密的测量雷达、激光经纬仪、微波、超短波综合遥测、双频测速定轨测量等，可以不加油、加水、加食品绕赤道航行一圈，持续在海上作业100个昼夜。（4）中国卫星发射的潜力很大。例如1997—1998年最多发射了6次，而中国目前的发射能力每年至少18次，其中可提供地球同步转移轨道发射6次，地球近地轨道发射12次。

（二）非主业民品产业发展现状[①]

航天工业的非主业民品生产已由开始的单一生产型转变为后来的开发、生产、销售结合型；已由开始的借用军品线进行生产，转变为后来的组建专门生产线进行生产。它的非主业民品种类繁多，几百个工厂生产上千种各类产品，叫响的产品主要集中在以下几类：

（1）计算机及其应用产品。如502所与加拿大ICCT公司研制的新一代星载计算机（性能达到国际先进水平），抗恶劣环境计算机，防信息泄露安全计算机及其外部设备，图文电视/数据广播播出及接收系统，航天Linux，公安部机关局域网工程，刑侦指纹传输系统工程，北京市涉外饭店管理系统等。

---

① 叶卫平：《避险求强：中国军工"入世"对策》，北京出版社2001年版，第130—133页。

（2）汽车及汽车零部件。包括130余种专用车辆、特种车辆和数百种汽车零配件，主要如车用空调、发动机、减震器、电子燃油喷射系统、汽车安全气囊、天然气改装车等。

（3）医疗器械及制药机械。如组合式麻醉机，多功能呼吸机，监护仪，医用驻波电子直线加速器，医用CT机，数字化X光机（世界首创，照射剂量仅为传统X光机的1%），胶囊充填机等。

（4）石化设备及石化产品。如石油工业中的自动化设备，CJ系列井探测试仪（市场占有率达50%），投棒式起爆装置，压力起爆装置，气举阀，石化行业的特种泵，特种阀等。

（5）机械及成套设备。如空调器装配检测生产线，液化气瓶自动生产线，饲料机，包装机，干燥机，金属软管，波纹管，非金属补偿器，钢骨架复合管道，混凝土搅拌设备，废水及垃圾处理，气泡发生器成套装置，高低压车用消防泵。

（6）家用电器。如风华机器厂生产的海尔电冰箱，黑白电视机，遥控洗衣机电脑控制板，冰箱蒸发器等。

（7）仪器仪表。如天然气管网控制系统，城市消防无线报警系统，粮食仓储自动化管理，国家粮食购销监控系统，国家货币流量监控系统，电站机组监控系统，楼宇自动化系统等。

（8）电子元器件。如航天金卡（航天工业国内规模最大的智能卡及非接触式IC卡研制生产基地），金税工程，IP网络电话系统，探低雷达系统（可对深达28米的地下进行探测，达到了国际水平），高可靠性的VSAT卫星数据通信系统（价格比同类进口产品低1/3），程控交换机，海关加工贸易异地进出口单证智能卡防伪系统，旋转式电子显示屏等。

（9）其他。如防弹衣，防弹头盔，防雹火箭，单晶硅，高档磁性材料等。

航天工业的非主业民品中产值上亿元并获1997年、1998年航天十佳民品的产品有：上海万众空调国际有限公司生产的车用空调，沈阳新广动力机械公司汽车发动机厂生产的新光公司豹牌491Q汽油机，北京长征高科技公司生产的烟草打叶生产型成套设备，西安长风科技产业集团生产的数枚程控系统，沈阳航天新新集团化油器公司生产的汽车摩托车化油器，四川航天总公司长征机械厂生产的机动车减震器，北京航天奥润电子有限公司生产的存折打印机，上海舒乐电器总厂生产的舒乐家用电器，北京航天福道高技术股份公司生产的无线寻呼大区域联网软件，北京航天长锋医疗器械有限责任公司生产的ACM麻醉机。1999年，列名誉航天六大名牌产品中的有：深圳中兴通讯股份有限公司生产的中型牌通讯设备，上海德尔福汽车空调系统有限公司生产的爱斯牌汽车空调，南京晨光集团有限责任公司生产的三力牌机场加油车、软件、补偿器，沈阳新阳石油设备制造厂的康拓牌工控计算机、铁路热轴仪；西安航天恒星医疗设备公司生产的恒星牌医用X线电视设备。

航天工业非主业出口的民品主要集中在几个研究院的高技术机电产品中，包括几十个品种。其中一院1995年非主业民品出口额为400万美元，二院为606万美元，三院已突破500万美元，五院1994年为105万美元，加上卫星产品，整个"八五"期间的出口总额超过1000万美元。

现在，航天工业着力扶持的非主业民品有7项：航天金穗高科技技术有限公司承担的航天金穗工程，北京航天金卡电子工程公司承担的航天金卡工程，五院503所及北京航天赛维信息系统有限公司承担的航天卫星电视应用系统，西安向阳航天工业总公司、067基地承担的天然气汽车改装工程，五院503所、513所和八院813所承担的卫星数据采集系统，华创天源实业发展有限公司承担的钢骨架塑料复合管道工程，沈阳航天三菱汽车发动机制造有限公司承担的航天三菱汽车发动机工程。

第六章

中国航天业及其民品产业的股份制改革（中）

航天业是个特殊的产业。由于它的耗资巨大和与军事密切相关，所以，无论是在西方发达国家，还是在中国，它最早均作为国家直接控制或直接国办国营的产业存在发展。在西方发达国家，特别是在美国，由于市场经济本来就根深蒂固，所以，一当冷战结束，其航天业立即较快地转入市场经济轨道，而中国航天业的转型就没有那么顺利。如果说，美国航天业目前面对的挑战只有一个，那就是从基于工业经济社会转向基于知识经济社会；那么，中国航天业目前面对的挑战却有两个，即不但要从基于工业经济社会转向基于知识经济社会，而且要从基于计划经济转向基于市场经济。这是分外艰难的"双重转身"。

这个"双重转身"有一个关键环节，即要牢牢抓住产业和企业管理中的知识产权管理。本章即围绕这一主题展开。

第一节 知识经济条件下中国航天业改革应以强化知识产权管理为首务

中国航天产业是在知识经济初现端倪之时转向股份制改革的。笔者认为，中国航天产业目前适应股份制的内部改革，首先是建立、完善集体和个人知识产权制度。

一 知识经济初现端倪

知识经济形态最早出现在美国。美国学者德鲁克早在1993年推出的《后资本主义社会》一书中就说过:"知识是今天唯一有意义的资源",传统的以土地、劳动力、资本为主要资源的情况已发生了巨大变化,土地、劳动力、资本在经济中"已成为次要的了"[①]。在知识经济的时代,资源的开发将显示出崭新的意义和特征,一方面是工业经济时期开发的资源不仅会得到更有效的利用,而且会在提高利用程度的同时使之更加完善和科学化;另一方面,也是最主要的方面,是知识经济首先着力于开发和利用知识资源。知识的生产、交换、积聚、使用,已是知识经济时期支撑经济发展的崭新的主导方式。对知识资源的开发水平与利用程度,将从根本上决定着知识经济的发展水平和质量。从动态的角度看,对知识资源的开发与利用,将是知识经济与以土地、劳动力、资本为主要资源的工业经济加以区分的首要标志。

在知识经济中,生产力的发展将表现出如下两个特征:第一是原有的影响生产力发展的因素(土地、劳动力、资本)在内涵上、在质量上都已发生重大变化,劳动者的脑力(智力)将占据主导地位,即出现智力型劳动力或脑力劳动者构成劳动者的主体;第二是新的促进生产力发展的知识因素被广泛地运用,使生产力的发展进入一个崭新的阶段。在这一过程中,无论是原有因素的内涵变化,还是新的因素的出现及被充分利用,都可以归结为知识将是决定或促进生产力发展的关键因素。

在知识经济时期,原有的"资本"范畴将出现新的拓展,即"知识资本"的出现以及在经济运行中发挥着越来越重要的

---

① [美]德鲁克:《后资本主义社会》,上海译文出版社1998年版,第45页。

作用；知识资本构成知识经济最重要的特征并使资本理论在实践中得以创新，突出之点可概括为，在资本的运行尤其是价值的增值过程中，知识性要素，如专利、商标、教育、广义的知识等发挥着越来越重要的作用。这些要素不仅因渗透到其他资本要素（即广义的有形资本，如机器、设备的科技知识含量的提高，从而提高其效率和价值增值的能力等）中，使其价值增值的程度极大地提高，而且会作为相对独立的要素使资本范畴的外延扩大，运行的区域拓宽，即不仅表现为资本市场的扩大，而且表现为新的资本增值点的产生，从而使资本的总量迅速扩大，总量水平及增值能力迅速提高。

这样，在知识经济时期，马克思主义的劳动价值论将是一种广义的劳动价值论。就主体来说，脑力劳动将占据主导地位，脑力劳动者是劳动者的主体，价值的生产与增值将主要表现为复杂劳动的产物。随着知识在经济发展中作用的增加，复杂劳动的内涵也发生了重大变化，即不再是主要强调对劳动者的应用性技能培训，而是全面的知识性教育，强调依靠知识教育培养劳动者的创新意识和创造能力，复杂劳动也就发展为一种知识性的劳动。根据复杂劳动是倍加的简单劳动的原理，知识经济的价值与其说是主要依靠复杂劳动的创造，还不如说是主要依靠知识性劳动的创造，从这个意义上说，知识经济的劳动价值论也就是知识价值论。确立"知识价值论"这一新观念，对航天产业改革将具有极为重要的理论意义和实践意义。

适应知识经济发展的要求，确立"知识价值论"，势必使航天产业分配方式进行深刻的变革。这种变革的主要内容可概括为如下几个方面：知识在财富增长中的重要作用，使知识成为首要而独立的分配要素；按知识要素进行分配是知识经济的内在要求；知识经济的发展将使知识劳动者真正成为先富起来的一部分。

二 基于知识的航天产业管理模式正在显现

知识经济的发展使产业概念理论及结构等诸方面也发生了明显的变化：第一，知识经济使产业革命的基础发生根本的变化，即在提高产业的技术含量的同时主要表现为知识含量的增加；知识经济时期的产业革命主要表现为知识革命，而不是单纯的技术革命。第二，经济发展的基础产业和支柱产业出现新的转移，如教育将作为新的基础产业出现，并作为事关知识经济发展全局的基础性产业而得到发展，支柱产业将由知识含量较高的产业取代，或者说由硬性支柱产业发展为软性支柱产业，由此决定了新的基础产业必须优先发展和重点扶持的产业战略和政策。第三，由知识经济本质决定的诸如信息、教育、知识（狭义的）等新要素在经济发展中的日益重要的作用，使这些要素都作为新的产业出现并获得发展，信息产业、教育产业、知识产业（狭义的）作为三个新的产业改变着传统的产业结构。我们可以把这三个产业作为一个整体统称为广义的知识产业。作为第四产业的广义知识产业的出现是工业经济发展到知识经济阶段的必然产物，是知识经济的最重要的特点之一。广义知识产业当然呼唤管理创新。

根据知识经济的特征及发展的内在要求，现代广义知识企业制度也必须再次创新。其主要内容包括：不仅要大幅度地增加企业无形资产的比重，而且要从根本上提高企业的文化内涵、知识含量，提高企业吸纳知识、运用知识、自我知识更新的能力，最终建立起知识型的企业制度。在知识型的企业创新过程中，一种以知识生产、经营为主要内容的新型经济实体将会随之产生，或者可称之为"知识企业"。这一类企业的出现将从宏观上改变着企业的结构，或称为企业的结构创新，它也是知识经济的最典型的特征之一。21世纪的企业管理必将是知识管理引领潮流。正如管理学家彼得·德鲁克所言:"知识的生产率将成为一个国家、产业、公司竞争力的决定因素,没有任何国家、产业或公司存有这方面必然的优势或劣势,唯一的优势是经济地利用公开可得的各种知识的能力。"知识管理是保持企业持久竞争优势的来源。新世纪的每个企业和企业家都应认清形势,顺应潮流,深刻领会知识管理的内涵和特征,并抓住机遇,有效地实施知识管理战略。其中,作为知识产业和企业的代表,高科技产业和企业尤其需要从传统管理迈向知识管理。航天产业属于高科技产业,知识管理的作用更加明显。

(一)知识(首先是知识产权)管理将成为增强航天企业核心竞争力的一个首要手段

在时代转换的过程中,航天企业面对产品更新换代速度加快、需求变化迅速的环境,实现知识管理变得尤为重要。在以技术快速变化为特征的现代企业经营活动中,创新往往是保持长久竞争优势的主要源泉。航天企业通过建立知识管理的策略,可以把长期保存下来的信息资源,连同知识型员工积累的实践经验和创新思想进行有效地挖掘、共享和利用,使员工一起跨越时间和地域的限制、献计献策、交流思想、共同创造新的经营理念。航天企业利用这些知识达到发展目的,可以增强核心竞争力。

(二)知识管理在促进航天企业技术创新的过程中起决定性的作用

现代企业获取信息、知识和数据的能力已经大大地超过了人们集中注意力来吸收和分析这些信息的能力。如果员工们能够及时得到看清趋势和掌握机会所必需的信息和技能,那么在开发市场、技术转移等方面就会有得天独厚的竞争优势。航天企业通过建立知识管理的基础平台,不仅可以从各种信息资源中挖掘出知识,把不同系统中的信息资源映射成统一的"内容地图",建立团队协作和通信的专家网络使知识能在内部和外部得到共享和发布,而且还可以为使用者提供知识桌面,通过易于使用的客户端,为员工提供有针对性的最新信息;通过信息分类和搜索引擎,从知识库中快速发现所需的知识。所以说,技术创新本身也创造出了对知识管理的要求。

(三) 知识管理能大大提高航天企业快速反应的能力

经济的发展模式已经经历了一个重要的转化历程,从几乎纯粹是基于生产的价值系统转化到了基于知识和技能的价值系统。一个公司的将来和价值都更多地取决于它的快速引进新产品和进入新市场的能力,以及它对新的威胁做出快速反应的能力。当今快速变化的环境会出现很多无法预测的事件,因此,当环境发生变化出现机会或发生危机时,传统信息管理技术无法解决这些新出现的问题,要有效处理突发事件,最好的资源就是企业的知识管理网络。所以,现在投资者的投资着眼点,不再是企业的固定资产价值,而是把考察重点放在了企业是否具有相关的管理技能,能否对变化着的市场具有适应能力,也就是企业对知识进行管理的能力。

三 知识经济时代航天企业管理的发展趋势

(一) 以知识产权管理为核心

知识经济时代,知识作为生产要素的地位空前提高,知识需求成为人类实现其他一切期望的前提,知识生产本身成为社会经济生活的中心。知识经济时代航天企业管理必然以知识产权管理为核心,力求提高企业的知识资产比重,通过提高知识含量使企业的现代化程度实现大幅度的提高。其中包括,要提高企业的知识创新内涵,使创新文化因素、创新精神渗透到企业运行与发展的全过程、全方面,从而提高企业的"以知识为核心"的程度;通过不断提高企业职工的受教育程度来提高企业的整体科学文化素质,教育状况不仅是企业的重要特征,而且是企业评估标准和内容之一;建立起企业与知识群或知识系统的新的有效的联系方式和途径,实现一种紧密型的、渗透式的合作关系,尤其是要提高企业对知识的依赖和开发利用的意识及能力,提高企业对新知识做出反应的灵敏程度;在提高企业对知识依赖及利用程度的基础上,要着重培养企业自身对知识的积聚能力,尤其是要提高对自我知识更新的能力;依靠知识的力量,要着重培养企业的创新意识和创造能力,等等。可以说,知识经济条件下航天产业企业管理创新,主要是知识型的价值取向,我们也可以把这一企业制度创新过程称之为知识型的航天企业的建立过程。

(二) 知识产权管理要求组织结构扁平化

知识经济给企业经营环境带来了深刻的变革,最明显的特征是企业经营环境的不确定性越来越强,变化越来越快。企业要综合考虑顾客需求、企业资源和市场竞争这三个因素,过去企业往往追求企业经营的稳定性、长期性,但事实证明,多变的技术革新浪潮,意想不到的环境变化,往往使追求"稳定性"的企业措手不及。企业要适应全球市场的激烈竞争必须要在彻底了解和准确把握企业内部条件和外部环境变化的同时,结合本企业的特点,迅速对市场做出反应。由于传统工业时代的直线制结构缺乏灵活性,信息传递速度慢,信息失真多,难以适应知识经济快速变化的需要,因此必须及时更改组织结构以与其相适应。扁平式组织结构可以尽量减少企业内部管理层次,可以使企业更适于学习和建立开创性思考方式,有利于员工发挥主动性,有利于缩短知识传递时间和空间;同时以少层次网络性的组织结构代替多层次垂直性的组织结构,提高信息传递的效率,加深各部门之间的横向沟通，缩小和消除各部门间的壁垒，可以让员工同处于平等的位置，心平气和地交流知识，加速知识继承，催化新知识的产生，加快知识共享的过程。变正金字塔为倒金字塔。倒金字塔的上端是与用户直接接触的员工，意味着真正的顶层是广大的用户。员工直接承担为用户服务的责任，领导者则支持、指导员工的工作，激发员工的智慧，并为员工服务。倒金字塔意味着基层员工的知识、能力、技术必须持续性地提升，权力从管理者手中分散到组织成员手中，使他们可以直接处理自己职责范围内的事物，不必再层层请示。

（三）知识经济条件下航天业知识产权管理要求管理高度信息化

企业信息化实现了企业全部生产经营活动的运营自动化、管理网络化、决策智能化。其中，运营自动化是基础，决策智能化是顶峰。企业信息化可以增加企业间的技术流通，总体提升整个航天行业的技术水平。企业信息化建设的实质在于增强企业核心竞争力。计算机技术的发展给传统信息的处理工作带来了革命性的变化，同时给传统管理带来了很大的冲击。企业信息化建设的核心在于建立企业知识共享的基架，并按照计算机管理的特点重组企业的业务流程，这一切将对企业的管理带来革命性的变化。

企业信息化建设，可增强经济的可持续性快速发展。丰富而准确的信息是正确、迅速决策的前提，一个企业能否在激烈的竞争中得以生存和发展，它的产品和服务能否跟上时代的要求，首先在于该企业能否及时掌握必要和准确的信息，能否正确地加工和处理信息，能否迅速地在员工之间传递和分享信息，特别是能否把信息融合到产品和生产服务过程之中，融合到企业的整个经营与管理工作之中。在这种情况下，传统的企业管理已经不能适应现代的信息处理要求，也不能满足企业经营管理对信息的要求。企业管理面临着信息化的挑战，信息管理成为企业竞争制胜的重要法宝。

组织对信息管理的能力，将集中表现在不仅需要有强大的信息网络和信息收集能力，更为重要的是要有出色的信息分析、传递和利用的能力。对信息的管理就成了现代管理的一个突出特点。

我们正处在知识经济迅速崛起、全球信息化迅速发展的时代。对信息的采集、共享、利用和传播，不仅成为决定企业竞争力的关键因素，也成为决定国家生产力水平和经济增长的关键因素。现代信息技术的迅速发展，为我们开发和利用信息提供了有力的技术支持。只有实现信息化，企业才有可能抓住机遇，实现健康发展。

（四）知识经济条件下航天业知识产权管理要求管理进一步人性化

企业的竞争说到底还是人才的竞争，这已是不争的事实。如何把企业每一个员工都当作人才来培养，把他们内在的知识潜力、才智最大限度地激发出来，真正发挥好、保护好每一个员工的积极性和创造性，从而使每一个人都有进行知识创新的心理环境，达到促进企业发展的目的，这就是企业实施人本管理所要做的具体"细节"工作。

马斯洛的需求层次理论告诉我们：人的需求遵循生理需求、安全需求、被尊重的需求、人际交往的需求和自我实现需求的递增规律。当人们由低层次的需求到高层次的需求依次得到满足之后，才可以安心工作、全心付出、完成自我管理和自我实现。而从当今企业员工的生存现状看，大多数员工低层次的需求已基本满足，但许多员工觉得自己渴望被尊重、人际交往、自我实现的强烈需求却难以得到满足。尤其是许多知识型员工，他们喜欢自己对工作能有更多的主动权,希望自己的私人身份受到尊重,希望能有更多的时间考虑个人的发展,希望在工作的同时能补充知识、提高技能,希望有充足的时间休息娱乐,和自己欣赏的人探讨工作与人生;还希望能在下班的时候暂时忘掉工作,享受家庭团聚的温馨而不是一天 24 小时内都被工作拖累。所以管理都要以人为中心,把提高人的素质、处理人际关系、工作积极性,满足人的需求、调动人的主动性、积极作和创造性的工作放在首位。在管理方式上,现代管理更强调用柔性的方法,尊重个人的价值和能力,通过激励、鼓励人,以感情调动职工积极性、主动性和创造性,最充分地调动所有的员工以实现人力资源的优化及合理配置。

(五)知识经济条件下航天业知识产权管理要求管理模式弹性化

随着社会的发展,管理已从固定的组织系统向富有弹性的组织系统发展。这是社会管理发展的又一个重要趋势。

过去在组织管理中,建立起一套完整的组织系统,长期固定不变,显得僵硬。现在,由于社会环境的不断变化,要求组织机构应该趋于灵活而富有弹性,以求信息畅通并行动敏捷,能够具有很强的对环境的适应能力。为了简化发号施令和相互沟通的渠道,组织管理者将缩小机构,减少层次。在企业各下属机构变小的同时,赋予它们更大的自主权,实行经营权和管理权下放。这既有利于发挥下属人员的专长和创造精神,又有利于使企业领导把主要精力集中在高层战略决策问题上。

随着信息技术的不断进步、网络经济的不断发展,组织机构必然会越来趋于随意和多样,相应于组织的管理也必将日趋弹性化。

在当今世界,科学技术迅猛发展、信息大爆炸。竞争趋于白热化，处于这种技术、经济、社会剧变环境中的组织，只有居安思危、不断创新、开拓进取，才有可能生存并长期立于不败之地、不断发展壮大。否则，稍有松懈、满足现状、不思创新和变革，就会落后于时代并被时代所淘汰。这已被国内外大量的事例所证实。而这种趋势在新世纪还将进一步得以强化。正如有的学者所指出的：未来的社会是不断创新的社会，是不断产生新思想、新理念、新知识、新技术、新产品的社会。完全可以说唯一不变的是变化。

面对瞬息万变的客观世界，航天企业管理必须要顺应时代、跟上时代的步伐。而自工业革命以来形成的管理理论、制度和模式适应了工业经济以实物性为基础的资产形态的管理，但是过分侧重于规范人们的行为、减少甚至杜绝人们犯错误的机会和条件，从而产生了过多的管制和约束，体现为原则性、制度性较多的硬性管理。这很容易导致管理的僵化、抑制甚至窒息创新。人们一味地追求管理中的定量化、精确化、严密化、制度化和程序化，以及明确的分工与严格的控制，力求把管理作为一门纯粹的科学来对待。实际上，管理活动是复杂多变、极不稳定的。在一定的条件下某些违背管理理论条文的反常之举可能会出奇制胜。因此，在坚持必要原则的基础上，应特别注意创新，要致力于独出心裁、创造性地进行管理。

第二节　论中国航天业知识产权归属

航天业是个很特殊的行业。比之一般行业，在中国建立航天知识产权制度是一个更为复杂的问题。本书注目于中国航天业知识产权归属问题的探讨。

一 中国航天业原有知识产权形成中的资本投入和目前的权属困境

在中国原来的计划经济体制条件下,中国航天业一切成果及其知识产权均是在国家全额资助条件下形成的,为保证国家安全,当时它们均属于国家所有。在这种模式中,科研单位和科研人员不得追求自己的权益。改革开放后,除国家投资外,航天企业或其他经济主体对有关航天科研项目也有资金投入,且投入越来越大(其中包括,有的项目由航天企业先行自筹资金进行研发,然后参加竞标成功并获国家资助)。近年还有一些成果,主要是民品产业中的一些技术和产品,其资本投入主要是航天企业或其他经济主体实施的,国家的投入并不多,少数军民两用成果(主要是在电子信息通信和新型材料领域)甚至只由航天企业或其他经济主体(包括个人)投资形成。显然,在由计划体制转向市场体制中,航天业知识成果的国家投资方式已发生大变化,航天业科研生产单位投入资金状况也在改变,且非公经济单位的科技投资已进入航天业。在市场经济深入推进条件下,根据市场经济发展要求,对中国航天业原有知识产权权属制度加以改革,势在必行。

2002年,科技部和财政部联合发文,将国家财政投资形成的科技成果及其知识产权赋予其生成单位进行经营(即具有经营权),但依然把其知识产权权属只归于国家。2004年7—9月,国务院和中央军委颁布《国家专利条例》,标志着我国国防专利制度的确立,但其中在专利权属方面对有创造性的科技人员积极性的调动显然不足。2007年12月,全国人大通过的《科技进步法》明确规定,由国家财政投资形成的某些科技成果的专利权等若干权益,"授权项目承担者依法取得",但对其知识产权权属依旧未作改变。2008年6月,《国家知识产权战略纲要》经国务院通过并颁布实施,《国防科技知识产权战略纲要》也很快就要颁布实施。其中,对国家投资形成的国防知识产权的权属和利益分配,只是作了上述有关原则规定,国防知识产权政策改革滞后,国防知识产权有偿使用政策缺失,国防知识产权分层分类管理政策不明,装备科研采办和装备产品采购合同中知识产权规定不清,国防知识产权定密解密机制不完善,况且有关"实施细则"尚未出台,无法操作,有创造性的科技人员积极性的调动依然乏力,直接影响着这一战略的推进。在航天业,至今尚无关于知识产权明确归属的明确规定,有创造性的科技人员积极性的调动同样乏力,包括也有大量专利或已鉴定成果无法转化为可盈利产品。

自 2006 年以来,中央军委关于武器装备采购制度改革、国务院关于军工投资体制改革、军工企业股份制改造和非公经济参与国防科研生产的文件已经出台,航天业的改革已经进入到了一个崭新的阶段。在上述几个重要制度改革推进实施中,也必然涉及国家投资形成的航天知识产权生成、权属和利益分配问题,需要尽快对各种关系协调等给出一个法规依据,以便在各项制度改革推进中有所依据,并在改革实践中不断完善,从而推进航天知识产权战略实施。

二 美国国防工业知识产权制度建设的经验

在当年冷战条件下,美国等西方国家的国防产业,其绝大多数项目由国家投资,由国家投资的一切成果及其知识产权也均属于国家垄断[①]。在这一点上,它与中国航天业颇相似。问题是,随着冷战的结束,进入 20 世纪 90 年代后,美国国防科研中的民

---

① 白元群等:《美国国防部的知识产权管理分析及启示》,载《2006 年全国知识产权征文获奖论文集》,知识产权出版社 2006 年版,第 529—534 页。

间投资大量增加,政府投资所占比重大大下降(例如,2000年政府投资所占比重仅为26%[①]),使其延续了数十年的国防知识产权国家垄断政策引起了承包商的强烈不满。于是,对国防知识产权制度进行改革,就成为必然。

(一)改革的理论背景

美国是私有制市场经济国家。在其对国防知识产权制度进行改革的理论背景中,首先是美国科斯等人开创的"企业理论"和"产权理论"最受重视。在以"经济人"假设为出发点的诺斯等人看来,利用价格机制或市场的运行是有成本的;任何企业本质上都是一种变型的生产要素市场,它的存在都是"经济人"在产权交易中力求减少市场交易成本的结果,即作为市场交易变型的企业管理成本应低于市场交易成本,才是企业存在的前提;在任何企业内部都存在着成员偷懒和需要监督的情况,应通过奖勤罚懒体现企业的市场本质;在企业中,个人产权的主要功能之一是激励,即导引人们实现将外部性更大地内在化(工作更自觉勤奋),等等[②]。

(二)改革的操作

美国1980年通过《拜—杜法案》,标志着国防知识产权改革初步启动。它明确允许政府投资所获得的知识产权归完成单位拥有(包括科研人员可分享利益),并要求必须申请专利,加速专利的实施[③]。它同时又规定了国家保留"介入权",即

[①] 白元群等:《美国国防部的知识产权管理分析及启示》,载《2006年全国知识产权征文获奖论文集》,知识产权出版社2006年版,第529—534页。

[②] 参见科斯等《财产权利和制度变迁》,上海三联书店1994年版;张维迎:《企业的企业家》,上海三联书店1995年版。

[③] 白元群等:《美国国防部的知识产权管理分析及启示》,载《2006年全国知识产权征文获奖论文集》,知识产权出版社2006年版,第529—534页。

在完成单位未能使专利商业化时,国家可允许其他单位使之商业化[1]。《拜—杜法案》实施效果明显,使高校迅速成为创新核心[2]。

在《拜—杜法案》后,美国包括国防部在内的各方进一步从各方面细化国防知识产权改革,形成了一整套制度[3]。其中包括,联邦技术转移法、《技术转让商业化法》、《美国发明人保护法》等,更进一步激励和保护发明创新者并调动社会力量参与国防建设;美国在国防采办条例中以及政府投资的国防项目中,非常重视知识产权的管理,几乎所有美国国防部的武器开发研究的合同中都明确了知识产权的相关条款[4]。一方面,更多的知识产权归承包商所有,以鼓励专利技术实施转化;另一方面,详细规定了政府行使介入权的情况。其中包括,在采办购置中,将知识产权考虑充分地融入对先进技术的采办战略中;充分尊重和保护私营公司开发品的知识产权,国家只保留其许可使用权;在签订合同前一般要通过鉴别和区分"知识产权交付"与知识产权交付中的"许可权"("知识产权交付"是指交付有预见内容和形式的知识产权的合同义务[5]。政府可拥有承包商所交付的含有知识产权的物理介质,但不能拥有其中的知识产权;"知识产权交付中的许可权"是指政府能够使用、再生产、改进所交付的

---

[1] 向耿:《美国国防部在技术转移中的知识产权管理》,载《2006年全国知识产权征文获奖论文集》,知识产权出版社2006年版,第550—556页。
[2] 鲁文革:《知识产权机制在技术创新中的运用》,载《2006年全国知识产权征文获奖论文集》,知识产权出版社2006年版,第509—513页。
[3] 白元群等:《美国国防部的知识产权管理分析及启示》,载《2006年全国知识产权征文获奖论文集》,知识产权出版社2006年版,第529—534页。
[4] 向耿:《美国国防部在技术转移中的知识产权管理》,载《2006年全国知识产权征文获奖论文集》,知识产权出版社2006年版,第550—556页。
[5] 鲁文革:《知识产权机制在技术创新中的运用》,载《2006年全国知识产权征文获奖论文集》,知识产权出版社2006年版,第509—513页。

知识产权),全面解决知识产权争端;当"惯例的交付"或"标准的许可权"不足以平衡承包商和国家的利益时,应在合同订立中协商专门的知识产权条款[1];在政府只获取为实施采办所必需的交付和许可前提下,在合同订立中寻求富有创造性的知识产权争端解决办法。其中还包括,对作出创造发明的国防部雇员,除给予一次性经济奖励外,还从转移收益中给予提成[2],等等。在对外武器装备技术贸易中,美国政府也不断强化知识产权保护,并将这种态势强加于广大发展中国家。事实表明,这些措施提高了美国政府投入的效率,加速了包括航天业在内的国防工业高技术及其产业化发展[3]。

三 确定中国航天业原有知识产权归属的原则

从政治上看,确定中国航天业原有知识产权归属的原则涉及,一方面要维护国家安全、促进国家经济发展的国家利益,以不特定"第三人"利益形式出现的社会利益;另一方面,在知识经济时代,它又不能不充分考虑智力成果研究开发的创新主体(包括创新开发的企业和有关科技人员)的利益。显然,我们在航天知识产权制度归属上要兼顾各方,注意以下原则:

一是国家安全利益。国防是国家生存和发展的安全保障,保障中国国防利益是保障中国法人经济利益的前提。航天知识产权首先需要满足的是国防和军队建设的战略需求,以及保障国家核

---

[1] 鲁文革:《知识产权机制在技术创新中的运用》,载《2006年全国知识产权征文获奖论文集》,知识产权出版社2006年版,第509—513页。

[2] 向耿:《美国国防部在技术转移中的知识产权管理》,载《2006年全国知识产权征文获奖论文集》,知识产权出版社2006年版,第550—556页。

[3] 鲁文革:《知识产权机制在技术创新中的运用》,载《2006年全国知识产权征文获奖论文集》,知识产权出版社2006年版,第509—513页。

心的经济利益。因此,航天知识产权归属与利用中的利益选择,必须坚持国家安全和核心经济利益至上的原则。具体而言,在航天知识产权的归属与利用制度设计中,保障国防安全、保障国家核心的经济利益,应当作为首要衡量指标。

二是要按照市场经济原则,充分激励自主创新的主体,包括研制的出资各单位以及有关创新科技人员。当今时代,对技术创新者的激励已经成为各国国防政策的核心之一[①],航天业不能违背。因此,是否有利于形成对自主创新各主体的充分激励,自然要作为航天知识产权的归属与利用中利益选择的又一重要评判依据[②]。只讲国家利益,完全不讲出资各单位以及有关创新科技人员的利益,是完全错误的。只有正确处理国家、单位和个人的利益关系,激励科技创新和鼓励科技运用的关系,政府宏观管理和市场资源配置的关系,保护知识产权和维护国防利益的关系,建立航天科技知识产权归属与分享的新制度,形成有效激励科研单位和科技工作者创新积极性的良性机制,才能促进各类资本共生共荣,全面提升航天科技创新能力。

从理论背景上看,虽然社会主义中国许多学者并不完全认同美国科斯等人开创的"企业理论"和"产权理论"[③],但马克思主义的"劳动价值论"实际就是人权[④]和个人产权理论[⑤],人们

---

① 白元群等:《美国国防部的知识产权管理分析及启示》,载《2006年全国知识产权征文获奖论文集》,知识产权出版社2006年版,第529—534页。

② 向耿:《美国国防部在技术转移中的知识产权管理》,载《2006年全国知识产权征文获奖论文集》,知识产权出版社2006年版,第550—556页。

③ 程恩富:《西方产权理论评析——兼论中国企业改革》,时代中国出版社1997年版。

④ 胡义成:《劳动价值论是马克思主义人权吁求的理论结晶》,载《南京社会科学》1994年第7期。

⑤ 刘伟:《产权论·均衡论·市场论》,北京大学出版社1990年版,第8—9页。

可以在马克思主义的"劳动价值论"及其推出的"知识价值论"中，找到对具有发明创造的科技人员给以较高报酬的依据。国家财政资金的投入、国防科研生产单位自身投入和社会资本投入，以及个人智力财力资本投入，均构成航天科技成果及知识产权生成的基础，因此，在航天知识产权的权属上应兼顾各方，建立"复合产权"的总体政策。在此前提下，美国经验也可学。何况，我国还有学者认为，美国科斯等人开创的"企业理论"和"产权理论"实际上还借鉴了马克思主义的"劳动价值论"[1]，果如此，以科斯等人的"企业理论"和"产权理论"为据的美国经验更可学。

四 中国航天业原有知识产权权属初案

为确保国家对国防科技知识产权的有效控制，保障科研机构和科技人员的正当权益，国家国防科研计划投资形成的国防科技知识产权权益，按各种资本要素生成价值的"知识价值论"和国外经验，可实行"复合产权制度"。按其不同情况，主要是考虑到其对国家安全和经济利益的重要性，以及其形成国家和单位投入的强度，为激励科技有功人员，可把中国航天业原有知识产权归属及其管理方式区分为四类：一是国家管制类，即涉及国家战略性核心利益的国防重大技术或武器装备，且由国家全额投入，其知识产权归国家所有；二是国家控制类，即涉及国家重大利益且由国家主要投资形成的重点国防技术和产品，其知识产权归国家所有，但经批准可将其使用权和收益权给予项目研究单位，并允许后者在国家许可时有偿转让

---

[1] 胡义成：《科斯定理借鉴了〈资本论〉》，载《山西发展导报》1998年1月20日。

其使用权和收益权；三是国家授予类，即由各方（包括国家财政资金，科研单位自筹资金，社会募集资金等，其中，国家财政资金不多）投资形成的国防科技计划项目成果，其免费使用权归国家所有，所有权和经营权应按《国家科技进步法》授予研制单位，使用权、收益权、许可权可依法通过产权交易市场分解转移；四是航天业民品企业中的若干技术或产品，本来就是军民两用者，如其投资全由非国家的法人进行，那么，其知识产权应属其投资者，对其中某些部分，国家也可保留其免费使用权。

（1）对国家管制类知识产权，当国家为国防目的指定由成果生成单位向其他单位实施时，除国家给付项目研制单位补偿费外，使用单位应当向项目研制单位支付一定的使用费，费用数额应由政府和军队主管部门确定。国家投资的军工项目或国家科研计划项目研发成果的知识产权在国家需要强制推广使用时，使用该项知识产权的企业或其他组织，应将其实际所形成的利润不低于30％的部分，作为研究开发补偿金支付给该项知识产权的权利人，作为后者的研发基金和奖励基金。

（2）对国家控制类知识产权，项目研制单位可以在一定范围内，依法自主决定实施、许可他人实施、转让、作价入股等，并取得相应的收益。同时，在特定情况下，国家根据需要保留无偿使用、开发、使之有效利用和获取收益的权利。

（3）在上述两种情况下，对于知识产权的职务发明人、设计人的奖励，一是应给予与实际贡献相当的报酬和股权收益。科技人员其成果用于生产活动带来重大经济效益的，对做出重大贡献的专业技术人员，从所获利润中给予不同程度的一次性重奖，成果发明人可以从专利转让、许可净收入或补偿金中提取不低于25％的报酬或股权收益。二是对有突出贡献的专家、学者和科技人员,继续实行政府特殊津贴;对国防科技作出贡献的,国家给予专项工程和军工津贴等。三是对于从事教学、基础研究、尖端技术和高技术研究的人员,奖励金额从国家专项基金中提取等。

在前述各种产权归属中,有关各方均需应用不同方式,例如给以重奖,给以股份,以及给以各种适当权益,对进行创新性开发的科技人员给予经济补偿。其数额确定是个难题,至今无定则,也可凭经验在试错中不断完善。对某些科技成果全由个人出资开发者,其全部知识产权均应属于个人。

(4) 对民用技术转军用中的知识产权,国家提供投资或贷款、补助金政策,减免税政策。对于民用技术转军用技术产业化项目,给予优先安排项目用地等优惠政策。

(5) 上述前三种情况下单位中技术人员投入的创造性劳动的报酬,还可以采用市场工资率经绩效因子调整确定。需要强调,这里的"技术",是指技术开发创造性劳动,而不是一项纯粹的专利或技术成果。如果是一项纯粹的专利或技术成果,由于客观存在一个通过竞价机制形成的市场价格,问题就简化了。而开发中的创造性劳动因存在与技术垄断、技术秘密和克服技术过时相关的风险,信息不对称程度较高,技术人员的劳动力市场工资率远远不能反映其对企业和国家所作的贡献。由于创造性劳动可以为企业带来超常回报,技术要素的贡献不仅体现在技术人员的劳动力市场价格中,还体现在企业的净收益或市场价值中。其中,技术对净收益的贡献最为客观和显著。在目前,用市场工资率经绩效因子调整确定技术人员投入技术要素的报酬比较常用。其中包括,在技术人员的激励方案中,除应以工资为基础外,应辅之较大比例的红利或适量的股权激励等。

五 与"中国航天业原有知识产权初案"配套的建议

（一）建立包括航天业在内的国防科技工业知识产权"名录管理制度"

根据中国航天业原有知识产权权属初案，国家对涉及国家核心和重大利益的部分知识产权（国家管制类、国家控制类）进行管理和控制，在对国防知识产权进行仔细梳理后，编制《国家控制类国防知识产权目录》，明确不得使用和经批准允许使用的国防知识产权的类别和范围，对目录规定以外的国防知识产权（前述后两类）直接授予生成单位，不再进行管理。

目前，普通专利制度是以行业（包括产品和技术混杂）为分类标准，根据国防工业现行的管理体制和技术产品划分，建议根据国防科研计划管理体制和装备产品技术领域划分，把国防科技知识产权实行三级名录管理，以便于检索。

一级目录：以重大武器装备系统和装备研制技术领域为标准进行划分；

二级目录：以主要武器装备产品和装备研制技术领域为标准进行划分；

三级目录：以一般武器装备产品和基础产品研制技术领域为标准进行划分。

（二）搞好航天知识产权"合同管理"

目前，航天科研单位承担大量科研任务，常用的合同有国防技术预先研究合同、武器装备研制合同、"863"项目合同，以及就某型技术攻关而签订的横向协作合同等。其中，除"863"项目对缔约各方权利义务、知识产权归属、分享与转移成果管理和保密规定做了明确要求外，其他合同基本上都没有对航天知识产权进行详细的规定，对各方利益主体缺乏公平有效的保护。

按照装备采购制度改革的要求，应在各类合同上注明知识产权的生成与利益分配。其中包括，合同明确由国家所有的知识产权的使用，除《名录》规定的知识产权外，项目成果和知识产权授予合同受托人；不同类型的合同和签订方式均要明确知识产权的不同权属和利益分配；合同的价款和定价中应充分考虑研究中智力成果的定价问题，并就授权的成果转让进行必要的约定；应明确合同争议协调和仲裁的受理机构。

（三）把尊重航天知识产权充分融入政府的技术采办合同中

就政府开发和采购先进技术而言，知识产权条款和条件是核心要素，是影响武器装备性能和成本的重要方面，甚至对该技术的全寿命保障也有长远影响。对于任何知识产权争端，合同双方应通过协商，在签订合同前仔细确认认可的条款和条件。在采办过程中，尽早确认应交付的专利、计算机软件、技术资料是很重要的。航天知识产权纳入政府技术采办合同中，对于武器装备及技术的采购成本以及经济承受力会产生重要的影响，所以应当把航天知识产权、合同性能要求、价格/成本因素结合起来进行考虑和谈判。在制定技术采办战略时，还要充分考虑政府对武器装备的需要情况，如生产、接收试验、安装、操作、维护、更新或修改、与其他系统的互操作性，以及向其他计划/系统/平台转移技术等；在选择来源和评价所有费用时，要特别注意航天知识产权问题，既要保障得到关系武器装备性能和武器装备正常维护的技术权利，也要注意把知识产权纳入合同的成本，在保护国家核心利益的同时，鼓励航天企业创新的积极性。

（四）国家一定要尊重和保护航天企业开发且自有的知识产权

航天企业技术创新需要大量的资金投入，特别需要长期的技术积累和稀有资源投入（包括高水平科研工作者的智力投入）。

另一方面，企业为保障其生存和竞争力，主要利用知识产权收回其成本和获得利润。政府应当鼓励航天企业享有技术创新商业化和盈利的独占权，确保其收回投资和不断盈利，推动技术进步和技术转移。

政府在采办合同中尤应尊重企业开发的知识产权，通过竞争的方式获得产品和服务，而在此过程中必须保护这些知识产权。政府还应鼓励其在履行政府合同过程中所获得的知识产权商业最大化，并在履行过程中尽可能地利用已有的知识产权。

政府采购航天企业自筹资金、自行开发的专利、商业软件和技术资料时，通常只能接受按市场惯例向政府提供相关的知识产权，获得受限制使用的知识产权。在合同谈判中，政府要区分买现成的采办与开发合作的不同，在采购商业性的知识产权时，要按照市场上普通知识产权许可条款。如果政府有特殊需要必须和航天企业进行谈判，在愿意为这种特殊需要而付费时，才可以改变商业许可条款。认为不花钱便可以改变商业许可协议是错误的做法。

（五）完善航天科技知识产权保密解密制度

航天知识产权的保密解密工作是加强其知识产权管理的一项重要内容，也是促进航天技术转化的重要途径。建立知识产权保密解密机制，定期对专利进行审查，对无需保密的及时解密，发布解密信息，对解密后能够民用的航天专利技术，应当采取积极措施，积极推进其知识产权的转化。

（六）建立航天知识产权安全预警机制

航天知识产权应急和预警机制，指的是通过收集和分析航天技术领域及相关技术领域的知识产权信息和国内外市场信息，对可能发生的重大知识产权争端和可能产生的危害及其程度等情况，向有关部门、行业组织、企事业单位发出预警预报。航天知识产权安全预警机制是指实现上述知识产权预警的整个管理体制和运作程序。通过建立航天知识产权安全预警机制可以有效地避免各种纠纷和危机的发生。航天知识产权安全预警机制包括以下主要内容：

（1）安全预警内容及评价。包括预警内容、预警管理及危机评价。预警是指从根本上防止危机发生，是一种超前的管理。安全预警最重要的是建立一套专利预警指标体系，如专利申请量、授权量，还有一套与该领域有关的信息、法律、法规等。管理则是根据预警系统对危机分析的结果，组织有关专家、法律顾问、经济专家等，共同参与分析和决策，实施危机处理，将影响和损失减小到最低。不管是危机预警还是危机管理，都离不开危机评价，危机评价就是将各影响因素与各既定指标进行比较，如果超出指标，则就要发出危机警报。

（2）实施安全预警组织管理。包括组织机构、管理制度和参与人员。建立安全预警组织机构，参与安全预警系统的人员应包括信息搜集、分析人员，经济专家，法律顾问和决策人员等，同时，制定相关管理制度。

（3）建立预警系统的技术管理。建立案例数据库并建立评价指标体系，将各指标与数据库中的指标体系进行对比，一旦有异常则发出预警信号。

第三节　论中国航天企业专利权保护的国际战略

2008年11月，中国航空业两大集团宣布合并，共同对外。看来，由于其特殊性，在中国国家战略规划层面上，航空、航天等产业各企业目前在国内不宜搞太多的竞争，而首先应集中力量对外竞争，包括航天业不仅可仿航空业也实施两大集团宣布合并，而且其中各企业要特别注意在专利权保护上的国际战略选择。

中国航天企业要特别注意在专利权保护上的国际战略选择，从根本的理论层面看，是因为作为"人权"之一的知识产权及其中的专利权，均存在一系列的悖论性质，其中包括平等权与自由权的矛盾，不同权利主体之间的权利矛盾①，等等。其中，发达国家与发展中国家面对着不同情况，包括发达国家过分强调严格保护其知识产权，会限制发展中国家的技术创新和有效参与全球市场竞争等②，故需要在保护知识产权问题上照顾各方，力求"弹性"和"平衡"③。面对这些难以排除的知识产权矛盾④，市场体系中的各国家只能设计出维护自己国家利益的知识产权制度⑤，包括企业还能利用"规避"某些法条的办法以谋利⑥；中国航天企业也只能在国家选择的基础上，因势利导，选择对自己企业有利的知识产权保护首先是专利权保护国际战略，以避害趋利。在一定意义上可以说，在市场经济中，当代各国航天企业在专利权保护问题上只能一方面遵守普适的国际标准，另一方面又在此背景上利用各国不同的知识产权保护法律体系，包括充分利用"专利权悖论格局"，尽力获取自己的"利益最大化"。

---

① 胡义成：《人权的悖论性质》，载《新华文摘》1994年第1期。
② [苏丹] 伊德里斯：《知识产权》，知识产权出版社2008年版，第29—35页（或第206页）。
③ 钟云龙等：《知识产权法前沿问题报告》，中国经济出版社2007年版，第301页。
④ [苏丹] 伊德里斯：《知识产权》，知识产权出版社2008年版，第57页。
⑤ 同上书，第68页。
⑥ 钟云龙等：《知识产权法前沿问题报告》，中国经济出版社2007年版，第321页。

中国航天企业的专利权保护国际战略,是指中国航天企业面对激烈竞争的国际市场环境本身,自觉主动地利用专利文献提供的新技术、新产品信息,利用专利制度提供的法律保护和其他种种条件,促进本身专利技术开发和科技创新,在技术竞争和市场竞争中,有效地保护中国企业的合法权益,谋取最大经济利益,从而求得中国航天企业长期生存和不断发展而制定和实行的一种长远规划和整体谋略[1]。一般而言,它是由中国国家军事—航天战略、中国航天企业本身的特点和激烈竞争的国际航天市场环境等方面情况所决定的。

一 国外包括航天在内的军工企业专利权保护的国际战略选择概况及其经验教训

防务产业是个很费钱的领域。冷战结束前后,受"经济全球化"影响,伴随着各国军工企业的改革、并购和重组,各国政府和军工企业都在不断寻求区域防务合作和跨国高技术合作,以求从国家和企业两个层面尽力在少花钱的前提下提高本国国防科技水平,实现"双赢"。于是,包括航天在内的军事工业的国际化,正在突破以往对其知识产权构成的传统界定,包括航天在内的军工企业显然需要专利权保护的新的国际战略。

其一,就政府层面而言,"9·11"事件后,美国和欧盟提出了加强大西洋两岸间政府和军工企业全面合作的建议,重在加强情报、侦察技术、卫星等方面的合作力度,提高国内安全和生存能力。作为另一军事大国,俄罗斯不顾美国的反对,与伊朗正式签署了旨在加强双方军事技术合作并成立"军事技术合作委员会"的政府间框架协议,并开始帮助伊朗全面改进其武器系

---

[1] 徐家力:《略论中国企业的专利战略》,载《光明日报》2006年2月13日。

统。俄罗斯还在加强同欧盟在航空、航天领域的广泛合作。

其二，在航天企业层面，2000年，德国戴姆勒—克莱斯勒宇航公司、法国宇航—马特拉公司与西班牙航天公司合并，成立欧洲航空航天与防务公司（EADS），从而成为世界上仅次于美国公司的第二大航空航天公司。法国汤姆逊—GSF公司以13.2亿英镑买下英国雷卡电子设备公司，使汤姆逊—GSF公司成为欧洲第三大"防务公司"。2001年，欧盟的马特拉—英国宇航动力公司、欧洲航空航天与防务公司导弹业务分部及阿莱尼亚无线电系统公司，共同成立了MBDA公司。而中国与巴西联合研制地球资源卫星的协议也于20世纪90年代签订，至于中国长征火箭的商业性发射也早已众所周知。

在新的军事革命背景下，为了长期获益，各有关国家大体均制定了有利于将外资吸引到本国军事工业中的政策，这促进军事工业企业知识产权结构进一步国际化。英国在其最新的军事工业政策中表明，军事工业企业所有权或控股权的国籍已经远不像以往那样重要或具有战略性意义。英国政府已经取消了外资所持英国军事工业企业股份不得超过50%的限制，但为防止军工企业被国外个人或单一机构完全控制，保留了每个国外股东的持股比例不得高于15%的限制。2002年，印度政府决定以合资公司的方式允许外国企业直接投资印度军事工业，并限制外资控股的比例不得超过25%。法国则明确表示，涉及国家主权和根本利益的核武器及其相关技术装备，必须保持完全独立自主的研究、研制、生产和开发能力；某些涉及决策和作战指挥的具有战略意义的敏感技术领域，适当地考虑与盟国合作，但必须保持独立研制、发展的能力和技术优势；其他主要的常规武器装备均可以考虑同欧洲盟国分享技术成果和共同研制；普通的共同性常规武器装备则充分实行来源多元化。

国防工业涉及各国的国防机密和各企业知识产权,国际合作并不容易,失败率很高。高失败率必然带来合作的高风险。在国外军工企业知识产权国际化过程中,一方面是各有关国家及企业大体均有所收益,另一方面则是存在高风险,有不少教训。这种风险是指由于国防工业主体(包括航天企业在内的军工企业)合作系统内部、外部环境的不确定性、复杂性而导致的合作成员发生技术—经济利益损失的可能性,如技术流失造成核心竞争力的下降和巨额经济损失、优势互补使合作伙伴成为强有力的竞争对手、"路径依赖性"带来的合作风险,以及文化冲突而导致合作失败的可能,等等。其中,由于专利权保护不周造成"技术流失"和巨额经济损失,前例不少,教训极深,尤须中国航天企业注意。

通常出现的情况是,为了获得新技术,合作双方(各方)必须拿出一定的技术"共享",在技术平台基础上进行新的技术攻关和技术合作。在为达到各自目的而进行的合作过程中,包括航天企业在内的军工企业有可能"无意中"把自己的核心技术或市场知识转移给合作伙伴,而这些核心技术或市场知识正是其在合作当中的竞争优势所在,是国际合作形成的必要前提和军工企业能与其他成员平等相处的根本保证。在这一过程中,合作双方(各方)都在向对方学习,尽可能地获得对方的知识和技术,以及共享双方合作的研究成果,同时也不可避免地会出现上述"技术流失"问题。这即知识产权"边界困境",企业在开放自身的"边界"且努力以正式或者非正式的手段从外部获得知识、技术和信息的同时,也不得不面临自己的知识技术和智力资本被无偿分享。大量信息显示,在进行国际合作的过程中,由于自身知识产权保护不周,许多军工企业的竞争优势已经弱化,甚至消失。

面对国际经验教训,有学者提出,正在挺进世界的中国,在知识产权保护方面目前在若干重点行业应实行"国际化战略工程"[①]。这个建议是合理的,起码对航天等行业是急需的。

二 中国航天企业专利权保护国际战略选择的总体架构

2008年中国载人飞船成功地进行了宇航员太空行走后,中国航天业已成为继美、俄之后实现了宇航员太空行走的第三强国。

在此背景下,中国航天企业知识产权保护的战略,除了需要在内部继续强化知识产权保护体系之外,今后的重点还应放在知识产权的国际竞争—保护方面。

根据专利权战略的内容和特点,可以将其分为"进攻型专利战略"、"防御型专利战略"和"混合型专利战略"三种。"防御性专利战略"是指,企业在竞争中受到强势竞争对手的进攻,或者强势竞争对手的专利对本国本企业的发展形成或可能形成障碍和威胁,为了在竞争中处于不败之地而采取的一种"守势战略"形态。这种专利战略的目的,在于通过各种防御措施,保护处于弱势的本国本企业的市场,并逐渐提升自己的竞争力。这种战略的主要特点是"以守为攻"。一般而言,技术开发能力和经济实力较为有限而处于劣势的企业通常采用这种战略。而"进攻型专利战略"是指强势国家和企业利用与专利相关的法律、技术、经济手段,通过预测未来技术的发展方向,积极主动地开发新技术、新产品,并及时申请专利取得法律保护,以此抢占和控制市场的专利战略形态。在这种战略实施中,强势国家和

---

① 吴蓬生:《知识产权制助推国际化战略》,中国经济出版社2005年版,第341页。

强势企业可以通过专利进攻战略"封杀"竞争对手进入市场的通道，建立并扩大自己的"专利阵地"，取得市场竞争主动权，避免受制于人，并可以对已进入市场的竞争对手发起攻击，实现垄断市场的目的。由于采用"进攻型专利战略"的企业必须以自主创新为基础，即要求企业首先着眼于新技术开发，而这种自主创新具有一定的风险，因此，并不是每一个企业都具备采用这种战略的条件。一般而言，实施进攻型专利战略的企业应具备以下条件：其一，企业拥有较强的研究、开发能力；其二，企业具有相当的经济实力，能够为企业的研发和技术创新投入相应的资金和技术设备；其三，企业对技术的发展趋势、市场走向有较强的预见能力；其四，企业在专利技术商品化、市场化方面有较强的开拓能力，能够及时对研究、开发成果进行商品化生产或通过利用专利战略提高市场竞争力，等等。因此，这种战略类型主要适合一些经济实力较强、技术优势较大的企业，目的是为了最大限度地占领市场、排挤竞争对手[①]。

从中国航天企业目前具体情况来看，一方面，中国航天业知识产权保护面对着美、俄的强势竞争及美国老辣的知识产权国际保护体系，需采取"防御型战略"，以免自己被"强势者"套住；另一方面，在成为第三强后，中国航天业知识产权保护又面对着在整体技术上比自己弱势的一些国家的航天业竞争，包括一些发展中国家的航天企业竞争，为维护自己的国家和企业利益，免得国家和企业知识产权被有意无意侵犯，在某些领域需采取积极的"进攻型战略"。不过，即使比起整体技术上比自己弱势的许多国家的企业，中国航天企业也不是事事先进；在若干方面，中国航天企业也可能还有落后处，因而不能一概采用面对弱势竞

---

① 惠文：《企业专利战略应用研究》，载《科学管理研究》2003年第5期。

争者的"进攻型战略",其中还可能会用"防御型战略"。总而言之,目前,中国航天企业知识产权的国际保护在总体上应采取"防御-进攻二重化战略"即混合型战略,其实施原则应为:"相机行事,因地制宜,因时制宜,不守一式。"

三 对中国航天企业专利权保护国际战略选择中的防御性战略建议

(一)首先享用"免费午餐"的战略

在专利权使用领域,"没有免费午餐"的谚语部分失效。现在,国外每年都有一批专利因各种原因而失效,这些已失效的专利技术已成为公共财富,任何企业和个人都不需要支付任何费用就可以使用,或者在失效专利的基础上进行创新,并申请新的专利。据统计,全球目前大约有 3000 多万件专利[1];其中,"67%的美国公司持有无法利用的技术资产(总额为 1150 亿~10000 亿美元)";由于维持费用的高昂,在全球,仅有 37% 的专利能维持到保护期满[2]。所以,连世界知识产权组织(WIPO)总干事都提倡人们充分利用包括过期专利在内的这些技术[3]。享用过期专利这盘"免费午餐",对于研究经费相对不足且总体落后于美、俄的中国航天企业,特别是其中的中小民品企业,不失为一种简捷、经济的专利利用首选战略。在这种选择中,一方面,在竞争对手已经获得了专利权,且企业无法突破时,中国航天企业可以等到专利到期或因其他原因失效后再予以利用;另一方面,专利失效并不意味着该专利技术已经没有利用价值了。一些专利

---

[1] [苏丹]伊德里斯:《知识产权》,知识产权出版社 2008 年版,第 74 页。
[2] 同上书,第 69 页。
[3] 同上书,第 73 页。

技术的市场前景或价值可能没有被充分认识到就已经到期了，还有一些专利因为专利权人无力支付"专利年费"而过期。而这，正是中国航天企业大可利用的财富。在笔者看来，中国航天企业特别是其中的中小民品企业老总在专利权战略上的"精明"，首先应表现于此。在享用这盘"免费午餐"方面不精明的老总，就不配当老总。

这里，有一个典型的例子相当有说服力。1972年，美国的风险投资家费莱·瓦尔丁在美国专利局查阅到了一份微电脑技术方面的"失效专利"。经过冷静分析，他决心与人合伙，投资50万美元成立一家微电脑公司。经过谨慎经营，10年内该公司销售额就达到1 500万美元。此后几年不断发展，成为全美颇有影响的高技术企业，这就是世界闻名的美国"苹果电脑公司"[①]。这个故事说明，中国航天企业特别是其中的中小民品企业，有必要特别注意对国外失效专利的挖掘和充分"享用"。

(二) 实施"绕开对手专利权"的战略

在如今，中国航天企业往往面对着美、俄企业既有的航天"专利壁垒"。当竞争对手已经获得某项技术的专利权，并且该专利权已经对企业的发展构成妨碍和制约，而中国航天企业也不能通过"无效宣告"程序等方式攻破该专利权形成的壁垒时，它们可以尝试"迂回策略"，即实施"绕过对手专利权的战略"。中国航天企业大量实践已经证明，实施这种战略，既可以避免侵犯竞争对手的专利权，又可以突破对方的"专利封锁"，迅速发展自己，故应在今后继续强化这种战略的实施。

在目前情况下，笔者认为中国航天企业可以通过以下几种方式进一步实施"绕过对手专利权的战略"：

---

① 德军:《失效专利也是一种资本》，载《中国对外贸易》2000年第11期。

其一,开发与竞争对手的专利权不抵触的新技术。事实上,中国人很聪明;多少年来,中国航天企业在许多方面就是这么干的,"自力更生,艰苦奋斗",效果很好,并形成了"两弹一星"精神。航天企业专利权国际战略如果缺了这一条,中国航天企业就不再是中国航天企业。

其二,使用替代技术。这也是中国航天企业的长项。

其三,如果企业在他人申请专利前便开始制造相同产品、使用相同方法或者已经做好了制造、使用准备的,则可以积极主张"先用权",即企业可以在原有的范围内继续制造使用。对中国航天企业而言,这种办法的成功率颇低,这里只备一说。

其四,尤需注意的是,中国航天企业应在不受专利地域保护的范围内利用他人专利①。这种免费利用他人专利的具体操作,如在对方未申请专利权的第三国免费利用之②,如"迂回设厂",如与对方未申请专利权的第三国企业"迂回合作",等等,国内外均有一些成功经验,中国航天企业完全可以参考。

(三) 实施"交叉许可战略"

交叉许可战略,是指企业间为了防止造成侵权而采取的相互间交叉许可实施对方专利的战略。目前,中国航天业已是"老三",拥有一批较高较新的专利技术,完全有条件对外国实施"交叉许可战略",即尽量与美、俄等航天企业合作,通过专利技术"交叉许可"的方式,既能满足自己企业的技术需要,又能避免"侵权",获得"双赢"。

一般情况下,中国航天企业实施上述专利技术"交叉许可

---

① 参见冯晓青《企业知识产权战略》,知识产权出版社2001年版,第88—89页。

② [苏丹] 伊德里斯:《知识产权》,知识产权出版社2008年版,第52页。

战略"获得"双赢"的前提是，清醒估计对方，"投之以桃，报之以李"，严格遵守"价值规律"，不能光想"占便宜"。有时，为了抢时间，中国航天企业稍微"吃点亏"也无妨，因为"时间就是金钱"。

（四）实施"防卫申请"战略

"兵者，诡术也。"所谓"防卫申请战略"，是指企业为了防御竞争对手而采取的一种"大用心眼"的专利申请策略。对中国航天企业而言，目前，它主要指：

其一，某些技术或发明是本企业暂时不实施的，但作为一种技术储备或将来实施更新发明的基础，可以申请"防卫专利"，以免被其他企业抢先申请专利而对本企业形成威胁。据我所知，中国航天企业在这方面，可以作很多事情。其中包括，申请"防卫专利"时一定要再三斟酌，力求避开对方的"专利网"包围（见本书后述）。

其二，为了使竞争对手弄不清中国航天企业的情况，中国航天企业可以采用申请"虚假专利"的方式，"误导"或迷惑竞争对手。这里所谓"虚假专利"，并不是指该专利"不成立"或"无效"，而是指其对中国航天企业而言，并不是真正代表其技术研发的重点或者企业投资的重点领域，其大多数不是真正出于实际实施的目的而申请。申请虚假专利的真正目的在于迷惑竞争对手。据我所知，中国航天企业在这方面，也可以做一些事情，包括以此迷惑美、俄、印度和日本等国企业。

事实上，实施"防卫申请战略"，已是各有关国家航天企业经常使用的手段。面对美、俄的强悍和印度、日本等国企业的竞争，中国航天企业不是"宋襄公"，应当大胆采用它。

（五）认真持续实施"专利地图"战略

中国航天企业在选定技术开发目标阶段，应充分利用专利文献制成"专利地图"("在这个专利图上要标出所有的重要专利,同时还要列出各专利之间的技术联系",包括给出"竞争对手的专利与本公司的技术和产品之间的联系"[①])等工具,分析、了解其他国家航天企业的专利情况,将产品开发引导到不侵犯他人专利的方向上;还要密切注意其他企业专利的动向和最新进展,将此工作作为日常工作认真持续地落实[②]。此即所谓持续认真实施"专利地图"战略。

在笔者看来,将此工作作为日常技术和管理工作的重要组成部分加以充分实施,对中国航天企业而言,既是以往"跻身三强"的成功经验之一,今后也确需进一步加强。从前,绘出一幅"专利地图"要"花费数月的时间",但由于其需求量很大,目前"人们已经开发出很多商业数据库和软件包来帮助公司"[③]。看来,中国航天企业采用"专利地图"战略在技术上也已无碍。

如今,国外大公司实施"专利地图"战略者比比皆是;一些大公司知识主管,经常面对着"专利地图"沉思。通过"专利地图"战略,中国航天企业可以在研发时避开他人已经申请专利的领域,并可以避免日后的"侵权";此外,中国航天企业也可以通过"专利地图"的研究,进一步发现或找出有关技术领域的技术发展态势以及以后的发展趋势等,进而可以为本企业的专利研发规划提供一个参考的依据。

中国航天企业此前一直在强国航天企业的夹缝中发展,并非强者。长期以来,它们对实施防御型专利战略已有若干经验。现在,形势已变,成为第三强,中国航天企业应当进一步强化实施

---

① [苏丹]伊德里斯:《知识产权》,知识产权出版社2008年版,第52页。
② 何敏主编:《企业知识产权保护与管理实务》,法律出版社2002年版,第233页。
③ [苏丹]伊德里斯:《知识产权》,知识产权出版社2008年版,第53页。

防御型专利战略。

四　对中国航天企业专利权保护国际战略选择中的进攻性战略建议

面对已经出现的侵权，作为航天强国企业，中国航天企业也应当而且有条件在专利权保护的国际战略选择中部分采用进攻性战略。现对此提出若干具体建议。

（一）灵活运用"基本专利"和"外围专利"组合并大力形成"专利网"的战略

这是目前中国航天企业在专利权保护上部分采用"进攻性战略"的首选。它大体呈现为一个"三层互补结构"。

其第一层是实施"基本专利"战略。

在专利学中，专利可以分为"基本专利"和"外围专利"。一般认为，基本专利是基于前所未有的、独创性非常高的发明，它具有广泛应用的可能性和获得重大经济效益的前景，如激光技术、超导技术、半导体技术等都是[①]。基本专利往往是在一个技术领域具有开拓性和基础性作用的专利，有些基本专利直接影响到一种技术或产品的产生。

这里所谓"基本专利"战略，是指中国航天企业以某项技术或某件产品的核心技术的研究开发为基础，并将其研究开发的核心技术申请专利并取得专利权，以此获得其所属领域的支配地位的战略形式。由于基本专利中的核心技术具有难以模仿和难以替代的特征，这使得基本专利战略能给企业带来独特的竞争优势。一方面，由于基本专利大多是基于开拓性（或开创性）技

[①] 戚昌文：《市场竞争与专利战略》，华中理工大学出版社1995年版，第14页。

术，是其所属技术领域的核心技术，使得企业对其所属领域具有支配地位，基本专利能成为堵住对手的通道、排除竞争对手和最大限度占领市场的武器；另一方面，一般而言，基本专利难以在很短的时间范围内被替代。因此，作为第三强国的中国航天企业实施基本专利战略可以使企业长期保持竞争的优势，持续谋求中国航天企业利益最大化。

一般而言，企业采用"基本专利"战略需要具备一定的条件。其一是具有较强的技术研究和开发能力；其二是能够预测和把握所属技术领域的发展方向；其三是基本专利的开发需要较大的经济投入。因此，企业实施基本专利战略需要具有相当的经济实力，能够支撑企业的研发活动，并能承受可能造成的损失。在实践中，IBM等公司经常采用这种基本专利战略。从目前情况看，作为三强的中国航天企业采用"基本专利"战略，已是具备了应有条件的，而且也是必要的。

当然，"基本专利"战略的实施也具有一定的风险，研发失败和技术预测失误都将给企业造成巨大经济损失。对此，中国航天企业在实施中应慎之又慎。

其第二层是实施"外围专利"战略。

许多事实表明，面对"专利战"，企业采用和实施"基本专利"战略必须注意"配套技术"的开发和运用。这是由于作为"基本专利"的基本发明在实用化时，往往需要一系列配套的技术措施。如果基本专利的权利人不注意及时开发外围技术，在基本专利技术内容公开后被他人抢先开发并获得其"外围专利"后，基本专利的权利人反而会受他人控制。

据记载，美国IBM公司在申请超导基本专利方面就曾存在这种失误。该公司在向欧洲专利局申请有关专利后，没有对该项技术加以改进和完善、即未及开发"外围技术"，形成"外围专利屏障",就急忙投稿在刊物上发表,结果让其他国家争取到有关改良专利和采用其他材料及其工艺的专利[①]。此例说明,企业在采用基本专利战略的同时,应当注意将"基本专利"与"外围专利"加以组合,尽可能挤压竞争对手的技术开发空间,以获取该技术领域的决定性控制和支配地位。可见,实施"基本专利"与"外围专利"的组合战略,是当代企业进攻型专利战略的"杀手锏"之一。

其第三层是实施"基本专利"战略与"外围专利"战略组合后形成的"专利网战略"。

此所谓"专利网战略",特指中国航天企业围绕基本专利进行与其配套的技术开发并申请专利,使企业在基本专利的周围构筑起由多项或众多外围专利组成的专利网,以及对这种专利网作用的充分发挥。

从各国大企业实践看,目前的"专利网战略"大体有两种主要类型[②]。

第一种类型是拥有基本专利的一方,在自己的基本专利周围设置许多原理相同的"小专利",形成一个由"基本专利"和"外围相关专利"构成的"专利网",进而形成本企业的"专利壁垒",使竞争对手无法攻破或者无法突围。如前所述,仅仅采用"基本专利"战略并不足以实现企业对其所属领域的控制,企业应当将"基本专利"战略和"外围相关专利"战略相结合,从而形成上述"专利网",才能获得主动。

"专利网战略"的第二种类型,是在他人"基本专利"周围设置自己的反向"专利网",以遏制竞争对手的"基本专利"。

---

① 参见冯晓青《企业知识产权战略》,知识产权出版社2001年版,第71页。
② 同上书,第72—74页。

其中包括，当企业因各种原因在没有足够的技术开发能力或经济能力的情况下，可以采用技术跟进的方式，在他人的基本专利公开以后，抢先在基本专利权人之前开发出外围技术，对基本专利权人形成一个包围圈，使自己在没有掌握基本专利的情况下，仍然可以占领市场。例如，日本东洋工业围绕前联邦德国公司的转子发动机基本专利，开发了一系列实用化的外围专利，使得日本东洋工业在缺乏基本专利的条件下仍能与基本专利所有方平分秋色。中国航天企业虽是强势者，但也不必事事逞强，对处于劣势的领域，实施"专利网战略"的第二种类型，不是不行的。其中还包括，在竞争对手已经布置了"专利网"时，中国航天企业可以通过研究，寻找其专利网的"缝隙"，对仍有改进余地和可能的技术或者还有未开发的技术，企业应当积极进行开发，以求获得"反包围"生存的空间。在目前，我国航天业的大多数民品企业都缺乏足够的技术和经济支撑能力，采用第二类型"专利网战略"是适时的。

中国航天企业采用"专利网"战略，还应当注意"专利网"的申请策略：其一是"基本专利"与"外围专利"同时申请策略。这是指如果企业拥有一项或几项所属领域的核心技术，则可以等待与之配套的技术完成之后，一并申请专利，以避免给竞争对手进行"外围技术开发和改进"的机会。但采用这种方式必须保证专利申请的成功，包括应在竞争对手完成同样的研究并申请专利之前及时提出申请，以免因申请在后而无法获得专利权。其二是先申请"外围专利"，再申请"基本专利"。有些企业为了使某些核心技术的信息不被公开，以延迟竞争对手获取核心技术相关信息的时间，往往采用先申请外围专利、后申请基本专利的办法。这是因为外围专利的专利文献往往都不能涵盖基本专利的"足够信息"，故可如此。美国的杜邦公司就曾采用这种策略对付竞争对方。这可以给企业较长的时间开发外围专利，最主要的是可以将"基本专利"保护期限的起算点往后推迟，达到事实上延长基本专利保护时间的效果。须知，在航天业延长基本专利保护时间，就意味着巨大经济利益的获取。其三是先申请基本专利，再申请外围专利。采用这种策略具有较大的风险，因为其他企业在基本专利公开后也可以进行跟进开发，从而对企业形成竞争。采用这种策略，企业应当确定其他企业在较短的时间内无法对其形成威胁，或者企业已经在进行外围技术的开发并将完成。为了确保自己的核心技术能成为"在先申请"并获得授权，就可以先申请基本专利，再申请外围专利。

上述三层结构并非刚性结构，它应是"软性结构"，在实施中要"相机行事，因地制宜，因时制宜，不守一式"。

(二) 适时实施"专利收购"战略

专利收购战略是指有一定经济实力的企业，通过收购竞争对手或者其他企业（或个人）的专利的方式，来实现其战略目的。收购的既可以是企业竞争对手的专利，也可以是其他企业或个人的专利。在专利收购战略中，收购的目的之一，可以是纯粹为了企业自身的利用。其中包括，一些具有较好市场前景的技术取得专利保护后，其价值可能并没有被发现而处于无人问津的状态，或者由于价格原因而"找不到婆家"。此时，中国航天企业则可以较低的价格进行收购，然后进行市场开发，以获取利益。目前，全球经济危机爆发，西方若干大国经济形势很坏，确有一些专利虽低价而还"找不到婆家"，我们为什么不加以收购呢？

在专利收购战略中，收购的目的之二，也可以是通过收购专利进行专利使用许可，并以此获利或者加强与竞争对手谈判的筹码等。比如，中国航天企业在与某外企协商专利许可时，被对方漫天要价，但本企业手中缺乏足够的筹码进行讨价还价。此时，如果中国航天企业能够适时适价收购到一项或几项专利,且这些专利又是对方需要的,则中国航天企业可以通过交叉许可的方式或者以较低的价格获得对方的"专利使用许可"。

目前,全球"专利贸易"市场很发达,甚至形成了所谓"专利产业"[1]。中国航天企业的专利收购和下述的专利转让、许可等宜先在这一平台上展开,在线进行专利贸易[2]。

(三) 实施专利转让、许可战略

企业拥有一项或多项专利技术时,往往有多种利用方式进行选择。其中包括,可通过企业自己的实施来增强企业的竞争力,并获取利益;也可以许可他人实施自己的专利技术;或者通过专利权质押的方式进行融资;以及利用专利技术对外进行投资;再有就是向他人转让专利权。其中,许可他人实施自己的专利技术,向他人转让专利权,就是这里所讲的实施专利转让、许可战略。

从国外情况和经验看,目前,中国航天企业实施专利转让、许可战略可以在以下情况下进行:

其一是企业预测到该专利技术的替代技术或者更为先进的技术将很快出现。由于替代技术或者更为先进的技术的出现必将使得企业的这种专利大为贬值,甚至被淘汰,因此企业可以通过专利转让的形式将这种风险转移给受让人。对充满了道德感的中国航天企业来说,这么干是很难的,但一些企业已经在这里吃了亏,为什么不能报复性地使用这一战略选择呢?

其二是企业的产品在市场上供不应求,或者企业无暇开拓相

---

[1] 吴蓬生:《知识产权制助推国际化战略》,中国经济出版社2005年版,第72页。

[2] [苏丹] 伊德里斯:《知识产权》,知识产权出版社2008年版,第48—49页。

应的市场，此时，中国航天企业可以通过许可其他企业实施其专利技术，但同时要求被许可人使用企业的商标，即"商标使用许可"和"专利实施许可"同时进行。通过这种方式可以借助其他国家企业的力量开拓本企业的市场，提高其市场占有率，并可以扩大其商标的影响力。目前，中国航天企业已是"老三"，有时企业的产品在市场上供不应求，或者企业无暇开拓相应的市场，使用这种办法正好恰逢其时。

其三是为了使企业主要专利技术成为其所属领域的"技术标准"，以谋求利益最大化，中国航天企业首先应当在该领域内大力推广和普及该主要技术，以较低价格实施专利转让、许可战略，以增强该专利技术成为技术标准的可能性。当年，飞利浦公司和索尼公司在早期均将自己的 CD 技术许可给竞争对手，以防止后者开发替代性标准，成效显著[①]。据中国中央电视台 2008 年 11 月 18 日报道，中国大唐电讯公司为使自己的专利成为所属领域的"技术标准"，便实施了本战略，效果也极佳。

(四) 实施"排除妨碍"战略

"排除妨碍战略"是指企业利用法律规定的条件和程序，使竞争对手的专利归于无效，从而排除其专利妨碍的战略形态。自打有专利以来，此战略就产生了。

这种战略既可以作为企业主动进攻的手段，也可以在企业遇到专利纠纷时作为防御策略使用，实现"以攻为守"。排除妨碍战略有助于中国航天企业从根本上排除竞争对手对自己的威胁和形成的妨碍，企业对该技术可以任意使用而不构成侵权，并将给对手造成严重的打击。

这里的关键在于，各国《专利法》基于对本国利益之维护，

---

① [苏丹] 伊德里斯：《知识产权》，知识产权出版社 2008 年版，第 51 页。

关于"排除妨碍"的法律程序的规定有所差异。一般说来，异议程序、撤销程序和无效宣告程序是几种常见的程序和方式。根据我国 2000 年修改的《专利法》的有关规定，"排除妨碍"战略主要是利用"无效宣告"程序取消竞争对手的专利权。根据我国《专利法实施细则》第 64 条第 2 款的规定，企业发现竞争对手的专利存在下列情况之一的，可以请求专利复审委员会宣告该专利权无效：其一是被授予专利的发明创造不具备专利法规定的新颖性、创造性和实用性；其二是被授予专利权的发明创造没有在说明书中达到"充分公开"；其三是专利的《权利要求书》没有得到《权利说明书》的支持；其四是其"修改"超出了《权利说明书》和《权利要求书》记载的范围；其五是被授予专利的发明创造不属于专利法保护的领域。为了使自己的无效宣告请求能够得到专利复审委员会的支持，中国航天企业应当进行充分的调查，充分收集竞争对手专利权存在瑕疵的证据，并向专利复审委员会提供。根据中国航天企业目前现状，"排除妨碍战略"实施重点应首先放在中国被授予专利权的国外企业发明创造没有在其说明书中充分公开，或者《权利要求书》没有得到《权利说明书》支持的两种情况。

"智者千虑，必有一失"。作为中国航天企业的竞争者，国外航天企业专利申请者也是人，也会有疏忽，或者也会有出于"太聪明"的"捣鬼"，中国航天企业为什么不能利用呢？

第四节　论股份制改革背景下的中国航天业知识产权管理

中国航天产业走出计划经济体制不久，目前正在展开股份制改革。随着神舟载人航天飞行的成功，它在成为全球强势产业的同时，又不能不面对知识经济背景上全球同行的竞争和挑战，迫使它不能不在加强股份制企业管理中，特别注意作为无形资产的知识产权的管理营运。

其实，股份制即是强调产权保护的一种企业组织形式。在这个意义上，中国航天产业特别注意作为无形资产的知识产权的管理营运，正是其目前正在展开的股份制改革的题中应有之义。

一 美欧航天战略的逼人和中国航天业知识产权管理的滞后

美国率先在战争中应用航天科技并取得了成功。2006年美国总统又批准了一项新的国家航天政策，其特点是为争夺"制太空权"和争夺空间资源进行战略部署。

美国新航天政策将损害国际社会在外空军备控制领域已达成的共识。目前，世界上拥有和应用卫星观测、通信联络、导航定位等太空科技的国家，基本上不具备太空防御能力，更不具备太空攻击能力。一旦美国将其太空攻击能力转化为实际部署，几乎全球所有的国家都会在战略上处于十分脆弱的地位。特别是美国拒绝就任何可能会限制其进入或使用空间的协议进行谈判，或制定任何法律制度。在这里，"空间霸权"与"单边主义"彩色十分显然[1]。

美国的"空间霸权"与"单边主义"势必在其航天业管理特别是其知识产权管理上反映出来。大量事实证明，美国航天业的知识产权政策已是赤裸裸的"空间霸权"与"单边主义"，作为其竞争对手的中国航天业在知识产权管理上不能不未雨绸缪。

---

[1] 参见王家胜等《解读美国新航天政策》，载《航天工业管理》2007年第6期。

在欧洲，欧洲航空防务航天公司（即 EADS）由法国宇航马特拉公司、西班牙航空航天公司以及德国的戴姆勒—克莱斯勒航空航天公司于 2000 年联合组建而成。它拥有 4900 项发明（每一项发明可能涉及多件专利），其中仅 2005 年就新增加发明 586 项；拥有各类授权专利 15036 件。

EADS 核心竞争能力包括：材料及处理；结构工程及声学；微系统、电子及图像处理；系统工程及环境控制系统；用于工程的先进的处理技术及信息技术；标准化；知识产权战略及知识管理等[1]。其中，专利、知识产权战略及知识管理等，一方面是对付美国的"杀手锏"，另一方面，也是对中国航天业知识产权战略及知识管理水平的挑战。

中国航天业几乎是从计划经济跑步进入市场经济及其股份制的，目前又要同时从工业经济跑步进入知识经济，虽然面对着上述美欧同行的挤压排拒和激烈竞争，它和它所属企业当前在知识产权管理上依然存在若干缺陷。包括上下对知识产权重要性缺乏充分认识；现行航天科技成果"价值界定"与有关科技人员的知识产权保护存在严重的体制缺陷，全行业至今没有一个较成熟的知识产权管理体制，包括相当一部分企业无专门管理机构或人员；相当一部分科技人员至今是知识产权保护上的"法盲"，有的行业或企业管理者也对知识经济条件下知识产权保护的极端重要性似懂非懂，往往把企业管理游离于知识产权管理之外，或者对在有关国家注册本企业专利不用心；"信息障碍"与"专利利用困境"亟待持续克服，相关航天的法规、政策很不健全，等等，并不令人感到意外。

---

[1] 参见童雄辉《欧洲航空防务航天公司》，载《航天工业管理》2007 年第 5 期。

在笔者看来,目前最重要的是应充分认清差距,面对强势对手,急起直追。

二 对中国航天业建立知识产权管理机构的若干设想

在股份制改革中,在我国航天业建立统一全面的知识产权管理机构和机制是很必要的。在笔者看来,这个由中国航天产业及其所属企事业单位上下成建制形成的知识产权管理机构和机制,应当形成权责一致、分工合理、决策科学、执行顺畅、监督有力的有效体制。

(一) 中国航天业知识产权管理机构的职能

作为一个功能健全、高效运作的行业及企业管理部门,我国航天业的知识产权管理机构需要履行以下 8 个方面的职能[1]:

其一,实施航天知识产权战略管理。目前最主要的是进行航天行业和企业知识产权战略的牵头制定、组织实施和修正、评价。其中,航天企业知识产权战略可以分为企业专利战略、企业商标战略、企业商业秘密战略、企业版权战略等[2],需分别制订,彼此衔接。

其二,实施国际范围内的知识产权经营管理。这一条被本书如此突出,首先是因为中国航天已是全球强势产业。在中国航天已成为全球强势行业的时候,如何运营这部分资产,已成为中国航天知识产权管理部门的重大职责。

知识产权的经营不仅体现为科研成果价值的承认、市场竞争能力的提高,而且发展到一定阶段,根据国外经验,还能直接通

---

[1] 参见国家保护知识产权工作组组织编写《企事业单位管理人员知识产权读本》,人民出版社 2008 年版,第 153—157 页。

[2] 参见冯晓青《企业知识产权战略》,知识产权出版社 2001 年版,第 18 页。

过对外许可、特许经营、技术转让等，获取高额利润。如何在知识产权经营中降低成本、获取利润，应成为中国航天知识产权管理机构不可缺少的职能。国外有资料显示，有的航天企业已把这一职能独立出来，形成一个新的部门，在经济上获益不少，中国航天知识产权管理机构似可照办。

其三，展开航天知识产权培训与普及。企业不仅需要强化内部培训，也可坚持"走出去、引进来"的策略，请公司外部的智力资源特别是美欧等公司专家参与到本公司的知识产权培训普及中。

其四，从事航天知识产权的日常管理和全程管理。从工作流程方面看，它包含知识产权的鉴定、申请、登记、注册、评估、维护等工作。相应的需要制定和完善日常业务流程、制度和IT建设。

在航天知识产权的日常管理中，民品业知识产权的鉴定、申请、登记、注册、评估、维护等工作，相当麻烦琐碎，需给予特殊注意。

按照航天知识产权"全程管理"的要求，在航天知识产权管理机构监督下，所有签订的航天科研合同、装备采购合同、民用技术转军用合同等，均应对知识产权事宜单列条款，明确合同双方所涉及的国防科技知识产权的权属与利益分配事项，并对授权的成果转让进行必要的约定。

其五，知识产权纠纷事件的处理。鉴于中国航天业已是全球强势行业，目前不应存在"内斗"，企业内部的知识产权争议，如部门与部门之间、子公司与总公司之间、企业与个人之间的知识产权权属争议等，可以主要靠制定政策、行政调解等办法处理。企业外部的知识产权纠纷，主要涉及企业与本企业之外的国外企业、个人之间的专利侵权、专利权属争议、商标侵权、版权争议、侵犯商业秘密、反不正当竞争等方面的纷争，是目前中国航天业知识产权管理部门处理知识产权纠纷事件的首要注目点所在。

在航天知识产权纠纷事件处理中，国内民品业知识产权的纷争案件越来越多。不能一律用不提倡"内斗"而无视这种现象，因为，其中不少是中国市场经济发展的必然。我国航天业的知识产权管理机构对此类纷争应以法处理。

其六，知识产权信息管理。航天知识产权信息管理，应是航天知识产权管理的重点。在国外，有的公司如东芝公司，还专门成立"专利信息中心"负责此类事务。而三菱公司更是将原属于专利部的"专利情报中心"独立出来成为独立的公司。这是因为，现在是一个信息爆炸的时代，知识产权作为无形财产权，更需要加强其信息流通和管理，尤其是要加强专利信息管理，才能发挥知识产权的作用。其中，航天知识产权管理机构尽早在国家支柱产业的层面上和各企业的层面上，建立国际和国内的航天知识产权信息平台，是一个当务之急。

其七，推动知识产权的国内外交流合作及其平台的建立。中国航天知识产权管理机构还要培育和发展航天业知识产权中介服务。

其八，航天知识产权的激励管理。

（二）对中国航天产业知识产权和企业管理机构模式的设想

其一，根据中国国情和航天业现状，参考国外经验，可以设想，中国航天产业知识产权管理机构大体由三个层次结构而成。

一是行业层的总领导机构（目前，中国航天分为两大集团，似已不符合举国一致参与国际竞争的需要，应改为一个企业集团），其主要任务是抓全局，包括提升整个行业的知识产权意识，推动有关法规政策的制订和运行机制的形成。二是作为这个总领导机构之"智库"的"中国航天知识产权专家咨询公司",它作为总领导机构的办事机构,除了在总领导机构的指挥下进行战略设计等工作外,还应承担中国航天业对外的所有合同签订和法律诉讼等具体事宜,以求形成举国一致对外竞争的体制。三是各企业及其下属单位的知识产权管理机构,它们受中国航天上一级知识产权管理机构和本企业的双重领导,是中国航天知识产权管理的基本单元,大量具体而繁琐的管理事务将在这个层面展开。

其二,对中国航天企业知识产权管理的模式的设想[①]。

根据中国国情和航天业现状,中国航天企业的知识产权管理部门应由企业(公司)总经理管辖,是企业中技术与经营两个部门的支撑单位。

中国航天企业知识产权管理机构模式在不同性质的企业,从不同的角度可分为"自主管理"、"委托管理"、"自主与委托管理相结合"三种;从企业知识产权管理机构的内部运行方式、权限分工的不同,根据国外经验,可分为"集中管理模式"(如IBM公司)、"分散管理模式"(如东芝公司)和"矩阵式管理模式"(如佳能公司)。从管理形式服从管理内容的原则出发,中国航天企业中的主业大企业一般可采用"集中管理模式"(国内部分)与"矩阵式管理模式"(国外部分)相结合的模式,而中国航天企业中数量较多的民品企业则可采用"分散管理模式",其中较大且具有海外业务者也可采用"分散管理模式"与"矩阵式管理模式"相结合的模式。

不管是哪一类航天企业知识产权管理体制,都有其共同点与

[①] 参见国家保护知识产权工作组组织编写《企事业单位管理人员知识产权读本》,人民出版社 2008 年版,第 157—159 页。

各自的特色。其共同点是：知识产权管理部门均是处于总公司管理层的核心位置，与技术部门、经营部门密切联系，将授权后的知识产权工作全部汇集在此统一管理，成为总公司的最重要的"智囊部门"。另一方面，这三种管理形式也有许多不同。

中国航天业知识产权管理方式的选择，应尽力根据不同情况采用不同模式或方式组合，也可据中国经验另辟新途，未可限于一式。

（三）知识产权管理人员的配备①

本书只采用知识产权管理人员之狭义，指企业中专职负责知识产权管理职责的管理人员。

其一是航天公司最高知识产权领导即"首席知识官"，或曰"知识产权总监"，一般应由公司主管技术或法律事务的副总经理或副总裁担任。他是公司知识产权事务的最高领导。其主要职责在于全面领导公司知识产权工作；组织制定企业知识产权战略；批准并建立健全各项知识产权制度；建立完善知识产权管理机构；考核企业内部下属知识产权管理人员的业绩，并做出奖罚；对于涉及知识产权的重大事项，如重大投资项目、重大知识产权许可谈判等予以指导和协调等。

从理论上说，中国航天公司的"首席知识官"应由兼通技术和法律事务的管理人员担任。从经验上看，中国航天公司目前的"首席知识官"与其由主管技术的副总经理或副总裁担任，不如暂由主管法律事务的副总经理或副总裁担任。这是因为，在中国目前教育背景下，一般而言，主管技术的副总经理或副总裁均是纯技术人员，而日常知识产权管理大量涉及的是"知识产

---

① 参见国家保护知识产权工作组组织编写《企事业单位管理人员知识产权读本》，人民出版社2008年版，第162—166页。

权法"。不过,此人事安排的弊端是对技术战略设计不利。看来,还是任用兼通技术和法律事务的管理人员为最好。

其二是"知识产权项目经理"。这是企业知识产权专职管理人员。知识产权专职项目经理多少可根据企业的规模大小、市场特点、技术领域、产品类别、发展要求等,有所不同。其日常的主要职责有:(1)负责专利、商标和域名申请、注册及管理;(2)管理和保护商业秘密;(3)负责专利文献、科技论文、技术标准等科技情报的收集与分析;(4)负责其他与知识产权有关的工作。

应看到,作为基层企业真正的知识产权管理者,"知识产权项目经理"的人选也应以兼具技术和法律知识的人员为好,似可首选出身航天科技硕士以上而兼有法律学位者任之。

其三是航天知识产权(专利)工程师、航天知识产权律师等。"航天专利工程师"是指具体负责航天专利申请、专利挖掘、专利许可等某一方面工作的专业工程师,例如负责专利申请方面的专利工程师。其主要职责和工作内容可以是:(1)负责研发活动中的专利规划与布局;(2)负责企业基本专利、核心专利的国内外申请;(3)企业重要专利纠纷的支持等。"航天知识产权律师"主要负责航天知识产权法律事务,其主要职责有:(1)负责知识产权相关合同的撰写、审核;(2)负责或参与知识产权许可谈判;(3)负责知识产权纠纷处理,如应对诉讼、调解内外知识产权纠纷。应看到,航天知识产权管理团队中的角色分工很重要,但更为重要的是相互协作。现在有的航天企业甚至要求知识产权工程师与知识产权律师合二为一,这样的复合型人才既是知识产权内在的本质要求,也是企业适应知识经济的迫切需求,但目前尚不现实。无论企业是否寻找到符合基本条件的知识产权项目经理、专利工程师或法务人员,都需要具备团队合作精神、密切联系企业实际运营的知识产权人才。

（四）对中国航天企业内部知识产权管理制度的设想①

管理制度的建立实施才是航天知识产权管理的主要内容。

其一，知识产权具体种类管理制度的基本框架。中国航天企业知识产权管理制度主要内容应包括：（1）专利管理制度；（2）商标管理制度；（3）版权管理制度；（4）商业秘密管理制度；（5）其他知识产权管理制度，如域名管理、集成电路布图设计管理、知识管理等。其中，专利管理制度的建立和落实至为重要。

其二，企业内部知识产权管理制度的基本内容。主要是：（1）管理目的与范围。（2）制订依据及引用文件。（3）管理对象及相关术语定义。如界定本企业专利、商标、版权、商业秘密；在专利管理制度中定义发明创造、发明专利、实用新型、外观设计、技术秘密、职务发明创造、非职务发明创造、发明人（设计人）；在版权管理制度中定义作品、作者、职务作品、非职务作品、计算机软件、委托作品、合作作品等；在商标管理制度中需定义商标、主商标、副商标等术语。航天企业有别的企业没有的一些特质，它们往往会在这些定义中反映出来，故对此定义工作应予高度重视。（4）确定管理原则。其中包括，在笔者看来，中国航天业目前应弱化内部过分竞争，集中力量对外。（5）管理角色定义。（6）确定管理流程与程序。（7）专项管理规定。面对国外强势竞争对手，中国航天业在这些专项管理规定制订方面要下大工夫，才能自立于不败之地。（8）奖励与处罚办法。对于在工作中非法利用他人专利、商标、版权并冒充为自

---

① 参见国家保护知识产权工作组组织编写《企事业单位管理人员知识产权读本》，人民出版社 2008 年版，第 170—172 页。

己工作成果者，造成公司损失的，应在制度中予以适度处罚。对于未签订许可协议，造成公司知识产权等无形资产流失或损失的；对于在知识产权纠纷处理中作伪证，造成公司损失的种种情况，都应以制度形式形成处罚机制。(9)管理制度的适时修订、解释。(10)管理制度的实施。

三 对中国航天业进一步实施知识产权利用—保护战略的一些设想

航天知识产权的利用包括航天知识产权权利人本人利用和他人利用。他人利用主要包括航天知识产权许可、转让、出资、信托、拍卖、质押、商业特许经营、捐赠、强制执行、破产处分等等，其中许可和转让是目前中国航天知识产权他人利用最主要、最基本的方式。针对中国航天业现状，本处除略阐其知识产权保护战略外，主要探讨中国航天知识产权利用的这两种方式。

(一) 利用方式之一：航天知识产权许可[①]

知识产权许可是一种授权行为，类似于房屋的出租，是知识产权的"出租"，不产生权利归属和主体变化。

对于许可人而言，航天知识产权许可的长处是既不会发生知识产权转让，又可强化对知识产权利用的控制。中国航天业目前已是全球强势产业，在许可使用的方式之下，许可人可以通过合同的方式，对被许可人使用知识产权的时空范围加以限制，使得被许可人必须严格遵照自己的意图行动。这种合同控制的方式往往比自己直接去使用还要控制得好，而且中国航天企业能从许可中获得使用费。

---

① 参见国家保护知识产权工作组组织编写《企事业单位管理人员知识产权读本》，人民出版社2008年版，第323—326页。

面对美欧的强权,许多发展中国家的航天企业需要中国的技术。"许可"能帮助中国航天企业更有效、更方便地在全球拓展业务。对中国航天业而言,"许可"协议的最大好处之一,是可以让发展中国家的竞争对手或者侵权人变成同盟者或者伙伴。

这种"许可"十分有利于在全球提高中国航天业声誉和信誉。其实,这种"许可"使用在某种意义上也是一种关于中国航天业的广告宣传,何乐而不为?

当然,知识产权许可也有短处。对中国航天业而言,被许可人能变成自己的竞争对手,减少中国航天业在相同市场中的竞争能力。但利弊相较,总的来看,在中国航天业成为全球强势产业条件下,在某些方面实施知识产权许可,能使中国航天企业获得巨额收入来源,扩大影响,也能催化自己的知识财产进一步开发和商品化,故应积极推广实施。

(二) 利用方式之二:航天知识产权转让[1]。

航天知识产权转让系指直接发生知识产权主体变更的法律行为。这是它与航天知识产权"许可"的最大不同。

知识产权转让有两种形式:一是合同转让;二是法定转让。所谓合同转让,是指在自愿原则的前提下,转让人和受让人签订书面转让合同,并在依法办理知识产权转让的手续后,发生法律效力的知识产权转让。转让权是知识产权的一项重要内容,它是知识产权所有人行使处分权的具体体现。对法定转让,本书不论。

在中国航天业成为全球强势产业的条件下,中国航天业可以把自己已经不用或即将失效的知识产权,特别是前者,转让给他

---

[1] 参见国家保护知识产权工作组组织编写《企事业单位管理人员知识产权读本》,人民出版社2008年版,第336—338页。

国他人以获巨额利润。实施此种转让，须有较娴熟的技巧，中国航天业有关知识产权工作者应努力促成之。

(三) 航天知识产权的进一步保护[①]。

客观地说，中国航天知识产权的保护还是取得了很大成绩的。现在的问题是，随着中国航天业成为全球中的强势者，又面对着美国的航天霸权，中国航天知识产权在利用的同时，如何进一步保护问题就显得特别突出。

其一，最佳保护方式的选择。

知识产权是一组权利的配套，存在保护它们的结构—战略选择问题。航天知识产权的类型包括著作权、专利权、商标权、商业秘密权、地理标志权、集成电路布图设计权以及一批新型的权利等；权利类型—结构不同，保护对象、保护期限、权利内容等也不同；在知识产权保护战略中如何采取最佳（包括最省经费）结构—战略方式保护自己的创新成果，对中国航天企业来说至关重要。在这里，需要综合考虑以下各种因素。

（1）根据航天业飞速发展的特征，首先要考虑权利的保护期限。我国法律规定，"商标权"保护期限为10年，但可以无限续展，故实际上没有期限限制；"著作财产权"的保护期限一般为作者终身加死后50年，另一方面，除发表权外的著作人身权的保护没有时间限制；对航天业最重要的"发明专利权"的保护期限为20年，"实用新型专利权"和"外观设计专利权"为10年；而在"商业秘密"方面，只要企业采取一定措施使其技术秘密和经营信息维持秘密状态就可以一直受到保护。

目前，包括IT技术在内的航天技术飞速发展，在美、俄、

---

① 参见国家保护知识产权工作组组织编写《企事业单位管理人员知识产权读本》，人民出版社2008年版，第389—391页。

中激烈竞争条件下，对任何航天知识产权的保护均需首先考虑其有效期限。因此，根据航天业飞速发展的特征，选择对自己最有利的知识产权保护种类及其配合结构，就不是多此一举了。

（2）航天知识权利的专有性程度如何搭配。知识产权的专有性是法律赋予知识产权权利人独占的、垄断的权利；独占性越强，对创新成果的保护力度越强，越有利于权利人。在不同的保护方式中，就技术的保护而言，"发明专利"和"实用新型专利"对技术的专有性保护最强；而"著作权保护"只针对思想的独创性表达，而不延及思想、产品、方法、公式、工艺等，因此，它只能对"技术方案的独创性表达"提供保护而很难对"技术"本身提供保护。此外，用"商业秘密"保护技术诀窍，不能阻止他人通过研发或者反向工程获得该技术，并且一旦丧失秘密性就进入公有领域，所以它对技术诀窍的保护力度不够。技术措施也可以用来保护知识产权，但随时可能被破解，其专有性也有限。商标保护则主要是用于区分商品或服务来源，对技术诀窍很难提供足够保护。由此可见，中国航天业在考虑知识产权保护中的结构—战略时，不能只想一个方面，而要综合思考，权衡利弊，选择最佳结构以最有效地保护自己的创新成果。

（3）相关费用如何达到最少。一般而言，专利的保护费用最高，其次是商标、技术措施、商业秘密。著作权采取自动保护原则，除计算机软件外，一般不必支付任何费用。在这里，一些权利的保护费绝对值颇大。在达到对权利的有效保护时，相关费用及其结构如何达到最少，显然不是小事。

美国人彭巴顿 1886 年发明了"可口可乐"饮料配方，距今已 100 多年，一直没有申请专利。这是因为，可口可乐公司在综合考虑其配方价值的期限长短、经济价值大小及通过反向工程获得其配方的可能性等因素后，选择采用"商业秘密"权利的保护方式，从而获得了比申请专利不知要大多少倍的巨额利润。中国航天企业在选择权利保护方式时，应向"可口可乐"学习，必须将以上三个影响权利有效保护的结构体综合考虑，采用最佳的方案和手段，例如"复合立体保护"方式最合理有效地保护自己的创新成果。所谓"复合立体保护"方式，是指一方面，中国航天企业往往拥有不止一项创新成果，要注重对这些创新成果分别进行保护；另一方面，同一项创新成果也可以数种方式来进行有效保护。这里就存在一个保护方式结构谋划问题。同时，创新是一个从创意到新产品（方法）再到投放市场的动态过程，研发的不同阶段可以采取不同的方式对创新成果加以保护，例如初期应作为"商业秘密"加以保护，到后来一部分可能会申请"专利"，其他部分仍可能继续作为"商业秘密"，等等。因此，中国航天企业知识产权保护应是复合式的、立体的、全面的。按笔者的看法，中国航天企业在这里还可聘请国外专业人员担任顾问或有关工作人员，以利用他们的经验。

其二，作为全球强势产业之一，中国航天业目前尤应注重事前预防他国他人侵权。

以可口可乐"商业秘密"保护为例。它以"商业秘密"保护为"杀手锏"，与商标、专利、著作权等公开换取国家法律保护的做法不同，它必须采取一系列措施保持其"商业秘密"的秘密性。包括首先应在企业内部明确决策层的信息保密领导人员，设立企业信息保密领导机构；其次，企业应采取措施将接近商业秘密的人和区域限制在最小范围，对于一些重大秘密，设法将其进行分解，使每一涉密者只能接触到其中一部分；最后，企业也应该告知员工哪些是秘密的，是需要保密的，应签署协议约定员工尤其是高级管理人员的保密行为，规定高管人员在离职一段时间内，不得到同行业或相似行业的企业任职，等等。这也是企业采取最有效措施保持其"商业秘密"的极好范例,中国航天业应当学习。按笔者看法,中国航天企业在准确选择权利保护结构方面如果经验缺乏,也可考虑高价聘请国外专业人员担任顾问或有关工作人员,以利用他们的经验。

四 对中国航天业通过健全法制实施知识产权利用—保护战略的几点设想

对这个问题,可分为国内外两部分阐述。

(一) 国内航天知识产权利用—保护的司法体系需要进一步完善

其一,虽然笔者赞成中国航天企业在国内休兵以全力对外的建议,但作为市场主体,中国航天企业,尤其是其中的民品产业,为自己的生存发展,不能不面对国内航天知识产权利用—保护的司法体系需要进一步完善的问题。

自从1984年我国的专利权法颁布至今已有20余年,但由于长期计划经济体制及相应的各种成果鉴定与发表等措施的影响,国内航天知识产权利用—保护的司法体系尚存在许多问题。其中包括,至今国家没有一部专门的航天法规,虽有一些行政规定,但实施细则大都缺乏;航天科技权属问题的解决拖了又拖,航天科研人员应当享用的知识产权至今尚无具体着落,阻碍着我国航天业股份制改革的深入;许多航天科研人员的权利观念还不强,我们许多成果在没有申报专利的情况下,便以发表论文、学术交流、评奖等方式公开出去,而一旦公开,便意味着别人可以无偿的使用,一些"跳槽"者泄露商业秘密无法追问,等等。

其二,在国内航天知识产权利用-保护的司法体系需要进一步完善方面,上述现行航天科技成果"价值界定"与有关科技人员的知识产权保护存在严重的体制—法制缺陷,形成了最大的

"国内司法陷阱"。

在中国原来的计划经济体制条件下，中国航天业一切成果及其知识产权均是在国家全额资助条件下形成的，为保证国家安全，它们均属于国家所有。改革开放后，航天业知识成果的投资方式已发生很大变化，且非公经济单位的科技投资已进入航天业。2002年，科技部和财政部联合发文，将国家财政投资形成的科技成果及其知识产权赋予其生成单位进行经营（具有经营权），但依然把其知识产权权属只归于国家。2004年7—9月，国务院和中央军委颁布《国家专利条例》，标志着我国国防专利制度的确立，但其中在专利权属方面对有创造性的科技人员积极性的调动显然不足。2007年12月，全国人大通过的《科技进步法》明确规定，由国家财政投资形成的某些科技成果的专利权等若干权益，"授权项目承担者依法取得"，但对其知识产权权属依旧未作改变。2008年6月，《国家知识产权战略纲要》经国务院通过并颁布实施，《国防科技知识产权战略纲要》也很快就要颁布实施。其中，对国家投资形成的国防知识产权的权属和利益分配，只是作了上述有关原则规定，国防知识产权政策改革滞后，国防知识产权有偿使用政策缺失，国防知识产权分层分类管理政策不明，装备科研采办和装备产品采购合同中知识产权规定不清，国防知识产权定密解密机制不完善，况且有关"实施细则"尚未出台，无法操作，有创造性的科技人员积极性的调动依然乏力，直接影响着这一战略的推进。在航天业，至今尚无关于原有知识产权明确归属的规定，有创造性的科技人员积极性的调动同样乏力，包括也有大量专利或已鉴定成果无法转化为可赢利产品。须知，在知识经济条件下，知识资产和技术商品的生产、传播、交换和分配已成为社会经济活动的主要内容，而只有在对技术成果知识资产的价值进行客观合理的评估后，才可能实现技术成果（商品）的有效生产、公平交换和合理分配；也只有准确界定了技术成果的价值，才谈得上对科技人员的充分激励及对其成果的有效保护。否则，所谓的科技制度的创新与改革就不会有大进步。

自 2006 年以来，中央军委关于武器装备采购制度改革、国务院关于军工投资体制改革、军工企业股份制改造和非公经济参与国防科研生产的文件已经出台，航天业的改革已经进入到了一个崭新的阶段。在上述几个重要制度改革推进实施中，也必然涉及国家投资形成的航天知识产权生成、权属和利益分配问题，需要尽快对各种关系协调等给出一个法规依据，以便在各项制度改革推进中有所依据，并在改革实践中不断完善，从而推进航天知识产权战略实施。

其三，我国于 2001 年 11 月正式加入了 WTO，但现存的知识产权保护制度与知识经济和加入 WTO 的要求尚有较大的距离。虽然，WTO 对航天业作为防务事业的方面无权干涉，但当代航天业又与民用密不可分，它在整体上很难完全躲开加入 WTO 的要求。这表现在，一方面国内知识产权法律体系有待进一步完善；另一方面，执法队伍素质有待于进一步提高。

这样，在国内航天知识产权利用—保护的司法体系需要进一步完善方面，我们的工作尚多。除了力求在国家层面上形成航天法律外，在上述许多缺陷方面形成和强化国内航天知识产权利用——保护的法规——司法体系，首先是确定航天科技人员的知识产权权属，看来已是箭在弦上，不能不发。

（二）争取国际航天立法的落实和完善

前已述及美欧航天业逼人的新态势，它显然已指向争取国际航天立法的落实和完善。争取国际航天立法的落实和完善，实际上也涉及国内立法的方面。故本书在这里又只好"兵分两路"

阐说。

其一，先说国际方面[①]。大量事实说明，外层空间已是当代国际合作、竞争和对抗的新领域。一方面，太空资源的开发利用为人类社会的未来发展开辟了广阔前景。另一方面，少数大国正在加紧争夺太空军事优势，太空武器化进程加快。外层空间已经成为当今维护国家安全和发展利益所必须关注的"战略制高点"。国家外层空间活动安全的涉及面十分广泛，包括技术安全、管理安全以及空间信息安全、空间物体安全等。在此情况下，为世界和平计，推动国际航天立法，是必要的。笔者还认为，目前，在国际立法不可能即时实现时，中国航天业除了应当在技术上不断提高相关的安全保障外，还应借鉴发达国家的做法，有针对性地推动国内相关立法，以弥补国际上外层空间法存在的不足和漏洞，更好地运用法律手段来维护和保障我国外层空间活动的安全和中国航天业的知识产权。

"法轮功"破坏中国卫星之事人人尽知。2003年在伊拉克战争中，伊拉克也曾对美国GPS进行干扰。目前，中国航天业外层空间信息安全面临人为干扰和破坏的严重威胁。现在，许多人已经意识到，在现有约定下，航天系统正变得越来越容易被利用和破坏。

此外，空间碎片已是外层空间活动又一潜在而严重的安全隐患。在人类空间活动史上，航天器与空间碎片的轻微碰撞事件曾不断发生。随着人类探索和利用外层空间活动的发展，空间碎片的数量还会不断增加。所有这些情况表明，空间碎片已成为保护空间环境的一个主要问题，需要空间科技界和法学界共同努力，

---

① 郑国梁：《维护我国外层空间活动安全的立法思考》，载《航天工业管理》2007年第8期。

制止这一危险趋势的发展。

目前,在联合国主持下,已经制定了《外层空间条约》等五个国际条约和若干宣言与决议。涉及外层空间活动的国际条约还有一大批。这些外层空间法确立了全人类共同利益原则等国际法原则。

但国际上外层空间法没有也不可能具体规定各个国家空间活动中的内部管理以及各项制度建设,现有的国际公约也缺乏对空间物体和信息进行故意干扰或破坏的法律约束,存在漏洞和空白。因此,仅靠现有国际公约难以全面维护和保障外层空间活动安全。但从目前国际社会的发展趋势来看,建立完善的外层空间法还任重道远,需要世界各国长时期协调立场和看法。

其二,再说国内立法。在国际法无力的情况下,一些国家按照各国发展空间活动的需要,在国内立法中制定有关法律,以保障和促进其空间事业的发展。面对美欧的逼人态势,现在必须尽快制定维护我国外层空间活动安全和中国航天业知识产权的国内法。迄今为止,我国还没有一部完整的、综合性的关于外层空间活动的国内法,甚至连单行的空间法规也付诸阙如。这与我国空间事业的现状及其未来发展是很不相称的。

美国出于自己的目的,1984年制定了《商业空间发射法》等;俄罗斯1993年制定了《国家航天实践法》;乌克兰1992年制定了《航天法》等,都为我们力争建立关于外层空间活动的国内法提供了借鉴。其中,美国的《商业航天发射法》对私营企业从事航天活动做了详尽的规定,建立了严格的许可制度,以确保这种发射符合美国的条约义务以及公众安全、外交政策和国家安全等国家利益,值得借鉴。至少,它可以使中国航天业更好地适应国内外市场经济环境,更好地维护中国航天业知识产权。

第七章

中国航天业及其民品产业的股份制改革（下）

中国航天业及其民品产业的股份制改革，是一个系统工程。除了本书上一章所说建立、完善知识产权制度是一个核心内容之外，它还应包括许多内容。本章把它们分为两部分论述，其一是除建立、完善知识产权制度之外的有关中国航天企业目前股份制改革的主要设想，其二则专注于中国航天业民品产业的有关问题。

第一节 中国航天业股份制改革目前应有的配套方案

除建立、完善知识产权制度之外，中国航天企业目前的股份制改革还要实施航天企业投资主体多元化；使有一定资质的民营企业进入航天产业；航天企业若干资产融资租赁问题的妥善解决；在规避风险的同时以包括股份化方式在内的各种形式加强国际合作；中国航天业中民品产业特殊问题的解决，等等。这些主要环节彼此互补，才能形成合力，推动中国航天业及其民品产业股份制改革的顺利推进。

一 坚决实施航天企业投资主体多元化

航天企业投资主体多元化，是航天业股份制改革的必要前提。没有航天企业投资主体多元化，就没有航天业股份制改革。为了坚持推进航天业股份制改革，要坚决实施航天企业投资主体多元化。

当然，航天产业是国家的战略性产业，也是我国航天武器装备研制生产的物质和技术基础。长期以来，我国航天企业的投资主体只有政府，其建设资金来源于政府财政预算，由政府承担投资风险，并以税收的形式获得投资收益。在当时，这是必要的。但在市场经济体制下，这种单一投资主体的投资体制，已越来越不适应航天产业发展的需要。因此，落实科学发展观，实行自主创新，探索建立新型的航天企业投资体制，促进投资主体多元化改革，对我国航天企业股份制改革，它们的发展以及建立军民结合的创新机制具有重大的理论与实践意义。

（一）推进航天企业投资主体改革的政策环境已经具备

2004年8月24日修订的新《公司法》第64条规定："国务院确定的生产特殊产品的公司或者属于特定行业的公司，应当采取国有独资公司形式。"包括航天业在内的军工企业应该是其中之一。2005年2月24日出台的《国务院关于鼓励支持和引导个体私营等非公有制经济发展的若干意见》中指出，"允许非公有资本进入国防科技工业建设领域"，并对非公经济部门进入军工企业做了进一步的规定。其中《武器装备科研生产许可实施办法》中规定，武器装备科研生产实行了分类管理的许可制度，这为包括航天产业在内的国防科技工业领域面向社会开放提供了制度保障。《国民经济和社会发展第十一个五年规划纲要》也明确指出，要"深化军工投资体制改革，推进投资主体多元化"。

以上政策法规均表明，我国包括航天产业在内的军工企业已经向企业投资主体多元化改革打开了大门。

(二) 分类而稳妥地实施航天企业投资主体多元化改革

应该针对不同航天企业，统筹安排，分类指导，采取不同的措施。根据国有经济"有进有退"的方针，在保持国有资本在航天企业核心及关键领域绝对控制的基础上，要允许社会资本进入一般配套航天产品和航天军民两用产品生产领域，改革和优化投资主体结构。

首先，根据我国的实际情况，借鉴国外经验，目前可将我国航天企业分为三类，采取不同的投资主体多元化改革措施。

第一类是极少数的关系国家战略安全和涉及国家核心机密的重点航天企业，应继续保持国有独资形式，以保障国家对其军品科研生产能力的绝对控制权。但对这类企业也要尽可能"改制"，改为有多个国有企业为投资主体的有限责任公司。对于国有独资和国有控股的航天企业，由国家绝对控制和管理。

之所以对这些重点航天企业继续保持国有独资形式，在笔者看来，也是鉴于俄国航天业实施股份化时的经验教训。据俄国情报部门的报告，在俄国对国有军工企业实施股份化改革中，一直有外国商人以直接（自己出面）、间接（通过俄方公司）方式购买包括航天业在内的军工企业的股票，或以建立合资企业等形式，窃取尖端技术，达到进入或控制这些企业的目的。此种情况，在航天产业中尤为严重[1]。我们不能因为搞股份制，便忘了外国商人的上述战略行为。

第二类是一般航天装备生产企业、分系统和零部件生产企业

---

[1] 国防大学国防经济研究中心：《国防经济发展模式转型》，国防大学出版社2008年版，第147—148页。

以及军民通用产品生产企业,均应改造成股份制公司,实现产权主体多元化,进而实现投资主体多元化。这类航天企业改制后,具备条件的可以发行股票和上市。

第三类是一般航天零部件及军民通用产品生产企业,可以完全放开,国有资本尽可能地退出。应让这部分企业走向市场,利用市场机制配置资源,提高其生产效益。

对于后两类航天企业,针对企业的不同特点,可以采取整体上市、部分资产重组上市、经营者(职工)持股计划、中外合资、国内合资联营、交叉持股、债转股等形式进行股份制改造。政府可通过签订承包合同、监督控制生产计划等方式进行控制和管理。对于第三类企业,还可通过改组、联合、兼并、租赁、承包经营、出售以及下放地方管理等多种形式,坚决放开搞活。只有针对不同情况,采取多种方式和手段,才有可能广泛吸收和利用社会资源,放大国有资本的功能,达到绝对控制"航天核心军品"科研生产,相对控制"一般航天军品"科研生产,有效满足航天订货需要的目的。在改革航天产权制度的基础上,可通过市场机制和政策引导,建立航天武器装备主承包商、分包商和零部件供应商组成的分层次的航天业大协作体系。

其次,实施航天企业投资主体多元化改革必须稳妥坚决。

2007年4月13日,国务院批准的《深化国防科技工业投资体制改革若干意见》(以下简称《意见》)明确指出,包括航天业在内的国防科技工业领域,将分类引入社会资本。拟将社会投资领域分为"放开类"、"限制类"和"禁止类"。其中的"放开类"相当于上述第三类,鼓励社会资本进入,不限投资比例;"限制类"大体相当于上述第二类,允许社会资本进入,某些重要领域须由国家控股;"禁止类"相当于上述第一类,实行国有独资。下一步,国防科工委拟发布《社会投资领域指导目录》,

使《意见》更具可操作性。对于外资进入，《意见》中特别明确指出，"外资进入国防科技工业领域的，除执行有关规定外，还要符合国家在国防安全、技术保密、国民属性等方面的规定"。这一规定，吸取了国外有关经验教训，确保了国家对其军品科研生产能力的绝对控制权，是完全必要的。另据介绍，《意见》根据国家投资体制改革方案的精神，区分不同情况，提出了3种批准方式：审批制、核准制和备案制。凡是有政府投资参与的建设项目，均实行审批制。其中，采取直接投资和资本金注入方式的，仍执行项目建议书、可行性研究报告等审批和管理规定；采取投资补助、贷款贴息方式的，只审批资金申请报告。对不使用政府资金的限制类项目，实行核准制；不使用政府资金的放开类项目，实行备案制。在这个背景下，在航天业中实施投资主体多元化，已经不只是议论，而是即可操作之事了。

其中，对生产军品的航天企业只改制为国有独资公司或国家控股公司，是必要的。否则，不但会因转弯太猛而出问题，而且，还会出现国家对军品生产能力绝对控制权的流失。这当然是不能允许的，即使在国外也不能允许。另一方面，绝大多数航天生产企业最终都将进行规范的公司制改组，逐步过渡到真正意义上的有限责任公司或股份有限公司，从而实现投资主体多元化。这是由于，航天军品也是商品，也具有竞争性；航天企业投资需求大，国家不可能完全负担；从国际情况看，国外除少数航天企业由政府直接控制外，大多数航天科技企业都实现了股权的多元化，甚至是私人化。

二 让具有一定资质的民营企业进入中国航天业

航天企业投资主体多元化，可以全是公有投资主体，也可以是让具有一定资质的民营企业进入。在传统上，我国包括航天业在内的军品市场,是一个只有少数国有军工企业集团参与的封闭体系;在以"阶级斗争为纲"条件下,它长期以来都是一个民营企业不能涉足的"禁区"。但是,改革开放30多年来,随着国防建设环境的变化和国家经济结构的调整,民营企业从事军品生产的条件正在日益成熟;包括航天必需品在内的军品市场向民营企业逐步有序的开放,已成为一项兼具可行性和必要性的推进军工体制改革的战略选择。事实上,没有民营企业进入中国航天业,真正实施航天企业股份制改革和投资主体多元化也就只能成为一句空话。

(一)民营企业进入航天业的必要性和可能性

如本书前述,在西方国家,包括航天业在内的武器装备等防务产品的研制、生产和维修任务,主要由私营企业承担,因而不存在私营企业要不要进入包括航天业在内的国防产业的问题。但在中国,改革开放后,受计划经济体制下的传统观念影响,私营企业不能进入航天产业一直成为理论界和决策部门的主流观点。不允许私营企业进入航天产业的理由多种多样。概括起来讲,主要有"国有经济主导论"和民营企业进入国防产业"威胁安全论"、"无能为力论"等,其中"威胁安全论"和"无能为力论"是主力(这种情况的存在,与俄国当前航天产业的情况十分相似)[①]。既然西方资本主义国家的私人企业参与防务产品的研制生产可以兼顾国家安全利益,为何社会主义中国的民营企业进入国防产业就不能兼顾国家安全利益?在现代市场经济条件下,民营企业对利润最大化的追求要受到严格的市场经济规则(包括各种法律法规)的约束。民营企业在生产经营过程中,能

[①] 国防大学国防经济研究中心:《国防经济发展模式转型》,国防大学出版社2008年版,第146页。

否遵循市场经济规则,将直接影响和制约其利益目标(尤其是长远利益目标)的实现。因此,只要能够制定比较完善的法律法规,就可以使民营企业进入国防产业后,在维护国家安全利益的约束条件下从事防务产品生产和经营活动。虽然我国的民营企业相当一部分分布在传统产业领域,但近年来高新技术领域内的民营企业有了迅速的发展,其在计算机、软件、网络业等信息产业领域的发展尤其令人瞩目。从产业结构上看,民营企业中实力最强的群体是机械设备电子制造业企业,这与军工生产的要求十分一致。营业收入方面,2002年全国工商联上规模民营会员企业的前500家企业中,机械设备电子制造业企业实现营业收入总额排名第一,达到1673.82亿元,占比23.74%;资产总量方面,排在首位的是机械设备电子制造业企业,2002年末资产总计达到1212.44亿元,占比18.83%;利润方面,前500家企业实现利润总额363.28亿元,其中机械设备电子制造业企业为87.06亿元,占比23.96%,排名第一。从制造能力上看,精密加工制造能力不足一直是我国工业生产中的"瓶颈",航天企业也经常为这一问题所困扰。近年来,民营企业通过各种不同渠道从国外获得了不少先进的制造设备,在生产优质民用产品的同时,其实也具有很大的军工潜力,只要稍加调整就完全可以胜任军品生产。尤其对于军品生产中经常出现的小批量、异型规格的特殊订货,民营企业在生产成本上更是具有优势。从技术水平上看,近年来,我国民营企业科技水平的飞速发展也是吸引军方目光的重要原因,相当一部分民营企业已经具备了航天生产所要求的技术条件。民营企业以其灵活的运作方式、完善的激励机制吸引和积聚了大批科技人才,特别是中青年科技人才,组成了完整的研发团队,建立了对市场反应灵敏的高效率研发机制,民营企业的科技人员从事军品研制并无太大的技术障碍。同时,民营企业拥有一大批技术含量很高的专利。从 1999 年开始，民营高科技企业成都国腾集团控股的国星通信有限公司就多次在卫星导航定位系统终端产品等军方组织的项目招标中，击败众多实力雄厚的国营军工企业而中标。

民营企业进入航天产业后可以带来一系列的好处。一是可以提高航天产品的发展效率。二是可以维持精干的航天专业军工队伍。民营企业进入航天产业后，可以大大压缩航天专业军工规模，使保留下来的航天专业军工队伍更加精干和高效；可以减轻政府对航天军工生产进行扶持的负担。三是可以增强航天军工生产的动员基础。四是可以增强民营企业的自身实力。

（二）目前民营企业进入航天业的主要障碍是风险大，"门槛高"，管制太严

风险大。对于民营企业来讲，进入航天产业面对的一是专用性投资风险，二是航天产品技术开发的风险。航天产品是新技术含量高、技术密集性强的社会产品。在航天产品技术开发中，不仅需要投入巨额资金和大量的人力、物力，而且面临失败率极高的风险。民营企业进入航天产业，如果不能使企业有获得高收益的预期，相反使企业产生利益受损的预期，那么民营企业就不敢进入航天产业。

"门槛高"。主要表现在：一是特定技术要求高。二是进入成本高。航天产品生产是资本密集性的生产活动，加上需要进行专用性投资，因而民营企业进入该产业的实际成本和机会成本都比较高。三是特殊标准要求高。四是安全保密要求高。

管制太严。如本书前述，在西方国家，一般采取的是市场准入办法，即由政府规定进入航天产业的企业所需具备的资格和条件，并按规范的审核制度和审核程序对进入该产业的企业进行审核。获得政府许可的企业，才能进入该产业。长期以来，我国对

进入航天产业的企业却采取政府指定方法以及政府对进入者的严格管制，导致民营企业与国有航天企业在防务产品生产上地位的不平等。一是经济地位上的不平等。国有航天企业不仅可以优先获得政府的产品订货，而且可以得到政府在技术改造和产品开发等方面的专项资金和技术支持，而民营企业则不可能。二是信息占有上的不平等。国有航天企业是政府投资创办的企业，可以凭借其与政府之间的特殊关系，在产品发展方向、订货计划及其变更、产品定价等方面获得比较充分的信息。比较而言，民营企业却难以获得政府给予国有航天企业的各种优惠政策，从而在防务产品的生产和经营上处于相对劣势。政府对航天产业的严格管制实际上是在在政策上阻挡着民营企业进入航天产业。

（三）对民营企业进入航天业市场具体步骤和完善相应的管理措施和配套制度的若干思考

经国务院同意，国防科工委、国家发展改革委和国资委已于2007年联合发布《关于推进军工企业股份制改造的指导意见》。根据计划，我国将分类推进包括航天业在内的军工企业股份制改造。对关系国家战略安全等少数核心重点军工企业，必须保持国有独资。对从事关键武器装备总体设计、总装集成以及关键分系统、特殊配套件生产的重点军工企业在保持国家绝对控股的前提下，可实施股份制改造。

除上述两类企业外，对从事重要武器装备生产的其他重点保军企业，根据承制武器装备的重要程度，可实行国有绝对控股、相对控股、参股等多种形式的股份制改造，鼓励引入境内资本和有条件地允许外资参与企业股份制改造，鼓励符合条件的企业通过资本市场进行融资。

指导意见鼓励和支持以民为主，从事军民两用产品、一般武器装备及配套产品生产的军工企业引入各类社会资本实施股份制改造，具备条件的军工企业可以在国内外资本市场上融资。同时，国有独资的军工企业要按照公司法的要求，逐步建立董事会制度，规范公司的组织和行为。鼓励军工集团公司之间交叉持股，经批准允许其主营业务资产整体重组改制。

此外，国防科工委于 2007 年 3 月还出台了《关于非公有制经济参与国防科技工业建设的指导意见》，鼓励、支持和引导非公有制经济参与包括航天业在内的国防科技工业建设。该文件指出，国家鼓励和引导非公有资本进入国防科技工业建设领域；鼓励和引导非公有制企业参与军品科研生产任务的竞争和项目合作；鼓励和引导非公有制企业参与军工企业改组改制；鼓励非公有制企业参与军民两用高技术开发及其产业化。该文件要求参与国防科技工业建设的非公有制企业严格执行国家有关制度、规定，严格履行合同，保质、保量、按时完成军品科研生产任务。承担军品科研生产任务的非公有制企业，可按有关规定使用由国家投资建设的现有科技资源条件。

在上述文件下发后，先是香港凤凰卫视于 2007 年 12 月 25 日，后是中央电视台于 2008 年 1 月 7 日，公开宣布包括航天业在内的中国国防科技工业在 5 年内完成股份制改革。

显然，民营企业进入航天业市场，已经不存在制度性障碍。但对其稳妥操作，尚需三思。当年叶利钦领导的俄国航天企业改革，就由于太急而留下了许多隐患[1]，致使俄国航天企业改革至今难以股份化[2]，这个教训我们一定要记取。本节前述中央文件至今并无执行细则，许多规定的具体界限并不清楚。我们不能只

---

[1] 国防大学国防经济研究中心：《国防经济发展模式转型》，国防大学出版社 2008 年版，第 141—143 页。

[2] 同上书，第 146 页。

图快。针对中国国情,包括上述民营企业进入航天业市场风险大、"门槛高"、管制太严问题,现对民营企业稳步进入航天业市场具体步骤和完善相应的管理措施和配套制度提出如下建议:

1. 可先从民营企业进入航天业元器件生产开始,逐步过渡到进入航天成套设备生产

航天生产的特殊性,决定了民营企业进入航天业市场战略在实施过程中必须以确保产品质量、确保项目进度为前提,否则就难以达到预期的效果。可以考虑从民营企业进入航天业元器件生产开始,逐步过渡到进入航天业成套设备生产。我国许多高新技术开发区的民营高科技企业,在某些电子元器件、高精度异型零件的加工技术和生产能力方面已经居于世界前列,部分企业已能研发和生产先进的成套通信设备、观测设备和自动控制设备。因此,在大型装备项目中,向符合质量标准的民营高科技企业订购一些批量不大的元器件,要比在本不生产这类元器件的国营航天企业中另起炉灶经济得多。而在民营企业熟悉了航天业的特殊指标要求、零件产品质量经受了考验以后,可以依托严格的保密制度,逐步向其招标采购成套的装备。

2. 在操作中应不断完善相应的管理措施和配套制度

(1) 从法规和政策上支持民营企业参与航天业科研生产,包括出台指导性的产业操作政策细则、取消不适当的和过时的军用规范和标准、采用必要的商业(民用)规范和标准等。

为满足防务产品对特定性能的要求,以及为防务产品安全和保密提供保障,制定和采用军事上专用的规范和标准是必不可少的。但如果过多过细地引用军用规范和标准,不仅会限制对先进民用技术和产品的利用,影响防务产品的生产效率和产品质量,而且会对民营企业进入国防产业起到相当大的阻碍作用。为了使民营企业能够更顺利地进入国防产业,有必要对防务产品生产规

范和标准进行调整和改革。基本思路是：取消不适当的和过时的航天军用规范和标准，采用必要的商业（民用）规范和标准。

（2）化解原国有航天企业与进入航天产业的民营企业之间必然产生的矛盾。在俄国航天业股份制改革中，这种矛盾就出现过，主要由于进入航天产业的民营企业一般是适应市场而有活力的经济体，它们在机制上比国有航天企业灵活，而国有航天企业在转制时往往面临一系列难解决的问题，包括职工收入少、激励机制不健全等，所以，前者的进入往往遭到后者的抵制[①]。由于具有共同点，这种情况在我国也必然出现，应未雨绸缪，力求化解之。

（3）实施严格的许可制度，实行市场开放。航天产业在军事、政治、经济上的特殊要求，决定了任何一家外国商人要想进入该市场，都必须经过严格的审查和认证。政府对进入航天产业的企业进行一定限制和规定是必要的。审查合格的标志是民营企业获得"三证"：航天科研生产许可证、保密认证和质量认证。为了加快航天产业股份制改革，需要进一步加大力量来推动这项要求，细致而严格的许可制度，为民营企业进入航天产业市场确立一个良好的开端。

为了使民营企业能够比较顺利地进入航天产业，在航天产业准入制度安排上也需要进行一定的调整和改革。可考虑在实行必要的许可证市场准入的同时，在一定范围内实行市场开放。市场准入和市场开放的制度安排，可依据航天规范和商业规范、保密生产和公开生产、军事专用和军民两用的制度安排来进一步展开。

---

① 国防大学国防经济研究中心：《国防经济发展模式转型》，国防大学出版社2008年版，第147页。

(4) 完善信息沟通机制和保密生产制度。

假若所有防务产品的生产都需要进行保密，那么民营企业进入国防产业就有一定的难度，因为绝大多数民营企业既不具有完善的保密制度，也不具备为保密而进行军民分离生产的条件。为了使民营企业能更好地参与航天产品生产，应当对航天产品的保密生产制度进行适当调整。在航天产品保密生产制度的安排上，关键在于如何恰如其分地确定保密生产和公开生产的边界，严格和明确界定哪些航天产品的生产必须进行保密生产，哪些航天产品生产可进行公开生产。一般地讲，核心军用产品、军事生产能力，以及关键技术、设施和独有军事技术等，应处在高度保密状态，否则国防航天安全就会受到威胁。而一些与国防安全程度关系不大的非核心军用产品及其非关键技术、设施和生产工艺等，则可以处在公开状态。如果航天产品生产，既有保密性质的生产，又有公开性质的生产，那么一些尚不具备进行保密生产条件的民营企业，就可以比较顺利地进入公开生产的航天生产领域，待民营企业保密生产条件逐步完善后，可再进入须进行保密生产的航天生产领域。需要注意的是，从我国航天工业的发展现状来看，核心技术仍应掌握在国营航天企业中，重大战略武器系统的开发研制仍应以国营航天企业为主导，对重点国营航天企业、重要军品生产线必须加以重点保护。同时，不论航天市场如何调整，在关系到战略力量对比的装备研制生产中，绝不能为了降低成本而牺牲性能。

目前，许多民营企业不熟悉航天产品的立项、研发和生产的程序，不了解获得相关信息的渠道，因而妨碍了他们参与航天产业科研生产。所以，正确处理保密和开放的关系与尺度，让民营企业低成本地迅捷获取航天产业供求信息已经成为一个急需解决的课题。

(5) 规范和监管军品科研生产秩序，实行军民两用生产。

民营企业的进入使军品市场的格局发生重大变化，参与主体在所有制结构、经营方式和管理流程上的多元化，必将对军品的科研生产秩序产生影响。因此，有必要成立专门的机构或者强化相关机构的协调机制来统一负责航天市场的监管。

随着现代科学技术的发展，军用技术和民用技术的界限日趋模糊，长期以来防务产品对民用产品的绝对优势也发生了重大变化，无论是性能的可靠性还是技术的领先性，民用产品在许多方面有的已经超过了防务产品，从而为防务产品的军民两用生产提供了可能。如果在航天产品生产中实行军民两用生产，民营企业就能够比较顺利地进入航天产业：一方面民营企业可将其现有产品直接满足军事需要，或作为防务产品构件满足防务产品生产需要；另一方面，民营企业可利用其现有的生产要素，按照相同或相近的生产工艺进行军用和民用航天产品的生产。这不仅有利于民营企业克服进入航天产业的技术和成本上的障碍，而且有利于克服航天防务产品生产波动性大、订货批量小和间隔时间长等因素给民营企业带来的不利影响。在航天防务产品生产的军事专用和军民两用制度安排上，关键是要解决两大问题：一是界定哪些产品及其构件应该是军事专用的，哪些产品及其构件可以是军民两用的；二是如何使企业在同一工厂、同一生产线或同一机床上生产军民两用产品。一般地讲，航天军事专用产品应该是满足军事需要且采用军用规范和标准生产的产品，与此相适应，用于生产军事专用品的工装、工艺和人员等通常是军事专用的。军民两用产品则主要是采用商业标准和规范生产，可满足军用和民用需要的产品。用于军民两用品生产的工装、工艺和人员等则是军民两用的。当然，如果使用柔性制造系统对民用和军事专用生产线进行改造，并广泛采用计算机信息技术，也可将民用和军事专用的工装、工艺等改造为军民两用性的工装和工艺等,从而可以在同一工厂、同一生产线或同一机床上,既可以生产军用标准产品,又可以生产商业标准产品。

三 稳妥解决航天企业若干资产的融资租赁问题

本段文字就中国航天企业面对若干技术装备的生命周期不断缩短,如何建立企业成本费用控制体系及实施若干资产的融资租赁展开探讨。作为美国金融创新产品,融资租赁很复杂,这里只能简述。

(一) 融资租赁概说

我国的融资租赁业起步于1980年,经过20多年的摸索和实践,现已初步形成了一定的规模,对国内经济的快速发展起到了支持和推动作用。

1. 融资租赁定义

融资租赁是20世纪50年代世界"金融创新"的产物,1952年,叙恩费尔德在美国创建了第一家融资租赁公司,融资租赁业很快进入西方主要发达国家并逐步国际化,目前已在国际资本市场中占有重要的地位,尤其盛行于航空业中的飞机租赁。但融资租赁至今没有一个公认的定义。

融资租赁即出租人通过资产的租赁方式,向承租人提供信贷的行为。在租期内,出租人不但把使用权转移给承租人,而且把所有权的全部责任,如维修、保险和纳税等都转移给承租人。出租人获得的是净租金,有关设备使用的一切费用都由承租人支付。融资租赁方式可以用于解决企业发展生产、技术改造时需要增添新设备,而又感到资金不足的困难。

2. 简说中国航天企业搞融资租赁的好处

同银行贷款相比,采用融资租赁方式取得固定资产成本相对较高。但是，采用融资租赁方式取得固定资产，按《企业会计准则一，租赁》的规定，中国航天企业可以享受固定资产加速折旧的政策优惠，使企业所得税税基相应等额减少，从而起到合理节税、增加现金流量的作用。若设备采购采用银行贷款方式，则不具有这种优势。如果中国航天企业希望通过固定资产的加速折旧延缴所得税，那么采用融资租赁方式不失为上策之一。

（二）对航天企业实施融资租赁的三点建议

一是在企业经营中采纳国外金融创新成果，切实转变装备更新过程中"等、靠、要"的思想，将思维和行动统一到按照市场经济规则运营企业上来，善于发现和运用市场经济中的人、财、物、信息优势，创造性地组织和实施中国航天企业的技术装备更新。

二是加强专业管理人员的培养和储备。融资租赁至今无公认定义，说明其复杂性。融资租赁过程中要综合运用金融、投资、贸易、科技、管理、财务及法律等多种专业知识，任何一个方面的失误都有可能增加中国航天企业成本，影响技术装备更新。因此，中国航天企业培养和储备既精通融资租赁业务，又熟悉经营管理的专业人才，对于企业以融资租赁方式实现装备更新非常重要。

三是根据航天企业实际，尤其是要结合国家给予的政策性优惠，科学选择融资租赁形式。目前，直接租赁、售后返租以及经营性租赁，应为航天企业优先选择的形式（其中奥妙甚多，请参见有关专门著述）。

四 建立成本费用控制体系

在股份制改革前，中国航天企业成本费用的内部管理控制，基本沿袭着旧有模式，表现为过于依赖员工个人素质与觉悟，弱化或淡视会计程序控制。中国航天企业在特定条件下形成的粗放型成本费用管理模式,已不能适应股份制下科研生产发展要求。在企业管理中,建立和加强成本费用内部控制体系,尽力降低产品成本,已经成为股份制改革中企业管理的当务之急。因为,作为市场之"内化",中国航天企业管理在股份制改革中只能以降低成本使股东获益;股东不允许航天企业管理者在费用内部控制方面逆股东获益方向而行。本段重点就如何建立航天企业成本费用控制体系展开探讨。

内部控制的基本目标应定为:确保单位经营活动的效率性、资产的安全性、经营信息和财务报告的可靠性。其中,规范成本费用支出行为,有效降低航天企业单位成本费用的支出水平,保证决策层能以真实准确的成本信息为决策依据并在对外报价中取得优势,等等,均是航天企业单位成本费用内部控制目标的具体体现。之所以如此,是因为在市场中,任何个体均会确保自己经营活动的效率性、自己资产的安全性、自己经营信息和财务报告的可靠性,包括对花钱慎之又慎,省之又省,耳听为实,绝不听信不可靠的信息,等等。否则,他就会亏本。作为市场行为的企业管理不能不如此。

需要说明的是,中国航天企业建立和加强成本费用内部控制体系,是一个会计程序控制方面专业性很强的课题。外国高科技企业在建立和加强成本费用内部控制体系方面,已有整套成熟经验和规范,可供借鉴。本书不是会计学著述,故只点到这里为止。

五 在规避风险的同时以包括股份化方式在内的各种形式加强国际合作

经济全球化要求中国航天企业在规避风险的同时以包括股份化方式在内的各种形式加强国际合作。这也是中国航天企业股份制改革的题中应有之义。它使合作各方航天资源得到合理配置，形成优势互补，同时也给彼此带来学习交流的机会。

（一）若干案例

（1）2006年9月8日，中俄双方于莫斯科讨论了一系列航天合作意向和具体合作内容。从2007年起，中俄两国执行一项为期10年的太空合作计划，最终实现载人登月。2007年6月27日，俄罗斯航天局与中国国家航天局的代表在莫斯科签署了共同探测火星及其卫星"火卫一"的协议。该协议是中俄航天合作协议的重要组成部分。根据此前签署的协议，俄方的"火卫一土壤样品返回"空间飞行器（"福布斯"探测器）与中方小卫星由俄运载火箭同时发射，中方小卫星将由"福布斯"探测器送入绕火星的椭圆轨道，其后，中方小卫星将自主完成对火星空间环境的探测任务，并与"福布斯"探测器联合完成对火星环境的掩星探测；"福布斯"探测器将着陆在火卫一表面进行探测，并提取火卫一样品返回地球。由香港理工大学研制的火卫一行星表土准备系统，将装载在"福布斯"探测器上，用于火卫一表面物质现场的热力分析。

（2）几乎在中俄两国展开合作的同时，2006年9月，美国国家航空航天局局长格瑞芬率团访华，中美双方达成四项关于逐步开始合作的共识。2007年10月，在中共十七大举行的记者招待会上，中国科技部副部长李学勇表示，"我们真诚地希望与美国开展在航天领域的合作，比如我们希望能够参加国际空间站计划。这一计划已有16个成员国，我们希望成为第17位合作伙伴"。近期，美国合作的新机遇来自"国际空间站"的运输需求。

（3）中国中央电视台2007年11月12日报道，中国与英国宇航及飞船计划也已经启动。

(4) 2008年秋,在中国"神七"上天返回后,澳大利亚与中国也展开了航天领域的合作。

(5) 早在1995年12月13日,中华人民共和国政府和巴西联邦共和国政府为履行双方1988年7月6日在北京签署的《中华人民共和国政府和巴西联邦共和国政府关于核准研制地球资源卫星的议定书》和1993年3月5日在巴西利亚签署的《中华人民共和国政府和巴西联邦共和国政府关于核准研制地球资源卫星的补充议定书》中有关技术安全的规定,达成《中华人民共和国政府和巴西联邦共和国政府关于联合研制地球资源卫星的技术安全协议》。

以上各例,显示了中国航天业以包括股份化方式在内的各种形式加强国际合作的追求。

(二) 以下诸例反映着若干新动态

(1) 2007年5月30日至6月1日,来自世界14个航天局及航天机构的代表参加了由意大利航天局与欧洲航天局联合召开的第三届关于可持续太空探索的国际合作工作会议。此次会议向世人公布了其"全球太空探索战略的联合框架"。这份25页的《全球探索战略协调框架》说明它于2007年初起草,现已经通过所有参与方批准。参与方来自欧洲、北美、亚洲和澳洲。其中包括NASA、俄罗斯联邦航天局、韩国宇航研究机构、乌克兰航天局、澳大利亚联邦科学和工业研究组织、加拿大航天局和印度空间研究组织。协调框架允许各国政府选择参与联合任务,分享科学数据,并参加相关论坛。依据框架协议,太空探索任务的通信、控制、生命支持和载人航天器的对接系统需要具备互用性。同时相关论坛将协助解决未来月球及火星的所有权问题,并就保护利益点达成协议。

(2) 在此后的2007年6月18日至24日的第47届巴黎国际

航展上，各宇航机构与企业达成了多项协议。此次航展在巴黎附近的布尔热举行，来自42个国家的2000多家公司参加了航展。欧洲航天局（ESA）与NASA签署了一项詹姆斯·韦伯太空望远镜的合作协议，该望远镜计划于2013年搭乘阿里安航天公司的"阿里安"—5火箭发射升空，执行为期5年的任务。ESA的激光干涉太空天线（LISA）探路者任务将从2010年开始探测重力波，NASA将为LISA任务提供扰动减轻系统。此次航展，俄罗斯有60家国防承包商参加。俄罗斯航天局与阿里安航天公司签署一项合同，由俄罗斯"联盟"—ST火箭将从法属圭亚那库鲁航天中心起飞的前4颗欧洲卫星送入轨道。由"联盟"—ST火箭承载的首颗欧洲卫星计划在2009年3月以前发射。俄罗斯航天局与意大利航天局签署协议，在俄罗斯航天器上开展合作研究。此外，这2家航天局还签署了一项执行协议，合作研发欧洲"织女星"运载火箭改良版的第三级推进器。俄罗斯航天局还与日本宇宙航空研究开发机构签署合作协议，为日本航天器安装一个俄罗斯多用途伽马射线光谱仪。俄罗斯航天局还与NASA签署一项协议，在火星轨道探索计划中合作开展科学研究，并与德国宇航中心（DLR）签署一项关于太空设备原型在轨试验的谅解备忘录。

（3）英国有网站报道，欧洲正在计划建造与美国"猎户座"类似的新飞船。俄罗斯将领导这项研究，日本也将参与此项计划。此项研究的目的是在2008年再次召开的ESA部长级会议前获得具体计划。ESA将为这项研究提供1800万欧元资金。

（4）不仅各国间的合作在展开，而且，一国内的老竞争对手也在合作。2007年3月8日，一枚"宇宙神"—5运载火箭成功地将6颗卫星发射升空。这是美国联合发射联盟公司（ULA）第一次使用渐进一次性运载火箭进行发射。被发射的6

颗卫星被送入两个不同的低地球轨道。ULA 是美国航空航天业两大巨头波音公司和洛克希德·马丁公司共同组建的一家新的合资企业，双方各占 50% 的股份，目的是向美国政府提供世界级的低成本发射服务。2006 年 12 月 1 日，波音和洛·马公司宣布 ULA 成立，完成了其合并一次性运载火箭的业务，并于 2006 年 12 月 4 日进行公司成立以后的第一次发射。ULA 结合了波音的"德尔它"火箭和洛·马的"宇宙神"火箭两个项目的资产，包括任务管理和支持、火箭生产、试验和发射工作，而最重要的是因合并消减了部分工作岗位，能够使具有智力资本的技术人员投入到新的项目当中。

看来，在航天业中，包括以股份制形式出现的国际合作在内的资源-技术互补发展模式，正在大面积推进。

我国航天企业是国家工业的重要组成部分，仅依靠狭义的"自力更生"非但不能赶超发达国家，反而会被全球化的浪潮越抛越远，无法为国家的安全提供可靠的保障。航天企业只能走国际合作的道路。然而这涉及各国的国防机密，航天企业国际合作并不像民间企业那样容易，失败率很高。高失败率必然带来合作的高风险。因此，我们在国际合作过程中必须对合作的潜在风险进行认真分析，并采取相应的防范措施。

（三）航天业国际合作目前也存在不少风险

（1）航天企业在国际合作中的技术流失，可能造成核心竞争力下降。航天企业进行国际合作，必须具有自身的核心优势，以期达到合作组织成员优势互补的目的。为了获得新技术，合作双方（各方）又必须拿出一定的技术进行共享，在技术平台基础上进行新的技术攻关和技术合作。在这一过程中，合作双方（各方）企业都在向对方学习，尽可能地获得对方企业的知识和技术以及共享双方合作的研究成果，同时也不可避免地会出现航天企业技术流失问题,即航天企业在开放自身的技术边界且努力以正式或者非正式的手段从外部获得知识、技术和信息的同时,也不得不面临保护自己的知识技术和智力资本的困惑。在为达到各自目的而进行的合作过程中,中外航天企业均有可能在无意有意中把自己的核心技术或市场知识转移给合作伙伴。而这些核心技术或市场知识正是其在合作当中的竞争优势所在,于是,害怕优势流失就成为某种必然。例如,在较大规模展开的中、俄航天合作中,俄国一些人就明显具有在中俄合作中技术竞争优势可能流失的担心。他们鉴于当年出现的中俄对抗,力求中国永远是俄国航天装备的用户而一直处于落后状态,根本不愿意拿出一定的技术进行中俄共享,怕中国航天业大发展[①]。在诸如此类的大量例子中,人们总怕在进行国际合作的过程中,由于自身核心技术或市场知识的外泄,自己航天企业的竞争优势将弱化,甚至消失,而这些竞争优势正是国际合作形成的必要前提和航天企业能与其他成员平等相处的根本保证。当航天企业的竞争优势完全丧失后,国际合作将不复存在,即使航天企业继续维持合作关系,这时也只能受人"摆布",使企业处于极不利的战略地位。中国航天企业对此也不能无动于衷。

(2)惧怕在合作中使合作伙伴成为自己强有力的竞争对手。当航天企业与竞争者合作开发某项技术时,由于双方从事的业务相同或者相似(或具有上下游关系),在本企业获得某种技术成就的同时,合作者很可能也因此获得了关键技术的突破。或者说,在本企业的资源和能力得到提高之际,竞争对手的资源和能

[①] 国防大学国防经济研究中心:《国防经济发展模式转型》,国防大学出版社2008年版,第152页。

力也因此获得了提高。在某些情形下，竞争对手获得的效应甚至远大于本企业所获得的，从而出现该航天企业亲手培养出更强大的竞争对手的局面。当企业与相对落后国家的企业进行国际合作时，由于从事的业务的替代关系不明显或替代品市场尚未启动，相互之间直接冲突的可能性较小。但是，当这些国家通过国际合作获得资金，学到有效的管理模式，了解到合作领域的运行方式，捕捉到某项技术的未来前景之后，这些合作者可能迅速壮大，继而成为该航天企业强有力的竞争对手。

在一定意义上可以说，从历史发展看，在合作中使合作伙伴成为自己强有力的竞争对手，几乎不可避免。后来者居上，也很正常。问题在于，人们总是力求相对地保持优势，不希望优势在自己手里丧失，这也很正常。当相对地保持优势有可能时，因疏忽而丧失它，当然应力求避免。中国航天企业对此当然也不能无动于衷。

（3）经济风险。由于航天合作时间长，耗资多，在合作中，双方均存在着货币汇率波动风险，通货膨胀风险，稀缺性物资资源缺失风险，等等。如处理稍有不妥，就会导致合作失败。

（4）技术问题之外的文化差异（包括价值观歧异，民族行为习惯不同等），会导致国际合作失败。中国航天企业国际合作使合作各方在业务上进行混合，同时也会引起文化混合，但文化混合通常是很难的，交流中必然会出现冲突的情况。这种文化冲突无法协调时，合作一方很可能终止合作，使得国际合作失败，导致合作另一方（其他方）蒙受一定的损失。在中俄航天合作中便出现过这种情况。一方面，俄方开头对中方信任不够，加之俄罗斯人行事往往以经验代理性，以情代契；另一方面，中方某些人又看不起衰败中的俄国，只盲目崇拜西方，引起俄方反感，影响了合作[①]。

(四) 我国航天企业如何应对国际合作风险

(1) 确立我国航天企业自身的核心优势,慎选航天企业国际合作伙伴和领域,首先应以美俄优势领域作为合作目标。目前,国际航天业的发展前沿,一是载人,二是登月。这两领域的强者,依然是美俄。在嫦娥1号和神州7号成功后,作为"老三"的中国航天业,为节约投入,为实现技术互补,不能不首先以美俄优势领域作为合作目标。否则,就很难提高自己的实力。并不是所有航天企业都具备进行国际合作的条件,只有那些具有某项核心技术优势或生产优势的航天企业才具备合作的前提。进一步讲,也不是航天企业内的所有领域都适合搞国际合作,只有那些竞争激烈、外界环境压力大、靠本企业或本国的力量难以完成的产业领域,国际合作成功的可能性才比较大。因此,我国航天企业要想进行国际合作,既要认真审视自身是否具有核心竞争优势,又要仔细考虑自身领域是否适合进行国防合作,首先以美俄优势领域作为合作目标。如果航天企业自身不具备核心优势或产业领域不适合,则无须冒险搞国际合作,以免造成不必要损失。

(2) 在合作中,我国航天企业一定要强化人文交流,尽量减少人文风险。随着2008年奥运会的举办和中国成为第三航天大国,外国人在与我国航天企业合作中的心理活动是复杂的,包括深受"中国威胁论"影响。我国航天企业一定要用各种方式,多平等对话,多诚信交往,多释放善意和和谐,释疑虑,解困惑,强化人文交流,千万不能傲慢自负。另一方面,对美国航天

[①] 国防大学国防经济研究中心:《国防经济发展模式转型》,国防大学出版社2008年版,第150页。

企业也要不卑不亢，把"合作中的原则和生活中的关怀结合起来"，打消对方怕失去技术优势的疑虑，力求合作成功。

（3）科学选择合适的合作伙伴和领域。美俄并非万能，其他国家也有过硬领域。包括数学方法在内，我国航天企业可用各种科学方法选择寻找合适的国际合作伙伴和领域。选择合适的合作伙伴和领域是我国航天企业国际合作最为关键的一步。在评估潜在的合作伙伴和领域时，应考虑以下几种因素：互补性，是指和潜在合作伙伴合作能否达到优势互补的目的；相容性，是指能否达成彼此的信任；双赢性，是指国际合作成果是否能使合作双方（各方）各得所需；整合性，是指国际合作中双方（各方）能否达成业务或组织精简，能否集成为协同竞争的整体；一致性，是指合作双方（各方）在经营任务、经营理念、企业文化、企业管理等方面的一致性，表现为当遇到问题时，双方（各方）是否能够很快达成共识；对等性，是指潜在合作伙伴综合实力的对等性，为了避免潜在的风险，应选择综合实力相当的潜在合作伙伴。

在上面所定思路中，决策者根据个人经验以及我国航天企业的实际情况，选择合适的战略合作伙伴。具体步骤为：首先分别以"准则层"每个因素作为评判标准，对多个潜在合作伙伴进行两两比较，确定它们在某个评判标准下的相对重要性，并据此建立"判断矩阵"，再计算判断矩阵的最大特征值及其特征值向量，确定方案层中各潜在合作伙伴的相对重要性排序的权值。这样，在"准则层"的上述六个因素下，就有六个判断矩阵，即可得六个相对重要性权值。然后决策可以按照排序的大小选择合适的合作伙伴。

上述利用"层次分析法"把复杂性的事件定量化，可为我国航天企业国际合作的科学决策提供数学分析依据。

例如，从"层次分析法"可知，其一，作为"老二"和"老三"，中俄必须联合，才能在中、俄、美"三国演义"中实现"抗曹"。在航天领域，美国是目前世界上唯一对外禁止出口的国家。俄中也必须联合，才有望摆脱技术困境。其二，当前俄美矛盾有所上升，我国航天企业可利用之，在"国际空间站"运输问题上，与美国在特定领域实现合作。须知，当年在美俄矛盾很深时，俄国也是在"国际空间站"运输问题上与美方实现合作的。

（4）增加我国航天企业国际合作过程的战略柔性。"战略柔性理论"是在注意到战略管理过程的复杂性和不确定性之后，将视野集中到企业内部的竞争理论。由于我国航天企业是在一个极度变动的国际国内环境中经营的，我国航天企业战略不保持柔性就不能适应环境的变化，往往会导致竞争失败。但是国际合作所具有路径依赖性降低了我国航天企业的战略柔性。为了在国际合作中取得主动，我国航天企业必须增强合作中的战略柔性。

（5）建立我国航天企业国际合作风险预警决策机制。国际合作中国内外环境的变化具有很大的不确定性。对此，防范风险要有超前意识，要建立我国航天企业国际合作风险的预警决策机制，从环境的变化中识别可能发生的具体风险，并在风险事件出现之前制定出相应的对策和措施，同时也要从以往的经验教训中筛选出成功的风险防范措施，努力提高我国航天企业国际合作的抗风险能力。

第二节　对中国航天业民品产业股份制改革特殊点的思考

一般而言，由于在当代科技条件下很难区别军品和民品，所以，本书前面对中国航天业股份化的思考，应该包含着对中国航天业民品产业股份化的思考。不过，其中的航天民品特别是非主业民品产业，毕竟与航天军品有别，所以才有本节文字。

另一方面，本节之所以特别专立文字，对中国航天业民品产业股份制改革特殊点加以思考，不仅因为航天业中的军民用品生产管理曾存在重大差别，这些差别至今并未完全消失，而且因为，在目前的航天业，与这些差别并存在着军民用品生产管理界限越来越模糊的情况，甚至出现了民品生产管理成为军品生产管理之创新源头的现象。看来，中国航天业民品生产越来越成为中国航天业中的"重头戏"，需对它进行一些特殊思考。

一 中国航天业"军民用品"生产越来越重要

还是先看几个案例。

一是中科院 2007 年 3 月 1 日公布我国未来 20 年空间技术发展三大课题，把全球导航定位技术、空间遥感技术和空间通信技术，定为未来 20 年我国空间技术领域最重要的 3 项课题。据说，我国未来全球导航定位技术的发展重点，是开发我国自主的全球导航定位系统，提高对地观测精度；空间遥感领域应围绕提高对地观测精度，在超高分辨率对地观测技术、基于小卫星编队飞行与虚拟卫星的对地观测技术、2 厘米～5 厘米空间碎片天基监视技术等方向，进行重点研究；空间通信技术的重要发展方向，主要包括自由空间光通信技术、超导器件在空间通信中的应用、星载智能天线技术、纳米通信器件技术等。在这里，我国未来 20 年空间技术发展三大课题与其说是军用成分浓一些，不如说是民用成分更浓一些。

二是 2007 年 6 月 27 日，风云二号 D 星进行了在轨交付，标志着卫星由研制测试部门交由中国气象局正式运营。风云二号 D

星于 2006 年 12 月 8 日成功升空，经过半年的在轨测试和试运行，卫星整体运行稳定，星地系统协调畅通，达到了预期目标。有关单位签署了风云二号 D 星的交付证书，有关单位还签署了卫星在轨支持协议。据报道，风云二号 D 星发射成功后，与 C 星共同构建了安全可靠的、互为备份、双星观测的风云二号业务卫星系统，形成了以卫星为龙头、地面运营服务为支撑，由全国 2400 多个气象台站、覆盖全国及周边国家和地区的直接广播接收站、DBV 广播系统、网络服务系统组成的卫星气象应用业务体系，不仅显著提高了我国卫星气象监测能力，还为国家应急管理、减灾救灾体系建设、应对气候变化提供了有力的技术支撑。"十一五"期间，我国还将发射风云二号 E 星和两颗风云三号极轨气象卫星，以提高我国气象监测和全球环境观测能力。此例进一步说明，在航天业中，民用品生产在国民经济中的作用越来越重要，中国航天业民品生产越来越成为中国航天业中的"重头戏"。

三是国防科工委 2007 年 3 月 10 日发布我国《"十一五"空间科学发展规划》，首次公布我国未来空间科学发展蓝图。其中包括我国将进一步开展载人航天工程、月球探测工程、空间硬 X 射线调制望远镜和返回式科学实验卫星四项主要空间项目计划。《规划》提出我国"十一五"空间发展六大目标，一是实施国家中长期科技发展规划中的载人航天和月球探测工程；二是自主研制硬 X 射线调制望远镜，实现我国空间天文卫星零的突破，在黑洞物理研究等领域取得突破；三是发射"实践"—10 号返回式空间科学实验卫星，进行微重力科学和空间生命科学的实验研究；四是充分利用空间科学的国际合作优势，参与中俄火星空间环境探测计划和世界空间紫外天文台计划以及中法太阳爆发探测小卫星计划；五是进一步深化空间太阳望远镜的关键技术研究，开展"夸父"计划的背景项目预研，凝练科学目标，突破关键技术；六是开展空间科学相关领域的关键技术和科学研究。这个规划与前列案例相比，与其说是军用成分浓一些，不如说是民用成分更浓一些。

四是航天业发展动向表明，近二三十年来，由于航天技术的迅猛发展，空间科学技术的应用已成为人类日常生活中不可缺少的部分。

其一，是空间诱变育种，也称航天育种，是当代空间技术发展的产物。航天诱变育种是有效的育种手段，能够大大缩短新品种的研发周期。航天诱变育种技术的广泛应用，将极大提升我国相关产业的核心竞争力。其基本原理是利用卫星、飞船等返回式航天器，将植物种子、动物胚胎、组织或细胞、微生物等带到宇宙空间，在强辐射、微重力、高真空、交变磁场等太空诱变因子的作用下，相对呈漂浮伸展状态的生物染色体很容易受到外界因素的冲击，引起碱基的缺失、置换或插入（如引起生物 DNA 大分子断裂，使双螺旋中的氢键断裂，或断裂后再交叉连接，或促使碱基降解），从而改变基因内部原有的碱基及排列顺序，引起表型发生改变，产生新的遗传变异，返回后再经地面选育，培养出高产、优质的生物新品种、新品系的育种新技术。该技术是综合生物科学、航天科学等跨学科的高新技术。生物体或生物组织经过空间诱变以后，突变率大大提高，专家根据空间实验和地面实验对照结果，测算验证其变异量高出地面现有手段几个数量级（地面、植物、微生物变异量为 20 万～200 万分之一，而空间变异量是千分之几甚至有的达到百分之几），这个优势是地面生物体自发突变及物理化学等诱变无法比拟的。

通过航天诱变育种技术，已经选育出一些效价高、品质优的抗生素和酶制剂菌种，如抗异性强的双歧杆菌、庆大霉素、泰乐菌素、NIKKO 霉素产生菌、高纤维素酶饲料添加剂菌种、高蛋白饲料酵母、强分解钙的酵母高产的食用菌、灵芝及其优质孢子粉等。有的已经在生产上应用,在不增加成本的基础上可以成倍地提高产量。

目前世界上只有中国、俄罗斯和美国 3 个国家能够利用自主研制的返回式飞行器进行航天诱变育种实验。因航天发射耗资巨大,每年全世界发射的返回式卫星和宇宙飞船更是屈指可数。1957 年以来,国外已经进行了数百次空间生命科学研究,但主要方向偏重于生命在太空生命保障系统中的作用,对微生物在空间条件下的稳定性和变异性,国外做了大量的宏观和微观的研究,但未见到有微生物育种应用及产业化的报道。我国的航天诱变育种技术起步于 20 世纪 60 年代,对这一领域进行了较全面的研究和应用,已达到世界先进水平。

其二,制药新视野。我国长期以来采用自然选择和理化方法进行微生物育种,但这种育种方法已经远远不能满足我国制药工业发展的需要。我国加入 WTO 后,制药企业面临严重的挑战,主要表现在以下三个方面:一是知识产权保护;二是关税降低;三是开放服务业,特别是医药商业和零售业。这些无疑要求中国的制药行业必须降低成本,提高质量。我国的制药企业大都是通过非正规渠道从国外引进生产技术和菌种,随着与国际经济接轨,便产生了知识产权问题。目前的生产菌种与国际上同类高产菌种相比,其生产效价仍有很大的差距,而引进一个新的高效菌种,其价格不亚于建立一个新的企业。因此,探索用高新技术培育属于我国自己的优良高效的微生物生产菌种,也是发展国民经济的迫切需要。

20 世纪 70 年代,美国宇航局提出开发利用空间微重力等资源进行空间制药,在世界范围内引起了广泛的重视。据 1977 年美国麦道公司的可行性论证报告（NAS8-31353）预测，空间制药有可能率先成为空间产业。随着我国"神舟"系列载人航天飞船的不断发射，以及其他可利用的空间探测手段的应用，我国空间生物搭载的步伐将会不断加快。

这种动向同样告诉人们，在航天业中，民用品生产在国民经济中的作用越来越重要，中国航天业民品生产越来越成为中国航天业中的"重头戏"。另一方面，以航天产业及其民品产业的发展带动中国整个国民经济的发展，也成为中国大发展的必然选择。

二　中国航天业"军民两用技术"

随着科技作为第一生产力之作用极度发挥，中国航天业民品生产之所以越来越成为中国航天业中的"重头戏"，要以航天产业及其民品产业的发展带动中国整个国民经济的发展，深层原因在于，航天科技在本性上就是"军民两用技术"，本书第一章第二节已说明了这一命题。军民两用技术是可以维持一定工业规模的技术。充分利用军民两用技术，对于减少资源消耗，促进国防科技工业和国民经济的发展，强化国防科技工业能力，降低成本和提高军民转换能力具有重要的意义。

事实也对此给予了最清晰的显示。20世纪80年代，"军民两用技术"命题首先是由美国提出的。冷战结束后，美国为了加强民用技术领域的统治地位，国会于1986年首次提出了利用国防费用扶植既能军用又能民用的技术，1992年12月成立了防御技术转变委员会（DTCC），主要目标是推动国家军用和民用技术研究与生产一体化；1993年，美国加强了这一国防军事技术转轨战略的力度，强调在国防科技工作中有最高优先权的是"两用技术"计划。1997年以来，随着军民两用技术发展战略的推进，美国国防部颁布了新的《国防科学技术战略》和《国防授权法》，在宣布的"两用技术"计划中提出"利用民用技术减少作战与保障费用倡议"，倡导将计算机技术和电子产品等两用技术推广应用到军事部门中去，同时提出了发展两用计划设想，要求两用计划必须与军事计划相一致。这期间，美国用于军民两用技术研究的费用逐年递增，最高比例达到2001财年国防应用研究费的15%。

随后，英国、法国、俄罗斯等国家都相继开展了军民两用技术的研究工作，如英国政府建立了军民两用研究中心和军民两用发展计划；法国在《国防白皮书》中提出国防工业要向军民两用方向发展，并首先在航空航天技术领域开展了军转民方面的应用；俄罗斯也发布了相关的法规，强调了发展的重点领域是与国防密切相关的军民两用技术领域等等。

可以说，"军民两用技术"形态是在冷战后新科技革命发展提出的一个理论含量很大的问题。中国航天企业中的民品产业股份制改革及其发展战略思考，均需从这个命题出发。

三 中国航天科技企业民品产业当前发展中存在的某些问题

（一）股份制改革处于起始阶段，许多重大问题尚待进一步解决

在中国新组建的两大航天集团公司中，已经明确了，两大公司从性质上讲是由国务院批准，国家出资设立的特大型"国有独资企业"，按照国家控股公司方式运行，由中央直接管理。两个集团公司组建后，对所属全资企业、控股企业、参股企业，按照《公司法》逐步进行规范；集团公司对所属投资企业的有关国有资产行使出资人权利，对所投资企业中国家投资形成的国有资产依法经营、管理和监督，并承担国有资产保值增值的责任。

在这种框架中，两大集团公司作为母公司，是以国有资产授权经营的控股型公司的形式进行组建和运行的。资产授权经营意味着，目前中国所有航天企事业单位（企业，科研院、所）的国有资本的出资人为两大集团公司，也就是说，上述所有的国有资本是母公司法人财产的组成部分，并且是两大母公司的对外长期投资，两大母公司对子公司依法行使出资人的权利，包括重大决策、选择经营和资产收益等。为了保证上述权利的实现，在两大集团公司可相应设置资产管理、投资或资产经营等部门，以对所属全资、控股、参股企业的资产行使清产核资、产权界定、产权登记以及资产运行等资产经营管理职能。

两大集团公司除了作为国家资产授权经营的控股公司外，还作为国家的一个军工企业集团公司，承担着为国防提供尖端武器装备和为国家进行航天产品（火箭、卫星、飞船等）科研生产的重要使命。航天业的军工生产特征决定了两大集团公司在性质上与国内其他国有纯控股型资产公司有所不同，这主要体现在能确保国防武器装备和航天产品科研生产与研制的系统性、各部门各环节的协调性、零部件工艺的配套型、产品的高质量性和交货时间的准时、程序上衔接性等，两大集团公司就必须具有对所属的各院、基地、企业、科研院所（全资子公司、控股子公司等）的军品和航天产品部分，全面实施计划管理职能。

请注意，问题可能正在这里。

由于中国目前的这两大集团公司，不像西方航天大企业那样，是在市场竞争中逐步通过兼并形成的，如本书在前面列举的卡曼公司和英格尔斯公司等企业那样，而是由当年"大统一"的航天部或行政性航天总公司裂变而出的，所以，它不可避免地带有自己的"胎记"，即计划经济所有弊病的遗存，包括很难融入市场，习惯于按上级命令而不是按市场信号行事，等等。它在中国的特殊条件下，往往还表现为用着市场经济所要求的经济形式，甚至一切看来似很规范，但却不自觉地按照计划经济的"老路"走，未实现脱胎换骨，没有形成与社会主义市场机制相适应的新制度和新机制。大部分基地、院、厂、所建立的管理体制远不是规范的现代企业制度，尤其是民品部分没有引入多元化投资主体，知识产权管理缺乏，也缺乏有效的激励和约束机制，难以适应市场竞争的要求。两大集团公司目前所拥有的前述计划管理职能，在一定条件下，就会成为走"老路"的载体。这种条件就是：中国航天企业，在诞生和成长之期，都不可能经过市场经济的"洗礼"，它们天然地习惯按"上级"公司的命令办事，而不是按市场的信号（哪怕是从计划经济的"裂缝"中渗进来的微弱信号）办事；这些企业的"上级"也未经市场经济"烈火"锻炼，也习惯于发命令，置市场信号的决定意义于不顾或第二位；在既定的框架中，人家只看到它对旧有的计划经济体制的进步，但往往看不到它的过渡性，尤其觉察不到它虽引入了一些市场竞争，但毕竟在很大程度上仍然带有很大的行业垄断性，至少在国内很难碰到竞争对手，所以，它就不能不成为计划经济或"命令经济"的变型；国家"一股独大"或"控股"的结构，进一步使它的垄断成为导向计划经济模式的前提，等等。

在西方，前几年的兼并大潮推动形成的有的股份制航天企业，比中国航天业的这两个集团公司规模都大，它在航天产品的生产管理上也十分严格，但它们为什么不会必然导向计划经济呢？这首先还是根于其历史和整个国民经济的市场发育程度。它们和中国这两个大集团公司的区别，不仅在其"出身"不同，而且在其所处的整个国民经济市场发育程度大不相同。例如，法国航天企业以前国有成分大，有的大公司实际是国有"一股独大"。它们之所以能比较快地脱离计划经济"老路",就是因为法国及它的西欧各国市场发育程度颇高,企业的"上级"和"下级"都习惯于按照市场经济信号办事,发达的股市交易也使企业的兼并重组或裂变比较规范,像法国国有国营的"航空航天工业公司"近年就与民营的"达索公司"合并,产权明晰,运作规范,不像中国这两大集团公司诞生于计划、命令之中,既没有成熟规范的股市可资利用,也没有非国有的大型航天企业与之竞争互动,所以只能先天不足,往往出现下述行为:离开母公司法定权责而干预子公司产、供、销和人、财、物的市场运行,办事拖拖拉拉而屡失市场战机,易于决策失误且造成大的经济损失,等等。

当然,不能否认,在理论上,在目前航天业母公司与子公司、控股公司之间的权、责、利关系,也是一种基于产权制度而形成的市场关系。问题在于,在人们对市场不熟悉同时又对市场法规有法不遵的氛围中,这种市场关系往往或多或少自动地成为计划经济的装饰品。按中国《公司法》,股东的权利就是母公司对子公司应享有的权利。而众所周知,作为国家独资公司的航天集团公司,股东只有一家,因而没有股东会,但股东的意志还是存在的,所以母公司(股东会)对所属子公司、控股公司实施某些重要管理职权,如投资、重大经营权等,在没有董事会的条件下,往往成为计划经济的表现品。须知,股份制之所以成为伟大发明,其要点之一,即在董事会及其利益制衡结构。没有董事会,便近于阉割股份制。至少,集团公司所属子公司要以资产经营责任制为经营方式,对母公司承担国有资产保值增值的责任,必然拥有日常经营决策权,一定范围内的投资权等 14 项经营自主权。如果事事都按照计划经济"老路"请示汇报,那么,又如何保证其 14 项自主权呢?子公司的经营者又如何能确保国有资产保值增值呢？须知，在现有框架内，目前的航天企业子公司和集团公司（母公司）是平等法人，子公司有自己的名称、章程和法人财产，有的还是集团公司合资子公司，少数是其控股公司，实行独立核算，自负盈亏，单独纳税，承担法律责任，并以自身的法人财产承担债务责任。所以，母子公司之间不是行政隶属关系。显然，上述"国有独资"模式加上没有非国有独资的实力相当的竞争者，再加上整个国家市场发育程度较低，包括经理市场至今渺无信影，使我国航天工业目前的"集团公司"、"母子公司"的股份化既有框架所存在的不适应市场经济大发展的弊端突现。毫无疑问，政企分开和市场化运作，是以股份制组建航天企业集团的基本原则，但这一原则在操作中不能不遭遇尴尬。

当然，航天工业是一个高投资产业。在中国，市场经济起步不久，不仅市场发育不完全，而且可以说航天业所需的非国有投资主体目前还没有充分产生。在这个意义上，我们理解不能不先组建两个航天集团公司的良苦用心。不如此，我国的航天业只能永远躺在计划经济襁褓中。但是，我们在看到它的这一合理性和必要性的同时，还要看到它的另一面。这一点，对于我们研究航天科技企业的发展而言，是十分重要的出发点之一。

在航天科技企业的非主业民品生产中，还存在着较大程度相对上独立于两大集团公司的股份制或股份合作制企业。但组建的这种民品公司往往也不规范，包括产权不明晰，不能成为合格的法人。民品市场的特点具有与军品市场不同的特点和规律，如果没有良好的体制及运作机制作保障，即使有好产品，也早晚会在激烈的市场竞争中败退下来。

（二）有关民品产业规模偏小，实力不大

从1995年到2001年，中国航天产业的总产值为502.98亿元人民币[1]。平均每年70多亿元。如果中国两大航天集团公司平分,每个大体近40亿元人民币。事实也是,1999年,中国航天科技集团公司的年销售收入为54.6亿元人民币[2]。显然,中国航天企业的规模偏小。

与之形成对比的,是西方的大型航天企业。例如,1998年12月,意大利阿莱尼亚公司、德国达索航空航天公司、法国马特拉—马可尼公司和英国通用电器有限公司,联合组建欧洲最大的航天公司,雇员达1.1万人,年营业额328亿美元。1999年10月,法国宇航公司、马特拉—马可尼公司与德国航空航天公司宣布实行合并,组建欧洲航空防务和航天公司,拥有8.9万名雇员,年营业额可达210欧元,成为仅次于美国波音公司和洛克希德—马丁公司的军工集团。至于世纪之交,世界各地大型航天或军工企业彼此联合形成的大企业,其规模也都远大于中国的航天科技企业。又例如,陕西航天科技企业中,有的是以微电子技术企业闻名全国的,但一当我们知道中国整个电子企业百强1997年实现利润共145亿元人民币,还不及美国微软公司一家的利润收入[3],我们也就会对陕西电子企业规模偏小,有一个清醒客观的估计。当然,如果和陕西当地的企业比,航天科技企业的确实是很大的单位。问题是,仅仅这样比,只能反映着落后意识。知识经济是生产要素在全球流动的经济,航天企业规模的比较只能面对全球,何况是最前沿的航天产业。

航天企业规模偏小,也表现在研发资金奇缺。由于航天企业

---

[1] 赵玉林:《高技术产业经济学》,中国经济出版社2004年版,第29页。

[2] 叶卫平:《避险求强:中国军工"入世"对策》,北京出版社2001年版,第139页。

[3] 言磊:《新世纪军转民的战略选择》,载《航天技术与民品》1998年第12期,第9—10页。

从事的是高科技，所以，其研发资金的奇缺，就显得更加明显突出。如果考虑到陕西航天科技企业的所有经费均来自国家开支，那么，在我国财力吃紧的情况下，其研发资金的短缺，也就不是不可理解的事情。但我们毕竟面对着国外竞争者，而它们的航天企业规模之大和研发经费之巨，确实比较形象地衬映着我国航天企业的窘境。例如，世纪之交，美国航空航天产业研发经费的支持强度（比例），就是我国的两倍以上[1]。鉴于美国的工业增加值基数比我们大得多，所以，这就意味着美国航天企业在研发方面的经费，比我们同类企业充裕得多。研究陕西航天科技企业民品产业发展，也不能不面对这个大问题。

由于研发经费严重短缺，所以，陕西航天科技企业的劳动生产率当然就偏低，创新能力就低。有资料显示，世纪之交，我国航空航天业的劳动生产率仅为3万元/人，不仅远远低于我国其他高技术产业，而且低于我国非高技术的制造业[2]，更勿论与国外比。在这种背景下，陕西航天科技企业的劳动生产率和创新强度之低，也是可以想象的。它比较直观地反映着陕西航天企业摊子大（包括其附属事业单位或产业庞大，自成体系）、人员多、素质差、拖累重的现实。有媒体报道，美国有一家宇航公司，从事卫星研制，全员只32个人，可以想象其劳动生产率之高。与之对比，陕西的差距实在太大。32个人的卫星企业，对陕西近乎于神话。

（三）与地域经济结合很不紧密

作为军工企业，航天企业同全国军工企业一样，是仿照苏联模式建立起来的。它实际上是把先进的科技企业镶嵌在偏僻落后

---

[1] 赵玉林：《高技术产业经济学》，中国经济出版社2004年版，第30页。
[2] 同上书，第31页。

的地域，便于保密，利于守卫，又使其高高在上，俯视周围。"三线建设"尤其如此。陕西航天企业和周围的地域经济常常是"两张皮"。军地之间界限分明，航天自成体系，是一种较典型的"虚高度化"。航天军事技术的研究与开发很少考虑地域和民用的前景，地域和民用技术的开发也很难照顾到航天军事用途，从而制约彼此的发展。"两张皮"还导致在科研生产机构设置、技术装备配置、专业队伍、研究方向等方面互相封锁隔离，有时相互对立，导致设备有所闲置，资源浪费严重。

航天科技企业与地域经济"两张皮"的现象，还表现在产研一体的企业与地域高等院校较难沟通结合。一方面是航天高技术二次开发的信息和动力不足，另一方面则是地方院校惧于保密而远离航天科技企业，从而在人才上、技术上和资源上均因此形成浪费，未能充分实现高技术应有的"扩散效应"或"溢出效应"。

（四）科技创新体系不完善，包括分配中的激励机制亟待强化

世纪之交，全国航天科技企业有一半以上是亏损企业，其中有相当数量的企业资不抵债。究其原因，除了前述种种原因外，也与手中没有技术含量高、市场占有率大的新产品有关，因为可供转化成产品的科技创新成果不多，转化率也低，形成大批量规模生产者几乎没有。在航天系三大支柱民品开发和发展方面，航天企业也遭到了一系列市场困境，亟待技术创新、体制创新、营销创新。这反映了一个基本事实：与发达国家同类企业相比，航天企业的科技创新体系很不完善，尤须注意。

目前，这种科技创新体系不完善，主要与分配体制未能形成对创新的足够激励有关。在西方发达国家，由于市场发育不完善，航天产业中的发明创造一般都会通由市场机制受到足够的激

励，包括或由企业给创新者以"干股"，或由专利或"准专利"所有人在市场上交易，等等。如前所述，这种格局，在我国航天系统远未形成。创新与不创新往往一个样，甚至创新者受打击、被围攻、遭排斥，不是个别现象。这是一种浓重的"反创新"氛围，应由建立崭新的创新体系来缓解化解。对此，本书前已论述，包括说明航天业知识产权必须明晰。否则，在市场竞争特别是国际竞争日趋激烈的情况下，航天科技企业欲求得大发展，是很困难的。

四 对航天科技企业民品产业发展战略特殊点框架的若干思考

当代航天技术已成为当今世界高技术群中对社会最具影响力的技术之一。如本书前述，航天产业的根本特征便是亦军亦民。中国军人杨利伟在太空用中英两种语言说"和平利用太空，造福全人类"，比较形象地诠释了航天产业的这一特征。

中国始终把航天事业发展作为国家整体发展战略的重要组成部分，坚持为了和平目的的探索和利用外层空间，扩展对宇宙和地球的认识，促进人类文明和社会发展，造福于全人类。在目前国际形势中非和平因素有所抬头的情况下，我国航天产业的某些产品在技术操作的层面上，被划为"军品"，是符合事实的，也是可以理解的。但它不能诱使我们在战略层面思考航天科技企业民品产业发展问题时，也必须像兵器工业那样，把一些产品划成"军品"，把另一些产品划成"民品"。在这里，航天科技企业的主业产品（包括卫星、火箭及其发射服务和星载电子计算机产品等）全部可以被视作"主业民品"。这是本论文题目所用"民品"概念的一个特点。在这个意义上，本书实际上也是对航天科技企业发展的一种整体思考，只不过是它舍弃了思考中的军事角度而已。

这里的"民品"还包括"非主业民品"。航天科技企业的一系列民品，是与航天业无关或关系不大的"非主业民品"，如天然气改装汽车等。本节的论述，当然也包括这方面的内容。

航天科技企业民品产业发展的原则，首先是根据党中央、国务院关于航天产业的战略决策和它在民品产业方面存在的主要问题而提出的。

(一) 体制改革原则

2007年3月2日，国防科工委发出《关于大力发展国防科技工业民用产业的指导意见》，提出发展民用产业是国防科技工业贯彻军民结合、寓军于民方针的根本要求，是保军、促军的重要举措，是一项长期的战略任务。"十五"以来，军工单位民品发展取得了显著成绩，但仍存在产品开发缺乏深度和广度、规模较小、优势不明显以及重视不够等问题。在新的历史时期，为了增强国防科技工业可持续发展能力，必须进一步推进民用产业发展。文件指出，军工单位发展民用产业的指导思想是：以胡锦涛总书记"四个坚持"为根本指针，贯彻科学发展观，适应国防建设和国民经济发展的需要，始终把民用产业作为国防科技工业不可或缺的重要组成部分，实施以效益为中心的增长战略，全方位、多层次动员军工力量，大力发展民用产业，实现国防科技工业又好又快发展。文件规定，发展民用产业，要遵循以下原则，包括坚持以经济效益为中心。把有效益作为发展民用产业的出发点，在选择发展方向、开拓市场空间、加强经营管理等方面，都要把经济效益放在首位，切实转变经济增长方式，努力提高经济效益；坚持以市场为导向，牢固树立市场意识，面向国际国内两个市场、两种资源，积极主动参与市场竞争，在竞争中求生存、求发展；坚持发挥军工优势，把军工优势作为发展民用产业的立足点，走军民结合的路子。充分发挥军工技术、设备设施和人才优势，大力开发民用技术和适销对路产品，推进产业化；坚持科技创新。始终依靠科技进步支撑产业发展。自主开发和引进技术相结合，努力掌握产业核心技术。加快科技进步和成果转化，增强产业核心竞争力；坚持体制机制创新。加快科研院所改革和现代企业制度建立，激发军工单位发展活力。充分发挥市场配置资源的基础性作用，推进投资和产权主体多元化，加大跨集团、跨行业的重组整合力度，形成与市场经济接轨的体制机制。

在"确定发展方向，优化产业格局"部分，文件提出，要积极发展新兴产业和成长性产业，壮大军民结合高技术产业。加快发展与军品结构相似、技术相通、工艺相近、设备设施通用的军民结合高技术产业，增强军民转换能力。重点是民用核能、民用航天、民用飞机、民用船舶等。还要扩大经济规模。按产业化模式组织商业卫星和公益卫星研制生产；拓展卫星应用市场，促进地面应用产品规模化。

文件要求做强做大军民结合优势产品。积极发展电子信息制造、技术装备、新材料、新能源、新型建材和化工、节能降耗和环保综合利用等产品；努力扩大对外贸易。加大国际新兴市场的开发力度，加强国际营销网络建设，扩大民品出口。鼓励具备条件的企业境外投资建厂；积极发展服务业。转变单纯发展产品制造的模式，走制造业和服务业相结合的发展道路。

特别应提的是，在"加大改革力度，激发军工单位发展活力"部分，它要求深化企业和院所改革。以产权制度改革为核心，推进民品企业产权主体多元化，使股份制成为主要形式，建立健全规范的法人治理结构，促进运营模式和机制的转变。加快建立现代科研院所制度，对从事一般军品配套的科研院所，积极探索企业化转制，成为市场竞争主体，或进入相关企业成为技术开发中心。以资本和技术为纽带，明晰民品企业产权关系，建立规范的母子公司管理体制。在"推进重组和资本运作，集聚产业发展资源"部分，它要求加大重组整合力度。面向行业内外，加大龙头企业合并重组，推进强强联合；充分利用资本市场推动产业发展。鼓励各类社会资本通过收购、资产置换、合资等方式，进入军工民品企业，推动优质资源集中。以军工上市公司为平台，吸收社会资源，实现加速发展。鼓励放开能力企业整体上市；承担关键分系统和特殊专用配套的保留能力企业，在国家控股的情况下可国内上市；承担总体和系统集成的保留能力企业，其中的放开能力在剥离后可国内上市。利用军工集团的整体优势，发行企业债券，筹集产业发展资金；建立有效的人才培养和激励机制，努力培养高素质的人才队伍包括加大对高级管理人才、高级技术人才、高级技能人才的培养力度，健全考评制度和激励机制。把民用产业发展作为重要指标，纳入军工集团公司绩效评价和考核体系。各军工集团公司要建立对成员单位民品发展的考评制度，制定和落实对成员单位发展民品的激励措施、对经营管理人员和核心技术开发人员的激励机制，实行经营者年薪制，探索持股经营、技术入股、收益提成等激励方式。

文件还要求推进军工与地方经济融合。按照政府引导、市场运作的原则，择优在军工资源比较集中的地区设立若干军民结合产业基地，发挥产业基地机制灵活、政策优惠、成果转化快、集聚资源多的优势，加快产业化步伐。鼓励军工集团公司通过生产要素整合和上下游延伸，吸纳地方优势资源，实现融合发展。军工单位要积极进入地方优势产业，形成优势互补、强强联合的经济共同体。

令人注目的是，文件明确规定，军工单位是发展民用产业的主体。所有单位都要切实转变观念。要由把民品作为副业向作为主业转变，树立军品为本、民品兴业的理念，把发展民品作为保军、促军的重要措施和壮大军工经济的源泉。要由以军品模式发展民品，向以市场模式发展民品转变，改变等、靠、要的传统观念，面向市场求发展。要由短期措施向长期战略转变，制定和实施民用产业发展规划，广泛动员军工技术、人才、设备设施优势，大力发展民品。要发挥集团公司和企事业单位两个积极性，放开搞活微观经济，释放军工能力，形成自主决策、自主经营、自我发展、自我约束的市场竞争主体。要认识到位、职责到位、措施到位，始终如一，常抓不懈，推动民用产业发展进入新阶段。

显然，航天业的民品产业也必须依此办理。针对目前具体情况，我认为，航天业民品产业目前发展战略特殊点框架应首先包括以下各方面。

1. 规模经济原则及实现它的"五化"路径

——针对航天科技企业若干民品产业规模较小、生产率不高的问题，应当确立的首要原则便是"规模经济原则"，实现办法是"五化"。它是中央关于军工要"大力协同"的方针在航天科技企业中的具体化。

在产业经济学中，"规模经济"最核心的含义，是指在投入增加的同时，产出增加的比例超过投入增加的比例，单位产品的平均成本随产量的增加而降低，即"规模收益递增"。国内外理论界虽然在规模经济成因以及它与企业规模大小的关系方面，还存在一些歧见，但根据我国企业的规模一般偏小及大量存在劳动生产率偏低的情况，多数认为在很多情况下扩大企业规模即可达成规模经济[1]。本书也是约定俗成地采用了这种逻辑，即认为目

---

[1] 吴汉洪：《我国企业规模经济现状及实现途径》，载《经济理论与经济管理》2001年第9期，第37—42页。

前对于航天科技企业而言，合理扩大企业规模是达到规模经济从而提升劳动生产率的必由之路。

为了扩大科技企业若干民品产业的规模，目前必须通由基于股份制改革深入的"五化"即集团化、产业化、专业化、民营化、国际化来实现它。"集团化"即在现有的中国航天两个集团公司"母子公司"结构的基础上，经由股份制前提下的联合、兼并或购买等，实现航天科技企业若干民品产业更进一步的集团化，在集团化的体制下实现更高水平的规模经济；"产业化"则不仅指航天产业的主业民品有待进一步产业化，而且也是针对航天科技企业目前的一些民品还处于设计和样机阶段，尚未实现产业化而言的，它也指这些企业中的一些民品，特别是许多非主业民品，目前的市场占有额以及研发经费比例均很可怜，亟待真正实现产业化，大幅度提升其市场份额和研发费用；"专业化"是针对合理专业分工达致劳动生产率提升而言的，因为，航天科技企业劳动生产率不高，往往与非主业民品研制、生产中的专业水平不高有关，同时，即使在已取得了很大成绩的主业民品研制、生产中，与先进国家相比，专业化技术水平的差距也在许多方面存在着，尚待提升；"民营化"对中国航天科技企业来说，是一个十分重要的提法，它在这里当然不是指航天科技企业应当完全私有化，而是指，在保持航天产业作为国家军事战略产业从而必须保有部分国有企业以及一些国有控股企业外，在主业民品技术开发上，在军用产品零部件供应商的层面上，以及在非主业民品生产供应商的层面上，应当而且必须引进民间资本和外国资本，形成混合所有制基础上的股份制或股份合作制企业，从根本上摆脱计划经济体制的遗存；"国际化"则是指航天科技企业应当在依法处理与中国航天业两个集团公司关系的前提下，解放思想，扩大对外开放，挟名牌产品优势和科技优势，积极开拓国外市场，扩大出口，积极参与国际主业和非主业分工，提升企业竞争力，甚至可以搞并购和资本输出，力求提升利润，等等。应当说，这"五化"完全是针对航天科技企业若干民品产业发展中存在的体制和思想问题而提出的，它的主旨则是使企业根据情况进一步市场化、股份化。

显然，"五化"是一个覆盖面很广的系统工程，实现它须假以时日，未可一蹴而就。目前，中国航天科技企业若干民品产业在通由"五化"达致规模经济过程中，应当根据实况，有选择地突出某些方面，稳扎稳打，步步为营，以期达到预期目的。

——着力于标志性民品的开发。所谓标志性民品，即大（市场占有率达）、名（知名度高）、特（有特色）的民品。生产销售这样的民品，要求集中力量，大力协调，在权、责、利明确的前提下，联合起来求胜利。

由于航天主业民品事实上也是军品，所以，搞标志性民品开发，在一定的意义上也就是研制高水平"杀手锏"武器。当然，这并不意味着两者直接等同，而是说，在根本原理的层面讲，在航天主业中，"大"、"名"、"特"的民品和"杀手锏"武器在技术和生产方面相通之处甚多，"军民转换"比较容易；航天科技企业在这方面已经积累了一定的经验和成果，应当在这方面大有作为。中央寄希望于航天科技企业的，是"杀手锏"，首先是民用卫星；而在科学技术原理层面上，这两者在很大程度上是一回事儿。它们已经并正在成为航天科技企业的标志产品。问题在于集中精兵强将，联合攻关，把它们搞得水平更高。在这个问题上，航天产业决策层应当十分清醒，不能有任何动摇，包括不能迫于一时的经济压力而情移他处，放弃或弱化自己的名牌。

以美国西雅图为例，要求搞一些大项目，是江泽民对航天科技企业若干民品产业的谆谆叮嘱。而美国的西雅图，恰恰是美国的航空航天产业集中地之一。它的产业战略之一，就是在市场经济规律作用下，形成集团化的企业集团，一方面使各自权、责、利界定清晰，另一方面又大力协同，依靠规模经济搞出一系列的大项目。在美国的航空航天标志产品中，有许多就出自西雅图。从体制上看，西雅图是美国航空航天科技企业在股份化的深入推进中，实施"寓军于民"的一个成功地域。航天科技企业若干民品产业应当借鉴它的经验。

——要政策配套，缺一不可。大量事例表明，在市场经济框架中发展航天产品，一定要以效益为中心，以市场需求为导向，以科技创新为动力，以"大"、"名"、"特"的标志性产品为龙头，以队伍建设和技术改造为保证，才能形成一个结构比较合理的政策体系，推动航天产品的研究开发，拓开市场。

这里的"效益"，包括市场效益和社会效益两个方面。这是由于，航天产品还是军品，还是武器，有许多政治和社会的含义，不能仅仅由市场效益来规范。但是，从长远看，航天产品的研制生产，首先要以经济效益为中心。因为，经济效益在很大程度上是劳动生产率的体现。更何况，从宏观的角度看，社会效益最终与市场效益是一致的，因为，在社会生活中，经济基础毕竟是决定性的力量。

对于航天业的非主业民品而言，以市场需求为导向，是不言而喻的。问题是，对航天业的主业民品，今后是否也必然以市场需求为导向？从总体上说，答案也是肯定的。这不仅因为，航天产业是个高投资产业，完全地长期地依赖国家拨款，是不行的，它必须面对市场，除了自己"养活"自己，也要赚钱，而且还因为，只有市场，才是资源配置优化的一种社会设置，航天产业只有融入市场之中，才会真正地对国家综合国力的提升，对国家资源真正的优化配置，有所促进。离开市场需求的导向，在短时期，在某些少数项目上，不仅是可以理解的，而且也是必然的，因为航天产品又是军品，军事需求往往与市场需求并不完全相同。但是，包括主业产品在内的一切航天企业民品的生产，从根本上看，均应以市场需求为根本导向。这是市场经济规律，不能违背。我国目前在载人航天等项目上的大量投入，从眼前看，投入和产出不成比例，在经济上似乎很不合算。但是，从长远看，载人和不载人航天的经济效益均十分可观，包括空间中可资利用的能源十分丰富（例如月球上的"土"），我们不能只计短期收入而忘了算"大账"。印度的载人登月计划"泡汤"，是由于印度目前的财力所限，并不是载人登月完全不合算所致。

知识经济中，科技创新是灵魂、是基础，这已近乎常识。江泽民早就指出："知识创新对经济发展的巨大推动作用，是毋庸置疑的"[1]；"推动科技发展，关键要敢于和善于创新"[2]；"科技创新已越来越成为当今社会生产力的解放和发展的重要基础和标志"[3]，"21世纪科技创新进一步成为经济和社会发展的主导力量"[4]。可以说，目前世界各国综合国力的竞争，首先是各国创新能力的竞争。因此，创新的决定性越来越明显。在这种背景下，全球航天企业的竞争，说到底也首先是企业创新能力的竞争。中国航天科技企业在科技创新方面，与先进者相比，还有一定的差距，有的差距颇大，尤应注意缩小之。

"名牌"战略，是当代产业发展的突出策略。在市场竞争中，"名牌"才能导致高效益。因此，面对竞争，航天科技企业以主业和非主业的"大"、"名"、"特"产品作龙头，是必须的

---

[1] 江泽民：《论科学技术》，中央文献出版社2001年版，第192页。
[2] 同上书，第101页。
[3] 同上书，第107页。
[4] 同上书，第145页。

举动。其中包括，其他产品或者为"龙头"产品配套，或者向"龙头"产品系列的"上下游"靠拢，不能"割据一方"，分散财力和人力。

技术改造对航天科技企业若干民品产业而言，是一件十分紧迫的事。因为，这些企业建成以来几十年，经常处于高负荷状态，也时时面临技改资金紧缺，所以很多设备和生产线都已老化，或者有的部件已经过时，急需强化技术改造。因此，把技术改造列为保证，是合适的。与之并列者，还有队伍建设。这是因为，在航天科技企业中，不仅科技人员队伍需要加强建设，而且技能人员队伍尤应强化，以求把科技设计在工艺上圆满地实现出来。对这个问题，不能再一般的讲一讲完事，而应当采取实实在在的具体举措，包括进行分配体制的改革。

——航天民品发展要立足于进入"国际大循环"。目前的经济全球化，以及国际范围内的产业结构大调整及其导致的产业大转移，也为我国航天产业的发展提供了一种有利条件。因为，经济全球化条件下的全球产业结构大调整大转移，使各国航天企业之间的经济联系更加紧密，航天生产要素在全球范围内的自由流动程度不断抬升，不仅有利于我国航天科技企业利用国外资本，引进先进技术，开拓国际市场，而且有利于我国航天科技企业在学习借鉴国外成功经验的过程中，提升自己的竞争力，更有能力和信心参与航天业的"国际大循环"。须知，由于空间—航天科学及其产业化带来的巨大经济效益，国际航天市场日益活跃，需求数量肯定会越来越多，这也为我国航天企业参加"国际大循环"提供了可行性。

中国航天科技企业把花费了巨额投资形成的成果和产品及时地、大规模地以跨国公司等形式投入"国际大循环"，也有利于我国这些企业积累资金，熟悉市场，从而为进一步打开国内外市场"热身"。特别是，在国内的市场需求一般限于国家采购的条件下，大量的成果转化和成熟技术的二次开发都深感资金短缺的情况下，以跨国公司等形式参加"国际大循环"，是及时解决这种困境的一个有效办法。当然，以跨国公司等形式参与"国际大循环"，在中国，首先是各航天企业所属的中国航天两大集团公司要考虑的大事，企业不能完全摆开这种法定格局，自行其是。但是，作为集团公司的子公司的航天科技企业，也具有独立的法人资格，也是相对独立的市场主体，同时也具有自己相对独立于集团公司的合法利益结构。因此，航天科技企业在依法维系其与母公司权益结构的同时，还应当并且有权相对独立地以跨国公司等形式参与全球航天业的"国际大循环"，特别是在自己拥有知识产权的技术上的二次开发和主业民品关键平台研制方面，更应积极以跨国公司等形式进入"国际大循环"角色。这些企业应当认识到，要扩大规模，提升竞争力，尤其是在全球市场需求颇大的主业民品生产中销售中能够占有较大份额，只有以跨国公司等形式到国际竞争的商海中去"冲浪"，去拼搏，才能形成气候，才能达到预期的目的。关在"关中"，不敢"向洋看世界"，只会是一个没有多大出息的"土包子"。而航天产业中的"土包子"，是注定会被吞没的。

——要敢于和善于搞资本经营。股份制本身，必然要求企业走出传统模式，以跨国公司等形式大搞资本经营。在目前世界航天企业大兼并大联合的潮流中，依托资本市场，实现产权重组，也是其成功的奥秘之一。因此，对于规模偏小的中国航天科技企业民品产业而言，敢于和善于搞资本经营，已是迫在眉睫的大事情。航天科技企业民品产业的一大特点是摊子大，人员多，一些企业经济效益并不理想，但又奇缺资金。在这种情况下，为了规模扩大，为了实现规模经济，以跨国公司等形式搞资本经营是一个解困的好办法。其中包括,可以把一些单位、技术、品牌等卖出去,租赁出去,或者可以把一些知识产权获专利卖出去,或以股权形式搞股份合作,并购等等。在以跨国公司等形式"国际大循环"中,搞资本经营也是应当的。只有如此,才可能融入世界航天业目前正在迅猛推进的大兼并浪潮中,提高规模经济水平。

客观地说,航天科技企业民品产业在这一问题上,主客两个方面均存在颇大阻力。主观上,是作为中国高技术产业的"天字第一号",它们习惯于"皇帝女儿不愁嫁",不仅对市场不适应,更勿论以跨国公司等形式搞什么资本经营。在客观上,是它们作为母公司之下的子公司,习惯于计划经济模式中的"听话",维护自己合法权益的理念不准确,不全面,加上这种母子公司结构本来就不是经由市场形成的,所以难免踏入"旧路",所以,它们相对独立地以跨国公司等形式搞资本经营,是有很大难度的。问题在于,正是因为有难度,所以才需要作为一个原则问题,加以突出强调;至少,对于航天企业股份制改革的深化而言,以跨国公司等形式资本经营是绕不开的关隘,在时机成熟时,必须冒险闯关,才可能有所为,有所不为,为所当为,不为不当为,从而扩大企业规模,提升规模经济程度。

在祝贺我国载人飞船升空成功时,江泽民重申了关于我国航天事业应当"自力更生,自主创新,大力协同,集智攻关"的要求[①]。其中,"大力协同,集智攻关",可以被理解为对航天企业体制改革目标的要求。本书关于航天科技企业体制改革若干原则的提出,也是为实现这一要求服务的。因为,只有扩大规模,

---

① 黄国柱:《江泽民祝贺我国首次载人航天飞行圆满成功》,载《光明日报》2003年10月17日。

包括实施上述"五化"和四个原则，才能从体制上形成"大力协同，集智攻关"。

2. "融入地域经济"原则

作为航天科技企业民品产业发展的一大障碍，它们与各地域经济之间严重的"两张皮"现象，决定了航天科技企业民品产业的发展，必须把融入地域经济，作为一个重要的原则加以强调。即使离开航天科技企业上述具体的情况，只从产业经济学原理来看，任何地域产业的发展，也均存在着尽快融入所在地域经济之中的要求。否则，这个产业的发展将会有很大的难度，甚至成为不可能。从目前具体情况看，航天科技企业的非主业民品，如果不尽快融入地域经济之中，那么，它的市场化、股份化就只能成为一句空话。从长远一点的情况看，这些企业的主业民品虽然并不以地域为唯一服务对象，但它的市场化、股份化，仍然不能离开地域经济的滋润，否则，它们的经济营养便相当枯竭。至少，它们的零部件承包商便会远离自己，在经济上很不合算；它的主业和非主业民品便会失去近便的市场，等等。

当前，各地域经济最大的现实，是它正在热火朝天地实施西部大开发，东北振兴，中部跨越式大发展等。而对各地的经济实体而言，这都是千载难逢的大好机遇。对于航天科技企业而言，情况也复如此。显然，它们应总结航天科技工业参与深圳特区和东南沿海特区发展的经验教训，特别要汲取当年某些单位自恃产业特殊而动作迟缓且落于人后的教训，及早了解和研究市场，积极进入各地的主战场而一举三得：为发展地区经济作贡献；使航天工业企事业单位走出困境；带动整个航天民品乃至整个航天科技产业的发展。

应当说明，我们这里所讲"融入"，并非要求航天科技企业完全不顾隶属于中国两个航天集团公司的现状，仅仅把自己作为地方民品企业看待。这当然不行，至少大大不利于中国整个航天产业的发展，故万万不可。我们这里所讲"融入"，是指航天科技企业在正确处理与母公司关系的前提下，在主业和非主业民品产业的发展上，尽可能融入各地开发之中。

实际上，各地经济的确也渴望本地区航天科技企业发挥自己的优势，形成落后地区高技术产业的带动效应，给地域经济注入新的活力。虽然，在短时期内，各地对这些企业的一些主业民品及其服务需求量不是很大，但对其另一些主业民品（如微电子技术，如火箭发动机技术的二次开发用于降水等等）和非主业民品（如天然气汽车）的市场需求还是很强烈的。其中包括，各航天科技企业所拥有的信息电子技术，对改造各地支柱产业之一的装备制造业是很有用的；天然气汽车一旦开发成功，对各地而言，将是一大福音。因此，各地上下也是大力欢迎航天科技企业尽早全面融入地域经济之中的，不存在任何基本认识上的障碍。

3. 优化管理和营销原则

航天科技企业民品产业的实力不强，劳动生产率不高，也与管理较粗放有关。其非主业民品产业发展成绩有限，也与营销策略不佳、服务不周有关。这里捏出优化管理和优化营销，目的在于尽快纠正这些致病的缺点。须知，在当代市场经济中，任何企业，要想在市场上立定脚跟，都不能不优化管理和营销。即使在西方，同样是市场化和股份化体制很完善的企业，也只有优化管理及营销者胜，反之即败。

针对航天科技企业目前民品产业发展现状，以及近年来国内外有关市场状况看，这里所讲优化管理及营销，除前述者外，还是先应从一些最根本的东西做起。其中包括，时时注意开发新的产品和服务，及时更新换代；通过各种办法提升产品的市场占有率；努力从各种途径降低成本，提升产品性能和质量；努力开拓新市场，延长产品的市场生存周期；确实把用户作为上帝，千方百计做好营销和售后服务，等等。

在这种优化过程中，有的话是老生常谈，有的事情很琐碎、烦人，但又必须细心注意，努力办好。只有这样，民品产业的发展才会更好更快。

（二）技术战略原则——自主创新

技术创新和体制创新是企业发展的两翼。两者相辅相成，彼此促进。从唯物史观原理来看，作为生产力第一要素的技术水平，在企业发展中当然具有决定性的意义。邓小平倡导的生产力标准理论，要求企业发展中的体制改革以能促进企业的生产力发展水平作为最高尺度。在此前表述中，我们之所以把航天科技企业发展中的体制改革摆在首位，是鉴于这些企业当前发展的首要"瓶颈"在体制，体制上的不完善远远落后于这些企业技术发展的水平，或者说，这些企业的体制性障碍束缚了企业现有技术水平的充分发挥，所以，我们突出强调它。但这并不等于航天科技企业民品产业的技术水平提升已经无关紧要了。事实上，如前所述，与先进相比，与国家和人民的期望相比，这些企业的技术水平，在许多方面还是有差距的，有的差距还相当大。如何按照江泽民"自力更生，自主创新，大力协同，集智攻关"的要求，缩短差距，就是一个十分重要的问题了。说到底，航天科技企业民品产业将来能否经受得住国内外市场的考验，能否在"国际大循环"中找准自己的地位，发挥应有的作用，能否圆满完成江泽民关于研制"杀手锏"和民用航天产品的要求，在很大程度上都取决于这些企业技术水平的不断提升。

坚持自主创新，包括实现跨越式发展，应是航天科技企业民品发展的技术战略原则。中国是一个发展中国家，有13亿人口，其中有的还正在解决摆脱贫困的问题。因此，在航天民品产业发展上，我们不可能像美国拿出那么多的资金支持，同时，我们也不能期盼西方向我们转让这方面的核心技术，所以，我们目前只能在尽力利用国内外两个市场的同时，在国内用有限的资金，自主创新，采取跨越式发展的模式，艰苦奋斗，才能应对西方的挑战。江泽民曾告诫我们不要"叫花子与龙王比宝"，事实上已经用十分形象的话语，把这种艰苦奋斗意思讲清了。航天科技企业及其领导，要清醒地看到，在核心技术方面，西方大国还会封锁，并采用各种手段压制遏制、乃至破坏我们。我们只能背水一战，别无选择。因此，"自主创新"，包括采用跨越式发展的办法，是我们的"宿命"。我们应当遵守这种原则。此即所谓"知天命"者也。的确，中国航天产业的发展已超过半个世纪，应当"知天命"了。

由于中国航天产业是在美、俄两国之后发展起来的，所以，一段时间内，我们在跟踪、模仿方面花了一定工夫。这可以理解。但现在应大变。发展中国家的经济状况和当前竞争态势决定了我国不能只跟在美俄等大国后面亦步亦趋。所以，我们的自主创新便应首先指向跨越式发展。所谓"跨越式发展"，通俗地讲，就是不跟在美俄后面亦步亦趋，而是在充分吸收美俄航天发展经验的前提下，在自主创新的同时，把美俄几步走的程序，加以合并，用一步跨过去，以求在不太长的时间内尽力缩小我国与美、俄在航天产业方面的差距。神舟五号载人飞船的成功，便是"一步到位"，采用跨越式发展原则的一个范例。

据介绍，航天领域的专家们曾为这个问题进行了多年研究。一部分认为，国外已经有航天飞机了，中国可以借鉴国外成果和经验，采取跨越式发展途径，直接上航天飞机。另一部分专家认为，载人航天人命关天，因此，安全性和可靠性是载人航天的首要条件，航天飞机虽然技术先进，但是，技术难度极大，风险也就大。同时，研制航天飞机需要许多复杂技术，而我国当前的技术基础准备不足，直接搞航天飞机，技术跨度太大。

从人类载人航天发展的历史看，苏联和美国在发展载人航天技术之初，都是从飞船起步的。目前发射最多、用途最广的飞船是卫星载人飞船。另一个原因是，研制航天飞机需要巨大的经费投资，巨额投资显然与我国国情不符。而我国已具备成熟的卫星回收技术，飞船的回收技术可以在此基础上加以解决，飞船中许多技术可以借鉴卫星的技术成果和卫星工程研制的经验。经过充分的论证、比较、分析，最后专家一致认为，我国的载人航天必须选择适合我国国情的正确路径，必须借鉴国外载人航天的经验和发展道路，即不搞航天飞机，而先从飞船起步。同时考虑到我国在运载火箭研制上取得了很大的成就，在应用卫星方面特别是返回式卫星研制领域，已拥有相当坚实的技术基础和丰富的研制经验，专家认为，我国完全可以通过努力，一步到位研制第三代飞船——多人多舱载人飞船[①]。

这种"跨越式发展"，是充分认识到自己局限性的跨越，而不是不顾自己既有条件纯粹凭感情办事的那种跨越。这种跨越，又不是保守，它把三步变为一步，从一开头就研制第三代飞船，与亦步亦趋也有重大区别。

由于资金所限，我们自主创新的跨越式发展，不能不倾力于关键技术的研发，力求掌握高技术科研生产的关键技术和核心技术，并尽力缩短研制周期，努力拥有自己的知识产权。

在这方面，航天科技企业加强创新体制建设，是一个当务之

[①] 吴政：《我国为何不研制航天飞机而造飞船》，载《光明日报》2003年10月17日。

急。要支持各企业都建立自己的研发机构，加大高技术、高附加值产品的开发力度，尤其要加快拥有自主知识产权的主业产品的开发和更新换代，提高重大技术攻关、市场开拓的能力和水平，推动企业成为技术进步和创新的积极主体。其中，航天科技企业民品产业尤应注意以符合市场规律的方式，与内外航天院校结合，促成彼此信息和技术的交流互融，认真落实江泽民所要求的"集智攻关"。

（三）战略重点——发展"主业民品"

江泽民谈及国防工业时，明确说航天工业领域有优势，应当在民用航天方面"有所作为"。这就亮明了：航天科技企业民品产业发展的战略重点，就是其主业民品——民用航天用品。

如前所述，作为高技术产业的航天业的根本特征是亦军亦民。我们把民用航天作为战略重点，实际上也同时充分保障了航天科技企业要把研制"杀手锏"作为第一位的任务，因而在战略重点上是恰当的，符合国家要求。

航天科技企业的主业民品已经和正在形成"名"和"特"的优势。在国内比较而言，其市场占有率也比较"大"。把这种民品推出，在市场上有一定优势，有竞争力，有一定人才和经验的优势。

审时度势，应当说，航天科技企业的产品够资格以跨国公司等形式参加"国际大循环"者，首推其主业民品即民用航天。如航天运载工具系统的空间资源开发火箭发动机，星载电子计算机，飞船发动机以及飞船逃逸系统等，以及民用卫星服务，航天运载工具系统的空间资源开发，等等。这些民品，也是目前国际市场上有一定需求量的产品。这些产品，在国际上，不仅价格比较适中，而且信誉也好，尤其是它们有各自的特色，不与他国混同，所以可望在航天业的国际分工中占有地位。

把发展主业民品作为战略重点,并不是对非主业民品一概不管。尽管在航天产业是否要兼营非主业民品的问题上,理论界至今争议颇大;尽管由于国家对军工投资的强化,近年航天科技企业的非主业民品产值比仍不断下降,由1993年的七成降到2001年的五成左右,但从航天科技企业的现实状况看,一下子把所有非主业民品发展全部拿走,也是很不现实的。这不仅由于非主业民品已经成为一些航天企业收入的重要来源,而且由于有的非主业民品(如天然气汽车)有前途,或者占有市场情况不错,应让市场规律最终决定其命运。针对着目前非主业民品开发经营比较分散混乱的情况,可用适当的措施,统筹兼顾。其实,非主业民品发展也存在支持重点项目的问题。本书前已述及,中国航天业已扶持了七项重点的非主业民品开发,包括天然气改装汽车项目,即为范例。

尽心尽责，出主意，改错误，一笔一画，严谨细致。在此，向他们表示谢意。

作　者
2009 年 8 月 18 日

后 记

弄完最后一个字，我一下子瘫了。老天爷，真是不容易。从博士论文选题，到收集资料，反复修改，答辩通过，再到就业数年后，一面是职场上的拼杀，另一面则是强制自己静下心来，根据航天业股份制改革迅猛推进的新态势，再调查，再研究，再构思，对当年的博士论文再次大修改，大扩充，其间，多少个日日夜夜，多少个花开花落，终于拿出了这本叫做"专著"的东西。

无论在国内，还是在国外，产业经济学学者注目航天业从"国营"转向股份制的改革问题，似乎为数不多。此无他，行业特殊，有军事之神秘性，问题也复杂，非深入亲历者难以说出个究竟。作为产业经济学学者，笔者正好长期在航天科技企业研究开发领域从事科研、经营、管理工作，所以拿出这么个少见的东西，似乎也顺理成章。

饮水思源。在激动中把笔写这篇《后记》的时候，我首先要深深感谢我的博士生导师、著名经济学家闵宗陶教授对我的不倦教诲。没有他的教诲，就没有我今天的这本叫做"专著"的东西。我祝他健康长寿。

衷心感谢西安财经学院及陕西国防科技与经济发展研究中心各位领导对本书形成的关心与支持。特别感谢博士生导师丁德科副院长在本书形成过程中，对笔者多所鼓励，不时伸以援手。

中国社会科学出版社冯　斌主任、丁玉灵编审对本书的推出